Conserver la Couverture

SOUVENIRS D'AFRIQUE

ALGÉRIE, TUNISIE

MISSION OFFICIELLE

JOURNAL DE VOYAGE

PAR

ARMAND TRUMET DE FONTARCE

CHARGÉ PAR LE GOUVERNEMENT ET LA SOCIÉTÉ D'ANTHROPOLOGIE
D'UNE MISSION SCIENTIFIQUE A TUNIS ET A CARTHAGE

COMPRENANT 102 FIGURES

La plupart sont obtenues de photographies prises par l'Auteur ;
quelques-unes sont empruntées au P. Delattre et au Dr Carton.

BAR-SUR-SEINE

IMPRIMERIE V° C. SAILLARD, ÉDITEUR

1896

SOUVENIRS D'AFRIQUE

ALGÉRIE, TUNISIE

MISSION OFFICIELLE

JOURNAL DE VOYAGE

ERRATA

SOUVENIRS D'AFRIQUE

ALGÉRIE, TUNISIE

MISSION OFFICIELLE

JOURNAL DE VOYAGE

PAR

ARMAND TRUMET DE FONTARCE

CHARGÉ PAR LE GOUVERNEMENT ET LA SOCIÉTÉ D'ANTHROPOLOGIE
D'UNE MISSION SCIENTIFIQUE A TUNIS ET A CARTHAGE

COMPRENANT 102 FIGURES

La plupart sont obtenues de photographies prises par l'Auteur ;
quelques-unes sont empruntées au P. Delattre et au Dr Carton.

BAR-SUR-SEINE

IMPRIMERIE Ve C. SAILLARD, ÉDITEUR

1896

AVANT-PROPOS

Dans nos causeries intimes, un soir de décembre 1895, à Bar-sur-Seine, au coin du feu où nous serrait les uns contre les autres un grand malheur de famille, la conversation étant tombée sur mes voyages d'Afrique, mes excellentes filles prenant intérêt à quelques anecdotes que je racontais, m'exprimèrent le désir de voir imprimer les notes que j'ai écrites au cours de ces voyages.

Telle est l'origine de ce travail. Il comprend deux divisions : La principale se rapporte à la Mission qui m'a été confiée, le 16 Décembre 1890, par le Ministre de l'Instruction publique et par la Société d'Anthropologie pour aller étudier à Tunis et à Carthage les anciennes sépultures puniques, romaines, juives, et les sépultures chrétiennes des premiers temps de notre ère.

L'autre est le récit de deux voyages différents que j'ai faits sur la terre d'Afrique, le premier avec mon fils Maurice (1889), avant la Mission ministérielle, le second après elle, et que j'ai entrepris sans lui (1895) poussé par l'intérêt que m'avaient offert les deux premiers.

J'ai fait mon Rapport ainsi qu'il convenait, au Ministre de l'Instruction publique et à la Société d'Anthropologie.

Voulant fixer tous mes souvenirs, je n'ai pas vu d'inconvénient à réunir dans un travail d'ensemble les impressions que j'ai recueillies dans ces trois explorations ; mais il était nécessaire de séparer la partie scientifique de la partie familiale et personnelle.

J'ai suivi pour cela l'ordre du temps :

1° J'expose d'abord mon voyage avec Maurice (1889);

2° Puis les résultats de la Mission (1890-1891) que j'ai reçue du Gouvernement ;

3° Je relate enfin mes observations faites dans le voyage que j'ai renouvelé seul au printemps de 1895.

Celui-ci avait aussi pour point de départ une question scientifique. Mes collègues de la Société d'Anthropologie m'avaient prié de rechercher à Tunis et de leur rapporter des crânes juifs. Ils croyaient la chose facile. Mais quelle illusion ! J'aurai à le dire dans la suite.

J'ai mis à remplir la Mission qui m'a été confiée toute l'intelligence, le courage et l'application dont je suis capable.

Mes notes personnelles n'avaient point un si grave caractère. Ecrites d'un premier jet, au courant de la plume, elles ne traduisent que des souvenirs hâtivement recueillis et mis en ordre chaque jour après le labeur de la journée. Elles ont peu de valeur littéraire ou scientifique, mais elles résument des impressions vraies et vécues, et il m'est agréable de donner satisfaction à mes enfants.

Au risque d'une narration moins solennelle et moins haute, j'ai relaté sans hésitation tous les incidents, tous les détails, si minces parfois, qui ont passé sous mes yeux. Ici surtout, je n'écris pas pour le public, je ne parle qu'à l'intimité de la famille, et j'ai voulu que mon *Journal* fût le miroir exact et fidèle du voyage.

Armand TRUMET DE FONTARCE

Bar-sur-Seine, 10 Septembre 1896.

SOUVENIRS D'AFRIQUE
ALGÉRIE ET TUNISIE

JOURNAL DE VOYAGE

PREMIÈRE PARTIE

Voyage avec Maurice

DÉCEMBRE 1888 — JANVIER 1889

18 Décembre 1888. — Nous sommes en pleine mer, courant de Marseille à Tunis, sur le *Saint-Augustin*, grand navire à vapeur d'environ cent mètres de long sur douze de large.

Saint Augustin, son patron, est né sur la terre africaine. Il protégera notre voyage.

Le colonel du 6ᵉ dragons, M. de Buros, vient d'accorder à Maurice un congé de trente jours et nous en profitons pour visiter ensemble la Tunisie et l'Algérie.

Nous sommes partis de Paris dimanche 16 décembre, à 7 h. 15 du soir, dans un de ces longs wagons genre américain, où il n'y a plus que trois places par banquette, mais qui sont aménagés avec un couloir latéral permettant de se promener à couvert, de fumer sans incommoder personne, de causer librement en choisissant ses compagnons.

Le lendemain matin, à dix heures et demie, nous sommes à Marseille. — Déjà la température est plus douce. — Le soleil relativement chaud fait oublier le froid, la bise et le brouillard de Paris. — Notre première course est pour la Compagnie Transatlantique où nous voulons régler quelques détails de notre installation et choisir, s'il se peut, notre cabine. Nous déjeunons rapidement à l'hôtel Bauveau. — Après une promenade au vieux port et sur la Cannebière, nous avons atteint deux heures ; nous allons prendre notre bagage resté au chemin de fer et avant trois heures nous gagnons la Joliette et le *Saint-Augustin* qui doit partir à 4 heures. Il est 4 h. 10 m. quand nous levons l'ancre par un beau temps de décembre.

Le soir et la nuit une lune brillante nous rassure quant aux mauvaises chances d'abordage. Bien que la mer soit belle et relativement calme, Maurice n'est pas vaillant et paie promptement son tribut à la mer. Moi je tiens bon ou à peu près. A onze heures et demie, le lendemain matin, nous croisons la *Ville-de-Brest*, grand paquebot qui file à toute vitesse vers Marseille. Peu de passagers chez nous ; quatre ou cinq voyageurs de première classe seulement. Est-ce la saison ou d'autres circonstances qui font les touristes si rares ?

Un certain nombre de soldats (il en pourrait, me dit-on, tenir plus de 2,000), un colonel — plus solide officier sans doute que bon marin, car on ne l'a presque pas vu, éprouvé par le roulis — vont tenir là-bas le drapeau de la France.

Au-dessus du lit de ma cabine sont plusieurs ceintures de sauvetage en liège. — J'essaie de les détacher pour en étudier le fonctionnement et m'en servir au besoin. Elles sont maintenues par de fortes tresses clouées dans la boiserie. Je couperai les tresses s'il y a lieu de les détacher, mais j'espère bien que nous n'en aurons pas besoin.

De deux heures et demie à cinq heures environ, nous côtoyons les côtes de la Sardaigne. — Elles sont arides, nues, hachées, découpées, rocheuses, irrégulières ; nous passons seulement à quelques centaines de mètres de la dernière pointe. A l'arrière du navire un dauphin joyeux ou poursuivant sa proie, fait hors de l'eau sous nos yeux à peu de distance, une série de bonds répétés pendant lesquels on le distingue à merveille.

Vers cinq heures, la mer qui avait été belle jusque là depuis la veille grossit ; le soir elle est dure ; la nuit est mauvaise et quoique j'aie assez bien dormi, je suis un peu éprouvé à mon tour.

A 7 heures du matin, mercredi 19, nous jetons l'ancre devant la Goulette, à douze ou quinze cents mètres du rivage. Les bas-fonds nous empêchent d'approcher davantage — une petite embarcation à vapeur conduit les voyageurs à terre. La mer est tout à fait mauvaise, la petitesse du bateau nous défend mal contre l'agitation des vagues, et dans cette courte traversée je suis pris comme Maurice, d'un violent mal de cœur, avec ses suites ; il est tout à fait temps d'arriver.

Nous sommes à la Goulette — une courte visite, ou plutôt une simple apparition à la douane, et nous sommes libérés.

D'assez nombreux et forts canons dorment oubliés aux créneaux d'un vieux fort sur la plage, canons en détresse, vieillis et démodés qui semblent étonnés de leur solitude et de leur abandon. Ce sont les canons du Bey. S'ils ont pu avoir autrefois l'intention de repousser l'envahisseur, ils ne consacrent plus qu'un souvenir. Quelques instants après, le clairon retentit et une troupe française vive, alerte, de belle apparence, nous montre clairement que nous sommes dans un pays ami. C'est un régiment de zouaves.

La Goulette est une ville tout à fait arabe. Les constructions carrées à toits plats avec cour intérieure, les arcades, les murs blanchis à la chaux, quelques dômes et minarets nous annoncent l'Orient. Les hommes ont tous le burnous, le capuchon, les jambes nues, le teint bistré, olivâtre. Leurs yeux noirs, ardents sont loin de ceux qui appartiennent aux blonds Germains et aux fils de la Gaule. Quelques Juives en pantalon de tricot ou de calicot d'un blanc douteux finissant à la cheville et plus ou moins collant, en petite veste ou façon de blouse de même couleur équivoque circulent paisiblement dans les rues. C'est déjà une curiosité du pays, mais ce costume étrange pour nous est loin d'être beau et n'avantage guère les filles d'Israël.

D'autres femmes, Arabes celles-là, ont le visage voilé ; mais au dessus du voile qui ne cache pas le front, elles savent risquer sur vous leurs prunelles, entre le voile noir qui couvre le visage et le bas de leur coiffure qui descend sur le front, et chez l'une d'elles j'ai pu voir nettement qu'elle louchait. D'ailleurs, très peu de femmes dans la rue. Il y en a moins encore à Tunis, dans le quartier arabe surtout. L'absence ou la rareté de femmes dehors me rappelle l'absence des voitures dans les rues de Venise. Le voyageur non habitué a ce sentiment inconscient que quelque chose manque autour de lui.

Sur la porte de l'une des premières maisons qui frappent mes yeux à la Goulette, je remarque une petite plaque de cuivre de propreté médiocre, sur laquelle est gravé le nom de Sammama ; sans doute un banquier, un négociant, un parent peut être des Sammama de Tunis que nous avons vus à Paris il y a un certain nombre d'années.

A 10 h. 10 m., deux heures après notre débarquement, nous prenons le chemin de fer pour Tunis. L'administration est italienne, les voitures italiennes et c'est en faire un médiocre éloge.

Il tombe un gros brouillard, une pluie fine, ce qui nuit au paysage. La voie court dans une plaine sableuse, marécageuse, largement inculte. Dans le lointain, à plusieurs centaines de mètres, de grandes bandes de flamands émaillent de leur plumage blanc le marécage plus profond, et semblent chercher leur pâture. Bientôt ces jolis oiseaux émigreront vers des parages plus tranquilles lorsque les travaux projetés du port de Tunis viendront troubler leurs vieilles habitudes et inquiéter leur repos.

A droite, sur une colline rapprochée, on voit briller dans son éclatante blancheur, la Cathédrale Saint-Louis de Carthage érigée par les soins du Cardinal Lavigerie. Tout près de là, sur un autre monticule, se dresse le grand séminaire également construit par le Cardinal ; à droite encore, mais plus loin, sont échelonnées sur une façon de promontoire avançant vers la mer, les blanches maisons de Sidi-Bou-Saïd. C'est là que beaucoup de négociants et de personnages importants de Tunis vont chercher au bord de la mer un peu de fraîcheur et de repos pendant la belle saison ; à gauche en approchant de la ville, on voit sur un îlot qui émerge de la lagune les restes d'un fortin construit par les Espagnols du temps qu'ils occupaient Tunis sous Charles-Quint, vers 1535.

Une bonne demi-heure de chemin de fer nous conduit à Tunis. L'omnibus de l'hôtel de Paris nous attend. Il pleut à torrents ; la pluie ne doit pas cesser de la journée.

Après déjeuner je vais au Palais de la Résidence, demander des renseignements qui me permettront de régler en meilleure connaissance de cause l'emploi de notre temps avec le voyage de Kairouan pour objectif. Les renseignements me sont obligeamment donnés par le chef de cabinet de M. Massicault.

Mais pour Kairouan il faut y renoncer cette fois. La distance est longue et les communications peu faciles. Il faut aller à Sousse d'abord, soit par mer avec 12 ou 15 heures de trajet, soit par terre avec un attelage privé, car il manque un service régulier de voitures. Nous sommes trop limités, le projet n'est pas réalisable et je l'abandonne. Ce sera pour un autre voyage. La pluie tombe toujours.

Tunis, qui a plus de cent vingt mille habitants, est à la fois ville française dans les quartiers neufs, ville arabe, ville juive surtout dans les vieux quartiers. Son caractère moderne s'accuse entre autres par les tramways où pénètrent sans sourciller, mais à notre vif étonnement, de nombreux Arabes dans tous les costumes.

Dans la rue, des Arabes partout. La variété des costumes accuse la différence des positions sociales. Les négociants riches ont le costume éclatant, aux nuances claires, variées, la petite veste soutachée d'or, fendue à l'avant-bras, et agrémentée de nombreux petits grelots jaune d'or, destinés au moins d'apparence, à jouer le rôle de nos boutons ; turban sur la tête et pantalon bouffant de nuances assorties toujours claires, souliers vernis et bas blancs.

Les plus modestes, les hommes du peuple n'ont que le traditionnel burnous avec son capuchon, le tout plus ou moins blanc et propre. Les hommes sont généralement forts, grands, bien faits, d'un beau type bronzé au milieu de quelques nègres. Ils sont souvent pieds nus ou chaussés de simples sandales mal ou point attachées, ou de mauvais brodequins à l'européenne. Les plus riches ont les chaussettes blanches et la pantoufle fixe enfermant tout le pied.

En dehors des beaux quartiers neufs, beaucoup de constructions ont l'aspect des vieilles maisons de Menton. Cela n'a rien de surprenant, l'empreinte sarrazine ayant autrefois marqué les deux pays. La flore rappelle aussi celle de Menton, on voit en abondance l'eucalyptus, le poivrier, le laurier, l'olivier, mais peu ou point d'orangers et de citronniers.

Les femmes arabes, rares d'ailleurs, sont toutes voilées ; elles ont ordinairement un petit voile noir qui rappelle le *loup* des mascarades ; quelques-unes, plus rares encore, ne portent pas le voile, elles ont une sorte de châle ou pièce d'étoffe à peu près carrée, qu'après avoir jeté sur leurs épaules, elles ramènent à bout de bras au devant d'elles, par dessus la tête, en tenant les deux coins du devant. Elles abritent et masquent ainsi leur visage en abaissant le châle sous une forte inclinaison qui défie le regard horizontal du passant curieux. Mais les malins tournent la difficulté. Quand ils passent devant une femme ainsi travestie, ils laissent tomber à ses pieds leur canne ou un autre objet pour avoir occasion de se baisser. En se relevant il leur est facile d'apercevoir, dans un regard furtif, les traits de la belle, qui ne demande peut-être pas mieux que d'être surprise.

Quelques-unes circulent pieds nus, ayant le dessus des pieds, les ongles, le bas des jambes teint en bleu, en jaune, ou bien elles portent des bracelets d'argent principalement aux chevilles.

Cependant la femme nomade, celle de la campagne est plus libre que celle de la ville ; j'en ai rencontré quelques-unes à visage découvert aux environs de Téboursouk sous les oliviers, plus ou moins occupées à la récolte des olives. J'en ai vu d'autres à Bulla Regia et ailleurs ; d'abord elles sont généralement affreuses avec un type de négresses métisées d'un autre sang africain qui pourrait être celui des anciens mercenaires de Carthage ; elles ne se laissent pas aborder davantage pour cela. Si on fait mine de se rapprocher, à quinze ou vingt mètres, elles se dérobent, manifestement inquiètes. Si la femme des champs est plus libre, elle n'est guère plus heureuse, car elle est traitée comme une bête de somme. En sortant de Bulla Regia, j'avise assez près de notre cavalcade, quatre-vingts ou cent mètres, un groupe de femmes qui se rapprochent de nous et des tentes arabes devant lesquelles nous passons. Elles ne sont nullement voilées, mais elles plient sous le faix d'énormes fagots de branchages verts qu'elles viennent de chercher dans la montagne et rapportent au logis pendant que les hommes, à quelques pas de leur demeure, assis, occupés à ne rien faire, devisent ou se taisent en fumant la cigarette et buvant le café. Chez elles, elles tissent les étoffes, vont puiser l'eau, les maris les regardent.

Bientôt je verrai à Grombalia, route de Kairouan, les grandes, grandes fillettes circuler dans le village librement et sans voile.

Il ne fait pas froid ; mais si nous avons pu craindre la chaleur avant d'arriver, jusqu'à présent c'est une préoccupation vaine. Nous sommes dans l'eau et dans la boue, et Dieu sait quelle édilité ! En pleine rue, de vastes trous de quarante centimètres carrés sont une belle préparation aux fractures de jambe, que l'absence d'éclairage ne fera pas éviter ce soir. Je parle du quartier arabe qui reste fort primitif. Il est bien curieux d'ailleurs et tire son principal caractère des Souks. Ce sont les bazars, magasins, boutiques où se fait le commerce et l'industrie du pays, où sont réunies les marchandises d'autres contrées lointaines. Rassemblés, agglomérés avec la seule distinction de la différence du commerce, ils forment une petite ville dans une grande. Il y a le quartier des selliers, des cordonniers, celui des fabricants d'armes, des marchands de tapis, d'étoffes, etc. On y trouve tout, selles, cuirs, brides, armes, chaussures, lainages, couvertures bariolées, parfums, tapis, rideaux, tout s'y trouve ; on vous propose tout ; le plus souvent par le geste et la mimique ; quelquefois c'est une façon d'interprète qui se trouve là comme par hasard, qui baragouine trois ou quatre mots de français et qui s'attache à vous avec persévérance en vous recommandant la marchandise locale, en vous

Aperçu d'un Souk. — Vue intérieure.

offrant de vous accompagner et de vous introduire, espérant faire coup double avec le pourboire que vous lui donnerez, et la gracieuseté que lui réserve le marchand chez qui il vous aura poussé ; mais quelle mollesse et quelle apathie chez tous ces gens ! Il y a des exceptions, surtout dans l'industrie du cuir, mais la plupart travaillent peu ou point. Généralement immobiles, graves, en apparence indifférents, la figure impassible, replets et bien nourris, assis ou debout, ils sont enfouis dans des sortes de tanières, leur magasin, éclairées seulement sur le devant au niveau de la rue qui est couverte par une mauvaise voûte en planches, et par cela même assez sombre. Ils ne font rien, ont l'air de ne rien vendre et on peut se demander sagement comment ils vivent. Beaucoup sont accroupis sur la natte du pays, muets, paraissant sans idées comme sans besoins; quelques-uns fument la petite pipe traditionnelle, d'autres prennent le café qu'ils offrent libéralement et avec insistance aux visiteurs ou seulement aux passants dont ils espèrent un achat ou une commande.

Moins de femmes encore et pas un mot de français.

Après cet exposé général, entrons un peu plus dans le détail des choses.

Nous avions rencontré, Maurice et moi, Guy de Maupassant à Tunis ou plutôt à Carthage, en visiteur comme nous, bien portant du reste, en apparence au moins, car il ne tarda pas à être frappé de la maladie cruelle qui l'emporta. Peu après il publiait dans un journal dont j'ai oublié le nom, une courte mais intéressante étude sur Tunis. Nous reproduisons volontiers cette étude. Elle ne peut que donner du relief à notre travail, et le lecteur par conséquent y gagnera.

Voici le récit de Maupassant :

« Quand on arrive par le chemin de fer de Bône à Tunis,
« on traverse un beau pays de montagnes boisées; on pénètre
« dans la Tunisie par la Kroumirie.

« C'est alors une suite de monts et de vallées désertes où
« jadis s'élevaient des villes romaines. Voici d'abord les restes
« de Thagaste où naquit Saint Augustin, dont le père était
« décurion.

« Plus loin c'est Thubursicum Numidarum dont les ruines
« couvrent une suite de collines rondes et verdoyantes. Plus
« loin encore c'est Madaure où naquit Apulée, à la fin du

« règne de Trajan. On ne pourrait guère énumérer les
« cités mortes près desquelles on va passer jusqu'à Tunis.

« Tout à coup, après de longues heures de route, on aper-
« çoit dans la plaine basse les hautes arches d'un aqueduc à
« moitié détruit, coupé par places et qui allait, jadis, d'une
« montagne à l'autre. C'est l'aqueduc de Carthage dont parle
« Flaubert dans Salammbô (1). Puis, on côtoie un beau village,
« on suit un lac éblouissant, et on découvre les murs de
« Tunis.

« Nous voici dans la ville.

« Pour en bien découvrir l'ensemble, il faut monter sur
« une colline voisine. Les Arabes comparent Tunis à un bur-
« nous étendu ; et cette comparaison est juste.

« La ville s'étale dans la plaine, soulevée légèrement par
« les ondulations de la terre, qui font saillir par places les
« bords de cette grande tache de maisons pâles, bancs d'où
« surgissent les dômes des mosquées et les clochers des mi-
« narets. A peine distingue-t-on, à peine imagine-t-on, que
« ce sont là des maisons, tant cette plaque blanche est com-
« pacte, continue et rampante. Autour d'elles trois lacs qui,

---

(1) Il est certain que Flaubert, et à sa suite Maupassant, font ici confusion. L'aqueduc dont il s'agit, que Flaubert fait crever par un chef barbare, Spendius, pour inonder Carthage (Salammbô, p. 255), n'est point carthaginois et n'existait pas au temps de la lutte entre Rome et Carthage. C'est l'empereur Adrien qui le fit construire pour amener dans les anciennes citernes de Carthage les eaux de source du mont Zaghouan, éloigné de plus de cent kilomètres, et il a bien le grand caractère des ouvrages romains. Or, Carthage est tombée l'an 146 avant J.-C., et Adrien succéda à Trajan l'an 117 après J.-C. L'aqueduc aurait donc été crevé plus de 250 ans avant sa construction. En réalité, il a appartenu à Carthage romaine et non à Carthage punique, et au point de vue historique, il n'aurait pas dû figurer dans Salammbô. Mais les romanciers ne s'astreignent pas toujours à la vérité de l'histoire et l'auteur a trouvé que ces belles ruines faisaient bien dans sa description.

Les Vandales détruisirent cet aqueduc sur plusieurs points dans le siège qui finit en 439 par la prise de Carthage romaine. En 532, Gélimer, roi des Vandales, fut battu et pris par Bélisaire qui rétablit alors le magnifique aqueduc. Les Sarrazins le détruisirent encore vers 698 après s'être à leur tour emparés de Carthage.

« sous le dur soleil d'Orient brillent comme des plaines d'a-
« cier. Au nord, au loin, la Sebkra-er-Bouan, à l'ouest, la
« Sebkra-Seldjoum, aperçue par dessus la ville ; au sud, le
« grand lac Bahira ou lac de Tunis ; puis, en remontant vers
« le nord, la mer, le golfe profond, pareil lui-même à un lac
« dans son cadre éloigné de montagnes.

« Et puis partout autour de cette ville plate, des maré-
« cages fangeux où fermentent des ordures, une inimaginable
« ceinture de cloaques en putréfaction, des champs nus et
« bas où l'on voit briller, comme des couleuvres, de minces
« cours d'eau tortueux. Ce sont les égouts de Tunis qui s'é-
« coulent sous le ciel bleu. Ils vont sans arrêt, empoisonnant
« l'air, traînant leur flot lent et nauséabond, à travers des
« terres imprégnées de pourritures, vers le lac qu'ils ont fini
« par emplir, par combler sur toute son étendue, car la sonde
« y descend dans la fange jusqu'à dix-huit mètres de profon-
« deur. On doit entretenir un chenal à travers cette boue afin
« que les petits bateaux y puissent passer. Mais par un jour
« de plein soleil, la vue de cette ville couchée entre ces lacs,
« dans ce grand pays que ferment au loin des montagnes
« dont la plus haute, le Zaghouan, apparaît presque toujours
« coiffée d'une nuée en hiver, est la plus saisissante et la plus
« attachante, peut-être, qu'on puisse trouver sur le bord du
« continent africain.

« Descendons de notre colline et pénétrons dans la cité.
« Elle a trois parties bien distinctes : la partie française, la
« partie arabe et la partie juive.

« En vérité, Tunis n'est ni une ville française, ni une ville
« arabe, c'est une ville juive. C'est un des rares points du
« monde où le juif semble chez lui comme dans une patrie,
« où il montre une assurance tranquille, bien qu'un peu trem-
« blante encore. C'est lui surtout qui est intéressant à voir, à
« observer dans ce labyrinthe de ruelles étroites où circule, s'a-
« gite, pullule la population la plus colorée, bigarrée, drapée,
« pavoisée, miroitante, soyeuse et décorative, de tout ce rivage
« oriental. Où sommes-nous ? Sur une terre arabe ou dans la

« capitale éblouissante d'Arlequin, d'un Arlequin très artiste,
« ami des peintres, coloriste inimitable, qui s'est amusé à costu-
« mer son peuple avec une fantaisie étourdissante. Il a dû passer
« par Londres, par Paris, par Saint-Pétersbourg, ce costumier
« divin qui, revenu plein de dédain des pays du nord, bariola
« ses sujets avec un goût sans défaillances et une imagination
« sans limites. Non seulement il voulut donner à leurs vête-
« ments des formes gracieuses, originales et gaies, mais il
« employa, pour les nuancer, toutes les teintes créées, com-
« posées, rêvées par les plus délicats aquarellistes. Aux juifs
« seuls il toléra les tons éclatants, mais en leur interdisant les
« rencontres trop brutales et en réglant l'éclat de leurs cos-
« tumes avec une hardiesse prudente. Quant aux Maures, ses
« préférés, tranquilles marchands accroupis dans les souks,
« jeunes gens alertes ou gros bourgeois allant à pas lents par
« les petites rues, il s'amusa à les vêtir avec une telle variété de
« coloris, que l'œil à les voir se grise comme une grive avec
« des raisins.

« Oh! pour ceux-là, pour ses bons Orientaux, ses Levan-
« tins métis de Turcs et d'Arabes, il a fait une collection de
« nuances si fines, si douces, si calmées, si tendres, si pâlies,
« si agonisantes et si harmonieuses, qu'une promenade au
« milieu d'elles est une longue caresse pour le regard.

« Voici des burnous de cachemire ondoyant comme des
« flots de clarté, puis des haillons superbes de misère, à côté
« des gebbas de soie, longues tuniques tombant aux genoux,
« et de tendres gilets appliqués au corps sous les vestes à
« petits boutons, égrenés le long des bords.

« Et ces gebbas, ces vestes, ces gilets, ces haïks, croi-
« sent, mêlent et superposent les plus fines colorations.
« Tout cela est rose, azuré, mauve, vert d'eau, bleu perven-
« che, feuille-morte, chair-de-saumon, orangé, lilas-fané, lie-
« de-vin, gris-ardoise.

« C'est un défilé de féerie, depuis les teintes les plus éva-
« nouies jusqu'aux accents les plus ardents, ceux-ci noyés
« dans un tel courant de notes discrètes que rien n'est dur,

« rien n'est criard, rien n'est violent le long des rues, ces
« couloirs de lumière, qui tournent sans fin, serrés entre les
« maisons basses peintes à la chaux.

« A tout instant, ces étroits passages sont obstrués presque
« entièrement par des créatures obèses, dont les flancs et les
« épaules semblent toucher les deux murs à chaque balance-
« ment de leur marche.

« Elles portent sur leur tête une coiffe pointue, souvent
« argentée ou dorée, sorte de bonnet de magicienne d'où
« tombe une écharpe par derrière, sur leurs corps mons-
« trueux, masse de chair houleuse et ballonnée ; des blouses
« de couleurs vives ; sur leurs cuisses informes, des caleçons
« blancs collés à la peau ; sur leurs mollets et leurs chevilles
« empâtées par la graisse, des bas, ou bien, quand elles sont
« en toilette, des espèces de gaines en drap d'or et d'argent.
« Elles vont, à petits pas pesants, sur des escarpins qui traî-
« nent ; car elles ne sont chaussées qu'à la moitié du pied ; et
« les talons frôlent et battent le pavé. Ces créatures étranges
« et bouffies, ce sont les juives, les belles juives !

« Dès qu'approche l'âge du mariage, l'âge où les hommes
« riches les recherchent, les fillettes d'Israël rêvent d'en-
« graisser ; car plus une femme est lourde, plus elle fait hon-
« neur à un mari et plus elle a de chances de le choisir à son
« gré. A quatorze ans, à quinze ans, elles sont, ces gamines,
« sveltes et légères, des merveilles de beauté, de finesse et
« de grâce.

« Leur teint pâle, un peu maladif, d'une délicatesse lumi-
« neuse ; leurs traits fins, ces traits si doux d'une race an-
« cienne et fatiguée, dont le sang jamais ne fut rajeuni ; leurs
« yeux sombres sous les fronts clairs, qu'écrase la masse
« noire, épaisse, pesante des cheveux ébouriffés, et leur
« allure souple quand elles courent d'une porte à l'autre,
« emplissent le quartier juif de Tunis d'une longue vision
« de petites Salomés troublantes. Puis elles songent à l'époux.
« Alors commence l'inconcevable gavage qui fera d'elles des
« monstres. Immobiles maintenant, après avoir pris chaque

« matin la boulette d'herbes apéritives qui surexcitent l'es-
« tomac, elles passent les journées entières à manger des
« pâtes épaisses qui les enflent incroyablement. Les seins se
« gonflent, les ventres ballonnent, les poignets et les che-
« villes disparaissent sous une lourde coulée de chair. Et les
« amateurs accourent, les jugent, les comparent, les admirent
« comme dans un concours d'animaux gras. Voilà comme
« elles sont belles, désirables, charmantes, les énormes filles
« à marier !

« Alors on voit passer ces êtres prodigieux, coiffés d'un cône
« aigu nommé koufia, qui laisse pendre sur le dos le bech-
« kir, vêtus de la *camiza* flottante, en toile simple ou en soie
« éclatante, culottés de maillots tantôt blancs, tantôt riche-
« ment ouvragés, et chaussés de savates traînantes, dites
« *sabat*; êtres inexprimablement surprenants dont la figure
« demeure encore souvent jolie sur ces corps d'hippopotames.

« Dans leurs maisons, facilement ouvertes, on les trouve,
« le samedi, jour sacré, jour de visites et d'apparat, recevant
« leurs amies dans les chambres blanches, où elles sont as-
« sises, les unes près des autres, comme des idoles symbo-
« liques, couvertes de soieries et d'oripeaux luisants, déesses
« de chair et de métal, qui ont des guêtres d'or aux jambes
« et, sur la tête, une corne d'or ! La fortune de Tunis est
« dans leurs mains, ou plutôt dans les mains de leurs époux
« toujours souriants, accueillants et prêts à offrir leurs ser-
« vices. Dans bien peu d'années, sans doute, devenues des
« dames européennes, elles s'habilleront à la française et,
« pour obéir à la mode, jeûneront, afin de maigrir. Ce sera
« tant mieux pour elles et tant pis pour nous, les spectateurs.

« Dans la ville arabe, la partie la plus intéressante est le
« quartier des souks, longues rues voûtées ou couvertes de
« planches, à travers lesquelles le soleil glisse des lames de
« feu, qui semblent couper au passage les promeneurs et
« les marchands.

« Ce sont les bazars, galeries tortueuses et entrecroisées
« où les vendeurs, par corporations, assis ou accroupis au

« milieu de leurs marchandises en de petites boutiques cou-
« vertes, appellent avec énergie le client ou demeurent im-
« mobiles dans ces niches de tapis, d'étoffes de toutes cou-
« leurs, de cuirs, de brides, de selles, de harnais brodés d'or,
« ou dans les chapelets jaunes et rouges des babouches.

« Chaque corporation a sa rue, et l'on voit, tout le long
« de la galerie, séparés par une simple cloison, tous les ou-
« vriers du même métier travailler avec les mêmes gestes.
« L'animation, la couleur, la gaieté de ces marchés orien-
« taux ne sont point possibles à décrire, car il faudrait en
« exprimer en même temps l'éblouissement, le bruit et le
« mouvement.

« Un de ces souks a un caractère si bizarre, que le souvenir
« en reste extravagant et persistant comme celui d'un songe.

« C'est le souk des parfums.

« En d'étroites cases pareilles, si étroites qu'elles font pen-
« ser aux cellules d'une ruche, alignées d'un bout à l'autre
« et sur les deux côtés d'une galerie un peu sombre, des
« hommes au teint transparent, presque tous jeunes, cou-
« verts de vêtements clairs, et assis comme des boudhas,
« gardent une immobilité saisissante dans un cadre de longs
« cierges suspendus, formant autour de leur tête et de leurs
« épaules un dessin mystique et régulier.

« Les cierges d'en haut, plus courts, s'arrondissent sur le
« turban, d'autres, plus longs, viennent aux épaules ; les
« grands tombent le long des bras. Et, cependant, la forme
« symétrique de cette étrange décoration varie un peu de
« boutique en boutique. Les vendeurs, pâles, sans gestes,
« sans paroles, semblent eux-mêmes des hommes de cire en
« une chapelle de cire.

« Autour de leurs genoux, de leurs pieds, à la portée des
« mains, si un acheteur se présente, tous les parfums imagi-
« nables sont enfermés en de toutes petites boîtes, en de
« toutes petites fioles, en de tout petits sacs.

« Une odeur d'encens et d'aromates flotte, un peu étour-
« dissante, d'un bout à l'autre du souk.

« Quelques-uns de ces extraits sont vendus très cher, par
« gouttes. Pour les compter, l'homme se sert d'un petit coton
« qu'il tire de son oreille et y replace ensuite. Quand le soir
« vient, tout le quartier des souks est clos par de lourdes
« portes à l'entrée des galeries, comme une ville précieuse
« enfermée dans l'autre.
« Guy de Maupassant. »

Il y a du vrai certainement dans le tableau que fait Maupassant de l'embonpoint des juives, mais la note est forcée. Sans doute on les voit, les vieilles surtout ou seulement les mûres, marcher assez lourdement dans les rues de Tunis, mais si elles sont de fait un peu massives, elles ne représentent nullement l'hippopotame dont parle Maupassant. Leur chaussure qui ne reçoit que la moitié antérieure du pied, n'aide pas la liberté ni par suite la légèreté de leur démarche. Leur pantalon presque masculin et assez collant laisse à leurs formes tout leur relief sans en rien déguiser, sans surtout les amoindrir.

Que dirions-nous sur nos femmes européennes quand elles n'ont plus la sveltesse des jeunes années, si elles étaient affublées du même costume ? Beaucoup prêteraient sans doute à des réflexions analogues. Même chez nous, nous avons maintenant la démonstration sous les yeux. Le *ballon* des femmes qui pratiquent la bicyclette dans le vêtement de circonstance, vient trop souvent, on en conviendra, à l'appui de mon raisonnement. Je ne conteste point que la vie oisive favorise chez la juive la majesté des formes, mais chez nos femmes vouées au sport du jour ou chez d'autres qui peuvent prendre accidentellement le même costume, n'avez-vous pas été frappés de l'aspect insolite et bizarre que revêt le personnage ? Supposez que ce qui n'est qu'un accident soit l'habitude ; admettez que la jupe traditionnelle a cédé la place au pantalon des juives, et dites-moi l'impression que ferait sur le public masculin tout le sexe ainsi affublé ? Je crois donc volontiers que la différence d'aspect repose pour beaucoup, dans la différence du costume. La femme chez nous, toujours soucieuse de l'apparence et du culte extérieur qui la concernent, les couturières qui l'inspirent, ont déjà reconnu l'inconvénient, car je vois depuis quelque temps les disciples du sexe faible pratiquant le vélocipède remplacer par une jupe plus longue, plus large, plus discrète le vêtement plus étroit qui n'était certes pas à son avantage ; et je suis persuadé que dans quelques années, lorsque l'immigration étrangère aura fondu dans le costume européen celui des filles de Didon — ce qui ne saurait tarder — les juives de Tunis auront généralement maigri sur toute la ligne. Je regretterai peut-être alors le pittoresque absent, si j'y suis pour y voir, mais je suis persuadé que ceux qui y seront, s'ils me lisent, pourront constater que mon interprétation est passée à l'état d'un fait acquis et démontré.

Nous donnons plus loin le portrait photographique d'une jeune juive en toilette de mariée, pris un quart d'heure avant son mariage. C'est une belle fille, mais à coup sûr elle ne mérite nullement ce reproche d'obésité aiguë sous lequel Maupassant accable si vertement ces pauvres créatures.

Jeudi 20. — Le matin visite à l'hôpital français Saint-Louis, dirigé par des *sœurs* françaises. J'y suis très bien accueilli par le docteur Casanova, membre du conseil général de la Corse. Pas de caractère particulier dans la clinique locale. En quittant l'hôpital, je retrouve Maurice qui m'a attendu en se promenant dans le voisinage ; nous faisons une seconde visite aux souks, où Maurice achète quelques menus objets.

L'après-midi, avec un guide, dans une voiture très confortable, à deux chevaux, visite fort intéressante aux ruines de Carthage, à 15 ou 16 kilomètres de Tunis. Le temps est redevenu beau ; la température, l'aspect général, la végétation, rappellent tout à fait Menton.

Nous quittons Tunis en laissant à notre gauche un vaste cimetière arabe. Dans un lointain relatif, derrière ce cimetière, sur les pentes adoucies des collines voisines, sont des casernes françaises et aussi, je crois, l'hôpital militaire français. La voiture court d'une allure modérée dans la même plaine sableuse, humide, marécageuse, au milieu de laquelle se déroule le chemin de fer de la Goulette à Tunis, que nous avons pris la veille. Des champs de blés assez bien cultivés, quelques autres cultures se remarquent dans les bonnes parties de cette plaine. Mais tous les bestiaux, tous les chevaux que nous y apercevons, soit en pâture, soit circulant à côté de nous, sur le chemin, ne sont que bêtes étiques n'ayant guère, en général, que les os et la peau.

À notre gauche, de nombreuses ruines qui traversent la route pour se prolonger sur la droite, sont les restes de ce superbe travail qui, venant de Zaghouan, apportait l'eau à Carthage. Aujourd'hui cet aqueduc, réparé ou modifié dans la mauvaise partie de sa longueur, approvisionne encore Tunis et va être utilisé pour la Goulette. Avant d'arriver à Carthage nous voyons le palais de la Marsa qui est maintenant la résidence habituelle du bey : le bey y est. Nous ne pouvons qu'en traverser la cour. Le palais n'a qu'un médiocre caractère, sans aucune grandeur. Au moment où nous allons pénétrer dans la cour, le petit-fils du bey, jeune homme d'environ 18 ans, sort d'une allée latérale, venant sans doute des écuries, monté sur un assez joli cheval gris qu'il paraît avoir quelque peine à conduire. La garde du bey, qui remplit la cour, n'a pas la bonne mine de nos troupes. Elle est armée de fusils à capsules et à baguette bien bons aujourd'hui, pour faire peur aux moineaux, car il y a des moineaux à Tunis. Dans la cour aussi, cinq ou six canons de cuivre de petit calibre et de médiocre effet, bien propres et bien luisants d'ailleurs. Au deuxième étage, le guide nous montre toute une partie grillagée de vert qui serait le harem du bey. En bas, se promenant à côté des soldats, quelques nègres à figure assez imberbe, vêtus de noir, qu'on nous dit être les eunuques gardiens du harem. Au moment d'arriver à Carthage nous passons devant une belle résidence neuve, de blancheur éclatante, comme la plupart des constructions d'Orient. C'est le palais du cardinal Lavigerie qui l'habite dans son séjour en Tunisie d'où il est souvent absent. Le cardinal a pris sous sa protection la résurrection du passé de Carthage. Depuis plusieurs années il fait faire des fouilles intelligentes qui ramènent au soleil une partie de la cité antique. Sur un vaste périmètre mouvementé de quelques légères ondulations inégales, en pente douce vers la mer et à peu de distance de la Goulette, se voient, sur l'ensemble de terrains en culture de blé, de nombreuses ruines qui émergent faiblement du sol et qui ne marquent plus que la transition du temps punique au nôtre. De nombreux débris de poteries, de fragments sans caractère couvrent le sol. On nous montre d'abord d'anciens bains en sous-sol rappelant les bains romains ou maures. Ils sont enfouis sous la terre. On y accède par une rampe assez raide. La volonté de l'impitoyable ennemi des Carthaginois s'est accomplie : Carthage est détruite, la charrue a passé et le blé pousse sur ses ruines. Les fouilles du cardinal, très aimé dans le pays, ont mis à découvert le périmètre d'une basilique de

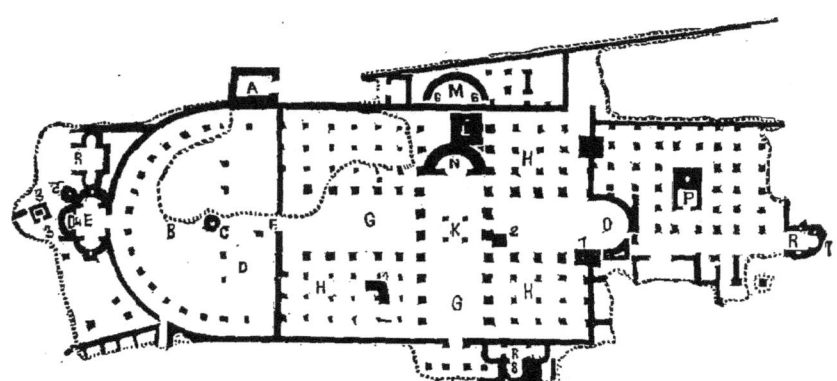

Basilique chrétienne de Carthage. — V. la description, p. 131-132.

grande dimension élevée après Carthage punique ruinée et qui appartient manifestement aux premiers siècles de l'ère chrétienne. Les inscriptions, les débris, les sculptures le montrent clairement. Les assises des colonnes, les nombreux restes de celles-ci remis en place, tracent d'une manière très nette l'ensemble de l'édifice. Dans un voisinage rapproché, sur l'assiette même d'une autre partie de Carthage, est le grand séminaire qu'a fait bâtir avec un certain luxe le cardinal et que nous avons aperçu le matin en venant de la Goulette. Le cardinal y a installé un musée où s'entassent chaque jour tous les objets que font découvrir les fouilles : marbres, inscriptions, statues, fragments divers, mosaïques, médailles. Tout cela présente évidemment beaucoup d'intérêt ; ce n'est pas Pompéï, ce n'est même rien qui ressemble à Pompéï restant debout sous le soleil et presque intact, mais c'est quelque chose qui rappelle ce grand cataclysme avec une toute autre origine et de toutes autres conséquences.

Nous sommes très bien reçus dans le séminaire par les Pères blancs chargés de veiller aux collections. C'est là que nous nous rencontrons avec Guy de Maupassant. On nous fait inscrire nos noms sur le livre d'honneur des étrangers. Du séminaire on voit très bien ce qui reste, au moins quant à la forme, des anciens ports de Carthage. Ils devaient être beaucoup plus vastes pour abriter les flottes qui faisaient échec à la puissance romaine, et ont dû être en partie comblés ; ils conservent pourtant la forme de bassins arrondis qu'on dit avoir été celle du temps.

Cette exiguité apparente me surprenait. Elle ne me semblait point en rapport avec ce que devait être la puissance navale de la rivale de Rome. L'ouvrage de Perrot et Chipiez *(Histoire de l'art dans l'antiquité, Paris, 1885)* fournit sur ce sujet des détails qui éclaircissent la question et que je crois utile de reproduire :

« Les ports de Carthage, dit Appien, qui se serait inspiré de Polybe, étaient disposés de telle sorte que les navires passaient de l'un dans l'autre ; du côté de la mer ils n'avaient qu'une seule entrée large de 70 pieds qui se fermait avec des chaînes de fer. Le premier port destiné aux bâtiments marchands était garni d'amarres nombreuses et variées ; au milieu du second était une île. Autour de cette île comme sur tous les bords du bassin régnaient de grands quais. Les quais présentaient une série de cales qui pouvaient contenir deux cent vingt vaisseaux. Au-dessus des cales, on avait construit des magasins pour les agrès. En avant de chaque cale s'élevaient deux colonnes d'ordre ionique qui donnaient à la circonférence du port et de l'île l'aspect d'un portique. Dans l'île on avait construit pour l'amiral un pavillon d'où partaient les signaux de la trompette, les ordres transmis par le héraut et d'où l'amiral exerçait la surveillance.

Ports de Carthage.

« L'île était située près du Goulet ; sa surface avait une élévation sensible au-dessus du plan d'eau, afin que l'amiral vît tout ce qui se passait en mer sans que ceux qui venaient du large pussent distinguer ce qui se faisait dans l'intérieur du port. Les marchands mêmes qui trouvaient un abri dans le premier bassin ne voyaient pas les arsenaux du second ; une double muraille les en séparait et une entrée particulière leur donnait accès dans la ville sans qu'ils eussent à passer par le port militaire.

« Il y avait donc, ajoute Perrot, deux ports, l'un extérieur qui communiquait directement avec la mer, et l'autre intérieur où l'on ne pouvait pénétrer qu'en traversant l'avant-port, le port de commerce qui servait à la fois de vestibule et d'entrée au port militaire. Celui-ci, l'orgueil des Carthaginois, était richement décoré. . . . .

« Depuis la fin du septième siècle de notre ère, l'homme à Carthage n'a plus rien fait pour entretenir son œuvre. Le sol n'en a pas moins gardé la trace encore très visible des travaux qui l'avaient approprié aux besoins d'une grande ville de commerce. Les barques mêmes ne sauraient plus pénétrer dans ces bassins, ceux-ci ont été envahis et presque comblés par la vase. On en distingue encore cependant le contour et on reconnaît jusqu'à l'emplacement de l'île où se dressait autrefois le palais de l'amiral. Eux-mêmes, avec leurs cales et leurs magasins, les quais existent encore cachés sous les bourrelets de sable, sous les touffes de jonc et sous les larges feuilles des figuiers. Dès que l'on creuse à deux ou trois mètres on retrouve les substructions de tous ces ouvrages, puis un peu plus bas le grès argileux dans lequel a été taillée la cuvette même du double bassin ; mais bien avant que l'on en soit arrivé là, des eaux d'infiltration envahissent la fouille et rendent la recherche très difficile ; il faut travailler dans la boue. Le comte Camille Borgia et Beulé ont ouvert des tranchées et fait des sondages sur plusieurs points, mais le premier est mort à la peine tué par les miasmes paludéens. Le second a dû se contenter de relevés partiels. Ceux-ci l'ont amené à conclure que le port intérieur était circulaire, mais on a démontré que le tracé par lui proposé ne soutenait pas l'examen et qu'il était impossible d'y trouver la place de toutes les cales qu'il faut y loger ; de plus, l'hypothèse d'une forme ronde est implicitement démentie par les termes dont se sert Appien lorsqu'il raconte l'attaque des ports par Scipion. Au commencement du printemps, Scipion voulut attaquer Byrsa et celui des ports que l'on appelle Cothon. Pendant la nuit Asdrubal incendia la partie *quadrangulaire* du Cothon, croyant qu'elle serait exposée de rechef aux assauts de Scipion et toute l'attention des Carthaginois étant tournée de ce côté. Mais Lélius escalada par surprise la partie opposée du Cothon qui est de forme circulaire. De ce texte, il semble bien résulter qu'il y avait un ou deux côtés du port qui étaient rectilignes, et un ou deux autres qui dessinaient une courbe circulaire ou elliptique ; ce qui confirme cette interprétation, c'est qu'il suffit de prendre le crayon et de dresser le diagramme du port tel que le comprend Beulé pour se rendre compte des difficultés que suppose sa restitution. »

. . . .

Je suis vivement intéressé par les anciennes citernes qui approvisionnaient Carthage d'eau douce. Elles étaient si merveilleuses de conservation que le gouvernement tunisien — lisez français — les utilise aujourd'hui sans faire autre chose que de les réparer de chaux et de ciment pour l'approvisionnement de la Goulette.

Ces citernes, composées d'un certain nombre de bassins isolés mais communiquant pourtant entre eux, peuvent contenir trente mille mètres cubes d'eau. Elles suffiraient à approvisionner chacun des habitants de la Goulette (5 à 6,000) de dix litres d'eau par jour pendant trois ans, en supposant que pendant trois ans, pas une goutte d'eau ne reviendrait aux citernes. Tel est du moins le calcul du surveillant des travaux. Le travail fait aux citernes est un admirable travail qui fait honneur à l'administration française. Tous les matériaux, chaux et ciment, pour les avoir meilleurs, viennent de France, le ciment vient de Grenoble. Une pente de 22 mètres des réservoirs à la Goulette permettra l'arrivée facile de l'eau qui sera aussi distribuée au palais du bey à la Marsa. C'est encore l'ancien aqueduc descendant de Zaghouan qui fournira l'eau comme il y a deux mille ans. Des tuyaux de fonte de 0,60 d'ouverture amènent l'eau sinon depuis Zaghouan au moins dans une partie notable du parcours ; arrivée à Tunis on substitue des tuyaux de 0,30 aux tuyaux de 0,60, et c'est ainsi que l'eau est fournie aux citernes. Déjà la tranchée est faite et les tuyaux posés dans une partie de la distance entre les réservoirs et la Goulette (4 ou 5 kilomètres).

En quittant les réservoirs nous montons au musée créé dans le Grand-Séminaire pour recueillir tous les objets trouvés dans les fouilles sous la surveillance des Pères blancs (missionnaires d'Afrique). Dans une salle principale de cet établissement plusieurs grands tableaux représentent divers épisodes de la vie de saint Louis; l'un d'eux le montre sur son lit de mort.(1270). Une petite chapelle élevée à quelques pas de là, honore la mémoire du roi de France; on veut croire qu'elle s'élève à l'endroit même où le souverain a cessé de vivre; à proximité des citernes se trouvent d'autres citernes ayant plus ou moins la même date, très anciennes du moins, mais disposées suivant d'autres pentes. On ne les répare pas, elles sont en partie occupées par des familles arabes qui y ont établi leur campement. Nous rentrons à Tunis vers 6 heures. J'avais exprimé à mon guide le désir de pénétrer dans l'intérieur d'une famille arabe. — C'est impossible; mais dans une famille juive cela se peut! Il y a précisément un mariage juif dans la journée et le guide nous promet qu'il nous présentera à la famille et nous fera voir la noce. A peine descendus de voiture, nous nous mettons en route sous sa direction, nous parcourons successivement une foule de petites ruelles plus ou moins sombres et tortueuses dans le quartier arabe; nous arrivons à un escalier raide dans le genre de ceux du vieux Menton, qui nous fait arriver au premier étage d'une maison à cour intérieure carrée comme toutes les maisons mauresques; les chambres ouvrent sur cette cour; dans une d'elles se trouve la noce à table. J'avais bien quelque souci de la réception qui allait nous être faite. Je n'avais pas dépassé la porte et personne n'était avisé de notre venue, que la mariée se lève et vient à nous en me tendant gracieusement la main que je lui serre de bon cœur. C'est une assez belle fille, 18 ans environ, un peu rondelette selon la coutume, brune, les bouts des doigts noircis jusqu'au dessus des ongles; mais quel costume a-t-elle? une jupe, une robe, une chemisette large sur un pantalon, le nom est difficile à dire. Costume d'ailleurs en soie, large, flottant et de couleur vive et claire. De son côté, le marié, grand et beau garçon très brun aussi, une petite touffe de fleurs aux cheveux vers l'une des oreilles, quitte tout à fait la table et nous remercie de la meilleure façon en arabe, traduit par notre guide, de l'honneur que nous lui faisons en venant prendre part à la fête de famille. Il veut nous faire asseoir au milieu des convives ; — nous refusons — alors on nous approche une table; il faut nous asseoir. A notre refus de nous installer au milieu de la noce, on nous sert des verres d'anisette et autres liqueurs, un verre d'eau à lui, et nous causons quelques instants, par l'entremise du guide. Il est vêtu d'une veste bleu clair à la façon des turcos, d'un pantalon arabe blanc, nu tête, je crois, sans fez, ni turban.

Mais les femmes, c'est le costume des féeries de l'Eden, du Châtelet ou des bals masqués : blouses rouges, roses, bleues, vertes, jaunes, éclatantes, qui ne serrent pas la taille et d'où émergent les bras nus dans toute leur longueur ; sur la tête, des sortes de chapeaux en filigrane d'or, tombant droit et sans aucune saillie sur le visage, absolument pointus, au moins pour la mariée et pour quelques autres. Nous demandons le père qui vient, bon homme, en turban et en pantalon bouffant ; la mère, une énorme et placide créature, tout ce monde paraît heureux de nous voir. Je souhaite aux mariés toutes les prospérités, les remerciant de l'amitié qu'ils nous ont fait, je donne un pourboire au coiffeur de la mariée qui reste là, debout, peut-être pour réparer les avaries possibles de la coiffure. On se resserre la main, et je pars très content.

Après dîner, visite à un café chantant et dansant arabe ; trois ou quatre femmes arabes ou juives, jeunes, fortes, chantent d'une façon criarde en s'accompagnant d'une musique impossible ; l'une d'elles a sur la tête une sorte de chapeau tout à fait semblable à celui dont Raphaël coiffe un des personnages qui accompagnent Marie dans son tableau du mariage de la vierge.

La danse est une sorte de pas cadencé et rhythmé plutôt

qu'une danse véritable. La danseuse augmente ses agréments au moyen de deux mouchoirs qu'elle tient un de chaque main et qu'elle promène alternativement sur ses deux épaules sans élégance et sans grâce.

Si la maison des Juifs s'ouvre facilement aux visiteurs étrangers, l'entrée des intérieurs arabes est rigoureusement interdite aux hommes.

Je me rappelle ce détail. A Biskra, que nous verrons bientôt, Chaban, notre guide, avait une petite fille de cinq ou six mois ; elle était malade. Maurice lui propose que je la voie ; il accepte et, de suite, je l'accompagne vers sa maison. Il ouvre la porte et, tout naturellement, sans penser à rien, je me présente pour le suivre ; mais il m'arrête net, sans mauvaise grâce, d'ailleurs, et me prie d'attendre. Il va chercher l'enfant, l'apporte dans ses bras, et c'est dans la rue qu'a lieu la consultation. L'enfant, paraît-il, s'en est bien trouvée.

Cette sévérité pour les hommes est fâcheuse pour les amateurs de couleur locale.

Les Arabes ont confiance dans leurs femmes quand elles sont sous les verrous et ils les enferment ; mais les femmes peuvent pénétrer et elles pénètrent quelquefois. Une jeune femme de ma famille, Madame Gabriel, a eu cette facilité, et je dois à cette circonstance l'occasion de pouvoir présenter au lecteur une esquisse de l'intérieur arabe. J'ai sous les yeux le récit que ma belle-fille a écrit de sa visite ; je le reproduis textuellement.

C'est une page intéressante.

« *Je suis femme et comme telle Mahomet m'autorise à pénétrer dans la demeure d'un croyant.*

« *Un jour donc, à Tunis, je veux user de mon privilège et visiter un intérieur arabe. Un guide s'engage à satisfaire mon désir. Ce guide est un nègre, mais non de la plus belle eau; il a quelque peu déteint au frottement des Parisiens. Car, paraît-il, il a servi dix ans chez M. Charles de Lesseps : il a habité mon quartier, je ne l'y ai jamais rencontré, mais sur ce sol d'Afrique il me fait l'effet d'une vieille connaissance. Aussi je m'enhardis à le questionner :*

il est revenu à Tunis, me dit-il, pour se marier; il s'est payé trois femmes, lesquelles se sont disputées comme des chiffonnières; il a fini par en chasser deux et me fera faire connaissance avec la troisième. Tout d'abord, il me conduit chez une riche dame arabe où il a ses petites entrées, grâce à sa sœur la cuisinière. Nous arrivons par des rues étroites et tortueuses devant une porte basse; après que nous avons fait retomber le lourd marteau, une vieille négresse vient nous ouvrir. Je devine que son frère me recommande à elle; sur ce, elle me confie à l'eunuque pour m'introduire; je traverse une cour intérieure, la cour mauresque, où le soleil ne pénètre jamais. La maison n'a aucun caractère particulier : elle se compose d'un rez-de-chaussée et d'un premier. Les pièces n'ont de jour que sur la cour, aussi sont-elles sombres et tristes. L'eunuque m'amène à sa maîtresse, une jeune personne de dix-huit ans, petite, potelée, gracieuse, aux cheveux d'ébène, aux yeux de jais ombragés de longs cils. Les traits sont un peu forts mais réguliers, la physionomie douce et aimable. Son costume est d'une fraîcheur douteuse et d'une simplicité maigre. Elle a été élevée à Tunis. La jeune femme me propose, dans le plus pur français, de visiter ses appartements et je la suis. Au rez-de-chaussée, nous entrons dans une pièce étroite et longue : la chambre nuptiale. Elle a pour principal meuble une immense couchette encastrée dans le mur à ses deux extrémités et n'appuyant pas sur le sol, comme sont les lits des navires. Les rideaux et les tentures sont de damas, les meubles aussi avec bois dorés; le tout est d'occasion, acheté chez quelque juif de bazar et entassé pêle-mêle et sans goût. Sur les consoles, sur les tables, sur les murailles, un peu partout, sont posés ou accrochés des pendules, des horloges, des réveils-matin. L'Arabe doit trouver merveilleuses ces machines qui sonnent et marchent toutes seules, de même que l'enfant écoute avec extase le tic tac de la montre.

« *Nous montons au premier, nous sommes dans une galerie formant boudoir; j'y vois des divans, des coussins, des étoffes drapées, des chibouks en panoplies et un piano. Une petite négresse de huit ans m'apporte une tasse de café, je la refuse; mon hôtesse la boit à ma place et à ma santé, puis elle se met au piano et du bout des doigts sème sur le clavier quelques notes d'une valse de Strauss. Nous causons un peu : elle me raconte comment elle a été élevée. La liberté dont elle a joui, jeune fille, lui rend insupportable sa réclusion de femme mariée. Elle est malade d'ennui. Elle reçoit des journaux de mode français pour se distraire, me demande de lui écrire et de lui envoyer quelques chiffons à mon retour à Paris. J'ai pris sur mes genoux son fils, un blondin de deux ans, aux yeux bleus langoureux, pâle et doux comme un agneau. Je lui ai donné un sac de bonbons sur lequel sa mère jette des regards de convoitise. Elle et moi sommes déjà deux amies; aussi m'introduit-elle dans son tabernacle : une petite chambre avec la grande couchette de rigueur. C'est là qu'elle cache ses trésors dans une table de nuit vide de son habitant que l'on aperçoit là-bas sous un meuble. Elevée au rang de vitrine, cette table de nuit contient, en fait d'objets d'art, des réveils-matin, des pelotes du magasin du Louvre, des faïences à deux sous et autres bimbeloteries. Avant de sortir, la gourmandise l'emportant, la mère dépouille l'enfant du sac de bonbons qu'elle enfouit sous le matelas du lit.*

« *Nous redescendons dans la cour et nous entrons dans la pièce où se trouvent les femmes. Mon hôtesse me présente à sa belle-mère, figure de vieille figue desséchée, et à ses suivantes. L'une d'elles, à mine délurée, assise par terre comme un tailleur, travaille avec une petite machine à coudre à la main. Elle me dit en minaudant :* « *Machine jolie, moi jolie kif kif!* » *Tout ce monde regarde mes mains vides et voudrait en voir tomber une pluie de friandises. La dame de céans n'a point de rivales, d'après ce que m'a expliqué en route mon négro ; son seigneur et maître l'a prise de bonne famille et l'a payée huit mille francs. Le chic consistant dans tous les pays du monde à faire autrement que les autres, tout musulman dans le train ne prend qu'une seule épouse légitime. Avant de m'en aller, je jette un coup d'œil sur la cuisine : elle a l'air misérable, point de casseroles au mur, un fourneau en briques, je ne vois rien d'autre. Je dis adieu à mon amie d'un jour, car nous nous étions promis de nous écrire et nous n'en avons rien fait. Je lui ai envoyé quelques menus objets qu'elle m'avait demandés, elle ne m'a pas répondu, son mari a-t-il refusé de l'autoriser?*

« *Mon négro me conduit ensuite chez un ex-ministre du Bey. Il n'habite point un palais, mais une grande maison très joliment située en dehors de la ville et sur la falaise. L'ancien ministre sortait comme nous arrivions. Mon guide me présente à lui ; c'est un homme très courtois qui m'offre aussitôt de me faire les honneurs de chez lui. J'accepte et nous montons par une échelle de meunier au premier étage où perchent les dames. Sa femme est une grosse ma-*

trone, à la taille avachie; sa fille, pas jolie du tout, a coiffé et décoiffé sainte Catherine. Les pièces sont grandes, l'ameublement de mauvais goût, mais on sent qu'on est chez des gens riches. C'est toujours un entassement de divans, de tables, de tabourets bruns à incrustations de nacre. La plus jolie pièce de l'appartement est une véranda d'où la vue embrasse tout le lac de Tunis.

« L'ex-ministresse et sa fille ne comprennent pas un mot de français; assises sur des divans dans le salon, nous nous regardons dans le blanc des yeux. On apporte le café et comme je refuse énergiquement d'en prendre, ce qui — je l'ai su depuis — porte malheur à ceux qui vous en offrent, elles deviennent taciturnes et j'ai hâte de m'en aller autant qu'elles de me voir partir.

« Quelle est l'impression que m'a laissée cette journée? J'ai vu des types curieux, des coutumes intéressantes. Je plains de tout mon cœur les femmes arabes, car être condamnée à la réclusion, à l'inaction, à l'isolement sans fin, quel supplice! Mais je suis désappointée de n'avoir trouvé aucune demeure vraiment belle et originale, tant au point de vue de l'architecture qu'à celui des objets qu'elle renferme.

« Je crois pouvoir dire sans indiscrétion que le nom de ma jeune Arabe est madame Chadli-Merad, rue des Arcs, Tunis. »

Vendredi 21. — Le matin, en voiture, visite à une extrémité de la ville, au marché de bestiaux ; physionomie absolument arabe, quelques chevaux, beaucoup de bœufs, vaches, chèvres, moutons. Un jeune cheval de quatre ans, sans tares apparentes, point mal, gris fer, vendu aux enchères, ne trouve pas acquéreur à 125 francs. Ensuite, nous voyons les abattoirs situés tout près de là. Grands et beaux bâtiments tout neufs, élevés par l'administration française. Chaque nationalité : chrétiens, arabes, juifs, y a son local particulier pour y tuer les bêtes à la façon de sa race. Nous retournons en ville pour visiter un palais non habité du Bey. En passant près d'une fontaine, une dizaine d'hommes, suppléant les femmes toujours absentes, lavent le linge sale, mais ils le font debout, en piétinant le linge avec leurs pieds servant de battoir.

Le palais du Bey n'a qu'un intérêt médiocre, c'est toujours

le bâtiment arabe avec la cour intérieure entourée de colonnes. Partout des arcades à plein cintre. C'est là que le Bey vient de sa résidence de la Marsa rendre la justice, me disait-on, tous les samedis. La salle de justice est assez belle, très dorée, et dans le goût arabe naturellement. On nous montre aussi les appartements privés. Ils n'ont rien de bien remarquable. L'une des pièces a ses ouvertures sur une sorte de petite place ou galerie couverte, inférieure, où se tenait jusqu'à encore une quinzaine d'années le marché aux esclaves. Du haut, le Bey voyait la marchandise et commandait de l'acheter si elle lui plaisait. Détail tout intime : à côté de la chambre à coucher, le cabinet d'aisance ; pas de siège d'aucune sorte, une ouverture de 0,25 à 0,30 centimètres de diamètre percée au niveau du sol compose tout le système, c'est absolument primitif. L'établissement de la dernière de nos gares n'est guère plus mal agencé.

Des terrasses supérieures du palais, très belle vue sur la ville, les environs, la mer. Physionomie de la ville absolument orientale avec la blancheur des édifices, les flèches pointues des mosquées, le globe arrondi des marabouts.

Nous avons renvoyé la voiture pour renouveler une promenade aux Souks où les voitures ne pénètrent pas. Maurice achète quelques menues parfumeries. Je ne réussis pas à trouver, selon ma convenance, des pantoufles de couleur locale ; je réussirai mieux, j'espère, à Constantine. Après déjeuner, une voiture de place, bien tenue, nous mène au palais du Bardo, résidence abandonnée des Beys. Quelques canons sont dans la cour. Le palais est en désordre et paraît tomber en ruine. Une grande et vaste salle est ornée du portrait de divers souverains : Louis-Philippe, parfaitement reconnaissable, en tapisserie des Gobelins bien conservée, Napoléon III, un archiduc d'Autriche, Victor Emmanuel, etc.

A côté du Bardo, à quelques centaines de mètres, un autre palais, Ksar-Saïd, en meilleur état, résidence ordinaire de l'ancien Bey qui y mourut, empoisonné dit-on, palais délaissé par le Bey actuel qui lui préfère la Marsa. C'est dans une salle du Ksar-Saïd que fut signé par le Bey le traité dit du Bardo, que lui présentait le général Bréard arrivé avec un seul escadron de cavalerie.

La salle en question n'a aucun caractère, c'est une pièce petite, reculée, où s'était caché, à ce qu'on nous raconte, le Bey, mourant de peur d'être tué par nos soldats ; on nous montre l'encrier et la plume qui signa le traité. Ce n'est pas même une plume, c'est un morceau de roseau non fendu taillé en plume ; elle a dû faire une signature dite *illisible*. Gratification de *deux francs* au colonel ou général qui nous fait visiter le palais. C'est un trait de mœurs. Il m'a fallu être bien édifié à l'avance pour que j'ose me risquer dans une pareille offre à un officier supérieur.

L'abandon du palais nous permet de voir le harem vide.

Une vaste pièce toujours à la mauresque entourée de colonnes supportant des arcades à plein cintre avec des galeries latérales servait de grand salon, de réunion principale aux femmes. Sur deux côtés deux grandes chambres à coucher. Les femmes couchaient ensemble par huit, dix, douze dans de grands lits ayant environ trois mètres de large sur quatre mètres de long. Elles couchaient soit côte à côte dans le sens de la largeur, soit pied à pied dans le sens de la longueur.

Plusieurs petits salons particuliers au voisinage des chambres à coucher, pour les conversations intimes. Les chambres ouvrent par de larges fenêtres ou galeries vitrées sur les jardins et la campagne ; mais ces galeries sont pourvues d'un grillage de bois peint en vert ; la maille de l'entrecroisement ne laisse guère plus d'un centimètre d'ouverture, permettant aux femmes de voir un peu, mais empêchant absolument qu'elles soient vues du bas.

Toutes les glaces, miroirs détachés, portes d'armoires à glace, ont une forme elliptique. Celles qui ne l'ont pas par la coupure même de la glace, l'ont artificiellement par des baguettes de cuivre rapportées et disposées de façon à circonscrire une forme elliptique ; pourquoi ? je ne l'ai pas demandé à notre guide, et je n'ai pas précisément la réponse.

Dans les jardins, de nombreux orangers chargés de fruits,

ni plus ni moins qu'à Menton ; nulle part de citronniers. Dans la campagne assez cultivée, les oliviers sont nombreux, mais ils paraissent maigres, maladifs et sont loin d'avoir la luxuriance de ceux de Menton.

Nous passons devant la Manouba, caserne française de spahis et d'artillerie. En rentrant à Tunis, nous voyons sur le terrain de manœuvre un régiment de zouaves faisant l'exercice avec la vigueur et la précision d'une troupe d'élite. A l'entrée même de la ville, en dedans des murs, se voit une belle et vaste fontaine publique, où sous forme d'une très grosse colonne d'eau jaillit l'eau venant de Zaghouan et devant alimenter Tunis et La Goulette. Cette dernière ville sera approvisionnée par l'intermédiaire des bassins qui forment les anciennes citernes de Carthage et dont nous avons parlé déjà. A quelques mètres de la fontaine dont il s'agit, l'administration française construit un vaste réservoir où l'eau sera emmagasinée pendant la nuit pour desservir Tunis dans le jour et fournira aussi la nuit aux réservoirs de Carthage.

A quatre heures nous sommes rentrés en ville. Je vais voir l'école Saint-Charles. Je croyais que c'était l'école primaire offerte aux enfants du pays pour leur apprendre le français ; ce n'est pas tout à fait cela : le Père supérieur (ordre des missionnaires d'Afrique) me donne obligeamment quelques détails.

Dès avant l'occupation française, le cardinal Lavigerie avait installé dans le beau bâtiment qui fait aujourd'hui le grand séminaire, près de Carthage, une école primaire et secondaire. Après l'occupation, le gouvernement français se mit d'accord avec le cardinal sur le chapitre *instruction publique*. Le cardinal établit son grand séminaire près de Saint-Louis et ramena son école à Tunis sous le nom d'école Saint-Charles. Il fit construire les bâtiments dans une position salubre, près de la Marine. Les bâtiments sont vastes et me paraissent bien aménagés. Il y a 250 élèves que l'on prépare aux carrières libérales, au commerce, au baccalauréat ; c'est un établissement uniquement d'instruction secondaire. Les professeurs sont nommés par l'université de France et pourvus de leurs grades universitaires. L'instruction primaire se donne en ville, soit dans quelques écoles relevant directement du gouvernement français, soit dans des écoles libres dirigées par des *sœurs*. Filles et garçons représentent, me dit le Père supérieur, un personnel de 7 à 8,000 enfants pour toute la Régence. Il ne peut pas être question, aujourd'hui du moins, d'appliquer en Tunisie la loi sur l'enseignement primaire obligatoire du 28 mars 1882. On ne peut évidemment que stimuler les esprits et recueillir les bonnes volontés qui viennent s'offrir.

La conversation durait depuis quelque temps : je dis au Père :

— Je crains d'abuser de vos instants.

Il tire sa montre et répond : Non, jusqu'ici, mais dans un quart d'heure je suis obligé de vous quitter ; à cinq heures j'ai à faire une leçon de politesse et de morale. Et comme mon visage marque sans doute quelque surprise : — Cela vous étonne ; oui, un cours de politesse et de morale. La morale ne saurait être mieux placée que dans ce pays où elle est bien oubliée. La politesse reste une vertu française et c'est encore un moyen de servir la France.

Je restai et je demeure confondu d'une si belle pensée. Et depuis je ne manque pas de raconter l'incident toutes les fois que l'occasion se produit.

En quittant Saint-Charles je vais jusqu'au bout de la *Marine*, longue et belle promenade ou boulevard créé ou fort amélioré par l'administration française. Au bout de la Marine, un petit chenal long d'une centaine de mètres et large d'une vingtaine, communique avec la mer ; on y voit amarrés un certain nombre de petits bateaux pontés pour la pêche ou le service du port. A droite et à gauche des constructions neuves servent d'entrepôt aux marchandises. Nous regretterons Tunis, sa forte couleur locale, ses costumes éclatants, le pittoresque de toutes ces jambes nues qui courent, généralement sans chaussures, dans la poussière, dans l'eau et dans la boue, surtout dans la boue que nous avons trouvée en arrivant comme en plein Paris. Mais le temps est doux et ne sent pas l'hiver.

Samedi 22. — Départ de Tunis pour Bône à cinq heures du matin. Nous partons en compagnie d'un capitaine d'infanterie et d'un ménage français jeune et de mine avenante.

Le mari est un ingénieur qui exploite pour son propre compte, aux environs de Béja, dans les terres, à une trentaine de kilomètres de tout centre peuplé, des mines de zinc très abondantes nous dit un peu plus tard, quand ils nous ont quittés à Souk-el-Arba, le capitaine qui les connaît. La femme paraît très simple et fort satisfaite de cette existence un peu sauvage et primitive. Elle doit, nous dit le capitaine, prendre un costume d'homme en quittant le wagon pour monter à cheval et gagner, après cinq ou six heures de marche, leur habitation. Celle-là au moins, qui est jeune, bien et pourrait se dire Parisienne ou tout au moins de bon monde, trouve certainement qu'il y a encore quelque satisfaction parfois à vivre de la vie de son mari.

A peu de distance de Tunis nous croisons encore les beaux restes de l'aqueduc romain de Zaghouan. Nous courons dans une plaine assez aride, sableuse, marécageuse comme celle qui sépare La Goulette de Tunis ; quelques rares parties sont en culture, le reste est couvert de maigres broussailles ou de mauvaises herbes ; quelques animaux chétifs, chevaux, bestiaux paissent de ci de là avec quelques chameaux qui ne sont pas brillants mais qui semblent être pourtant un peu plus présentables. A droite, à gauche, de temps en temps, plus ou moins rapprochées de la ligne, sont des habitations isolées ou mieux des groupes de tentes arabes. Ces villages sont dignes des temps primitifs de Jacob et de Rébecca. Ils ne sont pas bâtis, ce sont de véritables huttes, couvertes de mauvaises toiles ou couvertures qui, relevées et soutenues au centre par des piquets intérieurs, descendent jusqu'à terre, ouvertes généralement du côté de l'Est ; d'autres, un peu plus grandes, ont la tente appuyée à sa périphérie, sur quelques fascines ou mauvais soubassement de terre ou de pierrailles qui en augmentent la hauteur et les dimensions. Quelques laboureurs déguenillés, sordides, écorchent la terre avec des charrues qui n'en sont pas, représentées par un morceau de bois informe, tirées par quelques haridelles étiques, deux vaches ensemble, une vache avec un cheval, un âne et quelquefois la femme, oui la femme attelée avec l'un quelconque de ces quadrupèdes. Les harnais sont de mauvaises cordes et le tout a un aspect misérable.

A Souk-el-Arba, petit centre d'administration française, notre ingénieur et sa femme nous quittent. Nous trouvons une tasse de café. Il est neuf heures. Des massifs d'eucalyptus principalement, quelques groupes de mimosas, de trembles, d'oliviers sauvages cotoient la ligne de fer surtout au voisinage des gares. Nous avons traversé celle où, au début de la guerre franco-tunisienne, tout le personnel fut massacré par les Arabes. L'un d'eux seul parvint à échapper; il resta toute la nuit dans un puits ayant l'eau jusqu'au cou pendant que les Arabes puisaient de l'eau, ou jetaient sur sa tête ce qui pouvait les gêner.

Au-delà de Souk-el-Arba, le paysage devient un peu meilleur. On y voit les mêmes cultures de blé interrompues par des broussailles ou la lande inculte, les mêmes animaux, les mêmes villages arabes, les mêmes indigènes, tous et toujours en burnous sale et pieds nus. Toujours point de femmes.

A Ghardimaou on quitte la Tunisie pour l'Algérie proprement dite. La douane française, peu sévère, ne fait même pas ouvrir le bagage des quelques Français que porte le train. Il est onze heures et demie. On déjeûne. A partir de Ghardimaou on entre dans la montagne; on cotoie la Medjerda, rivière sale, boueuse, qui coule généralement comme en pays montueux, entre bords plus ou moins escarpés. La montagne n'est pas nue; elle est couverte de broussailles, de myrtes, d'oliviers sauvages. Point de haute futaie, point de pins, ni d'orangers, ni de citronniers; toujours des bosquets d'eucalyptus, surtout au voisinage des gares. Les bestiaux deviennent un peu meilleurs. Les Arabes sont aussi sales.

Le train monte péniblement avec d'assez nombreux circuits

pour diminuer les pentes. Vers quatre heures on atteint Souk-Arhas, centre français plus important ; on est à peu près au sommet des escarpements. De là on descend dans la plaine au moyen de lacets nombreux à rayon parfois très court qui me rappellent les courbes sur le chemin de fer des Apennins de Florence à Gênes. A un moment les coteaux moins boisés forment une vaste surface verdoyante, une prairie accidentée comme celle des Vosges ou du Morvan ; c'est la station de la *Verdure ;* elle mérite son nom. On arrive tout à fait dans la plaine, et l'on trouve la station de Duvivier, où changent de train les voyageurs qui vont à Constantine ; nous continuons sur Bône où nous arrivons à sept heures et demie du soir.

Dimanche 23. — Bône, ville absolument française, ne présente pas l'intérêt spécial de Tunis. Assez belle ville du reste, assise au pied de la montagne sur le bord de la mer qui lui donne un beau port avec bassins de construction récente. Belle place entourée d'arcades monumentales. Palmiers, eucalyptus, point d'orangers ni de citronniers. Nous sommes logés sur la place à l'hôtel d'Orient. La statue de Thiers est au bout de la place, côté de la mer. Que peut-elle bien être venue faire là ?

Nous montons près des casernes françaises sur un point élevé d'où l'on a une belle vue sur le port, la ville, la mer, la montagne qui forme à la ville une bordure boisée d'un effet pittoresque. Rien de bien intéressant dans les rues. Le quartier arabe n'est presque plus rien. Les Bédouins sont rares, on les retrouve pourtant. C'est toujours le même type.

A deux heures et demie, ce même jour 22, dimanche, nous quittons Bône pour Constantine.

La plaine où court le train est d'une grande fertilité, couverte de vignes nombreuses, bien cultivées et plantées toujours en ligne. Les routes de plants sont espacées d'une distance qui varie approximativement de $1^m.30$ ou 40 à $1^m.60$ ou 80. Les souches au lieu d'être taillées à un seul brin comme chez nous, portent *tous* leurs brins taillés à une quinzaine de centimètres au-dessus de leur souche, ce qui donne à celle-ci l'apparence d'une petite tête de saule émondée de ses branches. La terre a sans doute assez de force et de chaleur pour nourrir toute cette végétation et la mener à fruit. Sur notre droite, à une certaine distance, la montagne toujours verte, boisée, fournit un aspect très pittoresque. Toujours des eucalyptus, quelques rangées de belles cultures de blé. A St-Joseph, je suis étonné de voir cinq ou six habitations représenter à peu près seules la station. C'est ou ce devait être, me dit le chef de train, un village important. Le génie militaire l'avait tracé sur d'assez grandes dimensions, y indiquant des routes, la place de l'église, de la mairie. Le village s'est mal réalisé, parce que sans doute la situation, la théorie, avaient seuls présidé à sa naissance que la nature du sol et l'intérêt des colons ne justifiaient pas au même titre. Le village ne s'est pas peuplé et même il se dépeuple, c'est une fausse manœuvre, comme il y en a eu tant en Algérie.

Déjà, en effet, la plaine est beaucoup moins bonne, on rentre dans la montagne boisée de myrtes, de broussailles, d'oliviers sauvages au milieu desquels circulent quelques bestiaux et apparaissent quelques rares habitations arabes. On cotoie pendant assez longtemps et jusque vers Duvivier, où se fait le croisement des lignes, une rivière sans importance, la Seibouse.

Tous ces Arabes, du reste, sont très pacifiques, même polis. A Bône, au guichet, l'un d'eux, sans que j'aie pourtant manifesté aucune impatience, se trouvant devant moi insiste gracieusement dans un langage mixte pour me céder sa place. Au surplus, il faut le constater, bon gré, mal gré, qu'on le regrette ou non, ils s'européanisent. Un certain nombre sont employés comme hommes de peine sur la voie, avec leur face plus ou moins nègre, leur turban, leur large pantalon, mais quelques-uns, tout en conservant les jambes nues ont le brodequin à la française. D'autres ont un turban et une blouse sur une culotte large, ou le turban seul avec la blouse et le pantalon.

A Duvivier, cinq heures et demie, nous dînons et reprenons le train pour Constantine. Il fait nuit, on ne voit plus rien ; on devine cependant toujours la montagne. A Kroubs, on change de voiture. Il faut attendre pour cela le train d'Alger. Il arrive à près de minuit avec trois quarts d'heure de retard. Il est une heure du matin quand nous entrons à notre hôtel, Grand-Hôtel du Louvre, médiocre. Toute la journée, il est tombé un peu de brouillard humide ; vers trois ou quatre heures la pluie s'était épaissie. Elle persistait quand nous entrions à Constantine.

Lundi 24. — La pluie continue. Constantine est dans un brouillard épais. Une boue abondante inonde les rues et les places. Il fait froid. Ce n'est plus la température de Tunis ou même de Bône. Las de patauger dans l'humidité froide, nous rentrons à l'hôtel espérant pour l'après-midi un temps meilleur. Vers onze heures la pluie cesse, le brouillard se dérobe, le soleil se montre, mais sans beaucoup d'éclat. Constantine, située à une assez grande altitude (quatre ou cinq cents mètres), est assise sur un rocher nu entouré de ravins et de vallées où le vent souffle à plaisir. Il y a de la neige sur les montagnes voisines. Une partie de la ville s'abaisse en pente douce vers un de ces ravins où coule à une grande profondeur, encaissé dans le roc, le Roumel, petit cours d'eau sans importance par lui-même mais très digne d'intérêt par son encaissement et la profondeur où on l'entend mugir. De grands oiseaux, qu'on peut nommer des aigles, tournoient au soleil en s'appelant de leurs cris au-dessus des rochers qui bordent le cours d'eau.

Ce sont les conditions topographiques du Roumel qui, au temps de la conquête, ont conduit l'armée française à diriger son attaque juste du côté opposé où il coule. Tout autour de la ville, dans un grand lointain, c'est un pays de montagnes ou de collines variées offrant un panorama très pittoresque que l'on découvre aisément de plusieurs points des anciens remparts.

Constantine garde encore son caractère arabe très accusé. Les indigènes en très grand nombre circulent dans les rues avec leurs costumes, leurs ânes, leur type que nous connaissons bien déjà. Mais ils ont presque tous l'air misérable.

Ils sont loin de montrer les beaux types et les beaux costumes de Tunis. Après déjeuner, une voiture nous mène voir le quartier de la brèche où fut donné l'assaut qui permit aux Français d'entrer à Constantine (1837). C'est là, à 80 ou 100 mètres des remparts, que fut tué le général Damrémont, la veille de l'assaut. Tout près de là on commence d'abattre une énorme montagne qui favorisera d'une double façon le développement de la ville, par la surface devenue libre de la montagne abattue, par les précipices remplis au moyen des terres de la montagne. Nous visitons ensuite le dépôt des étalons, la caserne du 3ᵉ chasseurs à cheval, située assez loin sur un plateau très élevé : — d'un point de ce plateau et de la caserne même on a une vue magnifique sur Constantine et les vallées inférieures ; — un peu avant d'arriver à la caserne, on passe devant la villa Chambige où s'accomplit le triste drame qui coûta la vie à Mme Grille.

Une légende circule à Constantine sur l'affaire Chambige. Celui-ci aurait entraîné Mme Grille à la villa de famille sous le prétexte d'une visite à sa sœur à lui, prétendue malade. Là, il lui aurait fait prendre un narcotique, on dit poison, pour en abuser. C'est déjà bien romantique, mais ce somnifère aurait été trop violent, et Mme Grille y aurait succombé. Alors, désespéré, il aurait imaginé le thème d'un double suicide, par amour. Tout cela est étrange et la vérité n'a pas apparu bien claire au cours du débat.

En rentrant à Constantine, nous voulons visiter une mosquée. Le gardien ne s'y refuse pas, mais il veut nous faire enlever nos chaussures. La crainte d'une grippe par le temps qu'il fait est plus forte que ma curiosité, et je remets à un autre moment la visite sainte.

Nous terminons la journée par une assez longue promenade au quartier arabe fort intéressant aussi, et rappelant avec moins de caractère et d'ampleur celui de Tunis.

Mardi 25. — C'est la Noël. Le temps un peu meilleur qu'hier est encore assez triste et brumeux. Je me suis refroidi dans la pluie et la boue de l'arrivée. Je suis mal à mon aise et crains la grippe. Je garde le lit une partie de la journée pour pouvoir suffire au reste du voyage. Je laisse Maurice faire seul l'excursion de Philippeville qui ne présente du reste qu'un intérêt médiocre. Dans l'après-midi je fais une nouvelle promenade dans le quartier arabe. Je me perds un peu dans toutes ses ruelles, détours et cloaques. C'est curieux mais sale. J'y revois ces Bédouins entassés parfois dans de sordides cafés, véritables tanières où ils sont assis par terre sur des nattes, les jambes croisées, ou bien accroupis de la même façon sur des espèces de banquettes placées à 0^m.60 ou 0^m.80 du sol.

A huit heures du soir, Maurice revient de Philippeville, médiocrement enthousiaste de son excursion.

Mercredi 26. — Nous quittons Constantine pour Biskra à sept heures et demie du matin. Il fait un froid assez vif. Il a gelé. Tous les wagons sont couverts de givre. De Constantine à ses environs rapprochés, le paysage est montueux, accidenté, assez bien cultivé; mais bientôt le paysage se dessèche, ce ne sont plus que montagnes dénudées, arides, rocheuses. Il n'y a pour ainsi dire plus de terre végétale, tout est cailloux sur le sol du chemin.

A El Guerrah, le chemin de fer bifurque moitié sur Alger, moitié sur Batna, El Kantara et Biskra; nous ne quittons notre train que pour une tasse de café. A partir de ce point, le pays est toujours montueux mais moins désolé et meilleur. A chaque instant, nous croisons des Arabes labourant ou plutôt grattant la terre avec leurs haridelles et leurs façons de charrue, des Arabes voyageurs, des troupes de chameaux, des bestiaux, surtout des moutons. Il est une heure quand nous arrivons à Batna pour déjeuner. Petite ville assez importante, à peu près toute française et surtout militaire. Avant Batna, nous avons côtoyé un chott salé, assez étendu qui a donné son nom à la station *des lacs*. Avant Batna aussi et à partir de El

Moader, le pays redevient sauvage et inculte. A mesure qu'on approche d'El Kantara, il devient plus sauvage encore. Il n'y a plus trace de végétation. Les montagnes se hachent, se découpent sèches et pierreuses, en silhouettes pittoresques mais arides, et le chemin de fer reprend ses circuits et détours à court rayon pour descendre de la montagne dans la vallée. A El Kantara, nous prenons des billets pour Biskra, notre billet circulaire s'arrêtant à El Kantara. Très peu après El Kantara, deux ou trois tunnels et nous arrivons tout à coup sur une forêt véritable de palmiers qui rappelle la verdure des oasis. Ce massif de palmiers se trouve au pied même d'un haut rideau de montagnes qui concentrent sur lui les rayons du midi, comme il en est à Menton. C'est une situation analogue.

Au milieu de ces palmiers, deux villages arabes du plus pur aspect oriental. Au-delà le paysage reparaît tout à coup sec, nu, aride. C'est certainement le désert qui commence et s'accentue agrémenté pourtant d'un ruisseau qui fait pendant quelques instants compagnie au train.

Il est près de six heures et nuit close quand nous arrivons à Biskra.

Depuis longtemps nous circulons dans la solitude; ce qui me surprend dans ce long voyage depuis Tunis, c'est l'absence de population et aussi de commerce apparent. En passant à El Kantara, je dis un mot sur ce point au chef de gare. Détrompez-vous, me répondit-il. Il y a souvent plus de voyageurs que vous ne pensez et quant aux marchandises, dans la saison des dattes qui se termine ou va finir, il passe ici chaque matin cent quinze tonnes, c'est-à-dire cent quinze mille kilog. de marchandises.

Je crois en descendant du train que nous allons tomber dans un pays perdu et dans un milieu de sauvages. Pas du tout. Nous sommes accueillis par une nuée d'Arabes qui parlent généralement français et qui se disputent notre bagage comme dans les pays les plus civilisés.

Nous sommes adressés à l'hôtel du Sahara : un omnibus nous y conduit. Le guide arabe de l'hôtel, Chaban, brave garçon parlant bien le français, nous a saisis à l'arrivée et immédiatement nous prenons nos dispositions pour le lendemain. Nous sommes dans un hôtel propre, bien tenu, les chambres éloignées du dehors par une galerie, pour plus de fraîcheur, et le commis-voyageur y brille par son absence.

Après dîner, Chaban nous conduit dans un café arabe où doivent danser les Ouled-Naïl. La couleur locale ne manque pas ; le café comme ceux du voisinage est rempli d'Arabes très bon teint qui font une large tapisserie de burnous blancs. Le spectacle en est curieux. La danse est sans véritable intérêt. Les filles, très jeunes nous dit-on, peintes à outrance, vêtues de couleurs vives, la tête pour quelques-unes ornée de beaucoup d'orfévrerie commune, dansent seules l'une après l'autre, nos pieds dans la poussière et la saleté d'une pièce qui n'est ni carrelée ni parquetée. Le principal de leur affaire, c'est un balancement des hanches, un dehanchement du bassin qui veut être provoquant et séducteur et qui n'est rien moins que gracieux. Les Arabes ont sans doute plus d'indulgence pour ces marchandes d'amour.

Jeudi 27. — A huit heures du matin, devant l'hôtel, nos chevaux nous attendent pour une longue course dans le désert. Il faut tout emporter, vin, eau, assiettes et vivres. Chaban organise comme il peut la victuaille devant et derrière sa selle. Tout cela a pris du temps, il est neuf heures quand nous partons. De tous côtés, ce ne sont que palmiers partout et petits cours d'eau frais et limpides.

Biskra est vraiment la première oasis du désert ; nous avons pu voir déjà qu'en réalité le désert s'accuse bien avant Biskra. J'ai compris dans notre excursion que je vais raconter comment Biskra jouit d'une eau vraiment abondante. Les montagnes voisines d'El Kantara filtrent l'humidité vers la plaine où dort Biskra. En quittant la ville, nous montons par une pente très douce et presque insensible jusqu'au Bordj-Saada pendant 28 ou 30 kilomètres ; à partir du Bordj, on reste sur un plateau élevé pendant une vingtaine de kilomètres ; puis le terrain s'abaissant de nouveau sur une faible pente encore pendant cinq ou six kilomètres, nous conduit à la deuxième oasis, celle de Chegga, où nous devons passer la nuit. Donc, toutes les eaux qui tombent sur la longue pente qui marque la distance entre le Bordj-Saada et Biskra descendent lentement vers cette dernière ville. Il en est de même pour celles qui tombent sur le versant qui succède au vaste plateau intermédiaire, versant qui aboutit à Chegga, la deuxième oasis. La fraîcheur et la belle végétation de ces localités sont dès lors faciles à comprendre.

Enfin nous sommes sortis de Biskra. Nous avons dépassé les derniers palmiers qui nous ont accompagnés jusqu'ici. Quelques très beaux champs de blé enrichis par la fraîcheur du sol se déroulent sous nos yeux, puis ils deviennent rares. Nous entrons dans un pays nu et desséché.

Nous sommes en plein désert.

Ce n'est pas tout à fait ce que j'attendais. Je croyais trouver une immense plaine de sable nu, sec, mobile sous le vent, sans trace de chemin, absolument aride. Ce n'est pas précisément cela. Nous suivons un chemin tracé, frayé, qui permet même le passage quotidien d'un courrier entre Biskra et Tougourt. Tout autour de nous, ce n'est pas le sable pur; c'est bien une vaste solitude, mais elle est couverte d'une immense quantité de petits monticules garnis de broussailles, d'ajoncs, de mauvais rejets d'oliviers sauvages qui fournissent encore quelque maigre pâture aux bêtes des Arabes nomades qui de ci, de là passent ou séjournent un peu dans la plaine. Ces monticules qui, pour l'apparence, rappellent assez les grosses taupinières de nos pays n'ont pas plus de 40, 50, 60 centimètres de hauteur avec une base correspondante. A chaque instant nous croisons des caravanes : les unes descendent vers Biskra; les chameaux sont chargés de dattes; les autres remontent vers le Bordj et Tougourt; ceux-là remportent de fortes charges de blé. A de fréquents intervalles se voient les ossements, les squelettes de chameaux qui ont péri abandonnés sur le chemin. Le temps est beau, la chaleur très accusée rappelle le temps d'un joli mois d'août ou de septembre dans nos pays. De temps à autre, pour rompre la monotonie du voyage, nous exécutons des charges au galop qui se compliquent du déplacement de nos vivres sur le cheval de Chaban, ce qui nous force à modérer notre ardeur. J'avais ôté mon paletot que Maurice avait logé dans une musette pendue à la selle de son cheval. Dans l'une de nos galopades, la corde qui suspendait la musette aura sans doute cassé ; musette et paletot avaient disparu quand nous arrivons au Bordj-Saada où nous entrons vers une heure pour déjeuner. C'est un contretemps parce que je n'ai pas d'autre vêtement supplémentaire pour notre voyage et je puis en avoir besoin.

Le Bordj est un vaste bâtiment carré, sorte de petit fort établi comme gîte d'étape par le gouvernement français pour y recevoir et loger ou les colonnes de troupes ou les militaires isolés qui vont de Biskra à Tougourt. Un caïd aux ordres du gouvernement y est établi en façon de sous-préfet pour mettre de l'ordre dans les passages et surveiller ce qui se fait dans le pays.

On déballe nos provisions. Le caïd, qui parle assez bien français, met à notre disposition une pièce où nous pouvons trouver de l'ombre, ce que nous apprécions fort, car le soleil est chaud. Elle est nue, par exemple, la pièce. On y apporte deux chaises et une table boîteuse qu'il faut appuyer contre le mur pour la soutenir ; nos chevaux sont tenus en main, au plein soleil par un petit Arabe et ne mangeront pas parce que, paraît-il, ils doivent boire d'abord, et qu'ils ne peuvent pas boire ayant chaud.

A deux heures et demie, au moment de remonter à cheval, nous voyons arriver le courrier venant de Tougourt. Il porte deux Français, un monsieur ayant l'air d'un ingénieur ou d'un magistrat et M. Foureau, directeur à Tougourt d'une société qui fonde un domaine pour la culture des dattes.

Le véhicule est rustique. C'est un mauvais char-à-bancs avec de mauvais harnais complétés par des cordes. Les voyageurs ont leurs fusils contre les complications possibles et un nombre respectable de paletots et couvertures contre le froid de la nuit, car il faut une trentaine d'heures pour aller de Biskra à Tougourt. M. Foureau s'évertue à creuser des puits plus ou moins artésiens, et il y réussit. Stimulée par l'eau, la culture des dattes ne peut pas manquer d'être prospère ; c'est toujours l'eau qui manque en Orient ; et si on en dispose, l'eau et le soleil font des merveilles.

Nous sommes repartis. La nature est plus désolée, les monticules et la maigre végétation du début plus rares. A une centaine de mètres de nous, un chameau est couché sur le sol et abandonné. Est-il fatigué seulement et doit-on le revenir prendre ? Est-il malade, et attend-il la fin de sa misère ? C'est un point insignifiant dans la tristesse et la grandeur du désert. Un peu plus loin, une mule récemment morte est gisante en plein chemin. Les Arabes et nous mêmes passons sans y prendre garde, c'est la destinée. Plus loin encore, dans une sorte de vaste cuvette formée par une dépression circulaire des terres, se trouve un puits où des Arabes avec une corde et une petite marmite de fer puisent de l'eau. Nous la goûtons ; sans être merveilleuse elle est fraîche et assez bonne avec une très légère saveur terreuse. Cependant le soleil se couche, nous marchons toujours et nous sommes encore loin de notre gîte. Je suis fatigué et un peu préoccupé de nous voir seuls dans cette nature sauvage, nullement éclairée par la lune ; mais j'ai l'âme robuste ! Allons, courage et en avant ! Je commence à remarquer que nous suivons une pente descendante, indice d'une plaine prochaine. J'en augure qu'elle doit nous mener bientôt à l'oasis attendue. Dans un lointain relatif, nous voyons briller des lumières. Chaban, interrogé, déclare que c'est bien l'oasis où nous devons coucher. Nous y arrivons à sept heures, après deux heures de marche de nuit en plein désert. Ah ! oui, elle est la bienvenue cette oasis où se retrouvent comme toujours quelques bouquets de palmiers et de l'eau. Il y a même une fontaine *chaude* qui s'échappe d'un conduit de fonte émergeant de dessous un mur. Cette oasis, qui comprend quelques mauvais bâtiments en carreaux de terre séchée au soleil, est la demeure d'un cheik arabe qui y reçoit et loge les troupes de passage ou nos soldats isolés dans leurs déplacements. Il a sa demeure particulière. Deux pièces absolument nues, du moins à peu près closes,

> mais nues comme la main
> Nues comme un plat d'argent, comme la vérité
> Ou comme le discours d'un académicien,
> (MUSSET).

sont mises à notre disposition. La première communique avec le dehors par une porte sans fenêtre ; on y apporte deux chaises, une mauvaise table, une bougie que nous installons dans une bouteille vide ; celle-là va nous servir de salle à manger. Nos provisions sont déballées et si médiocre, que soit le repas pris sur le pouce, notre appétit éveillé par la promenade nous permet de leur faire assez bien honneur. Chaban s'occupe des chevaux ; je suppose qu'il va les mettre à l'écurie. Point ; trois piquets sont fichés en terre devant notre maisonnette. Ils servent à fixer une corde sur laquelle les chevaux dessellés sont attachés à la manière arabe par un pied de devant. On leur donne de l'orge, de la paille ; ils coucheront à la belle étoile, et Chaban qui dit avoir peur qu'on ne les lui vole dans l'obscurité, passera comme eux, la nuit dehors pour les surveiller.

Cependant le froid du soir nous a un peu saisis ; notre seconde pièce a une façon de cheminée, ah ! bien élémentaire, par exemple ; on y apporte quelques mauvais branchages, et un feu clair nous réchauffe agréablement. Au dehors, les chevaux paisibles mangent l'orge, et nous entendons la voix glapissante des chacals dont l'un au moins s'est établi dans un bouquet de palmiers tout près de nous.

Il est neuf heures. Il faut nous organiser pour la nuit. Nos deux pièces n'ont ni parquet ni carrelage naturellement ; si elles ont été carrelées au début, il en reste à peine quelques traces. Je ne suis pas sans préoccupation pour notre sommeil dans une installation si primitive. Notre chambre à coucher a environ 3 mètres d'un côté sur 3 mètres 50 de l'autre. Deux fenêtres sont percées à 1 mètre 80 ou 2 mètres du sol ; elles sont côte à côte, elles ont 25 à 30 centimètres de large sur 50 à 60 centimètres de haut. Il y a dans ce sens trois carreaux à chaque fenêtre, l'un d'eux est absent. En contemplant la terre froide, la fenêtre mal close, je m'apprête à passer la nuit sur ma chaise devant le feu renouvelé. Cependant Chaban est allé faire la conversation avec le cheik; bientôt le fils de celui-ci apporte une sorte de natte en jonc, grande et assez bonne, c'est déjà quelque chose ; en nous enveloppant bien de nos châles, nous pourrons à la rigueur dormir là-dessus. Ne nous hâtons pas d'être inquiets ; on a peut-être vu notre souci, on nous réserve mieux ; peut-être a-t-on voulu nous faire désirer une installation meilleure pour justifier de plus hautes prétentions au règlement du compte. Au bout d'un quart d'heure, le fils du cheik revient avec un grand tapis turc haute laine, un fort beau tapis, ma foi; on le plie en deux ou trois largeurs, on l'applique sur la natte, on ajoute une couverture, un oreiller à dessin oriental ; nos châles complètent l'organisation ; nous aurons, dit Maurice, chaud comme des cailles ; notre porte de communication avec la première pièce a une serrure et la clef ; nous nous fermons en dedans, et, tout habillés, nous nous glissons entre nos tapis, ayant pris soin de placer nos revolvers à portée de la main. Le cheik nous a dit bonsoir, en arrivant ; c'est à peu près tout ce qu'il sait de français. Il paraît un bon homme, et si nous sommes tranquilles de son côté, il peut y avoir des surprises d'autre part et il faut prendre ses précautions.

La nuit est calme, aucun incident ne nous a dérangés ; un bon sommeil nous a rendu force et gaieté.

Le lendemain *vendredi 28*, à six heures et demie du matin, nous sommes sur pied. Il fait frais, mais le ciel est pur et la journée promet d'être belle.

Vers sept heures, j'entends les gémissements de chameaux qu'on apprête pour le départ. La curiosité me pousse de ce côté. En arrivant, la veille, nous avions reconnu dans l'ombre quelques uniformes français. Je retrouve mes soldats. Ils sont une petite caravane et conduisent avec leurs chameaux un approvisionnement de pommes de terre à la colonne d'occupation de Tougourt. Je demande quelques renseignements. Chaque animal porte une charge de 210 à 250 kilogrammes ; les plus forts en ont 300 ; on les charge couchés, mais quand il faut se redresser, l'animal a de la peine et il exprime son mécontentement par des gémissements plaintifs. Pour le soulager, un soldat, de chaque côté, soulève les sacs de pommes de terre pour en diminuer le poids ; l'un d'eux, un sergent à figure intelligente, est chef de la colonne. Je lui demande son pays : la Bourgogne ; son département : l'Aube ; son village : Landreville ; ah ! rencontrer dans le désert un habitant de Landreville, c'est curieux (son nom : Camille Gattefossé). Nous échangeons nos compliments et nous nous séparons très bons amis pour reprendre chacun notre direction en sens inverse.

Je me suis gardé de lui dire mon nom. Maurice, arrivant peu après, n'a pas la même retenue. Je suis vendu ; mon jeune sergent a écrit la rencontre à sa famille. Peu après que je suis revenu à Bar-sur-Seine, je vois un jour le père, un ancien et brave facteur, entrer dans mon cabinet. Il vient me parler de son fils, demander des détails qu'une lettre ne donne pas, et songez donc, pouvoir parler sur place à quelqu'un qui l'a vue, d'une personne qui vous est chère et dont on est séparé par une distance de six ou sept cents lieues. J'ai rassuré, tranquillisé, satisfait le brave homme, et lorsqu'au bout d'environ un an le jeune soldat est rentré en France, je suis parvenu, sur sa demande, à le faire nommer commis greffier à Sainte-Pélagie, ce qu'il désirait vivement.

Le nom de notre oasis est Chegga. Il est près de huit heures, les chevaux finissent de manger l'orge ; Chaban s'occupe de les seller. On nous apporte le café à la manière arabe ; mais, sur notre demande, il est *passé* ou à peu près, contre l'usage du pays qui est de servir ensemble la poudre avec l'infusion. Très bon café en vérité. Nous réglons nos comptes avec le cheik, car il ne doit rien aux simples voyageurs. Il est peut-être un peu *arabe*, mais après tout nous sommes au désert, et il nous a aidés à bien dormir. On se serre la main ; nous sommes à cheval, nous sommes partis. Il est huit heures moins un quart.

La nuit m'a reposé ; mais je n'ai point de bottes ; le pantalon porte directement sur le cheval. Je ne suis plus aguerri et l'effort constant pour serrer ma bête entre mes genoux m'a presque entamé la peau et fort endolori les mollets.

Nous retournons ayant sous les yeux le même paysage que la veille ; nous voyons mieux la partie de la route faite dans l'obscurité ; c'est toujours le même aspect, nu, désolé ; quelques touffes de broussailles et d'oliviers sauvages éparses sur un sable caillouteux ; nous entendons encore quelques chacals non loin de nous. Dans le lointain, de ci de là des tentes groupées d'Arabes nomades faisant paître quelques troupeaux de chèvres, de moutons. Comment vivent ces pauvres gens ? Chaban répond : Ils ont du blé, de la farine ; ils font avec cela une pâte délayée dans l'eau, pâte qu'ils cuisent en forme de galette ; pas de pain ; ils ont du mouton salé, le lait de leurs animaux. Chaban, qui est de la partie, ne les trouve pas malheureux.

Nous croisons ou dépassons les caravanes allant hier à Biskra et revenant aujourd'hui, ou des caravanes semblables. Chaban les interroge sur mon paletot, il reste invisible ; je le pensais bien. Nous revenons devant ce pauvre chameau vu abandonné la veille. Il s'est rapproché du chemin avec l'instinct, sans doute, qu'il assurera mieux son salut en cherchant à rejoindre la piste que suivent les camarades. Le maître est revenu pour le prendre ; il le stimule du bâton devant nous, sans succès, pour le faire relever ; maladie, misère ou extrême fatigue, la pauvre bête gémit mais reste étendue. Chaban pousse son cheval sur elle pour lui faire peur, et n'en obtient pas davantage. L'Arabe se couche à côté et attend de meilleures dispositions. De sa nature, il est patient et il a foi dans le Prophète. Le temps ne compte pas en Orient !

Plus loin, la mule morte est aussi restée sur place. Les chacals l'ont jusqu'ici respectée. Ce sont eux qui feront la police sanitaire. Nous passons comme la veille sans plus de souci : c'est la vie du désert. Le temps est superbe, il fait véritablement chaud, un joli mois d'août; nous allons au pas, mais vivement. L'état blessé de mes mollets me gêne, mais il ne m'empêche pas de bien supporter le voyage. Il est un peu plus de midi quand nous retrouvons le Bordj de Saada.

Il est grand temps de déjeuner. Nous avons avec nous l'eau, le vin, poulets médiocres et bons gigots de gazelle. Les œufs durs, pas assez durs, ont à peu près disparu ; mal emballés, ils avaient, dans le galop d'hier, fondu en purée. On nous sert encore un bon café que nous payons, je crois, douze sous pour trois tasses ; c'est modeste, et encore certainement le prix est bien payé. Les chevaux n'ont été ni dessellés ni débridés ; il paraît décidément qu'ils ne mangent qu'une fois par jour ou même moins. Ils sont dans la cour, au soleil, tenus en main par des Arabes. Nous serrons de nouveau la main du caïd avec qui nous échangeons les compliments d'adieu, et nous voici repartis.

Dans la cour était avec nous un spahi bleu, soldat indigène au service de la France, un *daïra* comme on les appelle. Ils ont le droit, par leur engagement, de quitter le service quand cela leur plaît. Il rentre aussi à Biskra et nous demande la permission de faire la route avec nous. Il nous raconte, en arabe, à Chaban, qu'il vient de Tougourt ou des environs et que son cheval, un petit cheval gris qui n'a pas mauvaise mine, n'a à peu près ni bu ni mangé depuis cinq jours, ce qui ne l'empêche pas pourtant de marcher aussi bien que les nôtres.

Sur notre droite maintenant nous revoyons les montagnes de l'Aurès dont quelques sommets paraissent neigeux. Il était une heure et quart lorsque nous avions quitté Saada. Vers quatre heures nous sommes encore loin de notre gîte ; il nous faut enlever quelques temps de galop pour abréger la distance ; mes pauvres jambes s'y prêtent pourtant assez bien. La nuit commence à venir. Chaban nous fait prendre un raccourci dans lequel il nous faut franchir quelques fossés et suivre quelque temps le lit de ce qu'il appelle la rivière, et qui n'est qu'une partie basse remplie de galets et roulant en effet de l'eau quand il en est tombé beaucoup, ce qui n'arrive pas souvent.

A ce moment il est cinq heures et demie.

La nuit tombe. Nous rejoignons un jeune Arabe d'environ 16 ou 17 ans qui marche devant nous ; il vient de travailler aux champs et rentre à la ville la pioche sur l'épaule ; il est à peu près nu, pas de coiffure, pas de souliers, pas de bas, ni veste, ni culotte, ni burnous, une simple chemise de flanelle et c'est tout. Le 28 décembre ! Nous ne sommes pas dans l'Aube.

A force de marcher nous atteignons Biskra. Dans un faubourg nous laissons le cheval de Maurice à son propriétaire ; le mien qui est méchant et l'a pris en grippe lui détache une ruade qui, heureusement, ne porte pas ; celui de Maurice en avait reçu deux la veille, en plein corps, pendant la station au Bordj, sans autre conséquence d'ailleurs.

Arrivés à l'hôtel il s'agit de descendre. Il semble que je sois vissé sur mon cheval, je ne puis plus bouger. A terre, je ne puis mettre un pied devant l'autre, il faut presque me donner le bras pour m'aider à remonter l'escalier à double rampe qui mène à notre chambre. Il est six heures et nuit close.

Après quelques ablutions nous allons demander un dîner bien gagné ; nous retrouvons au service de la salle à manger un grand nègre qui paraît assez intelligent et qui nous a servis à l'arrivée ; il est en veste de toile, en pantalon de calicot blanc bouffant, les pieds chaussés mais les jambes nues. On voit bien que nous sommes à Biskra ; sur la tête le fez rouge à gland bleu qui fait concurrence au capuchon dit caban chez les Arabes un peu décrassés.

A Tunis, à Constantine, à Sétif, à Biskra et plus tard à Alger, à Oran, j'ai constaté qu'un très grand nombre d'Arabes ont ou ont eu des maladies des yeux et que beaucoup sont aveugles ou borgnes par d'anciennes kérato-conjonctivites, suivies de leucômes ou taches plus ou moins épaisses et larges de la cornée. J'ai souvent lu en effet que les Arabes sont sujets à ces sortes d'affections. Les auteurs accusaient la fraîcheur des nuits succédant à l'ardeur du jour, la réverbération du soleil sur le sable blanc du désert, la malpropreté. La vraie cause n'est certainement pas dans ces influences. Et d'abord la couleur blanche du sable n'est pas gênante, très mitigée qu'elle est, presque partout, par l'innombrable quantité de petites touffes de broussailles vertes qui sont en réalité le fond du paysage. Mais l'Arabe est peu ou point soigné ; la maladie marche à sa fantaisie quand elle paraît ; il est souvent atteint de la petite vérole, par conséquent de ses complications oculaires et jusqu'à ces derniers temps il refusait la vaccine. Depuis quelques années pourtant il commence à en reconnaître les bienfaits. Chaban a perdu un œil de la petite vérole, mais il vient de faire vacciner sa fille. Et puis il n'y a pas ici l'hospice des Quinze-Vingts pour soigner et guérir les malades, recevoir et concentrer une troupe nombreuse d'aveugles. Ici aucun infirme n'est dissimulé sur la voie publique, tous sont apparents à l'œil du touriste qui ne manque pas de les enregistrer dans sa mémoire.

Le soir, visite à un café maure, muet et tranquille ; ni musique étourdissante ou chants criards, nulle danse à caractère ; le café y est bon.

Nous rentrons de bonne heure, ayant grand besoin de repos.

Samedi 29. — Cinq ou six jeunes gazelles circulent paisiblement dans un petit parc fermé de la cour de l'hôtel. Elégantes et gracieuses, ces jolies petites bêtes ont dans l'œil et dans le regard un velouté noir rempli de douceur et de charme. Autrefois, dans ma jeunesse, j'étais souvent reçu chez une ancienne belle Grecque dont le mari avait occupé une très haute position sous le premier empire. Quoique âgée alors, elle était encore très coquette avec son turban et ses châles drapés à l'orientale qui restent présents à mon souvenir. Elle n'avait jamais voulu se plier à la toilette parisienne. Ses yeux étaient superbes. Sans sourciller de sa part et sans fin de la part des intimes, elle se laissait dire avec une satisfaction visible : « Belle duchesse, vous avez des yeux de gazelle ». Aujourd'hui mieux qu'alors je comprends la finesse et la gravité du compliment. Et parfois elle vous répondait dans une sérénité parfaite : « On me l'a déjà dit ce matin ». Que ces temps sont loin, grand Dieu !

Le propriétaire du cheval de Maurice est venu réclamer le prix de sa musette dont la corde a cassé sur la selle et qui est perdue avec le paletot. Il réclame cinq francs, Chaban en offre trois qui sont refusés. Chaban nous conduit alors à une sorte de bazar dans l'intérieur du marché où divers marchands sont installés à côté des vendeurs de légumes; il nous fait acheter pour trois francs cinquante centimes une fort belle musette en tapisserie qui est acceptée, ce qui termine le débat.

Nous allons visiter, à un kilomètre de la ville, la propriété de M. Landon, beau-frère, paraît-il, du général Lemarrois. Grand et beau jardin fort bien tenu. Il est peuplé de palmiers, de lauriers, de poivriers, de cannes, d'eucalyptus, avec quelques orangers et citronniers que nous avons déjà remarqués sur quelques points en quittant Biskra pour le désert ; mais orangers et citronniers y sont épars et non en culture serrée comme ils sont à Menton.

Des ruisseaux d'une eau abondante et rapide courent dans la propriété. Le maître achète l'eau à la ville qui la lui fournit seulement d'une façon intermittente, mais encore pour un grand prix parce qu'elle est très abondante et coule vraiment à la manière d'un ruisseau tumultueux. Si mes souvenirs sont exacts, Chaban m'aurait parlé de 10 à 12,000 francs pour le prix de l'abonnement. Quinze ou vingt jardiniers sont occupés toute l'année à entretenir la propriété, qui coûte à son maître, à ce que dit Chaban, 24,000 francs par an, et M. Landon n'y vient qu'un mois chaque année.

Nous y sommes arrivés par le quartier appelé le village nègre où tous les types, jeunes et vieux, hommes ou femmes plus ou moins laids se voient sur les portes. Quelques femmes fabriquent des burnous. Toutes les maisons sont misérables ; ce sont de simples huttes faites de carreaux de terre en boue desséchée, comme du reste beaucoup de maisons du pays.

Nous rentrons par le même village et visitons les bazars bien plus modestes et plus réduits que ceux de Tunis ; nous y faisons quelques menues acquisitions.

A une heure, excursion en voiture au col de Sfa. Une heure de chemin pour aller, autant pour revenir. Le voyage se fait dans un pays nu, montueux, accidenté, tout peuplé de galets montrant l'ancienne possession des eaux.

De toutes parts, c'est le désert bien plus accusé que le vrai désert que l'on dit commencer après Biskra. Partout des roches nues, des vallons desséchés, aucune trace de végétation. Montagnes et vallons ont cette couleur jaune, chaude à l'œil, aride, qui appartient aux pays classiques de l'Orient.

Le temps d'ailleurs reste superbe et chaud, mais il fait du vent. Nous montons à pied jusqu'au sommet du pic le plus élevé où l'administration militaire avait installé un télégraphe optique abandonné maintenant. Il reste les quatre murs d'un cabanon au dedans duquel Maurice inscrit son nom à côté de quelques autres. De ce point très belle vue sur Biskra et ses palmiers d'un côté, de l'autre sur l'oasis d'El-Oretaya cotoyé deux jours avant en venant d'El-Kantara. Le télégraphe optique délaissé est remplacé par un autre élevé près d'El-Kantara et qui communique, paraît-il, jusqu'à Sétif.

Il est trois heures quand nous rentrons en ville. Nous recommençons quelques promenades dans les quartiers et bazars déjà vus le matin. Visite à la poste où l'on ne nous remet aucune lettre, à la gendarmerie, chez le commissaire de police, pour y faire, par acquit de conscience, ma déclaration au sujet de ce malheureux paletot dont je porte le deuil. J'en ai un autre heureusement.

Après dîner, dernière visite au café des Ouled-Kaïl. La danse du ventre, comme on dit vulgairement, n'y est pas plus séduisante que le premier jour.

Dimanche 30. — A huit heures du matin, nous quittons l'hôtel du Sahara, bonne et tranquille maison tenue par Chabert, un ancien officier aux chasseurs d'Afrique, marié à une Française Angevine je crois, fort convenable personne ayant deux grandes filles qui sont bien élevées. Nous reprenons le train à destination de Sétif, ne pouvant arriver en un seul jour de Biskra à Alger.

Dans nos derniers moments de promenade à Biskra nous avons rencontré le kaïd de la ville ; c'est un grand et bel homme de 45 ans environ, à figure douce et distinguée. Il circule à pied, chaussé de brodequins en maroquin rouge. Il est vêtu à l'arabe, mais son burnous est marron au lieu de blanc ; sur la poitrine est attachée par un large ruban la décoration de la Légion d'honneur ; huit ou dix Arabes lui forment cortège, ce sont ses serviteurs, nous dit-on. Beaucoup des Arabes qui passent s'arrêtent pour lui baiser religieusement soit la main, soit l'épaule gauche avec des démonstrations ardentes de vénération et de respect ; c'est un tableau curieux de la foi musulmane. Le kaïd accueille avec dignité, mais froidement et sans s'arrêter, ces témoignages empressés.

Nous sommes en wagon. Nous revoyons les petits cours d'eau qui bordent la voie, l'oasis d'El-Outaya, les deux villages arabes, bâtis, ceux-là, qui s'élèvent dans l'oasis jusque bien au-dessus d'El-Kantara ; c'est le paysage nu, sec, montueux, désolé, déjà remarqué en arrivant et qui, au point de vue topographique, marque certainement le commencement du désert, ainsi que je l'ai dit plus haut.

Jusqu'à Batna, où nous arrivons vers midi et demi pour déjeuner, jusqu'à El-Guerrah, nous retrouvons le paysage aperçu déjà, tantôt plus nu, plus aride, tantôt plus fertile, Arabes labourant avec leurs mauvais attelages et leurs mauvaises charrues, ou faisant paître leurs troupeaux dans les broussailles, tentes misérables groupées ou éparses, longues files de chameaux circulant sur les routes en balançant leur long cou dans une persévérante monotonie.

Au-dessus de Batna, sur plusieurs kilomètres de longueur,

l'administration fait creuser par de nombreux ouvriers un large et profond canal, auquel je ne vois d'autre signification que de vouloir assainir le pays qui me paraît, dans cette région, assez humide et marécageux, fiévreux aussi, par conséquent.

Sur notre droite, aujourd'hui, longue chaîne de montagnes dont quelques parties sont couvertes de neige. A quatre heures quinze nous sommes à El-Guerrah ; nous quittons notre train pour prendre celui de Sétif et d'Alger qui va passer. Il nous faut acheter quelques provisions pour le dîner, car nous ne devons arriver qu'à neuf heures et demie à Sétif.

Sur la voie, beau gendarme indigène dans un costume très pittoresque, que j'aurais voulu pouvoir photographier.

En quittant El-Guerrah le pays est devenu fertile, semé de quelques vignes, mais bientôt l'obscurité vient tout éteindre et tout confondre. Sétif est un point très élevé (1,100 mètres au-dessus du niveau de la mer). La température y est bien moins douce qu'à Biskra ; une pluie froide nous reçoit à l'arrivée. Nous sommes à l'Hôtel de France, maison médiocre ; c'est pourtant, paraît-il, ce qu'il y a de mieux dans le pays. On nous installe toutefois dans une grande et belle chambre qui nous réserve un bon sommeil.

Lundi 31. — Dans la matinée, rapide promenade à cause du train qui part de bonne heure. Sétif est une petite ville bâtie à l'européenne, bien percée, sans caractère arabe ; une sous-préfecture, je crois. Assez belle vue sur les vallées voisines qui sont obscurcies par un brouillard intense. Beaucoup de neige sur les montagnes. Il fait froid. Le buste en marbre du duc d'Orléans au-dessus d'une assez haute et maigre colonne se remarque dans le jardin public ; buste, colonne et jardin sans grand caractère d'ailleurs.

Déjeuner à neuf heures et demie ; à dix heures et demie nous sommes en wagon pour Alger. Pendant plusieurs heures le pays est riche, ramenant à nos yeux les mêmes scènes de la vie arabe, déjà précédemment aperçues. Deux officiers d'artillerie, l'un venant de Tunis, l'autre de Bizerte, sont avec nous. Celui qui vient de Tunis nous donne sur l'occupation française quelques détails d'où il ressort que nous ne sommes pas aussi affermis dans le pays qu'on le croit généralement et que je le supposais moi-même. D'après lui, l'avenir de notre colonie serait même probablement menacé dans le cas où la complication d'une grande guerre d'Europe, surtout malheureuse, viendrait à se produire. A notre gauche, assez loin, sont de hautes montagnes presque toutes couvertes de neige. Bientôt nous pénétrons dans le massif même de la montagne, à travers des gorges étroites, marquant le point qu'on a appelé, je crois, les *Portes de Fer* et qu'on voulait au début accepter comme limite de l'occupation française.

En fait de portes, il n'y en a pas traces ; on a sans doute voulu dire que l'étroitesse du passage valait autant qu'une porte solide pour protéger le pays.

En quittant ce massif montagneux on retrouve un beau et riche pays : terre fertile, nombreuses cultures de beaux oliviers ; à droite sont les montagnes de la Kabylie, neigeuses au sommet, verdoyantes sur les pentes inférieures occupées par un bon nombre de villages bâtis, suspendus au flanc des coteaux.

A cinq heures et demie, dîner passable à Bouira. La nuit tombe, le paysage disparaît ; le bruit du train, l'appellation aux stations des noms bizarres qui appartiennent aux pays traversés, interrompent seuls la monotonie de la route ; mais chaque tour de roue nous rapproche de la mère patrie ; nous savons que nous devons prendre à Oran, le 5 janvier, le bateau pour Port-Vendres. Je conserve intacts et précieux tous mes souvenirs de France. Les uns sont plus doux, les autres plus amers ; je sais que je suis loin et je me complais à l'idée du retour.

Nous approchons d'Alger. Une abondante ligne de lumières se développe sur une vaste courbe, c'est la ville qui de loin se dessine ; nous devinons le port aux feux rouge et vert qui en marquent l'entrée. Il est dix heures et demie quand le train s'arrête dans une gare qui lui est commune avec le port et au pied du centre de la ville. Nous descendons à l'Hôtel des Etrangers, central et convenable. Il a beaucoup plu encore.

Nous pensons à nous coucher ; nous verrons demain.

J'oublie quelques incidents. Nous avions donc dîné à Bouira vers cinq heures ; avant d'y arriver, nos voisins, les officiers d'artillerie, nous disaient : « Il y a encore un assez grand nombre de panthères dans le pays ; c'est dans ce voisinage que le célèbre Bonbonnel s'est fixé maintenant pour les chasser. Il a monté une sorte de casino, d'hôtellerie spéciale, où il reçoit, à beaux deniers comptants, quelques Anglais qu'il instruit à cette chasse dangereuse. Il fait une sorte de petite cabane en branchages, mal close, naturellement, il attache une chèvre à quelques mètres et, quand le vent est bon et les circonstances favorables, il fusille la bête pour ainsi dire à bout portant ; mais il y a le danger à courir. Il arriva un jour que la panthère, blessée seulement, força la clôture et se précipita sur le tireur en lui faisant au visage de profondes blessures dont il porte les traces et qui l'ont, paraît-il, défiguré.

Déjà, à Constantine, nous avions vu chez un sellier les dépouilles d'une panthère tuée récemment dans les environs.

Nous débarquons à Alger dans la boue ; nous voyons tout de suite que ce n'est plus la température de Biskra, assurément non, et je me rappelle immédiatement ce jeune Arabe rentrant de son travail, à Biskra, presque nu, le 29 décembre à cinq heures et demie du soir. Ce n'est certainement point ici que nous l'aurions rencontré et Alger ne nous a point montré son semblable.

Mardi 1er janvier 1889. — La nouvelle année commence pour nous sur la terre d'Afrique. Les souvenirs de France se pressent dans mon esprit ; nous avons l'émanation de la patrie, mais à regarder un instant les costumes et la physionomie de la rue, je sens bien que ce n'est pas la patrie pleine et vibrante.

Nous avons bien dormi ; il pleut encore, le ciel est gris nuageux, le vent souffle en rafales. Notre première course nous mène à la poste où aucune lettre ne nous attend. Le courrier, dans les voyages qui nous éloignent, est toujours le trait d'union avec la famille ou les amis absents ; on souffre de son silence s'il vient à manquer.

Alger est une ville européenne et française, percée en général de belles et grandes rues dont beaucoup sont à arcades comme la rue de Rivoli. Les maisons y sont, dans le quartier français, hautes et bien bâties.

La ville, en amphithéâtre, domine le port qui est vaste et très beau.

Une grande quantité d'Arabes, de nègres, circulent partout, bien moins nombreux cependant que les Européens. Arabes et nègres, nous n'en verrons presque plus à Oran, ville plus française encore.

C'est le premier janvier. Les rues sont pleines de militaires en grande tenue pour les visites de circonstances ; gens affairés partout. Nous voyons un peu la physionomie générale de la ville en courant dans la foule et dans la boue. La place du Gouvernement, toute couverte de beaux palmiers, reçoit d'abord notre visite. Sur cette place est la statue équestre du duc d'Orléans en bronze, élevée par une souscription de l'armée ; mais c'est cette même statue qui venait d'être placée dans la cour du Louvre, à Paris, lorsque la révolution de 1848 éclata. Je la reconnais parfaitement pour l'avoir vue à Paris à cette époque. Je ne savais plus ce qu'elle était devenue et, au point de vue de la curiosité, je ne suis pas fâché de la revoir. Le gouvernement voulut la reléguer sur une terre lointaine pour ménager les impressions populaires de la métropole.

Après déjeuner la pluie a cessé, mais il fait une boue affreuse. Le soleil se montre un peu, nous en profitons pour une promenade dans la banlieue d'Alger, à Mustapha supérieur. Le quartier de Mustapha est assis sur de jolis coteaux boisés, ensoleillés, où les gens riches d'Alger, le gouverneur entre autres, ont de jolies maisons de campagne. Beaucoup de villas et de pensions y sont installées pour les malades. La végétation y est absolument la même qu'à Menton, sauf toujours que les citronniers y sont beaucoup plus rares.

De Mustapha, très belle vue sur Alger, qui s'élève en amphithéâtre et s'arrondit en face de la mer. Nous revenons à pied, nous allons voir le quartier arabe, dans les pentes supérieures de la ville. Il est très peuplé encore et garde la même physionomie qu'à Tunis, à Constantine. Les Arabes ne s'associent point à notre 1er janvier ; ils travaillent en grand nombre dans de pauvres échoppes sans fenêtres, éclairées seulement par la baie sans porte, ouverte sur la rue et qu'on ferme le soir par des volets cadenassés. Les uns sont tailleurs, cordonniers, brodeurs sur vestes algériennes riches et décorées suivant le goût local, ou bien tissant la laine pour des usages divers ; d'autres tournent avec leurs pieds le bois ou la corne ; le tour de très petite dimension, est à fleur de terre, de la main droite, avec une sorte d'archet, ils le mettent en mouvement, du pied, ils maintiennent l'objet qu'ils présentent au tranchant de l'instrument. Ce quartier arabe, ces boutiques ont un certain intérêt, mais bien moindre que celui des souks de Tunis. Au sortir du quartier arabe nous rentrons par le jardin public appelé, je crois, Jardin Marengo, dans une rue à arcades, rue Babazoun, comme il y en a beaucoup à Alger et qui nous ramène chez nous. Nous rencontrons un passage appelé Malakoff, parce qu'un buste en bronze du maréchal Pelissier en décore le milieu. La boue est liquide, ce qui n'empêche pas les Français de circuler nombreux et affairés en l'honneur du 1er janvier. Notre soirée se passe, calme, à lire quelques journaux dans un café.

Rien reçu de France. Je me sens un peu isolé.

Mercredi 2 janvier. — La pluie a cessé, mais le vent est violent, le ciel brumeux et sombre, la boue pénible, néanmoins, nous circulons vers le port, sous les arcades propres des rues qui en sont pourvues. Nous visitons l'église Saint-Augustin, un nom d'Afrique, avons-nous dit déjà. L'église est neuve, elle ne date que d'une douzaine d'années ; elle est dans le style roman, faisant à peu près face au Palais de justice, grand et beau bâtiment d'architecture parisienne.

Nous allons voir aussi la cathédrale dite Saint-Philippe. C'est absolument l'architecture d'une très belle mosquée ; c'est en effet une mosquée de création encore récente et qui a été détournée de sa destination première pour devenir une cathédrale catholique. De belles colonnes en marbre soutiennent des arcades de style mauresque et vont rejoindre une vaste coupole ; au-dessus des arcades une large galerie à hauteur du 1er étage. C'est tout l'aspect d'une mosquée, il n'y a pas d'erreur, et c'est une impression singulière que j'éprouve en trouvant sous une pareille forme, très belle d'ailleurs, un temple catholique.

Tout à côté de la cathédrale est le palais du gouvernement appuyé sur la cathédrale et ouvert comme elle sur une place de peu d'importance pour ses dimensions assez restreintes. Le palais du gouvernement est un édifice d'apparence tout à fait mauresque, sans beaucoup d'ampleur. Aussi les gouverneurs d'Alger qui s'y trouvent assez peu à l'aise n'y demeurent guère en permanence. Ils ont élevé une belle résidence à Mustapha, où ils passent une grande partie de leur temps.

Après déjeuner la pluie recommence abondante, serrée, glaciale. Je reste chez moi pour écrire un peu quelques notes. Maurice va lire les journaux.

Vers quatre heures, nous nous retrouvons. Maurice a rencontré un camarade de régiment qui l'a conduit à une mosquée. A Alger, les chrétiens entrent comme chez eux dans les mosquées. Maurice vient me prendre pour m'y conduire. Nous nous risquons sous la pluie et dans la boue. Je ne veux pas manquer cette occasion. Nous pénétrons sans peine. A l'entrée, une assez jolie fontaine jaillissante avec bassin circulaire à un mètre environ au-dessus du sol ; au bas de la fontaine, une sorte de réservoir qui retient temporairement l'eau tombée du bassin. Tous les Arabes qui entrent viennent à la fontaine. Dans celle-ci, ils prennent l'eau à la main pour laver leur figure ; dans le réservoir inférieur, ils lavent leurs pieds, et ils en ont besoin, surtout en un pareil jour, car ils sont généralement sans chaussures. Cette mosquée, grande, sans sièges d'aucune sorte, je crois, sans aucun tableau sur les murs, reproduit absolument, avec moins d'élégance et de richesse, le style de la cathédrale, colonnes, supportant des arcades mauresques reliées à l'extrémité par une coupole, nombreux tapis couvrant presque toute la surface du sol de la nef et celui des allées droite et gauche. Le voisinage de la fontaine seul est nu. Les chrétiens peuvent s'y tenir, mais ils n'ont pas le droit, paraît-il, de fouler les tapis.

Sous la coupole, une chaire très peu élevée au-dessus de terre, où le pasteur musulman donne la bonne parole à ses fidèles.

Après leurs ablutions les Arabes se répandent dans la mosquée, et les uns au pied d'une colonne, les autres en plein découvert, se prosternent battant le tapis du front, silencieux ou répétant Allah ! Allah ! Ils ont la foi dans le pays de l'Islam, et la fermeté de croyance dans les vastes contrées où règne Mahomet serait une force considérable au profit du peuple musulman, s'il voulait un jour faire appel contre ses adversaires à tous les croyants.

Rentrés chez nous, notre soirée, après dîner, se passe à lire quelques feuilles dans un café.

Nous sommes à l'hôtel des Etrangers, bonne maison, assez bien située, non loin du port. Je paie la note, car demain, 3, nous partons de bonne heure pour Oran avec la perspective d'être toute la journée en chemin de fer. Les trains ne sont pas rapides en Algérie, sans doute ils ne feraient pas leurs frais.

Jeudi 3 janvier. — A six heures moins un quart, nous quittons l'hôtel pour prendre le train qui part à six heures. Il ne fait pas clair, mais du moins il ne pleut pas. Le chemin de fer est tout proche ; un domestique porte notre petite valise, nous sommes à pied.

Nous voici partis, gardant peu d'enthousiasme pour le ciel inhospitalier qui nous a fait grise mine tout le temps de notre séjour à Alger.

Dès que la lumière paraît, nous sommes dans une très belle plaine, riche, fertile, bien cultivée, la riche plaine d'Alger, la Mitidja.

A droite et à gauche, de hautes montagnes (l'Atlas, me dit-on), assez loin de nous, limitent l'horizon ; elles sont d'un vert sombre, boisées dans la plus grande partie de leur hauteur. Quelques-unes ont de la neige au sommet.

Vers huit heures et demie, nous sommes à Blidah, ville moitié arabe, moitié française. Au voisinage et le long de la ligne, je remarque de nombreux poivriers, eucalyptus, lauriers, mimosas et autres arbres des pays du soleil. Dans les jardins de la ville, une foule d'orangers montrent leurs fruits d'or au milieu de la brume du matin; mais je n'aperçois pas un citronnier, et nulle part je n'ai encore pu trouver, si ce n'est peut-être à Biskra, que, pour la température, l'Algérie soit supérieure à Menton. Beaucoup d'oliviers sont aussi réunis autour de Blidah.

Nous courons encore quelque temps dans cette belle plaine, comme nous pourrions faire dans la Beauce ou la Brie. Les Arabes montent dans le train ou en descendent comme de simples Bourguignons ou Champenois.

Cependant le paysage devient moins riche, le sol moins fertile ; les montagnes de droite et de gauche se rapprochent, nous franchissons quelques tunnels ; au sortir du dernier d'entre eux, nous arrivons à Adelia, village qui a pris son nom de celui de l'une des filles du maréchal Bugeaud. Peu après, vers onze heures et demie, nous sommes à Affreville (du nom de l'archevêque de Paris, tué pendant les émeutes de juin 1848). On s'y arrête pour déjeuner.

Le paysage s'est élargi de nouveau. Ses montagnes se sont reculées ; nous ne sommes plus dans la riche plaine de la Mitidja, mais le sol y est plus fertile que dans le trajet parcouru d'El-Guerrah à Batna.

Vers trois heures de l'après-midi, on nous fait arrêter et descendre de voiture pour monter dans une autre. Notre wagon, paraît-il, s'échauffe par un frottement d'essieu, et il menace de prendre feu. Le déménagement est facile. Nous sommes, Maurice et moi, seuls en première, presque sans bagages, et l'incident n'a pas de suite. Nous arrêtons quelques minutes à Relizane. Nous y croisons le chemin de fer de Mostaganem à Tiaret qui coupe notre ligne presque à angle droit ; on le termine et on va, dans quelques semaines, le livrer à la circulation.

A peu de distance, sur le bord même de la ligne, nous rencontrons une foire ou marché arabe d'une certaine importance. La couleur locale n'y manque pas. Elle est rehaussée par le burnous blanc qui drape un large coin de paysage et qui est plus pittoresque à coup sûr que la blouse bleue nationale.

De nouvelles contrées de jeunes vignes s'offrent à nos yeux. Les lignes des plants sont plus rapprochées ici qu'elles n'étaient au sortir de Bône ; elles ne laissent guère entre elles qu'une distance d'un mètre environ. Le soleil, qui ne nous a pas quittés depuis onze heures ou midi, se couche ; la nuit vient, la locomotive court toujours ; il est six heures et demie et nuit presque close quand enfin le train nous arrête à Oran. Nous sommes adressés à l'hôtel de l'Univers ; nous avons bien quelque peine à y arriver. L'hôtel change de maître ; l'omnibus n'est pas encore installé ; on nous introduit dans l'omnibus de ville attelé de cinq chevaux nécessaires pour gravir la pente raide des rues qui montent vers Oran supérieur. La voiture n'arrive même pas jusqu'à l'hôtel ; elle trouve plus commode de nous déposer à une centaine de mètres de là, à ce qui fait le Bureau de la Ville. Un domestique arabe, qui nous a reçus à la gare, nous aide à porter jusqu'à l'hôtel notre mince bagage. Quelques minutes après, nous sommes installés, médiocrement, par exemple. L'hôtel est en réparation partout, envahi partout par les ouvriers, et notre installation se ressent de ce désordre ; mais on pourrait être plus mal, c'est ainsi que je me console. Nous dînons de bon appétit, et, après une tasse de café dans le voisinage, nous demandons à notre lit un repos que la précipitation du voyage nous fait chaque soir vivement désirer.

Vendredi 4 janvier. — Le beau temps salue notre réveil. Le soleil est radieux. En ouvrant la fenêtre, je vois à ma droite une haute montagne sur laquelle les rayons du matin éclairent le fort et l'église de Santa-Cruz qui dominent le port et la mer à une grande hauteur ; nous irons après le déjeuner ; la vue doit y être fort belle.

Tout d'abord, nous circulons autour de notre quartier. Nous voyons, d'une terrasse, le port qui est grand, paraît commode, peuplé d'un assez grand nombre de bâtiments ; les quais sont garnis d'une énorme quantité de grain, d'orge principalement. Nous montons, car on monte beaucoup à Oran comme à Alger, nous montons à un ancien bastion espagnol. Il est maintenant occupé par nos troupes. De là, nous gagnons la nouvelle ville qui s'élève sur un vaste plateau dominant la vieille ville, et où les maisons, qui augmentent sans cesse, pourront indéfiniment s'étendre ; c'est l'aspect d'une ville absolument française, pour la disposition des rues, des maisons, des magasins. La ressemblance augmente de ce qu'ici il n'y a presque plus d'Arabes ; on voit en plus grand nombre des nègres, des Espagnols, des Juifs, mais peu de burnous et de turbans. Nous remarquons la mairie, belle construction neuve, une synagogue immense, grande comme une cathédrale ; elle n'est pas achevée. Le gros œuvre de maçonnerie seul est debout. La couverture même est absente, on n'y travaille pas. Le zèle des enfants d'Israël ne paraît pas ardent pour en presser l'achèvement.

Après déjeuner, nous montons assez péniblement au fort et à la chapelle de Santa-Cruz ; on y a en effet une vue superbe sur le port, la mer, sur Oran supérieur et sur la plaine qui entoure la ville haute. Au loin, dans cette plaine, nous apercevons deux chotts ou étangs salés que nous avions d'abord voulu visiter, mais qu'on nous dit sans intérêt. Nous y serions allés cependant pour voir le pays, mais le temps nous manque. Redescendus par la place où les zouaves font l'exercice, nous dirigeons notre promenade d'un autre côté ; nous voyons dans la ville basse un grand et beau boulevard ; à son extrémité inférieure s'élève une préfecture neuve et assez belle, que l'on termine. Nous sortons de la vieille ville par une route qui longe un ravin profond rappelant assez le val de Menton. Beaucoup de jardins maraîchers décorent ce ravin pourvu d'une terre fertile. La route que nous suivons, par une assez grande courbe, nous ramène à la ville haute que nous avons déjà vue le matin. Oran, comme Alger, est inégal, montueux ; on trouve à chaque instant des rampes d'escaliers qui mettent en communication un point avec un autre ; mais tandis qu'à Alger c'est la ville arabe qui est en haut, et la ville européenne sur le bord de la mer, à Oran, au contraire, la vieille ville est au voisinage du port, et la ville nouvelle se déploie à l'aise sur le plateau supérieur.

Maurice a entendu les trompettes et la grosse caisse d'une ménagerie ; nous croisons les baraques, il faut y aller ce soir pour voir le travail et l'exercice des bêtes fauves sous la direction du dompteur et de sa fille. Il ne m'en soucie guère, mais je me résigne volontiers pour faire plaisir à Maurice. Vers neuf heures moins un quart, nous arrivons. C'est d'abord l'exhibition d'un vampire, espèce d'énorme chauve-souris, de longs serpents boas que l'on tire de leur boîte à couverture et dont les aides du dompteur chargent leurs épaules. J'ai horreur des serpents et j'avais fort envie de m'en aller ; Maurice me retient. Arrive enfin la représentation proprement dite : Mlle Masserini, grande et assez belle fille, d'une vingtaine d'années, entre dans une grande cage où défilent devant elle quelques lions ou panthères. Elle est, comme va l'être son père tout à l'heure, en casaque de velours collante, en pantalon collant. Il faut croire que le vêtement serré au corps partout a une importance de sécurité dans l'espèce, peut-être parce que l'ampleur du vêtement flottant pourrait en battant l'air exciter l'animal. Elle ouvre la gueule d'un de ses élèves ; à deux reprises différentes, elle y engage sa tête qui y restera quelque jour ; et je n'étais nullement jaloux que l'affaire se passât sous mes yeux. Puis vient le père qui fait sauter ses pensionnaires à coups de fouet et de fourche en fer ; d'une panthère il obtient de la faire sauter et asseoir sur un escabeau qu'on attache de plus en plus élevé à chaque reprise, jusqu'à ce qu'il atteigne vraiment une hauteur de près de deux mètres à laquelle la panthère va chercher son escabeau et s'y assied encore d'un bond et sans manquer son coup. Puis c'est une lionne, la *lionne de feu,* qu'il fait manœuvrer, sauter, au milieu de la crépitation et des étincelles d'une sorte de petit feu d'artifice tiré dans la loge même. Il finit par la faire passer à travers un cercle de papier comme font les clowns dans nos cirques. Je n'ai point de goût pour ces sortes de choses, et je ne suis pas fâché de voir la représentation finie. Je quitte donc volontiers la salle en souhaitant bonne chance à Mlle Masserini.

Le lendemain matin, 5 janvier, c'est le jour de notre départ. Il fait moins beau que la veille ; le vent est assez vif et froid. Nous allons visiter le port et prendre nouvelle du bateau *l'Afrique*, qui doit nous recevoir et prendre la mer pour Port-Vendres à cinq heures du soir, ce même jour.

Le bateau est arrivé dans la nuit ; déjà il est à quai pour commencer son chargement et se débarrasser de ce qu'il apporte. C'est un grand paquebot, moins grand que le *Saint-Augustin*, mais qui paraît solide et bien installé.

Le vent nous préoccupe un peu et l'aspect de la mer nous donne à réfléchir ; mais le sort en est jeté ; l'ordre militaire est formel. Il ne faut pas songer à différer le départ ; nos instants sont comptés.

Nous rentrons, nous voyons l'église cathédrale de Saint-Louis, qui n'a pas un grand intérêt ; nous allons à la poste qui ne nous donne rien encore, mais on nous remet à l'hôtel un télégramme de France. Après quelques acquisitions de tabac et de cigares qui passeront, — et qui passent en effet — nous dit-on, à la douane de Port-Vendres, qui n'est point, paraît-il, très sévère pour les bateaux d'Algérie, nous réglons notre compte d'hôtel et une voiture nous conduit en quelques minutes au flanc de *l'Afrique* où on nous installe dans une cabine à quatre places (n°s 16, 18, 20, 22) que nous devons occuper seuls. Il y a peu de passagers, surtout en première, mais un assez grand nombre de militaires qui, pour une cause ou pour une autre, rentrent en France.

A six heures on sonne le dîner ; Maurice n'ose pas se risquer et gagne son lit sans manger pour plus de précaution. Cependant la mer n'est pas encore mauvaise, elle n'est que houleuse. Je dîne peu, mais volontiers. On nous sert de très bon café, après quoi, sans même faire un tour sur le pont, je vais prudemment rejoindre Maurice.

Dans la nuit, roulis et tangage deviennent fort incommodes ; ce n'est rien encore auprès de ce que ce sera plus tard.

Vers huit ou neuf heures, le lendemain matin 6, on vient nous annoncer que nous sommes en vue des îles Baléares. J'ai autre chose à faire que de les aller voir ; j'ai bien assez de peine à me tenir à peu près sur mon lit. La mer est devenue affreuse ; nous sommes incapables d'oser monter pour déjeûner ; l'imprudence serait vite payée.

Vers midi, les passagers en mesure de se tenir sur le pont et les officiers du bord aperçoivent sur la mer, à quelques mètres de notre navire, un pauvre matelot noyé et ballotté par les flots. Il est en tenue de service et a sans doute été arraché de son bâtiment, dans le voisinage du nôtre, par la violence du temps. De notre navire aucun effort pour repêcher du moins ce pauvre garçon. C'eût été peut-être faire courir des risques à nos propres matelots, et, en logique serrée, à quoi bon ? Le pauvre est mort. La sépulture qu'on pouvait lui offrir n'était pas sensiblement différente de celle que son malheur lui faisait rencontrer, et le reprendre, si on réussissait, pour le ramener à terre, était une complication. On le laisse continuer son triste voyage ; on n'est pas tendre à la mer. Où aboutira-t-il ? Gros temps toute la journée du 6 ; nous ne pouvons songer à quitter notre couchette. Pas de dîner possible. A huit ou neuf heures, le maître d'hôtel nous apporte un bouillon pour moi et une orangeade pour Maurice ; nous devons arriver vers minuit. J'avise le maître d'hôtel de nous tenir prête une tranche de viande froide pour ce moment, mais notre malchance a décidé la prolongation de nos épreuves et de notre jeûne.

La mer devient plus mauvaise encore, épouvantable ; à chaque instant elle embarque sur le pont. Le capitaine ne quitte pas une minute son banc de quart, surveillant lui-même la manœuvre. Tangage et roulis se succèdent pour infliger au bâtiment une danse fantastique, et ce n'est pas trop de nos deux mains pour nous maintenir dans la position horizontale en nous accrochant aux deux bords de la couchette. Nos valises sont renversées, répandant une partie de leur contenu, et deux jours après je m'aperçois, à terre, que mon revolver et ma brosse, restés inaperçus à l'arrivée dans l'ombre qui couvre par ce mauvais temps le sol de la cabine, ont été oubliés sur le paquebot. Heureusement, les hommes du bord sont de braves gens ; une lettre que j'écrivis de Paris à l'agent principal de la Compagnie transatlantique à Marseille, me permit de rentrer en possession de ces deux objets. J'aurais été très contrarié de perdre mon joli revolver.

Il est près de neuf heures quand nous sommes à Port-Vendres, après un long retard. La violence du vent et des vagues rend difficile et presque dangereuse notre entrée dans le port, essayée et manquée plusieurs fois.

Lundi 7 janvier, neuf heures du matin. — Enfin nous sommes à quai, sous la rafale, dans la pluie mêlée de neige fondue. Notre léger bagage est vite présenté à la douane qui se montre facile sur quelques cigares et paquets de tabac que nous apportons avec nous. Une pauvre gazelle vivante, entourée de menue paille et d'une couverture, dans une caisse à clairevoie que l'on débarque du paquebot, ne paraît pas du tout réjouie du climat que lui offre la France. Elle va, je suppose, faire l'ornement de quelque jardin public ou grande demeure privée. Y vivra-t-elle ?

Mais nous ne sommes pas au bout de nos épreuves ; un marchand de journaux nous dit que tous les courriers de France arrivent avec un retard de quinze ou vingt heures depuis plusieurs semaines.

Le train est sur le quai du port, près de la douane ; nous y prenons place, un peu avant onze heures, à destination de Bordeaux et Paris.

Dans notre compartiment est monté un jeune homme que j'ai vu sur *l'Afrique*, à table, le premier soir de l'embarquement, à Oran. C'est M. Emile Piat, représentant de la légation de France à Tanger ; il retourne comme nous à Paris.

Nous avons dépassé Perpignan. La pluie tombe toujours à flots. Nous sommes à *La Nouvelle*, petite station à sept ou huit lieues au-dessus de Perpignan. Il est environ une heure, nous sommes pressés d'arriver à Narbonne pour déjeûner ; nous n'avons rien pris depuis près de deux jours. Mais le sifflet du départ se fait bien attendre

La conversation avec M. Piat ne nous empêche pas de trouver le temps d'arrêt trop long. On nous dit qu'il faut attendre des renseignements. Toute la plaine avant Narbonne est inondée, la voie couverte, on ne sait pas s'il nous sera possible d'aller plus loin. Il n'y a pas de buffet à la station, et notre estomac commence à crier vengeance, et la pluie tombe toujours ! On nous dit que dans le village même, à cinq ou six cents mètres, nous trouverons sans doute à déjeûner. Mouillés et crottés, nous arrivons à *l'hôtel Saint-Michel !* On ne nous attend pas, c'est vrai, mais il n'y a pas même d'œufs dans la maison ; on nous sert, en attendant qu'on s'en procure dans le voisinage, les maigres débris d'un poulet étique, une façon de mauvais rata et un peu de fromage. Quand, une demi-heure après, les œufs arrivent, nous craignons de ne plus avoir assez de temps et nous regagnons le train en détresse, en payant les œufs arrivés trop tard, naturellement.

Cependant, nous sommes en panne depuis deux heures. Le télégraphe assure qu'il est impossible de passer. Le chef de gare vient nous offrir le choix, ou de rester sur place et de nous arranger comme nous pourrons pour passer la nuit, soit en wagon, soit à l'hôtel St-Michel, ou de rebrousser sur Perpignan en attendant pendant une période indéterminée de meilleures circonstances.

L'essai que nous venons de faire de l'hôtel St-Michel ne nous séduit guère.

Pas davantage, la perspective de passer une nuit froide en voiture; nous rebroussons sur Perpignan. Il est six heures, nuit close, quand nous y arrivons. Pour nous tenir au courant des nouvelles de la voie, nous voulons rester dans le voisinage de la gare. Je découvre tout près un petit hôtel, du Helder, où nous prenons gîte et où par parenthèse nous avons été fort bien pour un très faible prix. Aussitôt installés, nous courons au télégraphe, dans la ville, M. Piat et moi, pour donner de nos nouvelles à Paris. Le télégraphe du chemin de fer n'ayant pu nous promettre que nos dépêches arriveront régulièrement. En ville, on nous assure que la voie télégraphique est libre; mais quelle boue, quelle saleté dans les rues de Perpignan, sur le chemin de la gare au télégraphe! Non, dans aucun village de France, pas même à Chauffour, je n'ai vu, je crois, une boue si affreuse. Que font donc à Perpignan la municipalité ou le service des voies de communication?

Mardi 8 janvier. — Nous sommes reposés d'un bon dîner et d'une bonne nuit. A huit heures du matin, nous devions prendre un train qui ne part pas, toujours à cause de la voie submergée et bouleversée dans son gros œuvre. Le chef de gare qui nous reçoit obligeamment dans son cabinet, ne peut rien nous dire sur le moment où les communications seront reprises. Il faut attendre, combien? Quelques conseillers veulent nous faire faire un détour par la montagne, avec la diligence régulière ou en voiture louée. Je goûte peu ce projet. Gardez-vous-en bien, nous dit l'abbé Santol, curé de Bergère (frontière d'Espagne), qui se trouve par hasard avec nous ; je connais le pays; vous aurez peut-être 20 heures de route, en partie dans la neige; vous n'en serez pas quittes à si bon compte que vous pensez. Son avis était sage ; nous nous résignons à attendre. Vers une heure, on nous annonce que l'on va pouvoir partir. En effet le train se met en marche à deux heures moins un quart. M. Piat s'enquiert laborieusement de sa malle dont il a perdu la trace. Elle n'est pas revenue avec lui à Perpignan. Est-elle restée à la Nouvelle? A-t-elle filé sur Narbonne et Toulouse, sa destination finale? Bientôt nous traversons tout le pays inondé. Le chemin de fer circule au milieu d'une véritable mer. Les villages sont envahis. L'eau s'étend à perte de vue. Elle couvre encore en partie la voie. Les traverses ont été bouleversées et sont à peine remises en place. Des amas de boue et de limon viennent d'être détournés pour laisser passage au train. Enfin nous sommes à Narbonne. Il est environ quatre heures et demie. Nous nous séparons de M. Piat qui continue par Toulouse pendant que nous allons sur Bordeaux. Il n'a pas encore retrouvé sa malle. A six heures nous dînons. A sept heures nous prenons le train, et sans incident nouveau cette fois, nous sommes à Bordeaux le lendemain à six heures du matin.

Mercredi 9. — On n'a plus maintenant à traverser Bordeaux en voiture pour aller de la ligne du Midi à la ligne d'Orléans. Nous nous réchauffons et nous restaurons au buffet. A huit heures, nous sommes repartis pour Paris, où nous arrivons bien portants à cinq heures du soir, après seulement neuf heures de route; c'est superbe. Ah! cette fois nous sommes chez nous, bien heureux d'avoir retrouvé le foyer, le repos et la vie habituelle.

Après avoir passé trois semaines en Afrique, couru un peu vite, mais vu pas mal de choses, et causé souvent à droite et à gauche toutes les fois que l'occasion se présentait, je me demande ce que deviendra notre conquête. Elle est ancienne déjà, et nous y sommes solidement établis, au moins d'apparence, à ce point que tout y est absolument français en beaucoup d'endroits. Je crois que nous y sommes bien solides pour le temps de paix; l'Arabe n'est pas sans voir que nous lui apportons de l'argent, des facilités, des ressources; mais vienne une guerre d'Europe, malheureuse encore pour nous, qu'arrivera-t-il? Ce qui s'est passé en 1871 n'est pas fait pour dissiper l'inquiétude. L'Arabe est conquis, il n'est pas soumis.

Sa religion lui défend le rapprochement avec les chrétiens, les Roumis comme ils disent. Sa maison reste fermée, impénétrable. Il traite sa femme en maître impérieux et jaloux, et ne la montre jamais. Les musulmanes n'épousent pas les chrétiens. Notre entière possession du pays ne peut donc pas se faire par les alliances et la fusion familiale des races. Deux autres moyens pour assimiler la race conquise ne donneront pas de meilleur résultat. Quand le conquérant arrive en flots pressés sur la terre conquise, il submerge, absorbe et fait disparaître les anciens possesseurs du sol; mais les choses ne sont pas ainsi en Algérie. Sans doute, il y a un très grand nombre de Français, mais dans les centres où ils sont le plus nombreux, ils ne dépassent pas le tiers de la population générale : Juifs, Arabes, Espagnols (Oran). A Tunis même, les Italiens sont plus nombreux que nous. Il y a huit ou neuf mille de nos nationaux contre quinze ou dix-huit mille Italiens. Sur onze mille concessions accordées à des Français en Algérie, la moitié des colons à peine est restée sur les terrains concédés. Les autres ont disparu n'ayant voulu faire qu'une spéculation d'un moment, ou emportés par la fièvre, découragés par l'âpreté de la lutte, ou impuissants devant l'effort nécessaire. Ce n'est donc pas l'invasion générale de l'élément français qui absorbera la terre nouvelle comme cherchent à faire les Allemands en Alsace-Lorraine. Nos sentiments généreux, notre humanité ne nous conduiront certainement pas à prendre possession complète du sol en détruisant, anéantissant la race indigène, comme on fait en Amérique pour les Indiens.

Et alors si fermés que nous soyons aujourd'hui en Afrique, que deviendra notre si belle colonie, si nous sommes malheureux encore dans les grandes batailles qui se livreront un jour en Europe ?

Rome victorieuse de Carthage a possédé et occupé l'Afrique du Nord pendant plusieurs siècles. Elle s'y est pour ainsi transportée par les belles et nombreuses villes qu'elle y a édifiées. Le pays est encore couvert de ruines superbes attestant la puissance de sa domination. Et cependant l'Afrique romaine a disparu sous les flots de l'invasion barbare; les ruines seules subsistent imposantes, marquant aujourd'hui son passage.

L'écrivain docile aux leçons de l'histoire peut donc justement se demander pour nous mêmes, ce que nous deviendrons en Afrique? Mais l'histoire ne s'écrit pas avec l'observation de quelques années ; il lui faut des siècles pour dérouler les faits dont elle se compose.

DEUXIÈME PARTIE

Mission scientifique à Tunis et à Carthage

1890-1891

Recherches préliminaires à mon travail.
Voyage à l'Enfida, Sousse, Kairouan, Téboursouk, Souk el Arba,
Bulla Regia.

La vaste place que l'homme occupe dans le monde rend particulièrement dignes d'intérêt tous les détails de son histoire.

Quelques membres de la société d'Anthropologie ont eu l'idée de signer une requête à M. le Ministre de l'Instruction publique, M. Bourgeois, pour me confier la mission d'aller à Tunis et à Carthage rechercher les documents anthropologiques que peuvent présenter les sépultures anciennes, puniques, romaines, juives et les sépultures chrétiennes des premiers siècles de notre ère. Ces collègues bienveillants sont MM. Hervé, de Mortillet, Laborde, Letourneau. Le Ministre a consenti et par une lettre du 17 décembre 1890, je suis avisé qu'il vient de me confier cette mission, gratuite d'ailleurs, selon mon désir.

Voici le libellé de l'arrêté ministériel :

12940 — MINISTÈRE de L'INSTRUCTION PUBLIQUE et des BEAUX-ARTS — CABINET — N°

RÉPUBLIQUE FRANÇAISE

Le Ministre de l'Instruction publique et des Beaux-Arts,

ARRÊTE :

Monsieur le Dr A. Trumet de Fontarce, membre de la Société d'Anthropologie, est chargé d'une Mission en Tunisie en vue de recherches anthropologiques.

Fait à Paris, le 16 Décembre 1890.
Signé : Léon BOURGEOIS.
Pour ampliation :
Le Chef de Bureau au Cabinet.
ROUJON.

De St-Germain, deux jours après, M. de Mortillet ajoute à cela, gracieusement, l'envoi d'une lettre personnelle pour le Père Delattre, supérieur des Pères Blancs à St-Louis de Carthage, et savant très versé dans les questions qui doivent m'occuper, pour le prier de m'accorder toute bienveillance au cours de mes recherches.

Le 23 décembre 1890, je quitte Paris pour aller passer quelques jours à Menton et partir de là pour Tunis.

Le 8 janvier j'ai quitté Menton par un temps médiocre. J'arrive à Marseille que je trouve sale de neige fondue et de boue. Il fait un froid vif. J'espère mieux de Tunis.

Mon bateau est l'*Isaac Pereire*, grand et beau bâtiment dans le genre du *Saint-Augustin* sur lequel j'ai fait mon premier voyage.

Je suis installé longtemps à l'avance. La flânerie n'est point agréable quand on a les pieds humides sous un ciel maussade et froid.

A quatre heures et quart, vendredi 9 janvier 1891, nous levons l'ancre. La mer ne paraît pas bien mauvaise; mais c'est un élément si perfide! Les premières heures se passent assez bien; dans la nuit tangage et roulis s'en donnent à plaisir pour le malheur des passagers et de moi-même, en particulier. — Le samedi, à 10 heures du matin, je veux essayer de paraître à table. Prétention vaine. Je n'y suis point 10 minutes et il me faut vite regagner ma cabine. Vers 3 heures et demie, on vient me chercher pour voir à quelque distance les côtes de Sardaigne devant lesquelles nous passons. La mer est toujours forte; le temps assez beau. Je me hâte de reprendre la position horizontale, les yeux fermés; c'est encore ce qu'il y a de mieux à faire.

Je ne me risque pas à manger.

La nuit se passe à peu près. La mer s'est un peu calmée. Entre 7 et 8 heures du matin, dimanche 11, nous sommes au mouillage de la Goulette. La mer est plus calme; le ciel est superbe; le temps s'est beaucoup adouci depuis Marseille. Les maisons de la Goulette, de la Marsa, de Carthage, de Sidi-Bou-Saïd, à droite, et au loin, en face, de Tunis, se profilent au soleil levant en silhouettes claires d'une admirable blancheur. J'en ai vite fait avec la douane beylicale, peu sévère d'ailleurs. Un cocher arabe qui flâne sur le quai de débarquement avec une voiture à deux chevaux me propose de me rendre à Tunis pour deux francs. Le prix est bien doux, ce qui m'étonne un peu. Je suppose que c'est un cocher de retour qui a tout à l'heure amené des voyageurs de Tunis à la Goulette, et qui veut par une prétention modeste améliorer sa journée déjà faite. Je monte dans sa voiture avec un compagnon de route, à peu près sans bagage comme moi; mais quand nous sommes à Tunis, au lieu de 40 sous c'est 4 francs. Je m'y attendais bien un peu. Je suis à l'hôtel de Paris.

Lavé, rasé, brossé, changé, je n'ai pas tout à fait oublié le mal de mer qui m'a passablement touché. Après déjeuner je vais à l'hôtel du résident de France, M. Massicault. J'ai à lui demander assistance et protection sur l'objet de mon voyage. M. Massicault est sorti, paraît-il. Deux heures après je reviens, et sur la présentation de mon nom, je suis immédiatement introduit. Je ne puis pas désirer un meilleur accueil. La courtoisie est parfaite, la réception presque amicale. Le Résident se met à ma disposition dans la limite de ses moyens et il me donne immédiatement trois lettres d'introduction et de recommandation : l'une pour le Père Delattre, supérieur des Pères blancs de Carthage, à qui je suis déjà adressé ; la 2° pour le docteur Bertholon, qui s'occupe avec succès de recherches anthropologiques à Tunis ; la 3ª pour M. Georges Doublet, inspecteur du service des Arts et Antiquités. Mais il me parle surtout de M. Lalllemand avec qui il semble très lié, qui est un vieil habitué de la Tunisie et qu'il fait demander séance tenante pour me présenter à lui. M. Lallemand n'est pas chez lui, on me l'enverra dans la soirée. Il se présente en effet à 7 heures et quart, comme je descends à la salle à manger. Après quelques mots de conversation générale, il veut se retirer. Nous remettons au lendemain matin un plus long entretien.

Lundi 12 janvier. — M. Lallemand arrive à 9 heures et demie du matin, courtois, gracieux, obligeant. Le soleil est vif ; nous sortons ensemble. Il me conduit au marché, où je vois un amoncellement de fruits, de légumes surtout, magnifiques, de gibier, de volailles, tout cela très bon marché *pour les indigènes*. Les étrangers ont un prix de faveur, vous m'entendez bien. Les légumes, par leur grosseur, leur belle mine, leur diversité, excitent mon admiration, quand je songe surtout à la saison où nous sommes.

Je suis arrivé peu à peu à savoir que M. Lallemand est véritablement le bras droit de M. Massicault. Anciens lutteurs politiques tous deux, ils ont défendu ensemble, au début, le drapeau républicain dans la Vienne, dans les Charentes. La fortune leur a souri. M. Massicault, véritable chef de gouvernement en Tunisie, a toujours autour de lui, comme conseil et comme ami, M. Lallemand ; très tolérants d'ailleurs tous deux et très serviables au moins par ce que j'en puis voir pour mon propre compte. En sa qualité de chef de gouvernement, M. Massicault a ses ministres de l'Intérieur, des Finances, de l'Instruction publique, des Travaux publics ; ce n'est pas le nom que portent ces collaborateurs : on les appelle directeurs généraux, mais c'est bien la fonction exercée par chacun d'eux ; M. Lallemand va de l'un à l'autre, causant, se renseignant, conseillant, revenant à M. Massicault, et rapportant ensuite sans éclat et sans bruit les réflexions et les intentions du maître, pour le mieux du service et de l'intérêt français.

M. Lallemand est véritablement le Père Joseph, l'Eminence grise de M. Massicault ; et dans des voyages fréquents, plus ou moins éloignés, comme celui que nous allons faire demain, il va étudier les éléments, chercher les renseignements pour les créations et améliorations nouvelles dans les divers services de la Régence.

En quittant le marché nous allons chez le Directeur général de l'Instruction publique, homme jeune, fort intelligent, figure fine, chez qui certainement je retournerai pour causer de nouveau et faire mieux connaissance, c'est M. Machuel. J'assiste à la conversation de M. Lallemand avec M. Machuel. Il n'y est question que de faits de service à corriger, à perfectionner. M. Lallemand va partir pour un de ses voyages habituels, et il prépare son voyage. Il avait dû se mettre en route aujourd'hui même lundi ; une indisposition de sa fille, qui veut l'accompagner, lui fait remettre à demain mardi son départ à destination de l'Enfida, de Sousse et de Kaïrouan. Il me propose de l'accompagner ; c'est une trop belle occasion, pour que je la manque, de voir, de causer, de juger, de m'instruire. Je ne suis d'ailleurs pas remis de mon voyage de mer, et suis paresseux d'esprit, mal en train de travailler. Ce sera une distraction sans fatigue.

Le départ est fixé à demain *mardi 13 janvier*, 6 heures du matin. Nous devons prendre le train jusqu'à Hammam-el-Lif, 17 kilomètres de Tunis ; là, nous trouverons une voiture prévenue et envoyée d'avance qui nous conduira plus loin. Où ? Je ne sais pas encore ; je me laisserai faire.

J'emploie mon après-midi de lundi à une visite chez le Père Delattre, à Carthage. Mes lettres et ma mission me valent un accueil excellent. Mais je vois tout de suite de grandes difficultés à mes travaux. Il ne manque assurément pas de sépultures anciennes, mais d'abord où sont-elles? Ce ne sont pas des dolmen à fleur de terre et facilement reconnaissables. Les bouleversements successifs du sol par les prises de possession punique, romaine, chrétienne, bysantine, arabe les ont enfouies à des profondeurs diverses. Les quelques tombeaux qui ont été jusqu'ici découverts par le Père Delattre l'ont été par hasard et se trouvaient couverts par 5 ou 6 mètres de matériaux et de débris.

C'est presque toujours le hasard qui préside aux découvertes de ce genre, après quoi l'observateur poursuit et féconde les indications que le hasard lui a tout d'abord fournies. Mais je ne dois guère espérer du hasard, et il m'est impossible de prendre la tâche de fouilles exécutées, à 5 ou 6 mètres de profondeur. Je n'ai ni l'expérience, ni le temps.

Il y a d'ailleurs une difficulté d'un autre ordre : tous ces terrains de Carthage sont ensemencés et garnis de récoltes superbes; si l'on demande à l'un des propriétaires l'autorisation de faire des fouilles, et il est impossible de procéder autrement, on rencontre de suite des prétentions formidables. La difficulté augmente de ce que la propriété est très morcelée. Les Pères Blancs ne sont guère plus à l'aise autour de St-Louis dans les terrains du diocèse de Carthage. Avant de renouveler des locations sur ces terrains, le Père Delattre est décidé maintenant à faire réserve de certains points qui lui paraîtront devoir donner des résultats, mais jusque là, la difficulté subsiste et le père Delattre lui-même renonce à en sortir. Je le quitte dans les meilleurs termes en lui annonçant mon retour dans 3 ou 4 jours, dès que je serai rentré de Sousse et Kairouan.

Mardi matin, 13 janvier. — A 6 heures moins un quart, je suis à la gare. M. Lallemand et sa fille tardent jusqu'à la dernière minute. J'ai cru la partie manquée. Enfin ils arrivent. Trente-cinq minutes après nous sommes à Hammam-Lif. Le temps est beau, le jour se lève. Ce tronçon de chemin de fer n'est qu'une amorce. Il s'arrête là aujourd'hui, on doit bientôt le continuer plus loin, vers l'Enfida, Sousse et Kairouan. Précisément à la descente du train nous trouvons notre voiture, venue de Tunis la veille, un landau convenable attelé de quatre chevaux de front, ce que je n'ai pas vu encore. La route est longue, plus de cent kilomètres, et sur certains points assez mauvaise. Le cocher est maltais, un bon cocher, il nous le montrera demain. Nous avons quelques provisions pour déjeuner, car nous ne devons rien trouver sur le parcours. A 7 heures moins 20 nous roulons. L'endroit même où nous nous sommes arrêtés est, paraît-il, une source d'eau chaude que l'on veut exploiter pour en faire une station médicale.

L'œuvre est réalisée à l'heure où j'imprime ces pages et la réclame des journaux commence à appeler le public français vers la station thermale d'Hammam-el-Lif.

Potin, le grand épicier de Paris, ou son frère, me dit-on, ont là une grande, très grande propriété qu'ils exploitent en vignes et en culture, avec succès paraît-il. Nous la cotoyons quelques instants. Tout ce que nous voyons paraît en effet très bien tenu. J'y viendrai un jour. A 9 heures, on fait souffler les chevaux à Krombalia, petit village absolument arabe. Contrairement à l'habitude, quelques jeunes filles de 12 à 14 ans, assez jolies, circulent librement dans la rue. Elles nous regardent curieusement, le visage découvert. Elles ne sont peut-être pas encore à l'âge de la séquestration, ou bien est-ce que les rares Européens de passage n'ont encore porté ombrage à personne ?

Un peu plus loin, un autre village appelé Turki ; à droite et à gauche beaucoup de ruines romaines.

Nous abordons le défilé de Tangate ; à vrai dire, ce n'est pas un défilé, c'est au contraire une petite plaine ; mais elle est couverte d'arbrisseaux et de broussailles serrés, très favorables pour cacher des malfaiteurs et servir d'embuscade. On n'osait guère y passer il y a quelques années. Aujourd'hui la sécurité est complète, grâce à la circulation plus fréquente, à l'amélioration du chemin. Un certain nombre de massifs ou pierres tombales rappellent des assassinats anciens. La route court dans une plaine assez fertile, semée d'oliviers et de cultures diverses. Toujours, autour de nous, à distance variable, des ruines romaines dont la plupart semblent peu intéressantes — nous y arrêter retarderait notre voyage et nous ne pouvons songer à tout voir. — Après la chute de Carthage, de nombreuses maisons de plaisance avaient été édifiées dans toute l'Afrique du nord par les riches famillles romaines qui voulaient en traversant la mer échapper à leur gré, aux agitations de la vie publique. Atteintes et renversées par le temps et les Barbares, leurs débris subsistent pour attester le souvenir et la grandeur de Rome.

La route, une route française, qui était restée bonne jusqu'ici, s'est affaissée en effondrements nombreux, sous l'influence probable de pluies persistantes venant aggraver l'inconvénient d'une circulation peut-être trop hâtive. Les ponts-et-chaussées y font des réparations importantes. Le gros rouleau s'y promène avec persévérance. Il nous faut abandonner la route proprement dite, pour prendre la piste des Arabes, où notre voiture circule plus lentement, malgré ses quatre chevaux devenus nécessaires. M. Lallemand me fait remarquer à peu de distance les restes d'un municipe romain détruit, les débris d'une ville maure autrefois puissante, mise à néant par une grande peste. Plus loin sur la gauche, au bord de la mer, la ville de Hammamet, ville de 3,500 habitants, remarquable par de superbes jardins. Plus loin encore mais sur la droite, les montagnes du Zaghouan, qui envoient l'eau à Tunis et à la Goulette. Elles sont maintenant couvertes de neige au sommet.

Il est 11 heures environ, nous sommes à El-Birouit, ou Bir-el-Biot, le puits blanc, espèce de Fondouk arabe où l'on ne trouve absolument rien, à peine du café, qui ne manque jamais en Afrique.

Le cocher donne à manger à ses chevaux sans les dételer.

Nous avons emporté quelques provisions auxquelles nous faisons honneur dans la voiture même, et complétons le déjeuner en demandant au Fondouk une tasse de café arabe dont la qualité me plaît malgré la poussière qui reste au fond de la tasse. Il fait froid : je suis médiocrement en train ; nous repartons à pied, pour une promenade en avant de la voiture qui va nous rejoindre, M. Lallemand, sa fille et moi, pendant que les chevaux achèvent de se reposer.

Chemin faisant, M. Lallemand me signale de nombreuses touffes de jujubiers utilisées par les Arabes pour protéger l'entrée ou le voisinage de leurs tentes. J'ai lieu en m'approchant de voir en effet combien elles sont défensives par leurs épines pointues. Le ciel devenu gris et quelques gouttes de pluie nous ont déjà plusieurs fois avertis d'un changement de temps prochain. Bientôt nous arrivons à un cours d'eau d'une certaine importance, un oued quelconque ; l'oued est ici l'analogue du gave dans les Pyrénées, nom appliqué à une foule de petits cours d'eau venus des neiges de la montagne et qui n'ont pas de désignation spéciale. A notre droite un pont romain ruiné et abandonné. Devant nous un pont arabe qui permet de traverser la rivière. La pluie se corse et ne va plus nous quitter. Au-delà du pont commence le vaste domaine de l'Enfida, qui a fait beaucoup parler de lui il y a une quinzaine d'années.

Le domaine de l'Enfida, qui comprend environ 120,000 hectares de bonnes terres arables, a été donné par fractions successives, par le Bey de Tunis à son ministre Kheredi, qui avait su gagner les bonnes grâces de son maître. Kheir-el-Din, assailli de réclamations et de reproches pour sa rapacité, et craignant d'être étranglé, vendit ce domaine moyennant deux millions, je crois, à une Compagnie française (Franco-Africaine), et s'enfuit à Constantinople pour échapper à ses adversaires.

Le mauvais vouloir de l'administration tunisienne, des contestations ardentes soulevées par tous ceux qui étaient jaloux de notre influence naissante (1880-1881), ne parvinrent point à déposséder la Compagnie devenue propriétaire. Un journal satirique du temps, *La Comédie politique*, vécut pendant quelques années de cette question tant débattue alors de l'Enfida.

Bientôt nous sommes à Dar-el-Bey, résidence du Directeur de la Compagnie Franco-Africaine qui exploite l'Enfida. La construction représente un grand quadrilatère, sur le modèle des Fondouks, de style arabe, avec d'épaisses murailles percées de meurtrières. Trois côtés sont occupés par les écuries à jour dans la cour et par les magasins. Le quatrième est réservé à l'habitation du régisseur, M. Cotteau, et de l'inspecteur, M. de Caumont. Quelques maisons plus ou moins construites avec de simples planches, reçoivent les exploitants inférieurs. L'une d'elles a prit pompeusement le titre d'hôtel et m'inspire peu de confiance. Il est quatre heures et demie; la pluie tombe à flots; nous nous arrêtons pour passer la nuit à l'Enfida. M. Lallemand, qui connaît tout en Tunisie, connaît les Directeurs; il a rendu des services à la Société. Il fait entrer la voiture sous un porche couvert et descend avec sa fille pour demander un abri, me disant qu'il va aussi parler pour moi. Je reste donc d'abord dans la voiture; j'attends ce qui va se décider sur mon sort, prêt au besoin à m'arranger de la maigre hospitalité de l'hôtel. Au bout de quelques minutes, M. Lallemand revient assisté de M. Cotteau, qui met on ne peut plus gracieusement à ma disposition la table et le logement. Présentations à M. et Mme Cotteau, à Mme de Caumont d'abord, et ensuite à M. de Caumont, qui rentre quelques minutes après. M. de Caumont et M. Cotteau, sont deux hommes jeunes, de 35 à 40 ans, très Français, qui descendent de cheval, mouillés jusqu'aux os, et qui en grandes bottes et en longs éperons, ont absolument l'air de gentlemen farmers anglais ou américains.

La connaissance est bien vite faite, on cause dans le meilleur français, avec des intermèdes de nos hôtes en arabe pour les gens de service. Mme de Caumont est la fille du préfet Doniol, très connu parmi les préfets de la République, membre de l'Institut, me dit M. de Caumont, et qui a successivement occupé les préfectures de Nancy, de Nice, etc.; on me conduit dans ma chambre, en dehors du massif principal. Il me faut la gagner sous une pluie abondante et parmi des masses d'une boue liquide qui menace de me submerger. C'est une grande chambre mal close, blanchie à la chaux, haute, dont le plafond décoré à l'arabe est agrémenté d'arceaux saillants qui, nés des parois murales convergent de la périphérie au centre et se rejoignent en descendant vers le milieu du plafond en une pointe fortement surbaissée.

Un peu brossé je rentre au salon. On s'installe au coin du feu où trône en ami un chien danois de toute beauté et haut comme un âne en même temps que doux comme un mouton. Le dîner se passe bien. On goûte les vins et l'eau-de-vie du domaine, ils sont vraiment bons. La Compagnie n'est pas en mesure d'exploiter les 120,000 hectares qu'elle possède. Elle n'en cultive guère pour le moment que 4 ou 5 mille, en céréales, en vignes, en plantations d'eucalyptus au titre de bois forestier, me dit-on. Trente ou trente-cinq mille hectares sont loués à des Arabes. On verra plus tard pour le reste. A moins de dix heures chacun se sépare; je regagne ma chambre sous la même pluie et dans la même boue. J'ai mal dîné. Ma bouche enflammée ne me permet pas de manger facilement. J'ai de plus quelques phénomènes généraux désagréables. Je dors bien cependant dans un lit où l'on pourrait tenir quatre au besoin.

Le lendemain, mercredi 14, la pluie tombe toujours un peu, une vaste nappe d'eau couvre toute la campagne. A 8 heures, tout le monde est réuni au salon, dames comprises. Il s'agit de savoir si nous pouvons continuer notre route vers Sousse, ou si nous devons rester encore. A 150 mètres de l'habitation est le lit de l'oued, un large torrent qui grossit rapidement dans les pluies et qu'il faut traverser à gué. Le passage est-il praticable? Les émissaires envoyés rapportent des indications différentes. A 9 heures et demie pourtant, on décide que nous tenterons le passage. Nous sommes environ à 120 ou 130 kilomètres de Tunis; nous en avons encore une quarantaine pour gagner Sousse.

Les politesses, les remerciements sont échangés à satisfaction commune, j'espère ; sincèrement de notre côté. Nous sommes en voiture, nous roulons.

Deux cavaliers arabes sont à 20 mètres en avant pour éclairer le passage de la rivière. Ils traversent, mais l'un deux n'a pas pris la bonne direction, et enfonce tout à coup jusqu'au ventre de son cheval, sans autre incident d'ailleurs ; cela s'était passé sur notre gauche. De longues et vives réflexions s'engagent, entre notre cocher et les cavaliers arabes. Il en découle qu'il faut nous porter sensiblement à droite. En avant donc et à droite.

Sur l'avis de mademoiselle Hélène, nous avons par précaution, ouvert les glaces du landau pour sortir plus facilement en cas de naufrage ; nous voici donc inclinant à droite ; trop sans doute, car tout à coup nous perdons l'aplomb, menacés de perdre l'équilibre ou d'enfoncer au-delà de la mesure. Le cocher qui voit le péril, enlève vigoureusement ses quatre chevaux d'une forte volée de coups de fouet, la voiture retrouve son assiette, et après quelques instants elle est heureusement sur l'autre bord. Nous sommes sauvés.

A 7 ou 8 kilomètres plus loin, M. Lallemand a fait venir de Sousse un relai de chevaux, ou plutôt une voiture nouvelle qui doit nous conduire à Sousse, pendant que la nôtre va retourner à Tunis.

Nous avons rejoint une bonne route due toujours à l'administration française. Elle court, comme nous l'avons vu généralement depuis notre départ, au milieu d'oliviers en bon état et de quelques cultures. Il est midi et demi quand nous arrivons à Sousse. M. Lallemand et sa fille descendent chez leurs amis les fonctionnaires. J'ai la ressource d'un gîte plus modeste à l'hôtel de France, dont le luxe et le confort ne sont pas les premiers ornements. Pour le moment même cela m'importe peu. Je suis fatigué de mon indisposition ; j'ai froid ; je n'ai pas faim et ne demande qu'à me coucher immédiatement. Bien que nous soyons dans le pays du soleil, je réclame pour les pieds une boule d'eau chaude que je finis par obtenir sans trop de peine.

A la fin de la journée M. Lallemand vient prendre de mes nouvelles. Il m'annonce que deux voyageurs qui étaient partis de Sousse pour l'Enfida, où ils avaient affaire, à peu près dans le moment où nous en partions nous-mêmes, n'avaient pas pu traverser l'oued franchi par nous deux heures avant et avaient dû rentrer à Sousse, arrêtés complètement à 150 mètres de leur destination.

De Sousse à Tunis, 170 ou 180 kilomètres. Je passe la journée de mercredi dans mon lit, levé seulement un instant pour manger une maigre part d'un mauvais dîner que ma bouche rend plus mauvais encore envahie par des aphtes ulcérés.

Sousse, port de mer, ville à peu près tout arabe de 10,000 habitants, chef-lieu de subdivision militaire, contrôle civil, justice de paix. La ville est montueuse, bâtie en amphithéâtre, entourée de murs crénelés, flanqués de tours et percés de trois portes. La caserne des turcos est sur un plateau supérieur en dehors des murs.

Sousse, colonie Phénicienne, l'ancienne Hadrumetum de Trajan, fut longtemps un repaire de pirates infestant la Méditerranée ; aujourd'hui c'est après Tunis le marché le plus important de la Régence.

Une des curiosités de Sousse est, paraît-il, El-Kaouat-el-Kouffa (le café du dôme ou de la coupole), installé dans une ancienne basilique byzantine dont les voûtes, raconte le guide, reposent sur des arcades et des colonnes : « Rien de plus pittoresque, dit-il, que ce fouillis de tapis, de nattes, d'ustensiles accrochés aux débris de l'ancienne église et pailletés çà et là par le soleil. Le dôme ou kouffa, qui a donné son nom au café, est cannelé jusqu'à son sommet et produit un effet remarquable ».

Nous sommes revenus de l'Enfida à Sousse avec un employé du contrôle civil, M. Luret, jeune homme gentil et intelligent. L'ayant mis au courant du but de mon voyage, il me dit que le docteur Veillon, major du régiment de turcos en garnison à Sousse, a fait quelques fouilles et pourrait me donner des renseignements. Je verrai M. Veillon, bien que

Sousse ne soit pour le moment, ainsi que Kairouan, qu'une occasion de promenade et ne figure pas dans le nombre des points que je compte explorer.

Jeudi 15. — Après une assez bonne nuit, je sors à 10 heures du matin et vais tant bien que mal, dans le froid et dans le vent, à la caserne et à l'hôpital des turcos où j'espère rencontrer le docteur Veillon.

J'arrive péniblement à lui dire quelques mots à la fin de son service. Il n'est pas libre aujourd'hui ; il déménage ! et me remet au lendemain matin. Etre à Sousse arrêté pour un déménagement ! quelle vulgarité malheureuse ! Mais il a été question avec M. Lallemand de partir le lendemain pour Kairouan. Il fait un temps atroce de froid et de vent. J'espère un peu que mademoiselle Lallemand ne voudra pas se risquer au départ par un temps pareil. Enfin !

Vendredi 16 janvier. — Je mange toujours mal et je continue à souffrir de la bouche. A 10 heures je suis encore à la caserne. Le docteur Veillon cause avec moi une demi-heure, sans me donner de sérieuses espérances pour la suite de mes recherches. Il n'est pas tout à fait libéré encore d'ailleurs et me remet à ce même jour vendredi 3 heures pour une conversation plus complète. Mais voilà que se pose la question de partir pour Kairouan aujourd'hui même ; alors, à la grâce de Dieu !

En rentrant à l'hôtel je trouve, en effet, un avis de M. Lallemand, m'annonçant le départ pour midi ; mademoiselle Hélène est intrépide et veut tout braver. Kairouan est bien une perspective tentante. Je suis de son avis. « Kairouan, la ville sainte, la cité sarrazine, la ville arabe sans mélange, la doublure de la Mecque ! Sept pèlerinages à Kairouan autorisaient à prendre le titre de Hadj (pèlerin), tout comme le voyage à la Mecque. De cent lieues à la ronde, les purs dévots faisaient porter leurs corps à Kairouan pour les faire ensevelir en terre sainte, et pourtant nous sommes entrés à Kairouan sans brûler une cartouche. » (C. Lallemand, *La Tunisie*, Paris, 1892).

Il y a 55 ou 60 kilomètres de Sousse à Kairouan. Le trajet se fait en quatre heures et demie, sur un petit chemin de fer Decauville, qui marche bien, nous dit-on. Soit, mais attendons l'épreuve.

A partir du 1ᵉʳ janvier de cette année seulement, il part tous les jours, mais à 6 heures du matin excepté le vendredi, où il part à midi, et nous sommes un vendredi, heureusement, parce qu'il fait un tel froid et un vent si violent, que je ne me serais certainement pas risqué à 6 heures du matin. A d'autres points de vue que celui de l'heure, il faut vraiment ne pas avoir le moindre souci de l'agrément et de la santé des voyageurs, pour leur offrir un pareil moyen de locomotion. D'abord ce chemin de fer primitif comprend une seule voiture, une *plate-forme* comme on dit, ouverte à tous les vents et qui ne prend pas de bagages sérieux. Ni portes, ni fenêtres, aucune clôture ; quelques mauvais rideaux qui ne ferment pas et qui flottent à tous les vents, et quel vent aujourd'hui ! Voilà l'appareil où il faut s'embarquer. Nous nous risquons, pourtant. J'aurais un peu honte d'être moins résolu que mademoiselle Hélène. La cavalerie est à l'avenant sur tout le parcours. Les chevaux valent bien 40 francs la paire, et au départ nous n'avons pas marché un quart d'heure que les bêtes qui ne veulent pas se mettre régulièrement dans le collier et qui ne tirent que par secousses brusques, ont déjà cassé leur harnais trois fois. Enfin, malgré les chevaux rétifs et les harnais en déroute, nous avons gravi la rampe qui mène sur les hauteurs de Sousse. Maintenant jusqu'à Kairouan nous allons courir sur une série de hauts plateaux qui nous mènent assez régulièrement et pour ainsi dire en plaine élevée jusqu'à la ville sainte.

Aucun villlage sur tout notre parcours de près de 60 kilomètres. Les relais se font à peu près en plein champ, venus de quelque gourbi voisin, sauf le dernier qui est établi dans un des bâtiments assez nombreux et maintenant abandonnés qui nous servaient de camp dans les premiers temps de l'occupation. Quelle que soit leur triste mine, les pauvres chevaux nous conduisent bien ; harcelés par le fouet, ils se maintiennent

toujours au galop ; mais cette allure rapide ne fait que développer la violence du vent qui est glacial, malgré un peu de soleil. Le premier tiers de la route s'est fait dans une plaine couverte d'oliviers ; le second tiers au milieu de cultures et de broussailles diverses où l'on n'aperçoit plus d'oliviers ; le troisième tiers est à peu près semblable au premier, sauf que les cultures sont plus rares, moins bien faites, le sol plus rocailleux et moins bon. Vers quatre heures, une masse brumeuse marque à l'horizon l'apparition de Kairouan ; un quart d'heure après on voit nettement se dessiner sur un ciel clair la blancheur des minarets et des coupoles, puis c'est la longue série des créneaux qui trace en une ligne continue jaunâtre, la silhouette des murs de la ville sainte. Avant cinq heures nous sommes à Kairouan.

Le Contrôleur civil, M. Canova, est venu au-devant de nous, ou plutôt de M. Lallemand, car je ne suis personnellement rien dans l'affaire. La *plate-forme* s'est arrêtée à une centaine de mètres de la ville sur un vaste espace près de l'hôpital militaire. Deux hôtels représentés par des Arabes bruyants se disputent nos personnes et notre bagage. Après un certain débat et quelques complications, nous sommes à l'hôtel de France. M. Canova avait retenu à l'hôtel de la Poste les chambres de M. Lallemand et de sa fille. Avant de le savoir, et au moment même où nous nous arrêtons, M. Lallemand m'avait dit : Je vous mets à l'hôtel de France. Ne connaissant rien moi-même, un peu ahuri par le voyage, par les cris des Arabes se disputant nos paquets, je donne contre mon habitude quelques objets à celui qui criait : hôtel de France. Mais M. Canova annonce à M. Lallemand l'hôtel de la Poste. Voilà une difficulté. Je ne pouvais plus reprendre mon bagage qui déjà courait en avant sur le chemin. M. Lallemand est contrarié. Mais, lui dis-je, je n'ai fait que suivre vos instructions. Après quelque débat sur la délicatesse de la situation, le contrôleur nous mène tous à l'hôtel de France. Il s'arrangera sans peine, nous dit-il obligeamment, avec l'hôtel de la Poste. Nous cherchons à établir que du moins il ne supportera de ce fait aucune dépense. Il l'assure, cela paraît entendu ; moi personnellement je ne puis rien, et je suis d'ailleurs fort disposé à croire que la position d'un contrôleur civil est assez haute pour qu'un hôtelier ait toujours intérêt à le ménager et pour que le contrôleur lui-même ait plus d'un moyen pour faire oublier à l'hôtelier ce petit contre-temps. Nous sommes donc à l'hôtel de France. Le professeur d'arabe de Tunis qui est avec nous pour affaires de service, sera à l'hôtel de la Poste. Il est bien arabe l'hôtel de France : portes en bois à peine ébauché, serrures fermant mal ou point, murs blanchis à la chaux, fenêtres étroites, lits minuscules ; c'est mieux pourtant que la simple natte placée sur un massif de terre ou de maçonnerie à 70 ou 80 centimètres de hauteur du sol dont jouit communément l'habitation arabe. Au demeurant, on y parle bien français et la cuisine n'y sera pas mauvaise. Nous sommes glacés, moi surtout peut-être qui ne suis pas bien portant, tourmenté par l'état de ma bouche non encore guérie. Pendant qu'on m'apporte un brasero à l'italienne, car il n'y a naturellement de cheminée nulle part, M. Canova, homme jeune, bonne et franche figure, veut bien me dire qu'il attend M. Lallemand et sa fille à dîner dans une heure et que je lui ferai plaisir de me joindre à eux. Comment et pourquoi refuser? J'accepte. Le professeur d'arabe d'ailleurs est aussi de la partie. Je me figurais trouver à Kairouan une ville de fanatiques, de maraboutistes, supportant impatiemment notre présence et notre domination, et obligeant chaque étranger à une vigilance perpétuelle pour sa sécurité. Il n'en est absolument rien ; on est plus en sûreté à Kairouan, ville de 20,000 Arabes, avec un millier au plus d'Européens ou assimilés y compris la garnison de 400 hommes, on est plus en sécurité à Kairouan qu'à Paris ; non seulement nous y sommes tolérés, mais nous y sommes aimés, et c'est facile à comprendre, c'est le fait du Protectorat. Ce n'est pas un vain mot que le protectorat. Au lieu d'imposer brutalement notre domination, ce qui nous eût fait adresser le mot si vrai : « Notre ennemi c'est notre maître », nous nous sommes présentés et nous restons posés en redresseurs des torts du pouvoir arabe vis à vis de la population. Nous leur avons dit : « Nous venons vous défendre, vous protéger, et contre les exactions des représentants du Bey, et contre les attaques possibles des tribunes voisines. Le caïd vous vole-t-il dans la perception des impôts, vous fait-il payer deux fois, venez nous le dire. Le pouvoir beylical abuse-t-il vis à vis de vous, dans l'application des lois auxquelles vous êtes soumis? Avertissez-nous, nous sommes là pour vous faire rendre justice; nous sommes là pour voir, pour *contrôler* la manière dont on vous traite et faire respecter vos personnes et vos droits ». Un pareil langage ne peut produire que d'excellents effets, et il les produit. Voilà pourquoi toute la Tunisie est soumise et reconnaissante au protectorat français, le vrai maître après tout, en réalité ; il ne faut pas s'y tromper. Voilà pourquoi on a imaginé le nom de contrôle et de contrôleur civil comme étant celui qui, faute de mieux, rend le plus juste compte de la situation. Il y a sur toute la surface de la Régence 15 ou 18 contrôleurs, avec des pouvoirs en réalité très importants, qui sont à peu près ceux des préfets, plus étendus même, car le contrôleur éloigné de son ministre, n'ayant pas à compter avec l'ingérence du Parlement, a une liberté d'action très grande, et une autorité proportionnée à la nécessité de trancher par lui-même et de suite toute espèce de questions.

Une heure après notre arrivée, nous étions chez le contrôleur. Maison toute arabe naturellement, faïences décorées sur les murs et sous les pieds en guise de parquet, tapis recouvrant une partie des murs, fenêtres et portes étroites et d'une menuiserie médiocre. Au bas de l'escalier, deux Arabes solennels rendent honneur par leur présence à la majesté du lieu. Oui, nous sommes aimés et respectés; à peine sommes-nous assis, les représentants de la municipalité de Kairouan, j'ai oublié leur titre véritable, viennent *gracieusement* nous souhaiter la bienvenue en nous serrant cordialement la main. Ce ne sont pas les premiers venus ; ils ont de fort beaux costumes, bleu-clair, jaune, rouge, soutachés d'or.

Dans le demi jour qui reste, nous faisons sous la conduite de M. Canova un tour dans la ville. Elle est déjà un peu française par quelques détails, bien qu'elle ait conservé d'ensemble son plus pur caractère arabe. Le gaz brille çà et là dans quelques réverbères style de Paris ; des bornes-fontaines du même style rappellent, sur plusieurs points, l'arrosage de nos villes, et il est question d'installer une ou des horloges publiques. La municipalité de Kairouan, gardons ce mot faute d'un autre plus précis, accepte bien le principe de cette innovation ; mais sans repousser la dépense, la difficulté est de placer l'horloge ou les horloges. Pour être utiles, il faut qu'elles soient sur un point élevé. Les points élevés sont les dômes et les coupoles des mosquées, et le caractère saint du lieu est un obstacle; on trouvera bien le moyen d'arranger les choses.

Kairouan est entouré d'une épaisse muraille continue, sans interruption, formant ceinture complète à la ville. Une longue série de créneaux règne du côté de la campagne. Du côté de la ville, le haut de la muraille porte une espèce de large chemin de ronde d'environ 2 mètres, limité d'un côté par les créneaux, par le vide de l'autre et qui permet de faire ainsi tout le tour de la ville en ayant d'un point élevé le panorama de toute la campagne de Kairouan. Elle est assez nue cette campagne avec quelques cultures et quelques arbrisseaux. L'administration française fait des nivellements et projette quelques plantations. Je ne puis pas songer à faire une étude sérieuse de l'état politique du pays, faute de temps. Sans doute la Régence conserve l'apparence de l'autorité beylicale ; mais rien ne se fait sans l'assentiment du Résident général ; aucune décision n'est valable sans son approbation ; aucune correspondance administrative n'est expédiée sans lui avoir été soumise. Tout ce qui arrive aux caïds ou tout ce qui vient d'eux est soumis à l'examen des contrôleurs civils agissant avec un très petit nombre d'employés, et tout va pour le mieux avec une organisation très simple.

Quatre grandes portes sont ménagées dans l'enceinte pour

les communications entre la ville et les faubourgs et l'extérieur, car il y a quelques maisons hors l'enceinte. Le soir on ferme les portes. L'autorité militaire a fait, paraît-il, ouvrir une cinquième porte pour son service personnel. En outre de cela il y a une poterne disposée pour rester toujours praticable et ouverte aux attardés ; mais il fallait empêcher qu'elle pût servir de passage à des groupes ennemis poussés par de mauvais projets. La poterne traverse en S l'épaisseur de l'enceinte ; elle est étroite et basse : $0^m.50$ de large environ sur $1^m.50$ de haut. Tout cela est calculé pour empêcher le passage des longs fusils arabes. Ils ont plus de $1^m.50$ de long et ne peuvent tenir en hauteur. La sinuosité du passage empêche qu'ils puissent entrer dans l'autre sens, c'est-à-dire en travers, et voilà Kairouan sauvé. Nous rentrons au contrôle à six heures et demie.

Le professeur d'arabe qui n'était pas de la promenade vient nous y rejoindre. Dîner à l'arabe gracieusement offert. A neuf heures et demie nous rentrons dans notre hôtel. C'est à peine si je suis réchauffé. Brasero nouveau, bouteilles d'eau chaude pour la nuit, je m'en tire comme je puis ; pas trop mal pourtant.

Samedi 17. — Je suis toujours mal en train. L'état de ma bouche me gêne encore. Je vais trouver à l'hôpital le major du régiment, le docteur Hublé, jeune homme très aimable. Il fait un froid atroce et je constate un centimètre d'épaisseur sur le glaçon d'un bassin. L'inflammation de ma bouche a été suivie d'une ulcération assez large mais peu profonde. Une légère touche au nitrate d'argent et des gargarismes avec une solution de chlorate de potasse hâteront peut-être mon rétablissement. J'en essaie.

Il est plus de neuf heures quand je retrouve M. Lallemand qui m'a fait demander à l'hôtel pour le rejoindre au contrôle, afin de visiter les mosquées, et elles sont nombreuses à Kairouan. Un guide algérien, assez âgé, mais parlant convenablement français, va nous conduire. Nous commençons par le puits du Chameau. Il n'y a guère que ce puits à Kairouan. La ville est surtout alimentée par des citernes. L'eau est rare et on a toujours l'inquiétude d'en manquer. La légende raconte que ce puits a été découvert par la chienne de Mahomet. Une armée ennemie entourait la ville. L'eau allait manquer. La chienne du prophète cherchant à se désaltérer se mit soudain à aboyer et à gratter le sol. On fouilla à l'endroit qu'elle indiquait et bientôt on trouva une source. Le puits d'une quinzaine de mètres, creusé à l'endroit indiqué par la légende, fournit une assez grande quantité d'eau. Aux abords, un grand abreuvoir sert au public et aux animaux qui passent. Pour tirer mieux parti du puits, un manège a été installé sur une plate-forme à la hauteur d'un premier étage. Il met en mouvement une roue à godets qui communique avec l'intérieur du puits, et verse ainsi continuellement, du matin au soir, l'eau dans le réservoir inférieur mis à la portée du public. Quand nous sommes entrés, le manège était tourné par un grand et fort chameau de très belle mine qui semblait conformer son allure majestueuse à la solennité de la tradition.

Kairouan ignore tout à fait le pavé, le bitume et les trottoirs. Les rues sont faites du sol naturel avec des trous boueux et des inégalités partout. Elles ont pour caractère général d'être fort déprimées dans le milieu, et relevées sur les bords, de sorte que si l'on tendait une ficelle d'un bord à l'autre au pied des maisons, la perpendiculaire abaissée au niveau de la plus grande déclivité mesurerait bien un mètre au moins de hauteur. Rues assez larges d'ailleurs, peuplées d'Arabes grouillant, trottinant sur leurs petits ânes, poussant devant eux leurs chameaux nus ou chargés. Le froid est toujours vif, le vent aigu, mais le soleil est clair, le ciel d'un bleu vraiment d'azur; de sorte que l'effet est délicieux quand dans l'axe d'une rue on voit la coupole blanche d'une mosquée se profiler tout à coup sur l'azur du ciel.

Kairouan n'est pas seulement la ville sainte, c'est encore un point central qui sert de trait d'union pour le commerce entre l'intérieur du pays et le port de Sousse.

Nous voici à la grande mosquée de Djema-Sidi-Okba. Notre guide s'est procuré les clefs. La porte est libre.

Bâtie sur le même plan, paraît-il, que celle de Cordoue, la grande mosquée de Sidi-Okba présente extérieurement l'apparence d'un immense quadrilatère en maçonnerie massive avec des murs de 6 à 8 mètres de hauteur. Une vaste cour inté-

Grande mosquée de Kairouan (Sidi-Okba).

rieure carrée ou rectangulaire, pavée de dalles irrégulières dans l'intervalle desquelles l'herbe pousse à profusion, est entourée d'un péristyle à colonnes d'aspect varié. L'ensemble rappelle la physionomie de nos anciens cloîtres. Ces colonnes comme celles de l'intérieur de la mosquée ne sont nullement

Grande mosquée de Kairouan. — Vue extérieure.

Elle comprend dix-sept nefs dont les voûtes sont supportées par un nombre infini de colonnes en onyx, en porphyre, en marbre, en pierre, quelques-unes assez dégradées. Dans la cour intérieure, le sous-sol est occupé par une vaste citerne; un tronçon de colonne supporte un cadran solaire horizontal. Un second cadran, mais vertical, est gravé sur la paroi.

Les murs ont à peu près six mètres d'épaisseur sur sept ou huit de haut à la naissance des voûtes.

uniformes ; elles offrent tous les styles d'architecture, semblent avoir été recueillies partout, et avoir été amenées là de toute provenance. Les chapiteaux de quelques-unes reproduisent audacieusement et assez bien des feuillages agités par le vent. Dans l'intérieur de la cour il y a plusieurs puits. Les margelles de ces puits qui sont en marbre et à fleur de terre sont creusées de nombreux sillons verticaux dont quelques-uns sont très profonds, deux ou trois centimètres par exemple, sillons formés par l'usage répété des cordes qui servaient à puiser l'eau dans les citernes ; car aucun appareil extérieur n'a jamais été installé pour monter et descendre les seaux.

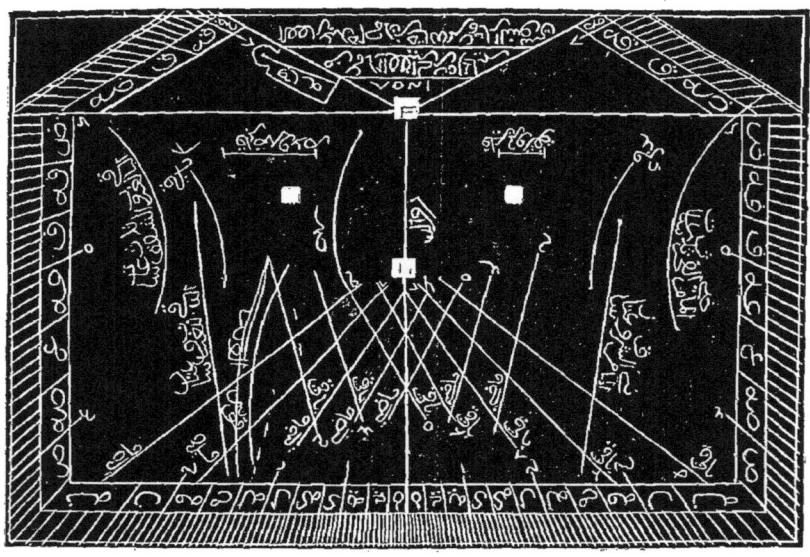

Cadran solaire de la grande mosquée.

Il y a aussi un cadran solaire horizontal, avec des caractères arabes naturellement, partant incompréhensibles pour le public. J'en ai la photographie. Elle m'a été offerte gracieusement par le commandant Picardat qui, en sa qualité d'officier du génie, a installé le Decauville de Sousse à Kairouan en 1881 au moment de l'occupation.

La porte d'entrée dans la mosquée proprement dite a de belles proportions et est assez curieuse. Les colonnes intérieures de la mosquée sont de tout caractère comme celles de la cour ; il en est deux seulement en porphyre rouge, d'un grand diamètre et qui sont vraiment fort belles. M. Lallemand dit qu'on ne les ferait pas établir aujourd'hui pour 30,000 francs pièce. Une légende court sur elles. Ces deux belles colonnes bordent chacune le côté d'une travée près de la chaire. Chacune d'elles est très rapprochée d'une autre en marbre simple, et entre les deux il ne reste qu'un petit espace, 0,15 à 0,20 centimètres peut-être — j'ai oublié de le mesurer — mais ne pouvant point laisser passage à un homme. Or la légende dit que celui qui pourra passer entre les colonnes est assuré de la remise de tous péchés et aura la félicité éternelle dans le paradis de Mahomet ; et des fanatiques se soumettent, paraît-il, à des jeûnes fantastiques et à de longues privations pour arriver à l'amaigrissement qui leur permettra de passer dans l'intervalle des colonnes saintes et d'obtenir ainsi les félicités promises. Toutes les autres colonnes de la mosquée sont généralement en marbre, unies ou cannelées. Quelle habile religion que celle de l'Islam, dit à ce propos Léo Claretie dans son livre sur la Tunisie ! Par une pratique superstitieuse elle enseigne à ses adeptes l'hygiène, la sobriété, l'ascétisme salutaire qui les préserve de l'obésité, — et de beaucoup d'autres complications, pourrait-on ajouter.

La chaire à prêcher située près des fameuses colonnes de porphyre a peu de hauteur. Elle n'a point la forme plus ou moins arrondie des chaires catholiques. Elle est à peu près rectangulaire. Ses panneaux en bois sculpté sont décorés de peintures en fines arabesques. « Au pied de la chaire, une porte curieusement travaillée s'ouvre sur une nef spéciale : c'est la chapelle réservée du Sultan. De là il assistait à l'office sans être vu, comme Louis XI à la Sainte Chapelle, ou Philippe II à l'Escurial. Aujourd'hui la loge est déserte, délaissée, triste. Elle semble toujours attendre le maître qui ne revient plus » (Léo Claretie).

Mais je remarque une disposition particulière de construction. Les chapiteaux ne sont pas simplement posés à chaux et ciment sur le fût de colonne; ils en sont séparés par une pièce de bois légère; de même tous les fûts de colonne sont reliés l'un à l'autre supérieurement par une traverse de bois ; comme si l'architecte peu sûr de l'aplomb de son travail avait voulu par avance consolider ses colonnes par un assemblage artificiel. On compte, dit-on, 280 colonnes à l'intérieur de la mosquée. Il y en aurait 580 en ajoutant celles de la cour.

La grande mosquée est déserte quand nous arrivons, mais on y prie toujours encore. A certaines heures « les musulmans, leurs sandales à la main, agenouillés sur les larges nattes d'aloès, se prosternent devant le mirhab et adorent Allah. On en voit qui restent accroupis au pied des piliers, immobiles, la figure impassible, le regard vague et perdu dans la contemplation de l'infini. Autour d'eux, dans la clarté douteuse que laissent faiblement filtrer quelques vitraux, s'étendent comme une forêt les longues rangées de piliers dont les deux cent quatre-vingts fûts de marbre et d'onyx supportent les voûtes de dix-huit nefs sur leurs chapiteaux ciselés où l'art arabe imite en le déformant le style corinthien.

« L'allée principale passe sous quatre coupoles élancées d'où retombent des lustres gigantesques qui n'ont d'autre caractère que leur lourdeur disgracieuse. Ce sont d'énormes cônes formés par la superposition de cercles en fer mince et dentelé, dont le plus large occupe la base. Chacun de ces cerceaux est garni de petits godets pleins de graisse où trempe une mèche » (Leo Claretie).

Nous montons au sommet de la principale coupole par un assez médiocre escalier de pierre. On a de ce point une très belle vue sur la ville et la campagne. Il est onze heures et demie. Nous rentrons un instant pour jeter un dernier coup d'œil à l'intérieur de la mosquée. De jeunes Arabes qui nous ont accompagnés rabattent les tapis soulevés à notre entrée pour éviter qu'il soient foulés par le pied des chrétiens ; et nous rentrons à l'hôtel où nous attend un déjeuner passable. A une heure nous retrouvons notre guide et continuons notre promenade. On nous conduit d'abord, non loin de la mosquée, dans une cour solitaire où reposent quatre ancres marines en fer d'une dimension gigantesque, espèce de caprice d'un sultan qui n'a jamais pu les utiliser. Une autre légende veut que ces ancres aient été trouvées dans des fouilles faites à Porto-Farina, sur l'ordre du bey Ahmed, conseillé par son derviche Omer Abbada. Ces lourdes masses de fer furent transportées à grands frais depuis la côte jusqu'à Kairouan. Quand elles furent arrivées, laissez-les là, fit dire le Bey par son derviche, elles serviront, car Kairouan sera un jour port de mer. Ce derviche était en grande estime près du bey Ahmed et jouissait d'une grande popularité dans le public. Il eut après sa mort l'honneur qu'on lui élevât un tombeau, une mosquée. On nous y montre de gros madriers de deux mètres environ de haut sur lesquels sont gravées de longues inscriptions soit disant prophétiques, et on prétend que l'une d'elles annonçait depuis trente ans l'entrée des Français à Kairouan. Je soupçonne volontiers que l'autorité française ayant eu connaissance par ses agents d'une prophétie mystérieuse, sut se faire habilement une arme de la crédulité publique et trouva à prix d'argent quelque partisan zélé pour déclarer d'après cette prophétie qu'il était inutile de nous créer des embarras, puisque notre arrivée était dans les décrets d'Allah et depuis longtemps annoncée. Ainsi vont parfois les choses.

Derrière la mosquée est une façon de séminaire, séminaire de l'Islam, où sont élevés de jeunes musulmans qui se préparent au rôle de *cadis* et *imans* pour le culte de Mahomet. Tout le jour, pendant plusieurs années, ils apprennent par cœur et à demi-voix tous les versets du Koran. Une psalmodie monotone à laquelle nous ne comprenons rien naturellement, indique la retraite où ils étudient. Derrière une porte épaisse on pénètre dans un corridor sombre où l'on aperçoit une pompe attachée à la muraille; c'est le lavabo des élèves. Le corridor mène à une petite cour sur laquelle ouvrent les cellules qu'ils habitent. « Ils sont là tous chacun dans sa geôle, vêtus d'une longue robe verte, la tête rasée, accroupis sur leurs talons, près de la porte pour voir clair. Derrière eux on aperçoit dans la pénombre la natte sur laquelle ils dorment la nuit, la cruche d'eau, le réchaud de terre grise, quelques assiettes sales. Rien ne vient orner la navrante et obscure nudité de leurs appartements privés. Ils tiennent en main une planchette vernie en blanc sur laquelle ils ont copié avec un bâton trempé dans l'encre la leçon du jour. Ils la relisent sans interruption à demi voix, comme le prêtre qui lit l'évangile. Ce murmure confus dans le silence de ces gros murs qui suintent, tous ces mots arabes qui s'échappent en tumulte des cabanons entr'ouverts, qui se heurtent, se répondent, s'enchevêtrent dans une rumeur uniforme ; l'immobilité de ces enfants, leur impassible indifférence quand nous passons près d'eux, tout cela fait naître dans l'âme un sentiment complexe et triste de labeur difficile et absorbant, d'emprisonnement sans crime, de foi patiente, et de vocation persistante à travers les rigueurs d'une éducation quasi-monastique.

« Une petite salle de pierre s'ouvre là tout près ; c'est la classe, un cabanon encore, mais plus grand. Les épaisses murailles s'arrondissent en voûte, des nattes couvrent le sol. Les élèves s'y accroupissent. C'est là tout leur mobilier de travail. Il y a dans un coin, au bas d'un pilier à large chapiteau sculpté, une sorte de banquette en briques recouverte d'une natte, c'est la chaire du professeur. Il s'asseoit là, sur ses jambes repliées. Une longue gaule d'olivier appuyée au mur reste à la portée de sa main pour châtier les disciples paresseux ou inintelligents en les frappant sous la plante des pieds. Un anneau est scellé dans le pilier pour les attacher pendant la correction. Il est lugubre le séminaire de l'Islam. Nous quittons en les plaignant ces obscurs collégiens de mosquée, ces lamentables normaliens du Koran » (Léo Claretie).

Non loin de là encore est la mosquée du barbier du prophète, Sidi-Sahab, en qui Mohammed avait mis sa confiance, et dont il avait fait son compagnon. C'était un homme habile que ce barbier comme l'astucieux Figaro et l'illustre Champagne, comme Olivier-le-Daim qui devint sous Louis XI, comte de Meulan et gouverneur de St-Quentin (Léo Claretie). A la mort du prophète, il lui arracha trois poils de barbe et les porta enfermés dans un sachet sur sa poitrine. On dit qu'ils y sont encore. C'est à ces reliques sacrées qu'il dut la superbe zaouïa où il repose à Kairouan.

La mosquée du Barbier se présente sous la forme d'une sorte de cour intérieure analogue à celle des cloîtres. Le long

Mosquée du Barbier. — Vue extérieure.

des murs s'alignent les babouches des Arabes qui sont venus faire là de hautes dévotions. A l'intérieur, sur la cour, les voûtes sont très belles. Sur la muraille, des faïences artistement décorées, figurent la grande mosquée de la Mecque, avec ses Kouffas dorées, ses coupoles cintrées et ses palmiers. De fines peintures sur bois accompagnent cette décoration. Au fond d'une niche peinte au minium repose un marabout dont le corps est enfermé dans un grand coffre vert et rouge.

Les arceaux retombent sur des colonnes de marbre blanc dont les chapiteaux sont dans le goût de la Renaissance italienne ; des corniches, dans le même style, figurent des cornes d'abondance qui déversent des grappes de fruits, puis une série d'ornements modernes rapportés et des additions malheureuses qui déparent l'ensemble (Léo Claretie).

« On entre dans le sanctuaire. C'est une salle d'environ sept mètres carrés où repose le corps du compagnon de Mahomet, au milieu de tentures et de drapeaux brodés aux armes du prophète ; un treillage de bois peint en vert entoure et protège le tombeau. Le corps du barbier serait enfermé dans une châsse supérieure. Des offrandes pendent accrochées au treillage : des œufs d'autruche emprisonnés dans de fins filets, de simples bouts de fil noir noués autour des barreaux, ou de petits cônes en terre — en terre de la Mecque — dorés jusqu'au milieu de leur hauteur et suspendus pieusement par les pèlerins qui ont été en Arabie embrasser la pierre noire de la Kooba (Léo Claretie).

Un peu plus loin, en dehors de la ville, se voit un vaste réservoir où un approvisionnement d'eau considérable est rassemblé. Kairouan est surtout approvisionné par des citernes. En vue de la disette d'eau possible, l'administration française a fait réparer un immense bassin circulaire autrefois établi par les Aglabites. Elle y a amené les eaux de source du *Chérichérat*. Cet immense bassin a plus de cent mètres de diamètre avec six mètres de profondeur. Il contient dit-on, cent mille mètres cubes d'eau et doit mettre pour longtemps Kairouan à l'abri de la soif. Au moment où nous arrivons, le vent lui donne l'agitation de la mer. Notre administration prépare aussi le rétablissement de quelques autres bassins.

Au loin, à l'horizon, se profilent les hautes montagnes du Zaghouan.

Léo Claretie les a remarquées aussi :

« Devant nous, dit-il, se déroulent dans une longue perspective les splendides ruines de l'aqueduc de Mohammedia construit sous Hadrien. C'est le commencement de l'aqueduc qui finit à Carthage. Les Romains ne connaissaient pas encore la théorie du siphon. Ils amenaient l'eau de Zaghouan à Carthage par cette pente douce qui se continue sur une longueur de 124 kilomètres. C'est une longue série d'arcades qui s'étend devant et derrière nous à perte de vue. Elle porte sur des piliers qui s'allongent ou raccourcissent suivant les inégalités du sol pour maintenir au même niveau le tablier supérieur » (*loc. cit.*).

Il existe à Kairouan une secte de personnages étranges, mi-sorciers, mi-fanatiques qui se livrent à des pratiques extraordinaires où la sorcellerie, le mysticisme, l'hystérie peut-être et la passion religieuse ont plus ou moins de part. On nous en a dit un mot pendant notre séjour; je n'y ai pas assez prêté attention; notre trop court passage ne me permit pas d'étudier cette question. Mais Léo Claretie, plus heureux, a pu assister à une représentation des Aïssouas. Il en a consigné un récit intéressant dans son livre : *Feuilles de route en Tunisie.*

Le lecteur nous saura gré de lui mettre sous les yeux ce récit. Nous laissons la parole à l'auteur.

Les Aïssouas.

« Notre guide Mohammed nous a dit : « Oh! il y a joli à voir ici! Aïssouas, mangent scorpions comme ça, comme crevettes! » Et de ses gros doigts de bon nègre, le cou tendu, le nez levé, il s'arrête un instant dans l'attitude d'un gourmet qui gobe des raisins, et il est beau à voir. Nous irons donc aux Aïssouas. Mais la séance publique ne devant avoir lieu que dans cinq ou six jours, force nous est de les commander spécialement pour nous. Car cela se pratique ainsi. Ils concilient avec une admirable sérénité le culte et le lucre, tout comme dans les autres confessions. Bien qu'ils constituent une secte religieuse et que leurs tortures soient offertes en sacrifice à Mahomet, ils ne dédaignent pas d'en faire argent, et de dire leur messe sanglante sur commande et contre facture.

« Le soir, toute la ville sait que des Européens ont commandé les Aïssouas. C'est la grande nouvelle à l'hôtel, où nous ne pouvons faire autrement que d'inviter les cinq ou six habitués de la table d'hôte, le patron, la patronne et le petit mitron qui se réjouit de l'aubaine, car il est déjà élève Aïssoua ; il a la tonsure et la mèche, il mange du verre par divertissement aux heures de loisir, assis au pied d'un mur, dans le corridor ou sur la rue. Le mince cristal craque sous ses dents blanches, et il rit en nous regardant : « Bon ! bon, ça ! toi vouloir en manger ? » C'est un bon élève.

L'auteur de l'article se livre ensuite à quelques développements dans lesquels plus romancier qu'enfermé dans les données scientifiques il multiplie les exemples des *mangeurs de verre*. Il cherche bien à fortifier ses assertions par l'appui d'autorités médicales qui tendraient à considérer l'action de manger du verre comme à peu près inoffensive, du moins chez certains adeptes ; mais j'ai recherché sans les trouver les sources médicales citées par l'auteur, et sans nier rien des choses extraordinaires qu'on observe chez les Aïssouas, je ne crois pas du tout qu'elles soient si banales et si simples ; mais revenons au récit même de l'auteur.

« Il fait nuit. Neuf heures viennent de sonner. Nous sortons de l'hôtel avec nos récents amis de table, et notre petite caravane se dirige vers la zaouïa dans laquelle va se passer la cérémonie.

« A droite du chemin, la haute muraille crénelée de l'enceinte flanquée de tours se détache comme une grande nappe d'ocre vive sur l'azur sombre du ciel. A gauche, ce sont des maisons basses et suspectes, sans fenêtres, communiquant avec la rue, comme des remises à charrettes, par une large porte en bois blanc dont les battants restent ouverts pour laisser entrer un peu d'air dans ces bouges sordides. A travers l'entrebâillement d'un rideau rouge, on aperçoit, à la lueur d'une chandelle, des bouteilles à demi vidées sur une table bancale, et, dans un coin, une paillasse trouée, des femmes sales, en jupon court, sans corsets ni corsages, les cheveux collés à plat sur le front, un lacet rouge autour du cou, jouent aux cartes sur le pas des portes. A côté de ces bouges à soldats, on aperçoit quelques femmes kabyles au seuil de maisons mystérieusement closes. Séduisantes, elles ne le sont pas, ces hétaïres de faubourg. Elles semblent prendre à tâche d'enlaidir leur laideur par des ornements et des coquetteries qui déconcertent notre esthétique. Ces femmes épaisses, massives, obèses, ces mastodontes gélatineux aux attaches puissantes comme des gonds, vêtues d'oripeaux comme des reines de tragédie, drapées dans d'étranges péplums rouges et dorés, la chevelure savamment huilée et piquée d'aigrettes brillantes, le visage sillonné de dessins, de fleurettes, d'arabesques en vert foncé sur le fond brun de l'épiderme luisant, ces créatures bizarrement attifées ne rappellent en rien les délicieuses houris dont notre imagination peuple les harems de marbre blanc.

« Sur la route, de temps en temps, un chamelier tardif passe. Son chameau balance son long cou en pressant le pas sur le sol battu, où ses sabots ne font aucun bruit.

« Au loin, les derniers appels du muezzin se sont tus ; le clairon des casernes a sonné la retraite. On n'entend plus que le lointain hennissement d'un chameau qui rentre. Une lisière d'or borde encore l'horizon tout là-bas au-dessus des citernes. La ville s'endort ; c'est l'heure mélancolique et le décor silencieux qui conviennent aux cérémonies effrayantes.

« Nous voici devant la zaouïa, dont la façade blanche et étroite supporte le minaret crénelé. Nous entrons, légèrement impressionnés, surtout après les récits horrifiques de notre hôtesse, une petite Marseillaise brune et vive, qui nous assure les avoir vus souvent s'ouvrir le ventre en deux d'un coup de sabre : le sang *giclait*, et les entrailles coulaient à terre. Heureusement pour nous, elle est de Marseille. On a beau avoir déjà vu les Aïssouas à Paris pendant l'Exposition universelle de 1889, on est cependant assez mal préparé à ce spectacle. Ici, ce n'est plus l'exhibition d'un café chantant devant un public de Parisiens, de provinciaux, d'Européens qui se sentent unis par leurs coutumes, leurs idées ou leur poltronnerie. A Paris, on sait qu'il ne se commettra pas plus d'horreurs qu'il n'en faut pour chatouiller notre sensibilité sans inquiéter la sollicitude de la police ; qu'un accident fermerait à la fois le concert tunisien et la source de ses revenus, que le Gouvernement est tenu, dans la mesure du possible, de rendre à la Tunisie autant d'Arabes qu'il en a reçus. Sur l'esplanade des Invalides, c'étaient les Aïssouas qui étaient la curiosité : à Kairouan, c'est nous, et nous en avons la sensation gênante. Ils sont chez eux. A peine entrés dans l'état extatique qu'ils provoquent, ils nous oublient, ils ne nous voient plus. Ils ont la conviction, la foi. Si le chef se fait payer, on sent que ses officiants actifs, ne font pas métier de ce jeu cruel. Presque tous apportent ici les sincérités désintéressées du martyre volontaire. Ils se torturent non pour notre plaisir, mais pour leur salut. Ils ont l'avidité aveugle de la souffrance.

« On traverse d'abord un étroit vestibule pavé de pierres plates, barré dans toute sa largeur par une petite balustrade à claire-voie, haute à peine d'un pied, destinée à faire trébucher l'Arabe étourdi ou distrait qui oublierait d'y laisser ses babouches. On se trouve alors dans une cour découverte. Au-dessus des quatre murailles grises, un pan de ciel semble tendre un dais de velours sombre constellé de clous d'or.

« Mais nous voici dans le sanctuaire. C'est une salle assez spacieuse. Le plafond en dôme est soutenu par un double rang de piliers, dont les chapiteaux très artistiques proviennent d'un temple romain. Les ruines romaines sont les carrières de pierres des entrepreneurs arabes. Ces piliers ont autrefois vu célébrer le culte de Jupiter et de Minerve. Devant eux a brûlé l'encens qui montait vers l'Olympe antique. Devant eux aujourd'hui brûle le réchaud au-dessus duquel les Aïssouas s'hypnotisent pour la plus grande gloire d'Allah. Si, comme tout porte à le croire, les choses ont une âme, qu'elles doivent trouver mesquine notre pauvre humanité avec ses variations, ses religions qui se succèdent et se chassent, ses vaines recherches vers le secret insaisissable du monde, sa foi si diversement orientée selon les époques. Les choses seules échappent à cette mobilité inquiète qui nous tourmente. Elles nous dominent et nous écrasent de leur placide et puissante immobilité.

« Au fond de la salle, un banc en maçonnerie est adossé au mur. Une mince natte le recouvre. C'est la place d'honneur qui nous attend, auprès du grand chef, le mokkadem. A gauche, un treillage de bois, aux mailles serrées, ferme la loge des femmes invisibles et voilées, qui viennent par une entrée dérobée s'associer pieusement à la cérémonie.

« Du centre de la coupole pend un lustre de cristal jauni auquel sont accrochés des verres pleins d'huile où brûlent des veilleuses. Çà et là pendent à des fils de fer des lanternes qui rappellent celles de nos petites gares de banlieue. L'éclairage est complété par deux cercles de tôle descendant du plafond et sur le rebord desquels des chandelles sont fichées dans des godets. Entre ces luminaires variés brillent des boules de verre bleu ou argenté, telles qu'on en voit dans nos fêtes foraines.

« Des versets du koran sont encadrés sur les murs. Dans un coin, de grosses branches de cactus fraîchement arrachées sont entassées, toutes prêtes pour les exercices. Entre les piliers, au centre, les frères sont accroupis sur une large natte autour d'un brasero. Plusieurs tiennent en main des tambourins, des plaques de cuivre. Derrière eux, le long du mur opposé au nôtre, s'allonge une file d'une trentaine d'Aïssouas, sur une rangée, debout, bras ballants ou croisés, attendant le signal. Tous sont très jeunes, vêtus simplement du large pantalon flottant, du gilet jaune sans manches lacé par derrière, et de la veste grise ou bleue, à courtes manches ornées de grelots d'argent. Ils sont nu tête, nu pieds, nu jambes. Ils ont la tonsure de marabouts, qui, au contraire de celle de nos prêtres, rase et dégage le tour de la tête pour laisser au sommet de la nuque une épaisse et longue queue chevelue ; c'est par là qu'à leur mort les anges les saisiront pour les enlever jusqu'au paradis.

« Accroupi auprès de nous sur le banc de pierre, le mokkadem, chef religieux de la secte, se tient immobile. C'est un beau vieillard, drapé dans son burnous, coiffé du turban, la figure régulière et pensive. Sa barbe et sa moustache blanches le font ressembler au Christ, un Christ devenu vieux. Le regard éteint et résigné s'allume par instants d'une flamme qui brille et fait tressaillir le groupe sensible des jeunes Aïssouas. Sa puissance et son prestige sont une simple affaire d'hypnotisme. Il a deux aides, deux vicaires, si j'ose dire ; un vieux à l'air malin, à l'œil clignotant, et un jeune à la figure ronde, poupine, à la barbe noire et courte, à l'air inoffensif malgré ses attributions peu tendres, qu'on va voir.

« Mais déjà la cérémonie commence. Les frères, accroupis sur la natte du milieu, ont entonné les lentes et douces prières dont la monotonie éteinte berce délicieusement l'âme. C'est une mélopée traînante, engourdie, qu'anime par intervalles le retour régulier d'une note stridente. On dirait les premiers efforts d'un monstre endormi qui se réveille en se soulevant à plusieurs reprises. C'est une musique pleine de calme, assoupie, somnolente, avec déjà quelques accents qui annoncent l'agitation prochaine. Bientôt les tambourins résonnent, les chanteurs frappent dans leurs mains, le mouvement devient moins lent, puis peu à peu s'accélère. A présent, à la mélopée traînante du début, a succédé une musique folle, bruyante, endiablée, épileptique ; les battements de mains font un roulement continu que traverse de temps en temps, comme un éclat de tonnerre, le son vibrant du tambourin frappé à coups redoublés par des poings solides. La voix des chanteurs se fait aiguë, perçante, atteint aux vibrations les plus rapides, pour se changer tout à coup en cris sauvages. Alors, du fond de leur loge fermée, les femmes en prières se mêlent au concert. Leurs « *iou! iou!* » plaintifs et stridents déchirent l'air. D'entendre ce vacarme, ces sonorités inaccoutumées et suraiguës, ces détonations de tambourins rudement frappés, dans l'enlacement irrésistible de la mélopée, dans cet air agité de vibrations trop violentes, le visiteur profane se sent mal à l'aise, légèrement étourdi, comme s'il subissait lui aussi l'influence hypnotisante de cette atmosphère ébranlée.

« Cependant, dès les premiers murmures, les frères, rangés en ligne le long du mur, se sont serrés l'un contre l'autre, instinctivement, convulsivement, les bras collés au corps, la main sur la main du voisin. Leurs yeux vagues fixent les lumières ou les yeux du mokkadem, tandis que son second modère ou anime les chants et conduit toute la manœuvre. Par ses gestes, et en se balançant lui-même au-devant de ses hommes, il imprime à toute la colonne un balancement régulier et énervant. Toute la muraille humaine s'ébranle et titube dans un mouvement lourd de va et vient. On dirait une houle. A droite, puis à gauche, les têtes se penchent, et les corps suivent. Il semble par moments que toute la rangée va tomber du même côté, comme des soldats de plomb, mais aussitôt ils se redressent et vont à l'autre extrême avec la précision d'un pendule. Bientôt l'oscillation se complique d'un gémissement rauque et pénible qui en scande les allées et venues. C'est un *han* douloureux de bête lasse, dont la longue monotonie achève les dernières résistances au sommeil. Les corps fléchissent sur les genoux ; les inclinations augmentent ; la muraille fantastique rapetisse, puis grandit, puis salue, inconsciente déjà, effrayante, avec une régularité automatique. Les fronts sont couverts de sueur, les pupilles se dilatent, les globes des yeux trouent d'une tache blanche démesurée les visages bronzés et abêtis : les lèvres pendent sans force ; la masse entière s'endort.

« Spontanément, quelques-uns se détachent alors de la rangée. Les uns après les autres, ils accourent, l'œil hagard et terne, devant leur chef dont ils baisent le turban. Dans leurs gestes fiévreux et épileptiques, ils nous frôlent, et nous ne sommes qu'à demi rassurés quand les sabres et les piques tournoient au-dessus de nos têtes. Ils se vautrent à terre, balaient le sol avec leur chevelure, frappent du front le carreau avec des gloussements de fauves, pendant que les tamtams sonores les entretiennent en état permanent de catalepsie. Avec une âpreté entêtée, une avidité exaspérée, un besoin irrésistible de souffrances et de supplices, des désirs furieux de douleurs atroces à offrir au Très-Haut, ils se précipitent sur les piques dont ils se transpercent, sur les sabres dont ils se frappent. En voici un grand brun qui tombe devant moi. Les yeux fermés, la tête renversée, la bouche à demi ouverte, la langue pendante, il sollicite du prêtre à tête ronde la faveur de quelques clous à avaler. Ce sont des pointes longues de six ou sept centimètres, de vrais clous de charpentier. Après une invocation à Allah, le prêtre dépose l'hostie de fer sur la langue de l'élu ; on entend un grogrement sourd de douleur, et le clou disparaît dans l'œsophage suivi d'un second, bientôt d'un troisième..... Où vont-ils ? Qu'en fait-il ? *Chi lo sa ?* Comme l'officiant a les bras nus, et le communiant le torse dévêtu, toute idée de supercherie doit être écartée.

« Tout d'abord, les martyrs volontaires ne sortaient du rang que timidement, par petits groupes. A présent, la fièvre de l'exemple et la contagion de la mutilation sévissent avec fureur. Nous nous trouvons cernés par un cercle de forcenés qui hurlent, se roulent, arrachent leurs vêtements, bondissent sur le sol, accroupis comme d'énormes crapauds, les yeux injectés de rouge, les lèvres bavantes, inconscients, vigoureux de toute l'énergie de leur système nerveux exaspéré et distendu. Les uns s'enfoncent dans les joues, sous les yeux, dans les épaules, dans l'aine ou dans la gorge de longues piques terminées par une grosse boule de bois formant poignée, garnie de chaînettes pendantes. Ils s'introduisent la pique sous la peau en lui imprimant un mouvement de rotation si rapide que les chaînettes se tendent et forment une sorte d'auréole tournante à l'extrémité de la tige. Après que l'arme a suffisamment pénétré sous la chair pour tenir droite toute seule, le patient se tourne vers un des aides. Celui-ci est armé d'un bâton : il frappe à coups redoublés et à toute volée sur la boule de bois en offrant chaque épreuve à Allah dans un bout de prière vociférée à voix pleine.

« Lorsqu'on retire la pique, il reste un trou dans la peau, qui ne saigne pas, comme sur le bras d'une hystérique qu'on a traversé d'un poignard. A la sauvagerie près, il y a quelque analogie entre ces séances et celles de nos hôpitaux. Les mokkadems exercent sur leurs prosélytes un pouvoir fascinateur et magnétique.

« Cet autre, armé d'un long sabre, se frappe à coups redoublés du fil de l'épée, se couche en travers de la lame, et quelquefois la peau éraflée ou crevée laisse suinter un mince filet de sang que délaie la sueur abondante. On apporte les cactus, qu'on leur jette en pâture comme des quartiers de viande à des fauves. Il faut n'avoir jamais songé à la sensation que produirait sur l'épiglotte un cent d'aiguilles, pour ne pas comprendre l'impression désagréable que doivent donner aux Aïssouas les raquettes hirsutes qu'ils dévorent à belles dents. Chaque épine a précisément la longueur et l'aspect des aiguilles d'acier de nos couturières, et chaque raquette en supporte une cinquantaine. Par quel miracle ces pointes rigides ploient-elles et se brisent-elles contre leurs mâchoires insensibles ? C'est ce que la pathologie pourra seule élucider. Mais, à l'avidité avec laquelle ils se précipitent sur ces feuilles épineuses, il paraît évident qu'on leur a suggéré qu'ils mangeaient des gâteaux de miel dans un harem de houris. D'ailleurs, à part les pointes, la feuille n'est pas autrement désagréable au goût. Nous en avons goûté que nous avons fait éplucher et nous leur trouvons un goût vague de concombre. Les pointes en sont apparemment pour eux la sauce piquante.

« Cependant, chacun de son côté est occupé à sa besogne lugubre, autour du gros Arabe joufflu qui se multiplie, décerne à celui-ci des clous à avaler, du verre à mastiquer, des fers rouges à piétiner, à celui-là quelques coups de bâton sur la pique qui lui traverse la gorge ou les reins ; à cet autre, des scorpions qu'il lui présente en les prenant par la patte comme de gros hannetons : l'horrible bête se tortille, joue des pattes, se recroqueville, puis se détend brusquement dans l'horreur du gouffre tiède qu'ouvre sous elle le gosier du jeune Arabe agenouillé.

« En vérité, il arrive bientôt qu'on perd la notion du temps et des choses ; on ne sait plus où l'on est, dans ce milieu étrange de forcenés, sous la pâle lueur des veilleuses et du réchaud de terre où brûlent des poudres inconnues, dans le vacarme assourdissant des tamtams, dans la monotonie lente et énervante des prières sourdement modulées, au milieu des cris aigus que font les femmes à demi pâmées derrière la grille. Le monde extérieur s'effondre, disparaît ; on ne pense plus à rien, ni à personne ; on oublie le reste des hommes, on subit pour une part le charme de ces maléfices, et il faut secouer la torpeur dont on se sent invinciblement engourdi. On n'aperçoit plus que de vagues silhouettes, des corps nus qui roulent et se vautrent, des burnous blancs qui voltigent, des épaules, des figures, des aines d'où sortent de tous côtés, comme d'une pelote, de longues tiges de fer, des Arabes accroupis qui se condamnent à demeurer immobiles et la poitrine nue au-dessus d'un brasier.

« Enfin les aides saisissent l'un après l'autre ces épileptiques, les traînent et les jettent tout pantelants aux pieds du mokkadem. Celui-ci se penche sur eux. Le patient brusquement réveillé retombe épuisé, se revêt péniblement et disparaît en se traînant, en épongeant la sueur qui l'inonde. » (Léo Claretie).

Cette représentation si curieuse, si bien décrite a duré deux heures. Un tel spectacle doit laisser des souvenirs dans l'esprit de ceux qui en ont été témoins. Mal renseigné, ignorant des choses locales, je regrette de n'avoir pu en voir une semblable. Il faut chercher à tout connaître en ce monde, si répugnant parfois que soit le tableau. Beaucoup de choses que l'on recueille élargissent les idées, élèvent l'esprit, parfois le cœur et en agrandissant le cercle des connaissances, elles donnent à celui qui les possède une supériorité intellectuelle et morale où ne sauraient atteindre les humbles de l'expérience et de la pensée. Les choses qui ne sont que de curiosité pure, quand on les a vues, vous permettent de les juger, d'avoir une opinion sur elles et de savoir ce qu'il y a de vrai ou de mal fondé dans l'appréciation qu'on peut en entendre faire, et c'est encore un avantage que de voir juste sur un point discuté. Celles qui ne sont pas seulement curieuses et qui peuvent avoir un intérêt supérieur pour la connaissance du cœur humain, l'étude historique, la marche et les besoins des sociétés, l'histoire, le bien-être ou l'amélioration de l'homme, celles-là méritent bien mieux encore l'attention de l'observateur impartial et attentif.

Une circonstance m'occupe dans le récit des scènes extraordinaires qui viennent d'être racontées. Si la science est rebelle à la superstition, en défiance contre tout ce qui est surnaturel, il est possible pourtant d'accepter que les disciples de l'Islam se prêtent à des mutilations ou exercices barbares sous l'influence d'une excitation fanatique, religieuse, hystérique, mystique, épileptique. La religion du Christ nous offre elle-même des exemples moins graves il est vrai, mais analogues dans les macérations corporelles que certaines personnes s'imposent ou s'imposaient surtout, pour aider à leur salut.

Mais il reste la question même du traumatisme, le côté clinique et chirurgical. Comme au lendemain de la bataille, il serait curieux de savoir ce que deviennent tous ces mutilés, on ne nous l'a pas dit encore ; mais il me paraît assuré que l'origine extatique de la blessure influe peu sur ses allures cliniques, que les clous avalés, les déchirures d'organes, les plaies faites par les sabres ou les poignards entraînent les conséquences et déterminent les accidents et la marche qui appartiennent à ces traumatismes provenant d'une autre cause. C'est un point de chirurgie dont l'étude s'impose (1).

---

(1) Et voilà qu'au moment même où je corrige ces lignes je reçois un renseignement qui confirme mon appréciation sur les suites de ces traumatismes. L'ancien préparateur de Paul Bert, M. Reynard, qui a vu de près les Aïssouas, s'est convaincu que leurs effrayants exercices n'ont rien de simulé. Ils avalent en particulier du verre en morceaux, mais on a soin de faire disparaître ensuite ceux qui meurent de perforation intestinale, accident qui n'est pas très rare. (Communication à P. Portier). Maintenant nous sommes d'accord.

Cependant, nous devons repartir demain dimanche 18 à six heures du matin. Le froid qu'il fait et l'inhospitalité de la plate-forme nous engagent à prendre des précautions. M. Lallemand a commandé — bonne idée — trois sacs qui seront remplis de paille au quart ou à moitié, et où nous nous enfermerons jusqu'au ventre pour nous garantir. En même temps, nous achetons dans les souks chacun une grande couverture du pays. Je paie la mienne 25 ou 30 francs. Nous en ferons un vaste burnous pour envelopper toute notre personne. Le professeur d'arabe me dit que la mienne est bien couleur locale, et que je n'ai pas été volé.

Il y a naturellement une école française à Kairouan. Le professeur d'arabe connaît le directeur et nous mène visiter l'école. Devant nous, de jeunes garçons arabes sont interrogés au tableau sur la lecture, l'orthographe, la géographie de la France, et ne s'en tirent vraiment pas mal. Mais voilà qu'à six heures, le jour baissant et les exercices militaires terminés, une troupe de 200 jeunes turcos arrivent à l'école au pas gymnastique et sous la conduite de leurs officiers, pour apprendre la langue française. Ils y mettent de la bonne volonté, nous dit le directeur, et soutiendront un jour, espérons-le, l'influence et l'esprit de la France.

Nous rentrons à l'hôtel où nous avons invité pour lui rendre politesse, M. Canova, le contrôleur civil et le professeur d'arabe. Celui-ci a fait envoyer pour l'ajouter à notre dîner un plat de couscousse, espèce de farine de blé ou de maïs bouillie avec des poulets médiocres, plat que je trouve détestable et qui, à l'occasion, pour mon propre compte, ne pourrait servir qu'à m'empêcher de mourir de faim.

Le dîner est simple, cordial et gracieux de part et d'autre. Avant dix heures, nous avons regagné nos chambres arabes, nues, étroites, fermant mal, primitives, mais enfin on y est à l'abri et on y dort sans vermine.

Je reviendrai volontiers pour revoir la ville sainte, moins précipité, mais j'attendrai pour cela le chemin de fer sérieux, projeté vers Sousse et Kairouan.

Dimanche 18. — A 5 heures, nous sommes debout pour prendre *le train!!!* qu'il faut aller gagner à douze ou quinze minutes hors la ville. Il ne pleut pas heureusement, mais il fait assez sombre, et ce n'est point sans quelques faux pas que nous atteignons la *plate-forme*. Nos sacs protecteurs ne sont point oubliés, nous nous y fourrons, nous déployons nos couvertures achetées la veille et nous nous préparons à soutenir les coups de la bise. A six heures et demie seulement nous partons. Un voyageur qui prend tantôt pour France le bateau de Sousse s'est fait attendre, et si bien attendre que ne venant pas, on part sans lui, en retard d'une demi-heure. — Il s'arrangera. — Mêmes chevaux étiques, même course rapide, même paysage que l'avant-veille. Le froid est moins vif, et bien enveloppés nous n'en souffrons pas. Avant onze heures nous sommes à Sousse, où M. Lallemand et sa fille doivent rester quelques jours encore. Que faire pour mon compte? Je ne suis pas encore bien portant; mes conversations et mes recherches avec le Dr Veillon passablement insaisissable, ne me paraissent pas appelées à un grand avenir. Ce que j'ai de mieux à faire, c'est de rentrer à Tunis seul; je ne veux pas abuser de mon compagnon, M. Lallemand, en m'attachant à sa personne, mais j'ai par terre environ 170 kilomètres à parcourir, et je dois compter avec l'incertitude du passage de l'Oued à Dar-el-Bey et les frais d'une voiture à trois chevaux pour moi seul. Un vapeur français est dans le port et bien que je sois médiocrement camarade avec la mer, le mieux est de l'accepter comme pis aller. Je suis à peu près sans bagage. Je déjeune succinctement, je règle mon départ au bureau des transatlantiques et à une heure j'ai gagné le vapeur qui est au mouillage, à 12 ou 1500 mètres. Je tombe en pays de connaissance. C'est le même *Isaac Pereire* qui m'a amené quelques jours avant et qui, après son tour de côte par Malte et Tripoli, revient à Tunis par Sousse. En chaloupe pour joindre le bateau, quelques flocons de neige ne me présagent rien de bon. Enfin je suis à bord, ayant un abri et du feu contre le vent. Successivement, il arrive quelques passagers officiers, dont un lieutenant-colonel d'artillerie, d'une brusquerie militaire qui éclate à chaque instant dans la conversation, mais franc et bon garçon. La mer est assez calme, et nous ne sommes pas pressés. Il ne faut qu'une douzaine d'heures pour la traversée. Au lieu de partir à cinq heures, nous ne partons qu'à sept heures, ce qui nous permet de dîner tranquillement et en sécurité de cinq à sept heures. La mer paraît bien disposée — mais attendons la fin. — A tout hasard, à sept heures je me couche. De grand matin, la mer a repris sa danse macabre et j'en sais quelque chose. A huit heures, nous sommes en vue de Tunis. A neuf heures je débarque avec un peu de retard, sous des rafales de neige et de vent. Au loin les montagnes et Tunis lui-même disparaissent sous la neige. Il y a quarante ans que l'on n'a vu pareille chose. A la Goulette, on est dans la neige par dessus les chevilles. A Tunis, il y a 30 centimètres de neige dans les rues.

Lundi 19 janvier. — Je me sèche, je me repose, je passe la journée à me chauffer, à écrire quelques notes, à attendre patiemment un temps meilleur.

Mardi 20. — Légère promenade le matin dans laquelle je finis par trouver le Dr Bertholon à qui m'a adressé M. Massicault. Très aimable M. Bertholon, très au courant des questions anthropologiques. Il fera son possible pour m'aider. Après midi je retourne à Carthage continuer mes conversations avec le père Delattre.

A peine débarqué, lundi 19, j'avais écrit à M. Chenel, contrôleur civil à Souk-el-Arba, sur l'indication de M. Lallemand m'annonçant qu'il pouvait y avoir quelque chose à faire pour moi de ce côté.

M. Chenel me répond de suite la lettre ci-jointe.

TUNISIE
—
CONTRÔLE CIVIL
et
VICE-CONSULAT DE FRANCE
de
SOUK-EL-ARBA
———

Souk-el-Arba, le 20 Janvier 1891.

Monsieur,

En réponse à votre lettre du 19 Janvier courant, je m'empresse de vous faire connaître qu'il existe à Bulla Regia, à 8 kilomètres de notre localité, des sépultures puniques et romaines et qu'à proximité se trouvent des dolmens et des cromlechs. On y a déjà pratiqué quelques fouilles, quelques-unes sont récentes et pourront être continuées sans doute avec quelque succès. Dans le même rayon existe également une caverne à fossiles, mais ceux-ci sont durs à exploiter ; ils ont été visités notamment par M. Lemesle, il y a environ deux mois ; il les a trouvés fort intéressants puisqu'il s'est promis d'y revenir. J'ignore si par leur nature ils entrent dans la catégorie de ce que vous avez mission d'examiner. Bien qu'il soit à peu près établi que Bulla Regia ait été habité à l'époque chrétienne, on n'y a pas trouvé, que je sache, d'inscriptions chrétiennes, et par suite l'on ignore de quel côté sont les sépultures. Quant aux cimetières Juifs, il n'en existe pas dans notre région ; les plus proches sont au Kef et à Béja. Mais sous ce rapport vous trouverez plus facilement à Tunis.

Je vous prie d'agréer, Monsieur, l'expression de mes sentiments bien dévoués,

CHENEL,
Contrôleur civil.

La lettre de M. Chenel est un document que je catalogue dans mon esprit. Je réfléchis, je cherche, j'interroge et j'attends encore pour prendre un parti sur la direction que je dois donner à mes travaux, recueillant de ci de là, chemin faisant, des renseignements qui ont leur importance,

Mercredi 21. — Le temps reste froid, Tunis très sale. Avec quelques courses dans un rayon rapproché, quelques écritures, le feu du salon, je passe la journée.

Jeudi 22. — Je retourne chez le docteur Bertholon à 9 heures du matin. Longue conversation touchant à bien des points. Il badigeonne ma bouche de teinture d'iode et m'aide à faire une sorte de plan de campagne anthropologique pour Souk-el-Arba, Béja, Téboursouk, déjà exploré par le docteur Carton à qui le docteur Bertholon s'empresse d'écrire.

M. Bertholon qui a donné sa démission de médecin militaire au 3ᵉ zouaves, pour épouser la fille d'un négociant grec, M. Ziganacki, est tout à fait installé à Tunis. C'est un homme bon, serviable, d'un abord facile. Il connaît beaucoup, un M. Mercier, directeur du laboratoire des Mines, lequel pour son service, a fait quelques fouilles à Hammam-Lif, à une vingtaine de kilomètres de Tunis, et pourrait m'être utile. Il me donne un mot aussi pour M. Mercier que je vais trouver séance tenante aux Travaux publics. Les Travaux publics comprennent ici : 1° les ponts-et-chaussées; 2° les mines; 3° les forêts. M. Mercier qui est un compatriote, bourguignon, de Ruffey près Dijon, très aimable également, me donne sur Hammam-Lif des indications qui me laissent peu de confiance pour mes recherches. Il m'offre gracieusement de m'accompagner à Hammam-Lif, dimanche 25. J'accepte volontiers. Quand j'aurai vu Hammam-Lif, M. Bertholon aura certainement reçu du docteur Carton, les renseignements attendus sur Téboursouk et Béja; je pourrai alors serrer mon raisonnement et l'exécution de mes projets; je ne puis rien décider jusque-là.

Cet après-midi de jeudi, il y a un riche mariage juif. Le guide Moati me propose de me conduire dans la famille. Il m'y mène en compagnie d'un Anglais, fils de père français, qu'il pilote au Grand-Hôtel.

Nous arrivons vers quatre heures et demie. C'est la fin du repas; la réunion est nombreuse, et bien qu'il fasse encore grand jour, les bougies, les lustres sont allumés. Deux énormes cierges ayant bien 1 m. 20 de hauteur, avec le diamètre d'une bouteille de Bordeaux à la base, brûlent dans des vases de dimension relativement médiocre qui semblent avoir peine à les maintenir debout. Les costumes des femmes surtout sont très brillants, nous l'avons déjà esquissé ; pas de robes proprement dites. Le vêtement principal est large, flottant, c'est une sorte de blouse laissant les bras libres, un peu courte, aux couleurs vives et variées, bleue, jaune, rose, rouge, verte, avec les pantalons assortis qui s'arrêtent au bas de la jambe et d'où émergent les pieds chaussés de sandales à caractère spécial peu facile à décrire. Elles sont sans talon ni quartier avec des pompons ou des broderies d'or ou de soie sur le dessus du pied. Nous sommes dans le pays de la couleur et l'éclat des costumes s'harmonise avec la lumière locale. Sur la tête le bonnet juif pointu traditionnel, le pain de sucre biblique, pour les femmes du moins ; les jeunes filles ont un simple foulard fixé sur la tête avec des nœuds qui accompagnent la figure à la façon des suivantes de Marie dans le tableau de Raphaël — le mariage de la Vierge — du musée Brera de Milan. Elles prendront le *bonnet*, mariées.

Les costumes de la mariée, assez jolie brune, passablement rondelette, me paraissent superbes, tout tramés d'or et de nuances éclatantes diverses. Et il y en a beaucoup de costumes ! Tous les quarts d'heure, la mariée s'absente quelques instants pour en prendre et en montrer un nouveau. Nous en voyons ainsi quatre successifs en moins d'une heure. Un orchestre joue dans le style arabe des mélodies de circonstance — on ne doit pas danser. — Le père vient poliment au-devant de nous. Il nous fait asseoir et couvrir. On nous apporte des verres de liqueur, des dragées et nous nous quittons très bons amis. Le marié, 20 ou 22 ans, grand et beau garçon est venu s'asseoir près de nous pour nous faire honneur. C'est de tradition, paraît-il ; nous avons déjà eu même accueil précédemment dans une autre famille juive.

Il parle assez bien français ; sa femme mieux encore, nous dit-on. Quand je me lève pour partir, j'adresse au mari quelques paroles gracieuses; je lui exprime tous mes souhaits, il m'embrasse cordialement pour me remercier d'être venu. Aujourd'hui tout est beau pour lui, quel sera son avenir?

Vendredi 23. — J'ai rendez-vous avec le Père Delattre et je passe toute ma journée à Carthage. De loin, en arrivant, je le vois dégringoler des hauteurs de St-Louis comme un

Portrait du Père Delattre.

chasseur à pied, la chéchia rouge à gland bleu sur la tête, robe blanche flottant au vent, pour venir au-devant de moi, car il m'attend.

Deux jours avant, un Père avait été saisi par le froid. Il se croyait une maladie de cœur et perdu. Je l'avais vu dans sa cellule, je l'avais rassuré, contre ses inquiétudes et un peu réconforté. J'ai le plaisir de le trouver debout et à peu près libre à mon arrivée.

Le Père Delattre et moi nous cherchons à fixer sur la carte le cours de notre promenade. Le temps est beau, mais un vent aigre et froid rend la marche difficile. A quelques kilomètres au-devant de nous et sur notre gauche, face à la mer, je revois l'amoncellement en amphithéâtre des maisons nombreuses de Sidi-Bou-Saïd sur un cap ou promontoire saillant dans la mer. Petite ville ou gros bourg peu habité maintenant, mais très fréquenté l'été par les grandes familles de Tunis dont beaucoup y ont une résidence. Au temps punique, Sidi-Bou-Saïd faisait partie du quartier de Mégara.

Je considère avec attention les trois collines que comptait autrefois Carthage dans l'enceinte même de ses murs : celles de Byrsa, de Junon et de l'Odéon. Elles se retrouvent très nettement aujourd'hui inégales de dimension, séparées par d'assez profondes vallées. La cathédrale et le couvent de St-Louis occupent une de ces collines, Byrsa. De vastes restes de maçonneries renversés, bouleversés, offrant tous les aspects marquent les débris d'anciens Thermes. Çà et là survivent les restes de nombreuses citernes que le Père Delattre me dit appartenir à l'époque romaine et dater surtout du IIe ou IIIe siècle de l'ère chrétienne.

Le désordre, le bouleversement des anciens Thermes a son explication. Pendant d'assez longs siècles, les Arabes ont tout détruit; sans cesse, ils ont fouillé le sol à d'assez grandes profondeurs pour y chercher des matériaux de construction faciles. Ils ont ainsi miné la base des édifices qui se sont écroulés sous l'action de l'eau, des vents joignant leur action à la perte de leurs assises. Ces ravages continus et pour ainsi dire souterrains des Arabes, rendent aujourd'hui particulièrement difficiles et coûteuses les recherches de ceux qui veulent fouiller à leur tour dans un but scientifique. Notre promenade nous rapproche d'anciennes et très grandes citernes datant de l'époque romaine ou même de Carthage et complètement et admirablement réparées par nous; le travail s'est achevé en 1889 en vue surtout de pouvoir approvisionner la Goulette. Ces réservoirs contiennent 30 ou 35,000 mètres cubes d'une eau très claire enfermée dans une série de bassins couverts et communiquant tous les uns avec les autres. Sur les côtés comme en avant des citernes, les travaux exécutés pour elles, ont mis au jour d'anciennes constructions, sans caractère bien important, mais annonçant nettement la place des habitations qui ont précédé. Le long d'une espèce de rue, en contrebas, se voient d'anciens silos éventrés dans le sens de leur hauteur et les restes de citernes plus petites ayant appartenu aux familles romaines. Les silos ont la forme d'un cône ou d'une poire mesurant approximativement 2 mètres de diamètre au milieu sur $3^m.50$ ou 4 mètres de hauteur. Un enduit de chaux et mortier appliqué à l'intérieur préservait le grain de l'humidité du sol. Les citernes privées partout ouvertes laissent encore voir le trou d'environ $0^m.10$ qui laissait passage à l'eau et un trou voisin et plus large qui servait à la puiser.

A côté de nous, en vedette, sur une éminence reste debout un ancien fort turc abandonné.

A quelques pas, nous joignons le mur de l'ancienne enceinte punique. Cette enceinte commence sur un rocher qui descend jusqu'à la mer, et remonte très visible en suivant la pente assez raide du sol vers les plateaux supérieurs. Elle est épaisse et large, accusée surtout par son relief, recouverte qu'elle est de terre, d'herbes et de végétations diverses, encore très apparente il y a une soixantaine d'années. Mais à ce moment le Bey ayant fait bâtir son palais de la Marsa, il y eut pendant une longue suite de temps 40 ou 50 chariots occupés chaque jour, suivant le vieil usage, à ruiner les murs pour élever les constructions du Bey.

Nous quittons le mur d'enceinte, un peu chassés par le vent froid, un peu pressés par le temps pour nous diriger à peu de distance vers la basilique retrouvée, exhumée il y a une douzaine d'années, vers 1879 ou 1880 sur les indications du Père Delattre. Il passait sur son emplacement dont l'aspect ne différait pas de celui des parties contiguës, pour aller voir un malade dans le voisinage, quand assailli par de jeunes Arabes qui voulaient lui vendre de mauvaises médailles, il leur dit : Cherchez-moi donc plutôt des mosaïques ; il doit y en avoir dans ce terrain qui paraît contenir pas mal de débris. A son retour, les enfants, deux heures après, lui présentent déjà quelques échantillons. La curiosité du Père Delattre est excitée. Les jours suivants, il fait faire quelques fouilles ; il découvre des fûts de colonnes brisés et renversés, des soubassements alignés ; bref, au bout de quelque temps, toute la basilique actuelle. C'est une basilique chrétienne du IIe, IIIe ou IVe siècles de notre ère, à peu près contemporaine de St-Augustin ; Carthage devenue cité romaine était presque entièrement chrétienne.

Carthage a subi des vicissitudes de destruction diverses. Les peuples nombreux qui se sont emparés du sol et qui l'ont occupé chacun pendant un temps variable, Tyriens ou Phéniciens (devenus Carthaginois), Romains, Vandales, Byzantins ou Turcs, Arabes, sans parler des Espagnols qui ont occupé Tunis de 1535 à 1573, tous ces peuples ont successivement bouleversé, détruit, renversé la cité de Carthage (1), plus ou moins restaurée à chaque occupation nouvelle. De ces destructions et bouleversements successifs est résulté l'exhaussement graduel de l'ancien sol punique.

Quand les Arabes, à leur tour, ont pris Carthage, ils ont détruit la basilique ensevelie ainsi sous ses propres débris et sous les débris des monuments voisins ajoutés aux siens.

La basilique de Carthage, comme toutes celles de ce temps, a dû commencer autour du tombeau d'un martyre. Souvent, près de ces tombeaux, la piété des fidèles s'accusait peu à peu, par des chapelles, des constructions saintes qui, parfois, devenaient monumentales. Les textes conservent la mention pieuse de vingt-deux basiliques plus ou moins semblables ayant existé à Carthage (Communication du P. Delattre). Celle

---

(1) Charles-Quint livre bataille à Barberousse en 1535.

dont il s'agit était grande ; elle mesure exactement 65 mètres de long sur 45 de large avec neuf nefs.

En avant se trouve une façon de cour (area) ou atrium, que le P. Delattre me dit être demi circulaire ; la cour est entourée d'un portique (teglata) aboutissant à l'extrémité de sa courbe à un trifolium ou trichorum (P. Delattre) dont les murs étaient plaqués de marbres taillés de diverses couleurs, et la voûte recouverte d'une mosaïque. Le P. Delattre y a trouvé la place de plusieurs sarcophages.

Le sol de la basilique est rempli de sépultures sans nombre et, en fouillant à la profondeur de 2 m. 50, on trouve une quantité considérable de débris de sarcophages à strigiles, de bas-reliefs et d'épitaphes. Il faudrait une bonne période pour faire une étude sérieuse et je suis pressé.

En arrière de la Basilique est une chapelle qui peut avoir été l'origine de l'édifice élevé à la suite.

Latéralement, on aperçoit, de façon très distincte, un emplacement rectangulaire avec une sorte de bassin arrondi d'environ deux mètres de diamètre qui était le Baptistère. Tout autour de la Basilique, le sol actuel représente un exhaussement de plus d'un mètre.

En nous promenant à l'intérieur de la Basilique, ayant à notre droite l'exhaussement à pic du terrain voisin, l'ancien terrain, le P. Delattre aperçoit une dalle plate quadrilatérale ayant environ 32 à 35 centimètres de haut et 50 à 55 de long, verticalement posée : Voilà certainement, dit-il, la place d'un tombeau chrétien. Un Arabe appelé fait tomber la dalle ; elle a 0 m. 10 d'épaisseur ; immédiatement derrière elle, se trouve un amas d'ossements qui ne rappellent point la disposition régulière d'un squelette ; une colonne vertébrale est tangente à des humérus, des radius, des fémurs ; elle les recouvre immédiatement. Il y a un grand nombre d'ossements : ou bien ce sont des corps divers qui ont été jetés pêle-mêle les uns sur les autres ; ou bien ce sont des ossements qui, recueillis épars, ont été réunis là pieusement. Quoi qu'il en soit, enlevés avec soin, non par la pioche, mais avec la main, ils tombent tous littéralement en poussière. Un crâne pourtant peut être détaché, non dans son entier, mais dans la portion qui représente la boîte crânienne proprement dite. Est-il permis de penser que ce sont les ossements d'un certain nombre de martyrs ?

A côté de cet amas se détache une mosaïque assez fine de 0,20 sur 0,40 centimètres environ avec deux initiales représentant l'une la lettre A parfaitement distincte, l'autre, plus confuse et à moitié brisée, pouvant être une lettre E ou F. Cette mosaïque reproduisait-elle les initiales du mort ou de l'un des morts? Avait-elle une autre signification ? Il y a probablement d'autres sépultures dans cette Basilique, mais où les chercher, à moins de faire une fouille générale, si le hasard ne vient pas en aide à l'explorateur ?

Depuis la découverte, on a trouvé dans la Basilique 14,000 morceaux d'épitaphes.

En continuant notre promenade nous apercevons trois ou quatre petites cavités se touchant, et n'étant certainement que des colombarium ou colombaria ayant sans aucun doute appartenu à des sépultures païennes. Précédemment, quelques sépultures avaient été déjà rencontrées toutes à peu près uniformément disposées : deux dalles latérales de 0^m35 ou 0^m40 de haut sur 0^m10 d'épaisseur avec 0^m32 environ d'ouverture, juste à peine la place du corps, à moins que la cavité n'ait été inégale, cette petite dimension répondant aux parties étroites du corps : une couverte de 0^m10 aussi d'épaisseur fermait le tout supérieurement. J'ai fait emporter à Saint-Louis, pour les reprendre, la boîte crânienne et un débris de mâchoire portant encore quelques dents en parfait état.

Samedi 24. — Le Dr Bertholon m'a mis en rapport avec M. Mercier, du service des mines. M. Mercier, explorant la région d'Hammam-el-Lif pour y chercher des eaux, a fait, il y a deux ans, percer quelques puits à un kilomètre environ au-dessus d'Hammam-el-Lif, et, dans l'un d'eux, il a trouvé, à 7 ou 8 mètres de profondeur, deux sépultures qui ont leur intérêt ; il me donnera une note précise à ce sujet (V. p. 138). En attendant, il me propose de me conduire sur place demain dimanche, pour me renseigner et me fournir, s'il peut, quelques horizons nouveaux. Je passe mon après-midi à écrire.

Vers 4 heures, je vais voir le directeur de l'Enseignement public, M. Machuel, à qui déjà m'a présenté M. Lallemand. Il habite le quartier supérieur de la ville, près de la caserne des zouaves ; de là on a une vue superbe sur la ville tout orientale, avec ses murs blancs, ses minarets, ses marabouts,

Vue générale de Tunis.

ses palmiers, sur la mer plus loin où se découvrent les travaux du port en préparation. L'aspect de la ville, éclairée par les derniers rayons du soleil couchant, est vraiment d'une grandeur imposante. De nombreuses terrasses blanchies à la chaux surmontent les principales maisons et découpent le paysage. Sur ces terrasses, les habitants, surtout les femmes si recluses, viennent volontiers, le soir et une partie de la nuit, chercher un peu de fraîcheur que leur refuse le jour.

Parfois aussi, c'est une occasion d'ébaucher ou de nouer une intrigue galante qui échappera plus facilement dans l'obscurité à l'œil jaloux du maître.

M. Machuel me met très obligeamment au courant de l'enseignement dans la Régence. Il y a environ 10,000 enfants, filles et garçons en proportion à peu près égale, un peu plus forte pour les garçons, qui profitent de l'enseignement. Les communes ne sont pas encore constituées en Tunisie ; l'école n'existe pas dans tous les centres ; il y a à peu près 85 ou 86 centres d'instruction primaire répartis au mieux des besoins. Le budget tunisien n'a pas les centimes obligatoires pour l'instruction. Il pourvoit comme il peut aux frais nécessaires. Les centres d'instruction ne concourent à la dépense qu'en assurant le logement des maîtres. Il y a à Tunis une école normale de garçons pour recruter les élèves-maîtres. Mais comme ceux-ci, naturellement peu nombreux, ne constitueraient qu'un faible établissement, les jeunes Arabes du pays, qui veulent compléter leur éducation et faire de plus fortes études, sont admis à côté d'eux et ils sont très nombreux. Il y a un assez grand nombre d'établissements congréganistes. Il y a aussi à Tunis une école secondaire de filles qui a 300 élèves.

Ce qu'il y a à considérer, c'est la proportion des enfants dans les écoles françaises et dans les écoles italiennes. Nous avons, à très peu de chose près, autant d'enfants italiens dans nos écoles que les Italiens ont de nationaux dans leurs propres écoles, 800 à peu près de chaque côté. Il n'y a point de Français dans les écoles italiennes. Tandis que les Français fréquentent surtout les écoles laïques, les Italiens sont, proportion gardée, plus nombreux dans les écoles congréganistes. Il y aurait donc, dans toute la Régence, environ 9,000 enfants suivant les écoles françaises et 1,000 au plus suivant les écoles italiennes.

Dimanche 25. — Nous partons, M. Mercier et moi, à onze heures du matin par le chemin de fer pour Hammam-el-

Lif. M. Mercier me ménage une surprise agréable. Le grand épicier Potin, de Paris, a acheté, il y a sept ou huit ans, à 6 kilomètres au-dessus d'Hammam-el-Lif, un vaste domaine. M. Mercier, en sa qualité d'ingénieur, a rendu des services aux représentants de M. Potin pour la recherche des eaux potables dans le domaine. Il se regarde là un peu comme chez lui et m'emmène carrément déjeûner dans la propriété. Il a sans doute pourtant annoncé son arrivée. Un break, bien attelé de deux chevaux arabes, nous attend à la descente du train et nous rend à destination en une demi-heure. Potin a là deux représentants, un régisseur pour la partie purement agricole, un architecte industriel pour les travaux divers et considérables qui sont à chaque instant nécessaires. C'est l'architecte qui nous attend. Le domaine Potin est immense, 16,000 hectares environ qu'il a achetés 150,000 francs de divers propriétaires arabes. Le domaine est partie en plaine, partie en montagne.

Depuis sept ou huit ans, Potin a bien, paraît-il, dépensé un million en travaux, constructions, bâtiments, défrichements.

Il y a 450 hectares de vigne qui ont produit à la dernière récolte 6,000 hectolitres de vin ; on étend la plantation et on compte bientôt sur 20,000 hectolitres. Une cave admirable et immense est en voie d'achèvement pour cela, avec des dispositions raffinées pour entretenir sous la cave, par des galeries souterraines, un courant d'eau et d'air qui conserve la fraîcheur, la chaleur d'août, au moment de la récolte, nuisant à la fermentation et la chaleur en général à la conservation du vin. Notre hôte m'explique enfin une manière d'obtenir le vin doux genre Frontignan, Muscat, procédé que je cherche depuis longtemps.

Il faut, au moment même de la cueillette, quand on a pressé le vin blanc et qu'on a enlevé le marc, ajouter au jus un cinquième à peu près d'alcool franc de goût et d'odeur à 90°. Cette addition empêche la fermentation et laisse le vin sucré de son sucre naturel. Dix ou quinze jours après, il faut soutirer et souvent encore pendant plusieurs mois. On projette un éclairage électrique pour vendanger pendant la nuit afin d'éviter la chaleur du jour et ses inconvénients contre la fermentation qu'elle entrave, m'assure mon hôte. De vastes fours à chaux sont un mode d'exploitation du domaine pour les parties rocheuses. Tout cela est conçu dans de formidables proportions. On dispose l'achat d'un navire spécial pour le transport et l'expédition sur le littoral de la chaux fabriquée.

Je suis très satisfait de ma visite. Nous repartons vers 3 heures. Tout est large là. Des ordres sont donnés pour envoyer prendre et reconduire à la gare tout voyageur ayant manifesté le désir de visiter le domaine et des ordres non moins formels pour que aucun pourboire ne soit accepté par les gens de service. Il m'est absolument impossible de vaincre sur ce point la résistance du cocher qui nous ramène à la gare.

Mais je n'oublie pas le véritable but de mon excursion. En sa qualité d'agent des mines, M. Mercier a donc fait creuser, il y a un peu moins de deux ans, à trois ou quatre kilomètres d'Hammam-el-Lif, quelques puits d'exploration pour la recherche de l'eau potable. L'un de ces puits, percé au carré sur deux mètres de côté, est encore garni de ses planches, madriers, etc., destinés à empêcher l'éboulement des terres. C'est au fond de celui-là, à neuf mètres environ de profondeur, que l'on a trouvé au cours des travaux deux sépultures intéressantes ; M. Mercier m'a promis à ce sujet une note précise consignée ci-dessous.

Tunis, le 11 Février 1891.

NOTE SUR LE PUITS DES SQUELETTES. — *En juillet 1887 un puits de recherches d'eau potable a été creusé en face le kilomètre 17,500 de la route de Tunis à Sousse dans un ravin qui reçoit les eaux des grandes montagnes qui se trouvent derrière le village d'Hammam-el-Lif.*

Ce puits a été entrepris dans des éboulis provenant sans aucun doute desdites montagnes et à environ 150 mètres de la route de Sousse.

Sa position est à très peu près celle du croquis ci-contre.

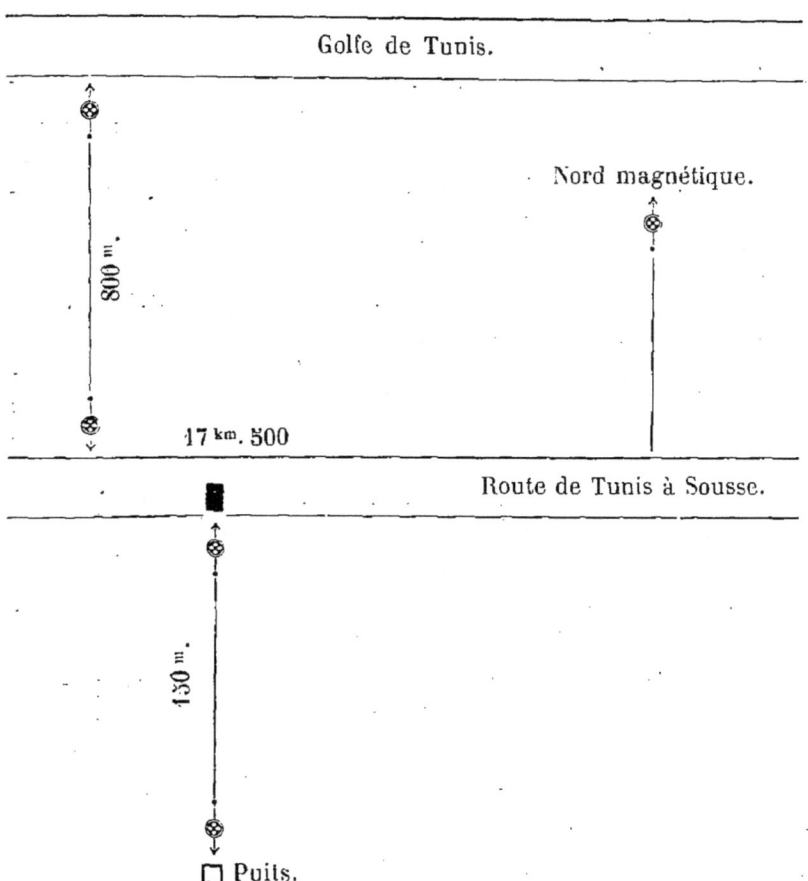

L'eau a été trouvée à 9ᵐ.25 de profondeur et à 1ᵐ. au-dessus du niveau de la mer.

Le terrain traversé jusqu'à la profondeur de 8ᵐ.40 se composait des éboulis de la montagne plus ou moins mélangés de terre. A cette profondeur de 8ᵐ.40 une couche de sable jaunâtre très fin a été rencontrée; son épaisseur était d'environ 0ᵐ.80.

Dans cette couche de sable deux tombes ont été découvertes du côté Ouest.

La première contenait un squelette recouvert par des tuiles ayant la largeur du sujet et épousant très sensiblement sa forme, c'est-à-dire cintrées, mais de façon irrégulière. Ces tuiles empiétaient les unes sur les autres comme celles de nos toits de maison; quatre ou cinq de ces tuiles suffisaient à recouvrir en entier le corps. Leur épaisseur était d'environ $0^m.01$. La tête a surtout été trouvée intacte; toutes les dents y existaient encore avec une belle couleur blanche.

Cette tête, ainsi que les autres ossements principaux, ont été envoyés au Muséum d'histoire naturelle à Paris en même temps que les tuiles précitées.

A côté de cette première tombe, et à un mètre environ, une deuxième a été rencontrée.

Le corps dans celle-ci était enveloppé de dalles de 5 à 6 centimètres d'épaisseur en pierre tout à fait ordinaire. Deux grandes dalles verticales étaient de chaque côté du sujet, ainsi que deux autres par dessus.

Les ossements de cette tombe ainsi que la tête étaient moins bien assemblés que ceux de la première. Une des deux dalles verticales était presque couchée.

Il n'a été trouvé aucun objet ou pièce de monnaie.

Ces sépultures ne sont peut-être pas seules; en tout cas la préparation antérieure facilite singulièrement de nouvelles recherches; je regretterais de ne point l'utiliser; mais il faut des planches, des madriers supplémentaires, un treuil, des seaux, des cordages, etc. La direction des Travaux publics voudra sans doute, par M. Massicault, me prêter pour quelques jours ces divers objets. Je les restituerai ensuite et je n'aurai pas laissé passer volontairement une occasion de recherches utiles.

Hammam-el-Lif possède une source d'eau chaude assez abondante; 2 litres par seconde et assez chaude, 49°. Elle a été régulièrement captée par le service des mines et pourrait être utilisée. Une Compagnie s'est même formée dans ce but.

Elle a fait élever des bâtiments assez importants qui ne sont qu'à moitié terminés. La Compagnie est en faillite et ne poursuit pas son œuvre (1). Les agents des mines ont installé provisoirement une petite baraque en planches autour d'une dérivation de la source. Les gens du pays, mais surtout un certain nombre de familles juives, viennent de Tunis s'installer à Hammam-el-Lif pour y prendre des bains. Les femmes et les enfants restent sur place. Les maris vont chaque matin à Tunis pour leurs affaires et reviennent le soir, par le train ou par quelque mauvaise voiture. Mais quelle installation pour ces touristes baigneurs ! Non loin de la source, dans un grand bâtiment à cour intérieure carrée, sont au rez-de-chaussée quelques misérables pièces, plutôt des trous, sales, noirs, sans lumière autre que celle venant de la porte ouverte, et quelle odeur ! Toutes celles dont Vespasien n'était pas offusqué. Les lieux d'aisance ne paraissent pas exister et quelques-unes de ces pièces en tiennent lieu dans toute leur surface sans aucune disposition préalable.

C'est dans ce grand bâtiment, sorte de caravansérail, que logent beaucoup de ces familles. On peut admirer leur résignation, leur confiance et ne point envier leur sort.

Hier samedi, j'ai employé la matinée à rechercher le Bey, qui vient chaque samedi matin, de neuf à onze heures, dans son palais de Tunis. On m'avait dit qu'il venait y rendre lui-même la justice, et je voulais le voir dans l'apparat de ses fonctions. Il vient bien, en effet, chaque samedi à l'heure indiquée, mais ce n'est pas précisément pour rendre la justice. Il vient près de ses fonctionnaires, ses ministres si on veut, restés à Tunis pendant qu'il habite la Marsa, prendre connaissance des affaires courantes, en expédier quelques-unes, donner quelques signatures, etc.

Quoi qu'il en soit, je pénètre dans une cour entourée d'un

---

(1) Depuis que ces notes sont écrites, nous avons appris qu'une autre société s'est formée et fonctionne pour l'exploitation de cette source.

certain appareil militaire beylical. Je monte librement par un grand escalier qui me conduit au premier étage où se tient le bey dans un salon réservé. Je m'adresse pour le voir à un officier de la suite qui ne comprenant pas un mot de français, me conduit à un secrétaire très familier au contraire avec notre langue. Il m'expose gracieusement les détails qui précèdent. Il me dit qu'avec un peu de patience je verrai le bey à la sortie. Il est plus de dix heures. Il doit sortir à onze. Le secrétaire me fait asseoir dans un salon où chacun me laisse en paix sans s'occuper de moi plus que si je n'y étais pas. Quelques soldats immobiles et l'arme au pied (l'arme me paraît être notre ancien chassepot) montent la garde à l'entrée du salon occupé par le bey. Un peu avant onze heures, un certain mouvement se produit, des allées et venues d'officiers ou de serviteurs annoncent que la séance va finir. L'un d'eux emporte un énorme portefeuille à deux anses, pourrait-on-dire, analogue, sauf les dimensions, à certaines sacoches plates de nos officiers, en cuir travaillé de Tunis ; il est bourré de papiers. Enfin le bey paraît. C'est un homme assez âgé, soixante-dix ou soixante-douze ans, pas grand, ni grand air, assez replet, ayant l'air doux et paisible, sans vivacité. Il n'est pas vulgaire pourtant ; il est en uniforme sous un paletot verdâtre, pantalon rouge avec une bande d'or. La plupart des personnages présents se précipitent pour lui baiser la main, ce à quoi il se prête sans solennité. Quelques-uns mettent dans leur épanchement un enthousiasme particulier. Il est venu dans un grand landau à glaces, peint de beaucoup de drapeaux sur les portières et attelé de six jolies mules. Il regagne sa voiture paisiblement dans l'éclat des tambours et des clairons au milieu de sa garde massée au bas de l'escalier ; je le suis à six pas sans être inquiété. Il monte seul dans sa voiture. Un personnage orné de quelques ferblanteries, que je ne comprends pas, s'assied en dehors et en arrière de l'équipage sur une traverse de fer qui semble réunir les ressorts : cinq ou six cavaliers de son escorte caracolent ou galopent en désordre autour du carrosse et voilà le bey parti jusqu'à samedi prochain.

Lundi 26. — Je me repose un peu. Je mets en ordre quelques notes. Promenade en ville pour quelques points de de vue sur les hauteurs, visite à M. Lallemand père que je ne trouve pas. A la chute du jour, dans les souks, un juif me sollicite pendant une heure, avec tous les artifices possibles de langage et de belles promesses pour me vendre quelque chose. Ah! il est entendu celui-là. Il ne fera point mentir l'esprit de sa race. Il parle très bien français et il en abuse. Je résiste un peu parce qu'il est tard, et que je ne puis me rendre compte des couleurs, un peu parce que je me défie. Je lui promets pourtant de revenir. Je me risquerai peut-être à quelque chose de modeste.

Mardi 27. — J'ai rendez-vous de bonne heure avec le Père Delattre. Il m'attend à déjeuner. A neuf heures, je suis à Carthage. Nous passons deux heures au milieu d'une grande salle à considérer les objets divers qu'il met en ordre, soit pour en faire une étude particulière, soit pour en orner le musée.

Vient le déjeuner. Je m'attendais à un repas simple et dans le réfectoire commun, au milieu des Pères blancs et des jeunes séminaristes. Il y a un grand séminaire à Carthage pour le recrutement des Missions, et un petit séminaire sur une colline voisine et tout près de là pour un certain nombre de jeunes gens qui font leurs humanités sans avoir l'intention bien arrêtée encore de se faire prêtres ; mais non, aucun laïque ne peut être reçu à dîner au milieu des Pères dans le réfectoire commun. Le Père Delattre me reçoit dans une petite pièce voisine ; nous sommes seuls, servis par un Père à grande barbe grise d'origine hollandaise qui a une excellente figure et qui, à mon reproche de nous servir une table trop abondante, répond : J'ai eu des ordres, je dois obéir ; ces derniers mots d'un ton très senti.

Après déjeuner, nous circulons dans la nécropole. Pendant notre promenade, nous rencontrons le Dr Cheurlot, venu de Paris pour voir une jeune femme de vingt-deux ans, Mme Brollmann, parente des Mallet, assez gravement atteinte à la suite d'une couche. Je savais, par le Dr Bertholon, l'arrivée prochaine du Dr Cheurlot. Je l'avais vu déjà la veille à Tunis. Il était venu amicalement me trouver à l'hôtel. Pendant que nous échangions nos impressions sur la beauté du paysage, surtout du côté de la mer, le temps court. Le Père Delattre m'a déjà fait déjeuner bien longuement. Nous avons projeté pour aujourd'hui même une grande excursion à la nécropole juive de Gamart assez éloignée de Carthage, et nous n'avons pas de temps à perdre. Nous prenons congé de Cheurlot, nous sommes enfin partis.

Je raconterai tout au long notre excursion au chapitre des sépultures juives.

L'amoncellement des débris, la nécessité de pénétrer à cinq ou six mètres de profondeur, l'incertitude de la bonne place à choisir pour faire des fouilles utiles à Carthage, le peu de temps dont je dispose, me laissent fort perplexe, — il me faut réfléchir. En attendant, je décide d'aller explorer Téboursouk où le Dr Bertholon me recommande à son ami le Dr Carton qui a fait là et ailleurs des fouilles intéressantes.

Je veux aussi voir Souk-el-Arba où le contrôleur civil, M. Chenel, m'a annoncé que je pourrais faire un voyage profitable. Je reviendrai ensuite à Hammam-el-Lif pour la question de ce puits où M. Mercier a trouvé deux sépultures anciennes.

Mercredi 28. — Téboursouk est un pays perdu dans la montagne. Le voyage pour y arriver n'est pas facile; j'ai des dispositions préliminaires à prendre pour le rendre plus commode. Je cherche à voir M. Massicault; je veux le prier de faire demander au contrôleur civil de Béja, M. Lemuet, deux mulets et un guide qui m'attendront à la gare de Béja pour me conduire à Téboursouk. Je désire aussi une lettre pour le caïd de Téboursouk afin d'être assuré d'un logement ; une autre pour le commandant du troisième bataillon d'Afrique afin d'avoir quelques soldats pour m'aider dans les fouilles. Mais c'est aujourd'hui mercredi, courrier pour France ; impossible de voir M. Massicault ; on me remet impitoyablement à trois heures.

J'arrive à trois heures et demie. Le Résident vient de partir pour le ministère tunisien ; à six heures et demie je reviens. Le Résident n'est pas rentré, c'est un désappointement. Il me faut remettre au lendemain.

Jeudi 29. — Très affairé, M. Massicault est encore invisible dans la matinée.

Cependant j'ai déjà perdu un jour et ne voudrais pas être retardé davantage. J'insiste pour voir le secrétaire du Résident ; le chef de cabinet me donne, quelques instants debout pendant lesquels il me promet d'expédier de suite au contrôleur de Béja une dépêche demandant pour moi le lendemain vendredi, à Béja-gare (car Béja-ville est à un bon kilomètre de là), à l'arrivée du premier train de Tunis, neuf heures du matin, deux mulets et un guide pour Téboursouk. Les lettres pour le caïd, pour le commandant militaire rapidement indiquées ne pouvaient s'écrire que par l'entremise de M. Massicault que je ne parviens point à saisir ; elles me manqueront. Il aurait fallu, plusieurs semaines à l'avance, préparer mieux mon voyage, ou être moins pressé pour attendre et perdre au besoin quelques jours. Je partirai donc demain vendredi sur l'annonce des deux mulets promis à Béja. Je ferai comme je pourrai pour le reste. Je vais revoir M. Mercier pour les engins de recherches dont j'aurai besoin à Hammam-el-Lif, et sur son conseil je me rends à la place de la Kasba près de M. Michaux, le directeur général ou ministre des travaux publics pour lui demander de mettre à ma disposition les engins nécessaires, treuil, cordages, seaux, madriers pour l'exploration du puits dont j'ai parlé. Fort bien disposé et fort intelligent, M. Michaux. Je ferais bien volontiers ce que vous désirez, me dit-il, si j'avais sous la main ce que vous me demandez, mais ce sont ordinairement les entrepreneurs qui fournissent tout cela pour nos travaux. Cependant je vais m'informer près du service des mines que cela regarde plus particulièrement. M. Mercier fera certainement pour le mieux, mais a-t-il ce que je demande? Il doit m'écrire à Téboursouk.

Pendant que je suis à la direction des travaux publics, on me dit qu'un entrepreneur faisant des maçonneries à la caserne voisine vient de mettre à découvert quelques sépultures anciennes. Je m'y rends, mais n'ayant pas le temps d'examen et ne pouvant remettre mon départ préparé pour demain, je prie par un mot le Dr Bertholon de vouloir bien surveiller ce que donneront ces fouilles. Rien d'intéressant, m'a dit M. Bertholon, à mon retour.

Vendredi 30 janvier. — J'ai quitté Tunis à cinq heures quinze minutes du matin par le train pour Béja-gare, où j'arrive vers neuf heures. En descendant, j'aperçois mes mulets et mon guide qui m'attendent. A la vérité mes mulets sont devenus des chevaux; mon guide sait bien autant de français que je sais d'arabe, et la conversation sera muette, mais à cela près; il faut partir et surtout arriver. Ah! j'aurai bien mérité de la science sinon de la patrie!

Après un déjeuner sommaire à la cantine de Béja, je viens à mes bêtes. Quel équipage! mon cheval n'a pour rênes qu'une assez grosse ficelle portant une façon de mors dont je comprends peu l'usage. La selle est remplacée par un coussin rembourré, assez mal assujetti, et pas d'étriers!

Mon guide a heureusement sur sa bête une sorte de double panier en jonc; d'un côté je place mon châle et accessoires, de l'autre ma valise; il me soutient le pied pour m'aider à monter. Enfin j'y suis. Ma vieille expérience me servira. A la grâce de Dieu pour le reste; mais je ne conseillerais pas, à ceux qui n'ont pas l'âme robuste et une certaine habitude du cheval, de se risquer dans les mêmes conditions pour le voyage de Béja à Téboursouk. Cela va bien d'abord ; nous sommes dans une plaine assez fertile et sur un assez bon chemin. Au bout d'un quart d'heure, nous arrivons en face d'une rivière plus large que la Seine à Bar, jaunâtre, limoneuse, rapide ; c'est la Medjerda ; elle est assez fortement encaissée ; mon guide va, vient sur la berge, paraissant préoccupé. Sur l'autre bord, un Arabe et son fils se mettent résolument à l'eau pour venir de notre côté. Ils ont de l'eau jusqu'au milieu du corps et ne relèvent pas même leur burnous, — et nous sommes le 30 janvier ! mais enfin ils passent. Après un échange de réflexions bruyantes avec eux, probablement sur la possibilité de notre passage, mon Arabe se décide, il engage son cheval sur la rampe assez raide qui descend au fleuve, sans même regarder ce que je deviens. Je considère inquiet mon maigre équipage, le fleuve qui roule vivement ses eaux boueuses, la distance qui me sépare de l'autre bord. Enfin je le suis ; nos bêtes ont de l'eau jusqu'au ventre ; je relève et plie mes jambes autant que je puis. Le courant est rapide et son impression sur mes yeux tendus à surveiller les mouvements de mon cheval, me conduirait assez vite au vertige si la situation devait durer. Mais il ne s'agit que de quelques minutes, et nous passons sans incident. Le fleuve traversé, la montagne commence. Nous avons de suite à gravir une pente escarpée, inégale, sans aucun chemin naturellement. Je juge du premier coup l'héroïsme des chevaux arabes. Mon guide est devant moi sur un petit cheval alezan, sec et maigre, qui à droite porte mon paquet de châles, à gauche ma valise, et le cavalier sur son dos. Il lui faut beaucoup d'efforts pour monter. Au bout d'une dizaine de minutes, il est ruisselant de sueur et blanc d'une vaste écume ; mais pas un moment il ne fléchit ni ne boude et sans excitation au moins apparente de son maître, il proportionne l'effort à la difficulté et arrive bravement sur le plateau. La pauvre bête, dont je voyais l'énergie, me faisait bien un peu pitié ; mais le sort des humains n'est pas toujours bien doux non plus, et après tout, c'est sa destinée.

La conclusion est bien le mot de Buffon : *La plus noble conquête que l'homme ait jamais faite est celle de ce fier et fougueux animal qui partage avec lui les fatigues de la guerre et la gloire des combats...* Nous sommes maintenant à plat pour quelques instants du moins ; mais quel chemin ! c'est un chemin qui n'en est pas, à peine tracé, bon pour les chèvres ; à chaque instant il est encombré de quartiers de roc épars, coupé par des ravins, des fondrières ou cotoyant des plis profonds, des façons de précipices dans l'un desquels il y a peu de semaines un soldat d'escorte d'un commandant militaire a roulé avec son mulet ; il ne s'est pas fait heureusement beaucoup de mal, mais il a fallu deux jours pour remonter le mulet. Et de fait, pour se reconnaître au milieu des quartiers de roc et des larges crevasses qui coupent le passage, pour franchir plusieurs ruisseaux de physionomie douteuse, pour choisir et prendre le bon endroit, si mon cheval hésite souvent, il s'en tire à ma satisfaction. A chaque instant, des perdrix rouges, effarées, s'échappent bruyamment des buissons voisins. Il paraît que dans ce pays les perdrix rouges *perchent* pour éviter les chacals. Après plus de quatre heures de cette chevauchée, veillant à ne pas perdre mon assiette, sans cesse occupé à rajuster ma selle, ou plutôt mon coussin, n'ayant de mon Arabe ni un peu d'assistance, ni le moindre coup d'œil, j'aperçois devant moi une série de toits rouge-vifs et neufs sur un plateau élevé. Ce sont les bâtiments du petit camp français ; un peu plus loin, à mi-côte, la petite ville arabe de Téboursouk.

J'arrive droit au camp. Le Dr Carton n'est pas là. Je suis devant la porte d'un des officiers, M. Denis. Moulu, les jambes raides, sans étrier, je suis embarrassé pour descendre à l'habitude. M. Denis vient gracieusement à mon secours. Il m'apporte un escabeau et me reçoit dans ses bras. Il me réchauffe par un bon feu de cheminée — primitive, — car il ne fait pas chaud, par un petit verre de cognac et me réconcilie avec ma destinée.

Le Dr Carton rentre peu après ; il est très aimable, jeune aussi, 28 ans environ. Ce sera un bon compagnon. Il parle un peu arabe, et tout d'abord m'aide à régler mon compte avec mon guide. Il me fait donner comme très bon paiement, pour l'homme et les deux chevaux, six francs que, sur son conseil, je remets sans aucune explication dans la main de mon Arabe qui reçoit, impassible, sans dire un mot. Le prix ne s'applique qu'aux chevaux. L'homme, me dit-on, est en dehors et ne se compte pas.

Le Dr Carton me dit que je ne puis pas être logé au camp. Il m'accompagne chez le caïd avec qui j'ai alors à causer de mon installation et de mes projets. Le caïd mettra à ma disposition une chambre lui appartenant, celle dite des hôtes de passage dans le pays. C'est un beau Turc jeune, environ 35 à 40 ans, des yeux superbes et figure aimable. Il faut accepter la cigarette et le café, qui nous sont offerts selon la coutume du pays. Ce serait un mauvais procédé que de refuser. La conversation se poursuit en arabe par l'entremise de Carton, mon caïd ne sachant pas un mot de français. Elle est peu nourrie, mais amicale.

Le caïd, assis à la turque sur une façon de divan élevé du sol à la hauteur d'une chaise, croit devoir m'inviter à dîner pour le soir même. Je regarde Carton. Vous ne pouvez refuser, me dit-il. C'est parfois commode d'être en présence de quelqu'un qui ne parle pas votre langue. Mon hôte se dit souffrant et s'excuse de ne pouvoir dîner avec moi, mais il me tiendra compagnie et assistera à mon repas — je n'en suis pas persuadé. Sur la question de l'heure, il répond six heures et demie. La conversation est terminée, nous nous levons pour partir. Le caïd m'a promis tout son bon vouloir. Nous sommes dans un petit salon sur lequel ouvrent plusieurs portes. Ne connaissant rien des êtres, étourdiment, je mets la main sur le premier bouton venu. Carton m'arrête brusquement : C'est l'appartement des femmes ! Le caïd, qui a compris, sourit ; l'incident n'a pas de suite.

Le Dr Carton m'accompagne dans la ville tout arabe, de trois ou quatre mille habitants, mal ou point pavée, avec des trottoirs absents ou interrompus, des bosses et des trous partout. Les rues sont irrégulières, étroites, sinueuses. Beaucoup sont en pente, la ville occupant le flanc d'un coteau. Beaucoup de marchands, d'épiciers, de cafés ; même des notaires, assis avec quelques livres et papiers au fond d'une échoppe. La ville est sale comme toutes les villes d'Orient, auxquelles nulle édilité ne veille ; quelques bestiaux, des vaches surtout, des chèvres circulent dans les rues, laissant ou ayant laissé de trop nombreuses traces de leur passage ; de femmes point naturellement, à peine en aperçoit-on une de ci de là complètement voilée ; mais un bon nombre de petites filles, jusqu'à huit ou dix ans, courent la rue pieds nus, dans l'eau, dans la boue, dans le fumier, avec un mauvais fichu noué sur la tête. Elles sont généralement vêtues d'une façon de blouse ou peplum en étoffe bleu-foncé, couleur qui semble très estimée des femmes arabes. Le vêtement est fixé sur l'épaule gauche avec l'agrafe ou fibule antique qui paraît être en argent, disposition qui ne manque pas d'un certain caractère. Beaucoup ont de larges boucles d'oreilles en métal correspondant à celui de la fibule ; certaines ont des bracelets analogues au cou-de-pied, au poignet. De loin, elles nous regardent curieusement ; mais, dès que nous approchons, elles fuient, les grandes surtout, comme des gazelles craintives, en riant, ou se cachent précipitamment derrière la mauvaise porte de bois près de laquelle elles jouaient ; souvent, dans l'entre-bâillement, elles continuent de nous regarder.

Les Arabes sont jaloux ici comme ailleurs. Deux ou trois mois avant mon arrivée, un drame sanglant s'était déroulé à Téboursouk même. Un mari avait tranché le cou à une de ses femmes, immédiatement renversée dans une mare de sang. Rien n'avait été grave pourtant du côté de la femme, m'a-t-on assuré. Le mari ne l'avait surprise en aucune *conversation criminelle*. Mais il avait vu, ou seulement on lui avait dit, car c'est même une version, qu'un voisin avait pénétré dans sa cour deux ou trois fois sans motif bien plausible. Il n'en fallut pas davantage. Après quelques reproches et sans s'attarder à une explication, il saisit sa femme brusquement et lui coupa la gorge. Sur place, on m'a bien assuré que la femme ne méritait aucun reproche. La Cour de Constantine acquitta pourtant le meurtrier. A-t-elle eu communication aux débats de circonstances ignorées du public ; a-t-elle voulu, en respectant au-delà de la mesure la tradition et les idées musulmanes, donner à notre autorité du relief en hurlant avec les loups jusqu'au point d'encourager à nouveau la violence contre de pauvres créatures qui méritent au moins protection et justice, je ne sais. Mais les détails que je donne ici m'ont été affirmés par des témoins français qui avaient assisté partiellement à la sombre tragédie.

Je suis exact à la convocation du caïd ; à six heures et demie, j'arrive au logis qui m'est réservé, et j'annonce ma présence. Quelques minutes après, une sorte de valet maître-d'hôtel, vêtu à l'européenne et disant quelques mots de français, m'introduit. Il paraît d'ailleurs assez entendu. Le logis n'est pas brillant, il comprend deux pièces qui se commandent mutuellement ; celle du fond m'est réservée. Dans la première, vont prendre place demain et coucher deux Arabes chargés par le caïd de veiller sur moi et de me garder de toute atteinte. Aujourd'hui, elle va recevoir deux Français, Maltais, de passage aussi, et qui seront mes voisins pour la nuit.

Ma chambre personnelle est plus que maigre. C'est la chambre arabe nue et blanchie à la chaux sur les murs, sans parquet ni carrelage, avec le sol naturel sous les pieds, à peu près sans fenêtre, avec une vieille porte bien primitive pour l'assemblage des bois et la marche enraidie d'une serrure boîteuse.

La première pièce est à l'avenant, moins bien encore. Cependant, le dîner n'est pas encore venu. Il paraît à sept heures et demie.

Mais quel festin ! La table est un de ces instruments en tôle, de forme ronde, qui supportent la pluie dans nos jardins.

L'éclairage, plus que sommaire, se compose d'une bougie sans flambeau posée en équilibre sur la stéarine d'abord épandue sur la table et que je consolide en l'enchâssant dans un croûton de pain. Pas de potage, pas de vin ; je ne suis pas sûr qu'il y avait de l'eau. Après l'inévitable et détestable couscousse, on me sert des quartiers de veau brûlé, de mouton desséché ; l'absence de vin me contrarie. J'en appelle à mon majordome, car le caïd s'est bien empressé de ne pas venir. Il me répond qu'il n'y a pas de vin à Téboursouk et qu'on ne saurait s'en procurer ; j'insiste pour le vin et pour un peu de dessert qui brille aussi par son absence. Après vingt ou trente minutes, le majordome revient avec un peu de fromage, quelques figues et une bouteille de vin qu'il est allé certainement prendre chez Chazot dont nous aurons à parler tout à l'heure.

Je soupçonne que le maître-d'hôtel reçoit du caïd tant par voyageur invité à dîner et que, plus il limite son festin, plus il augmente sa recette ; c'est parfaitement digne de l'Europe et le procédé n'est pas nouveau.

Mais, si le repas est détestable, il est abondant. Ce qu'on me sert pourrait bien faire le dîner de huit ou dix personnes ; j'y ai à peine touché. Avant l'invasion du couscousse et autres produits similaires, je vois le même majordome faire mon lit ! Une façon de canapé étroit et long sert de lit. On y apporte un maigre matelas. Sur celui-ci, on étend une toile de calicot peinte ; sur la toile, une vaste couverture en laine cachet du pays pliée en quatre. C'est la pièce de résistance ; de draps il n'est pas question. Je veux disposer moi-même la couverture ; en quatre elle est encore grande. J'engage sous le matelas, cotoyant le mur, le côté replié des quatre épaisseurs ; le côté ouvert et flottant de celles-ci est du côté de la pièce ; j'en relève deux, il en reste deux sur le matelas. Je me glisserai entre ces quatre doubles et, mon châle sur les pieds, je passerai une bonne nuit.

Les officiers du 3e bataillon d'Afrique m'ont invité à déjeuner pour le lendemain ; ils ne manquent point à la tradition d'urbanité française. Le Dr Carton espérait qu'ils m'accueilleraient à leur table pour quelques jours ; on n'a voulu ou pu faire fléchir le règlement militaire sur ce point. J'avais dit pourtant que je paierais mon écot. Il y a ici un nommé Chazot, adroit, intelligent qui est venu chercher fortune dans le pays, comme représentant d'une maison d'huiles de Marseille. C'est avec sa femme, qui est d'entre Tarbes et Toulouse, dit-elle, et deux jeunes garçons la seule famille française. Il est arrivé comme tant d'autres, en Algérie, confiant dans l'avenir d'un pays neuf ; il trafique sur le grain, sur les olives ; il a monté pour son compte une huilerie ; il réussira peut-être, car il est bien entendu ; très bon chasseur du reste, ce qui ne gâte rien. Il a de grands projets sur lesquels je cherche à le modérer. Il a deux ou trois Français du pays qu'il reçoit aux repas ; je suis heureux qu'il veuille m'accueillir aussi, je ne saurais où aller sans cela. Chazot et sa femme sont de braves gens.

Samedi 31. — Promenade avec le Dr Carton dans le voisinage et longues causeries sur le sujet qui m'amène ; une grande excursion est projetée pour le lendemain dimanche à Dougga, ancienne grande ville romaine où se voient, au milieu de majestueux débris, des nécropoles punique et romaine.

Dimanche 1er février. — J'ai été retrouver le Dr Carton au camp. Nous partons à sept heures du matin à pied, emportant dans une musette militaire un léger déjeûner. Le cheik de Dougga — son fils plutôt — rencontré la veille chez le caïd, a promis de réunir pour notre arrivée quatre Arabes qui fouilleront devant nous. Nous avons six ou sept kilomètres à faire dans la montagne, tantôt à travers les pentes ou les champs labourés ou non, tantôt en suivant quelque sentier peu parcouru. Dougga est sur l'emplacement d'une ancienne ville romaine ou punico-romaine, centre important ayant pu avoir autrefois trente mille âmes. La ville s'annonce encore aujourd'hui par l'ampleur de ses ruines, la majesté de ses débris, de ses colonnes, de ses frontons, de ses pierres sculptées magnifiques, de ses temples dédiés l'un à Jupiter sous Septime Sévère, l'autre à Marc Aurèle, par quatre portes monumentales qui marquaient les entrées de la ville et qui subsistent à peu près intactes ; par son théâtre, où se voient encore en place la plus grande partie des gradins tous formés de pierres de taille remarquables entr'autres caractères par l'ampleur de leurs dimensions. On reconnaît très nettement le champ où se faisaient les courses de char ; on retrouve d'immenses citernes dont quelques-unes sont encore utilisées pour des huileries ou des logements d'Arabes. Je remarque surtout un mausolée punico-romain resté debout, mais ravagé par quelques Anglais vandales qui, vers 1822, le renversèrent à moitié pour s'emparer d'une inscription bilingue fort curieuse paraît-il, qui décore maintenant le musée de Londres.

Je donne ci-contre deux reproductions des restes de ce monument, reproductions prises sous deux aspects différents. L'une est un calque que j'ai extrait, un peu corrigé pour la régularité des lignes, de l'ouvrage de MM. Perrot et Chipiez. L'autre est une photographie crue et sans retouche dont je ne sais plus l'origine, mais qui figure bien à sa place ici.

Le mausolée punique que je considère longuement comme un souvenir pour ainsi dire vivant, malgré ses mutilations, de l'époque punique, à qui ou à quoi se rapportait-il? on ne le sait ; il était célèbre par l'inscription bi-lingue (libyque-punique) enlevée brutalement vers 1822, comme nous l'avons dit, par des Anglais barbares. Le monument présente très visible sur ses angles le chapiteau punique, une simple décoration en *relief* analogue à une volute légère. Je regrette ne pas savoir dessiner pour la reproduire ; c'est une simple volute inscrite sur la pierre ; ce n'est pas du tout le chapiteau taillé, cubique, de caractère corinthien, ionique ou autre.

L'Exposition universelle de 1889 avait un palais tunisien. Le groupe 1, *Exposition du service des antiquités et des arts*,

Mausolée punique naturel.

Mausolée punique corrigé.

région de Tunis (Paris, imprimerie de l'Exposition universelle, 16, avenue de la Bourdonnaye), consacre ces quelques lignes au mausolée punico-romain et au temple romain de Dougga :

« Le service des arts et antiquités expose un modèle en relief du temple de Dougga (colonies), l'ancienne Thugga, édifié à l'époque de Marc-Aurèle (un autre temple complètement renversé était dédié à Septime Sévère) qui est peut-être le plus beau monument de l'architecture romaine en Afrique et derrière, un modèle en relief du mausolée punique de la même localité si célèbre par l'inscription bi-lingue libyque-punique qu'il portait et qui est maintenant à Londres). » (V. Tissot).

M. Ch. Chipiez jugeant, au point de vue de l'art, un travail de M. Saladin sur les antiquités de la Régence de Tunis, expose des réflexions qui complètent notre étude (Journal l'*Architecture*, 25 janvier 1896).

« Avant M. Saladin, en 1885, M. Graham s'est occupé de dessiner et de faire connaître l'aspect extérieur d'un certain nombre de ces édifices.

« Se plaçant à un point de vue un peu différent, M. Saladin s'est attaché à mettre en lumière les particularités techniques qui les caractérisent. Il note avec attention leurs formes purement ornementales. Il remarque entr'autres les volutes singulières du mausolée de Dougga, qui font dans son mémoire l'objet d'une reproduction spéciale.

« M. Saladin a voulu compléter ses travaux par la restauration des édifices qu'il a mesurés. Mieux encore, il a demandé au tracé des triangulatures la clef du système de proportions employé dans ces édifices. Cette partie théorique occupe une place importante dans le texte de l'ouvrage. De précédents rapports nous ont donné maintes fois l'occasion d'exposer notre opinion sur les triangulatures, c'est-à-dire, sur ces sortes d'épures ingénieuses, mais souvent compliquées, au moyen desquelles on prétend expliquer les proportions du Parthénon, aussi bien que celles de notre Opéra. Sans vouloir approfondir ce sujet, nous présenterons seulement une observation.

Il est facile de constater, sans une méditation bien grande, « que, dans un même temps, les ordres de colonnes présentent, suivant les contrées où ils ont été édifiés, certains caractères différents et très particuliers. Sous la domination romaine, par exemple, dans les provinces telles que la Pamphylie et la Pisidie, les ordres ionique et corinthien ont d'ordinaire une architrave dont la hauteur est bien moindre que celle de la frise. Il en est autrement dans l'Afrique Carthaginoise; là c'est la frise qui a, en général, plus de hauteur que l'architrave. Ces divers caractères de l'entablement permettraient donc à l'archéologue, sous les yeux de qui l'on mettrait le dessin de l'un de ces ordres, de reconnaître, à première vue, à quel pays appartient l'ordre qu'il examine. Les vues du temple de Dougga, publiées par M. Graham, accusent au plus haut point la prédominance de la frise; elle est très sensible encore dans les relevés de M. Saladin, mais elle disparaît presque entièrement dans son tracé des proportions théoriques de ce temple : les triangulatures l'y ont réduite à sa plus simple expression. Je sais bien que, dans son texte, M. Saladin déclare qu'il entend déterminer seulement les rapports « qui ont servi à établir le canevas sur lequel on a tracé les proportions définitives du temple ».

« Nous n'y contredirons pas. L'opinion que les anciens employaient une méthode de ce genre, pour fixer les proportions de leurs monuments, n'est pas absolument neuve. Je me souviens fort bien qu'elle a été déjà émise, en 1891, dans la *Revue archéologique*. Mais il y a canevas et canevas : il me semble difficile, quant à moi, d'avoir confiance en ceux de ces tracés d'où est absent le trait distinctif de l'architecture d'un édifice.

« Cette remarque faite, nous n'avons que des éloges à donner au goût dont notre confrère a fait preuve dans ses restaurations. Tout au plus, le caractère presque moyen-âge qu'il imprime au couronnement du mausolée de Dougga, paraîtra-t-il un peu étrange. Mais l'auteur a eu sûrement ses raisons pour terminer ainsi ce monument ; nous n'avons pas à les mettre en discussion.

« En décrivant ce tombeau, M. Saladin laisse supposer que la volute ionique peut bien dériver de ces motifs en forme de haches adossées que l'on observe si souvent dans l'architecture égyptienne, spécialement sur les sarcophages et dans les tombes de l'ancien empire. Mais cette pseudo-volute de l'Égypte représente des formes végétales ; elle ne constitue en aucune façon un enroulement. Il ne nous semble pas que, dans l'état actuel de la science archéologique, on puisse admettre sans difficulté que les lignes, à la fois élégantes et géométriques de la volute grecque, tirent leur origine du contour de la feuille d'un lotus. » (Ch. Chipiez et Perrot).

Nous n'avons point à insister sur ces détails d'art technique. S'ils élèvent et ennoblissent pour ainsi dire notre sujet, j'ai le regret de ne pouvoir m'y arrêter pour mon propre compte. Etranger à cette sorte d'étude, je ne saurais en raisonner avec compétence.

Nous déjeûnons sur quelques débris antiques par un beau soleil, sur un point élevé qui domine une belle campagne. L'emplacement de la ville était bien choisi par ses fondateurs. Nous avons résisté aux sollicitations du fils du Cheik, homme avenant d'une quarantaine d'années, qui voulait absolument nous offrir à déjeûner chez lui ; mais il nous est impossible de refuser le café, la galette qu'il nous apporte et des œufs cuits durs qu'il veut mettre en grand nombre dans nos musettes. Mais point d'ouvriers. Par une raison ou par une autre, peut-être surtout par paresse, ils n'ont pas voulu venir.

Le fils dit que le Cheik est malade et désire nous voir. A ce propos et pour notre qualité de médecins, exception est faite à la règle qui empêche tout étranger de pénétrer dans une famille arabe. Le fils lui-même nous conduit près de son père ; à notre arrivée, deux femmes assez jeunes, vêtues d'une robe bleu-foncé, la couleur à la mode chez les femmes arabes, les oreilles garnies de vastes boucles d'oreilles, la robe tenue sur l'épaule par la fibule antique de vastes proportions aussi, s'échappent effarées du logis, traversent pieds nus et en courant la cour pleine de fumier et vont se cacher dans un coin des autres bâtiments. Nous sommes près du Cheik. C'est un homme d'environ 70 ans, fatigué, amaigri, qui nous paraît atteint d'une affection chronique organique, de l'estomac peut-être ; mais l'examen ne sera que superficiel,

Jeune Mauresque.
Sur chaque épaule, en avant de la poitrine, son vêtement est attaché par la fibule antique.

le diagnostic incertain, le traitement difficile avec des gens qui voudraient être guéris d'un mot ou d'un geste et qui s'en tiennent presque toujours à cette réflexion fatidique : « Dieu l'a voulu ». Nous cherchons à le consoler, à l'encourager et nous croyons avoir rempli la tâche possible.

La saleté, le désordre, l'épouvantable aspect de Dougga actuel est le plus frappant contraste imaginable avec toutes les splendeurs encore remarquables de l'ancienne ville romaine. Je n'ai jamais rien vu de pareil à cette saleté, même à Teboursouk. C'est le comble de l'incurie et de la malpropreté arabe. Les amas de fumier, datant de plusieurs siècles peut-être, se remarquent partout ; les maisons sont des tanières plutôt que des logis ; on ne peut avoir l'idée d'une pareille horreur qu'après l'avoir bien vue. On peut juger de l'installation des bêtes, par le triste état de celle des hommes. Cependant, nous continuons notre promenade à travers les belles ruines qui nous consolent du reste.

Non loin du mausolée punico-romain nous découvrons une pierre tombale sur laquelle se remarque gravé dans la pierre un croissant ‿ emblème de Tanit, la déesse carthaginoise. Sous ce croissant est une inscription latine. Le symbole du croissant et de l'inscription libellée à la façon romaine montre qu'il s'agit là d'une époque de transition (punico-romaine).

Je copie cette inscription. Elle est en abrégé comme toutes celles du même genre :

D M S
A V R E λ I A
S A T V R N I N A
P V A
H S...

Dis manibus sacrum
(Honneur aux Dieux manes)
Aurelia Saturnina pia vixit annis
Le nombre des années manque.

La phrase est incomplète ; il faudrait *hic sita est. Hic sita L'E.* manque. La hauteur des lettres est de trois centimètres et demi. Ici sans doute la femme a pris le nom de celui qui l'a affranchie ou qui a affranchi son père, *Aurelia* est son nom de famille. Les femmes chez les Romains n'avaient pas de nom de baptême. Les hommes seuls en portaient, Aurelia serait le nom féminin de celui qui l'aurait affranchie. *Saturnina* veut dire peut-être qu'elle aurait été mise sous la protection de Saturne. Une autre pierre toute voisine porte ceci :

<pre>
        D M S
     J, M A G N I V S
     V E N V S T V S
     P V A X X I M I
        H S E
</pre>

Dis Manibus sacrum
Julius Magnius
Venustus
Pius vixit annis 21, mense una
(Vingt-et-un ans et un mois)
Hic situs est

L'analogie des noms avec la troisième inscription ci-dessous semble indiquer que ces deux tombes appartenaient à deux parents.

Voici cette troisième inscription :

<pre>
        D M S
     J V L I A M A
     G N I A P V
     A X X I I M I I I I
        H S E
</pre>

Dis manibus sacrum
Julia Magnia pia vixit
(Vingt-deux ans et quatre mois)
Hic sita est ou *sepulta est*

Nous voyons ensuite un ancien temple dont les colonnes cannelées, d'un seul morceau et d'au moins six mètres de hauteur sont vraiment superbes. Il me rappelle par son aspect général les temples de Pœstum dont il reproduit assez bien la patine terre-cuite ou rougeâtre. D'assez nombreuses dégradations existent au fronton. Le D⁽ʳ⁾ Carton me dit que pour les indigènes la pierre du temple a la vertu de préserver du scorpion. On cherche donc à s'en procurer pour en faire des amulettes, et plus elle est difficile à prendre, plus on va haut la chercher, plus elle a de vertu préservatrice.

Temple romain de Dougga.

Le chapiteau des colonnes est corinthien. Sur le fronton on aperçoit un aigle surmonté d'un buste qui serait celui d'un empereur romain.

Je suis vivement intéressé par tout ce qui passe sous mes yeux. Le D⁽ʳ⁾ Carton me renvoie, pour complément d'études, à divers ouvrages sur la Tunisie dont les principaux sont :

Tissot, *Géographie comparée de l'Afrique romaine*.
Cagnat et Saladin, *Mission en Tunisie*.
Guérin, *Voyage en Tunisie*.
M. R. Cagnat, *Exploration épigraphique et archéologique en Tunisie*. Paris, Imprimerie Nationale, 18 4.
Saladin, *Description des antiquités de la Régence de Tunis; Extrait des archives des missions scientifiques et littéraires*, 3ᵉ série, t. XIII, Paris.
Dʳ Vercoutre, *Nécropole de Sfax*.
Bulletin des antiquités africaines, Bibliothèque nationale.
Rousseau, *Histoire des Etats barbaresques*.
Dolmen d'Ellez, *Bulletin archéologique du comité des travaux historique et scientifique*.

Nous retournons voir le cheik ou plutôt son fils très bienveillant d'ailleurs. Il nous affirme que demain lundi il y aura cinq ouvriers prêts à fouiller dans l'emplacement que M. Carton et moi lui indiquons; sur cette espérance, nous rentrons à pied, à travers champs, comme nous avons fait le matin, assez fatigués, à l'arrivée.

Lundi 2 février. — Je voulais retourner à Dougga voir mes travaux. J'avais de bonne heure cherché à me procurer par le caïd des mulets et un guide, M. Carton ne pouvant pas venir. Mais le caïd est absent, il est allé voir une de ses fermes; le khalifat (adjoint), qui le remplace, ne paraît pas mettre beaucoup de bonne volonté. Si j'avais eu de l'autorité française, une lettre en arabe avec beaucoup de cachets frappant les yeux, j'aurais trouvé moins de mollesse. Pour réparer l'inconvénient, je télégraphie à M. Massicault à Tunis en le priant de vouloir bien donner au caïd, et de suite, l'ordre télégraphique de me prêter toute assistance et j'attends la réponse. Le temps n'est pas devenu meilleur; mais après déjeuner Chazot, qui a quelques intérêts d'olives au-dessus de Dougga, me propose de m'emmener, ce que j'accepte avec empressement, car il parle bien l'arabe et sera mon intermédiaire près des ouvriers qui ne savent pas un mot de français. Nous partons sur deux bons chevaux arabes avec selles et étriers cette fois. Nous avons vite franchi la distance, malgré une petite pluie fine qui nous ennuie par instants. Les ouvriers sont à la besogne. Ils ont fait déjà une grande fouille à l'endroit convenu. Ils n'ont rien trouvé. Ils doivent continuer les jours suivants. Le fils du cheik est là pour surveiller obligeamment la besogne ; nous continuons notre course, franchissant sans peine les murs écroulés, et les débris de toute sorte qui jonchent le sol. Nos chevaux ont le pied sûr et ne boudent pas. A trois kilomètres plus loin, nous arrivons à la propriété dont Chazot a acheté les olives pour son huilerie. C'est une propriété qu'il convoite pour l'acheter. Il y a environ 650 pieds d'oliviers ; on l'aurait pour 600 fr., outre une assez grande surface de terrain. Il y a une source et des ruines encore importantes de constructions romaines. Je suis bien sûr que Chazot fait déjà des plans à la manière dont il me parle de la source et de la facilité qu'on aurait pour bâtir avec les grandes et belles pierres des constructions restées debout ; mais pour le moment il n'a rien décidé. Il s'entend aux choses ; son marché pour la récolte d'olives lui fait ressortir l'acquisition à environ 1 franc les 100 kilog. 1,50 rendus à Téboursouk. Ce n'est pas cher assurément. Nous revenons à travers les pentes, les collines, les vallons, dans la roche ou dans la broussaille, en dehors des chemins tracés, toujours bien servis par nos montures. A chaque instant Chazot me fait des remarques fort judicieuses sur la nature du sol dans les bons endroits nombreux que nous traversons, sur l'utilisation qu'on pourrait en faire. Fort intelligent, un peu aventureux par exemple, car pressé d'arriver sans capitaux, et plein en lui d'une confiance assez juste peut-être, il veut aller vite.

Nous sommes rentrés avant la nuit après une longue et intéressante promenade.

Mardi 3 février. — Le caïd a reçu ce matin du Résident général un ordre lui commandant de me donner tous ses bons offices. Je l'ai appris confidentiellement du jeune instituteur local, M. Gressé, mon commensal chez Mme Chazot, intelligent et bon garçon, peu flatté par exemple de cumuler l'expédition des télégrammes assez nombreux à Téboursouk (1) avec l'enseignement du français aux petits garçons et petites filles arabes. Sans paraître rien savoir, je vais trouver le caïd une demi-heure après. Il me fait bon accueil et m'annonce qu'il vient de recevoir un télégramme; je le crois volontiers; mais il ajoute que c'était inutile, ayant toujours eu l'intention de m'accorder tout son bon vouloir.

Je lui demande de me procurer de suite quatre Arabes pour faire des fouilles dans la montagne près de Téboursouk, à un ou deux endroits que nous avons remarqués, M. Carton et moi. Un quart-d'heure après les Arabes sont là. Ils veulent être payés d'avance. Le khalifat (adjoint) a l'air de les écouter et de les soutenir. Là-dessus le caïd s'emporte. Comment, dit-il, à son khalifat, nous recevons des ordres formels pour être agréables à ce visiteur, et tu as l'air d'encourager ces gens à se faire payer d'avance! S'ils disent un mot, je les fais mettre au clou et toi aussi. L'incident est terminé. Nous partons. En quittant la ville, nous côtoyons de gros monticules qui ne sont autre chose que du fumier amassé là depuis une époque indéterminée et convertis en terreau. Chaque jour, de nouveaux dépôts de fumier en augmentent l'étendue. Téboursouk et ses habitants valent à peu près Dougga; Téboursouk, pour sa saleté, les habitants, pour leur paresse, leur incurie; au lieu de mettre leur fumier autour de leurs oliviers, dans leurs champs, dans leurs jardins maraîchers, ils préfèrent, pour éviter le travail, l'entasser au plus près sans aucun profit, laissant au ciel le soin d'en compenser l'absence. Nous avons fouillé un premier dolmen, puis un second, sans rien trouver ni dans l'un ni dans l'autre. L'un était à fond de tuf assez tendre et friable, l'autre à fond de roche plus dur. Ces kromlechs sont toujours placés sur un point élevé. Mais tous

---

(1) Pour éviter l'envoi d'une lettre qu'ils ne savent pas écrire et pour la composition de laquelle un juif maltais leur fait payer un franc.

ces kromlechs n'étaient pas des lieux de sépulture; on ne peut donc s'étonner d'en trouver de vides. Quelques-uns pouvaient être des lieux de sacrifices ou de réunions plus ou moins solitaires pour quelque cérémonie païenne. Celui de ces kromlechs sur qui nous fondions le plus d'espérance avait une forme circulaire, son diamètre intérieur était de $3^m.50$. Les grosses pierres qui en formaient la circonférence représentaient des cubes irréguliers de $0^m.70$ à $0^m.80$ de côté. La circonférence offrait deux solutions de continuité annonçant soit des portes, soit des pierres enlevées et manquant ; quelques-unes de ces pierres n'ont que $0^m.50$ de haut.

L'autre kromlech en forme de parallélogramme avait environ $2^m.50$ de large sur 4 mètres de long. Ces deux fouilles ont pris toute la journée.

Le lendemain *mercredi 4 février*, à huit heures du matin, je transporte mon équipe d'ouvriers, malgré un brouillard épais et un froid assez vif sur un point opposé, près du camp, où nous avons remarqué deux endroits qui paraissent favorables. De ces deux kromlechs, tous deux formés de pierres brutes, telles que le rocher voisin les a fournies, irrégulièrement cubiques et sans aucune taille, le premier, plus grossier se compose de plusieurs pierres mises bout à bout. La terre mêlée de pierrailles et où poussent quelques feuillages le recouvre, sans l'addition d'aucune pierre tombale. Cet encadrement de pierre enferme une sorte de caisse funéraire de $0^m.95$ de large sur $1^m.60$ de long.

L'autre kromlech, à quelques mètres de distance de celui-là, est formé de larges dalles d'un seul morceau, sur trois côtés; deux ou trois autres pierres mises bout à bout formaient le quatrième côté. Une large pierre tombale de 1 mètre à $1^m.05$ de long sur $0^m.80$ de large et $0^m.15$ ou $0^m.16$ d'épaisseur. La dalle qui fermait l'un des côtés était très large, $1^m.70$ de long sur $0^m.90$ de large, et profondément enfoncée de champ dans la terre sur laquelle elle débordait seulement en saillie d'une quinzaine de centimètres. Ces pierres formaient un coffre funéraire ayant : longueur $1^m.70$, largeur à chaque bout $0^m.90$, aucune taille ni polissage dans toutes ces dalles.

A $0^m.50$ ou $0^m.60$ de profondeur, dans la première fouille, on a trouvé seulement quelques débris d'ossements, une quinzaine environ; aucun fragment de crânes. Je remarque un morceau de la diaphyse du fémur de $0^m.14$ environ de longueur; c'est tout ce qui vaut la peine d'être cité. Qu'est devenu le reste du squelette? Malgré une recherche attentive, il est impossible de rien trouver de plus. Je vois sur mes notes qu'il y avait deux fragments qui, ayant 5 ou 6 centimètres de long, devaient être les extrémités inférieures du radius et du cubitus, mais le reste? D'ailleurs c'était certainement une ancienne sépulture.

L'autre kromlech à la même profondeur d'environ $0^m.60$ fournit un beaucoup plus grand nombre d'ossements. Malheureusement, découragé par les insuccès précédents, je m'étais absenté pour aller déjeuner et c'est dans ce moment que les ouvriers ont mis à decouvert et extrait un assez grand nombre de débris d'ossements et de poteries; ont-ils pris les précautions nécessaires si bien recommandées? Quand je reviens on ne me montre que des débris, toujours des débris. On voit seulement à peu près intacts, deux humérus, des fragments d'os longs, de côtes, d'os iliaques, des vertèbres, des métacarpiens, des métatarsiens, des phalanges, et deux grains de collier verdâtres; malgré toute mon attention je ne puis découvrir que ces deux grains. J'aurais été bien désireux de rencontrer le collier entier. Je fais mettre de côté tous les morceaux de crâne; pourrai-je les rétablir en leur place? Il y avait aussi deux mâchoires inférieures, représentant par conséquent deux sujets et deux crânes. Beaucoup de dents.

L'autre kromlech avait aussi un assez grand morceau de poterie un peu dentelée que M. Carton regarda comme étant de caractère arabe. Les poteries du deuxième kromlech étaient les unes de forme grossière et faites à la main; les autres plus fines, plus décorées avaient été certainement mises sur le tour.

A quelle époque rattacher ces deux sépultures? Elles sont

anciennes, plusieurs siècles assurément, mais quelle date ? Le Dr Carton ne peut m'aider à préciser. Les poteries n'indiquent rien d'exact. Elles sont à peu près de toutes les époques répondant à une longue période. Malgré les ruines romaines en grand nombre du voisinage, ces sépultures ne sont pas romaines ; si elles avaient ce caractère, elles auraient pour accompagnement, selon la coutume romaine quand on n'incinérait pas, la stèle, les inscriptions gravées, le cippe. Elles sont assez vieilles pour être de l'époque romaine, mais elles ne sont pas romaines ; elles appartiennent sans doute à la race indigène d'alors, vivant côte à côte et toujours longtemps comme à toutes les époques, à côté de la race envahissante. On peut supposer que la race indigène voulait ainsi, ou conserver ses propres usages, ou si elle a voulu se rapprocher de la coutume romaine qu'elle en a été empêchée par la pauvreté pour faire les frais de la stèle et de l'inscription. On pourrait les juger plus anciennes que l'époque romaine, s'il y avait eu au-dessus des ossements, la superposition de quelques indices appartenant à l'époque romaine ; mais il n'y en avait pas.

Le soir, je retourne au camp dîner avec les officiers qui m'ont invité pour la deuxième fois et qui continuent de me faire bon accueil. La veille, le caïd qui avait été sans doute un peu mis sur l'œil par la dépêche de M. Massicault, m'avait fait la politesse de m'envoyer chez Chazot un magnifique plat de couscousse, attention gracieuse dont je suis reconnaissant, mais je ne fais nul accueil au plat qui est consommé par les hôtes de Chazot. Somme toute, je garde un très bon souvenir au caïd et à sa vaste couverture de laine qui me laisse presque des regrets aujourd'hui, malgré l'absence de draps qu'il m'a fallu subir.

Je suis à Souk-el-Arba quand j'écris cette réflexion. Toutes les fois que j'avais à parler au caïd il se montrait d'une courtoisie parfaite, ce qui peut ne pas signifier grand chose avec le caractère arabe ; mais il faisait demander si je n'avais besoin de rien et par ses ordres chaque soir, dans mon antichambre couchaient un ou deux Arabes pour veiller sur ma personne.

Jeudi 5. — Le mauvais temps pluvieux, humide et froid continue et me gêne beaucoup. Il est impossible de rien faire dans de pareilles conditions pour réussir dans une entreprise comme la mienne. Il faut de la liberté et pas d'entraves. Il faut pouvoir reprendre demain ou jours suivants, la semaine prochaine ou plus tard, ce qui est retardé, empêché par les mille incidents et complications de chaque instant. Ce sont les Arabes qui ne viennent pas, la pluie qui tombe, des chevaux ou des harnachements promis qui n'arrivent pas ou qui viennent trop tard. Mal servi par les circonstances et pressé, je songe à mon départ.

Le Dr Carton, avec qui je m'entends, continuera à Dougga et tranquillement, puisqu'il reste sur place, les fouilles commencées. Il s'occupe surtout d'archéologie ; ce sont les documents anthropologiques que je recherche. Dans les prochains travaux, il conservera les pièces archéologiques et m'adressera tout ce qui concerne l'anthropologie ; c'est vraiment la seule manière de faire ; c'est d'ailleurs un excellent homme et très expérimenté. Il me demande de lui adresser de Paris une certaine quantité de spermaceti, de colle forte pour faciliter le maintien des os en place au moment de les extraire, et prévenir ainsi leur dislocation. Il demande aussi la manière de s'y prendre pour employer le spermaceti et un récipient spécial s'il en faut un. Je verrai ces détails à mon retour à Paris. J'ai nettoyé les ossements recueillis, je me suis muni d'une caisse où je les emballe ainsi que les débris de poterie, dans la paille hachée. Je fais ma visite de remerciement aux officiers.

Rien à acheter, absolument rien, à Téboursouk ; du gibier peut-être, si je rentrais directement. Chazot, très bon chasseur et adroit tireur, tue à volonté perdreaux rouges et lièvres qui sont très nombreux, mais qui ne me paraissent pas, les uns et les autres, valoir ceux de France. La chasse est libre ici et le bon gendarme ne contrarie pas ses opérations.

Ce jour-là, c'était grand marché à Téboursouk. A dix

heures du matin j'ai voulu y aller avec le Dr Carton malgré la pluie et une boue affreuse, pour voir les types du pays, les figures, les têtes et peut-être prendre les photographies avec l'aide d'un instrument qu'aurait prêté un officier du 3e bataillon. Pauvre marché! Quelques bêtes plus que médiocres, quelques misérables marchands de vulgaires ou piètres marchandises, voilà le marché. Le temps est atroce, la boue profonde. Les types qui pourraient être intéressants sont rares ou dissimulés dans le capuchon des burnous. Il faut renoncer à la photographie. Tout conspire contre moi à chaque instant dans ce voyage, et vraiment on ne pourra pas dire que j'aurai marchandé mes efforts. Le cimetière arabe est à côté de nous sur une pente escarpée de la montagne voisine ; c'est un cimetière où comme assez souvent dans la coutume arabe, chaque tombe est précédée de deux ou trois gradins ou petites marches en pierre, soit pour rétablir l'inégalité du plan, soit pour une autre considération que le Dr Carton ne m'explique pas.

Vendredi 6. — Le matin, j'ai eu ma dernière conversation avec le Dr Carton, je lui ai fait mes recommandations, mes remerciements ; il m'offre quelques brochures écrites par lui et se rattachant à mes travaux actuels.

J'ai demandé éventuellement des chevaux et deux guides au caïd, mais il fait un temps de rafales épouvantable et partir aujourd'hui est difficile. J'ai étudié mon voyage de retour, voulant éviter les péripéties du premier trajet. On me propose diverses combinaisons qui ne me conviennent pas parce qu'elles allongent sensiblement le parcours. Avant tout, je ne veux pas traverser de nouveau à gué la Medjerda grossie encore par les dernières pluies. « Il y a un moyen, me dit-on, d'éviter ce passage et d'arriver encore à Béja qui est le point le plus rapproché de la ligne de fer. Un chemin un peu différent du premier suivi, vous fera aboutir à un pont du chemin de fer sur la Medjerda, lequel pont se trouve à 4 ou 500 mètres de la station de Béja. La Compagnie a laissé exprès, entre les traverses de ce pont, un large intervalle pour empêcher le passage des animaux. Vous aurez deux guides. Arrivé au pont, l'un d'eux gardera les chevaux ; l'autre, portant votre bagage, pourra avec vous et, moyennant quelques précautions, traverser le pont à pied et dix ou douze minutes vous suffiront pour gagner la gare ». C'est convenu.

Samedi 7. — Le temps est meilleur et il y a quelques rayons de soleil malgré certains bancs noirs qui me laissent de l'inquiétude ; mais le temps peut être plus mauvais encore demain. Je ne veux pas être bloqué à Téboursouk. Je décide de partir. Un officier du génie, M. Guillemin, me prête une bonne selle et elle a des étriers ! Je lui fais ici mes sincères remerciements que je n'ai pu lui adresser encore.

A onze heures et demie, j'ai trois chevaux et deux Arabes ; les Arabes sont nu-pieds et nu-jambes. L'un d'eux est armé jusqu'aux dents pour pouvoir rentrer le soir si c'est possible.

Je prends congé du caïd, de mes hôtes les Chazot qui sont de braves gens et que je voudrais voir réussir ; de M. Gresse, le receveur de la Poste et instituteur, qui me charge d'une commission pour le chef de gare de Béja. Il est midi quand nous sommes à cheval ; nous voilà partis. Un M. Rey, boulanger à Téboursouk, a besoin d'aller à Tunis ; il profite de l'occasion pour partir avec nous. En pareil pays c'est toujours bon de pouvoir compter sur un peu d'aide. C'est une vraie caravane et Rey, qui est méridional et a bonne langue, parlant d'ailleurs un peu arabe, égaie le voyage de ses saillies. Tout va bien pendant deux petites heures. Le soleil est toujours un peu avec nous, mais il commence à décliner pendant que le banc noir grossit, grossit. Enfin, la pluie arrive fine d'abord en brouillard, puis serrée et nourrie, entremêlée bientôt de grésillade et de neige. Et pendant une heure au moins cela continue ainsi. Que faire ? se résigner ; — aucune habitation — j'assujettis le mieux possible mon châle sur mes épaules, je fourre mes pieds sous le ventre de mon cheval, et à la grâce de Dieu !

Tout prend fin, la rafale a cessé ; le chemin n'a pas été *trop* mauvais jusqu'ici, pour un chemin généralement atroce ; mais nous sommes sur la crête des dernières montagnes ; il s'agit d'en descendre pour arriver dans la plaine où nous voyons de loin couler jaunâtre et boueuse cette fameuse Medjerda et, à quelques kilomètres, rougir le toit de la gare de Béja. Oh ! oui, il faut descendre, et alors les pentes les plus raides, les détours les plus imprévus, les casse-cous les moins rassurants, les haut et bas fort inégaux des roches, la boue glissante sur quelques points, il faut tout subir. Heureusement, nous avons des chevaux arabes ; ils ont le pied sûr et franchement ce n'est pas inutile ; ils hésitent, réfléchissent, calculent, s'arrêtent quelques instants, faisant métier de bêtes intelligentes ; oh ! pour le mien, je ne le contrarie pas : « Fais, mon ami, va, tu es plus habile que moi, tu as la bride sur le cou ; n'oublie pas seulement que tu portes César et sa fortune ». Enfin, à force de descendre, nous sommes au bout de ces défilés de chèvre, dans la bonne plaine, à la tête de ce pont libérateur.

Le programme s'exécute comme il a été prévu : nous descendons de cheval tous plus ou moins gelés, admirant pour mon compte la résistance de ces Arabes peu vêtus et marchant longuement pieds nus dans la neige ; *morto*, me disent-ils en montrant leurs pieds. L'un d'eux garde mes chevaux et celui de M. Rey ; l'autre, aidé par nous, prend mon bagage. Nous franchissons le pont qui n'est pas déjà si commode à cause de l'écartement des traverses, laissant voir à vingt ou vingt-cinq mètres plus bas les flots agités du fleuve ; un quart d'heure après, nous sommes à la gare. Il est passé cinq heures. Nous avons mis plus de cinq heures à faire le voyage. Mais le chemin de fer ne passe qu'à 8 h. 1/2, pour M. Rey comme pour moi, les deux trains de Tunis et de Souk-el-Arba se croisant à Béja. Je cherche, sans trop de succès, à me sécher un peu ; M. Rey, très content de pouvoir renvoyer son cheval par mes Arabes, me propose de dîner avec lui. Oui, en payant mon écot, lui dis-je.

Tout va bien. A huit heures et demie nous filons en sens inverse chacun vers notre destination. A onze heures j'arrive à Souk-el-Arba, et encore je suis servi par une chance heureuse. Habituellement le train du soir qui m'emmène meurt à Béja, mais aujourd'hui à cause d'un surcroît de marchandises, le chef de gare de Béja a reçu l'ordre de le faire continuer jusqu'à Souk-el-Arba ; sans cette circonstance, il me fallait coucher à Béja et où ? La ville est à plus d'un kilomètre et il n'y a rien à Béja que la cantine en planches.

Enfin je suis bien à Souk-el-Arba, petit centre moins important par lui-même que par les postes militaires ou les groupes voisins de population civile qui s'y rattachent. Il est nuit serrée, près de onze heures, et l'éclairage public a trop compté sur la lune absente. En descendant du train, je demande à un employé le *Grand-Hôtel* qui m'a été indiqué par le Dr Carton et où je dois retrouver deux de ses amis, le Dr Renaud et M. Deconinck, officier d'administration, auxquels je suis recommandé. Heureusement, ce n'est pas loin, à peine cent mètres et je vois briller les lanternes ». Mais prenez garde à la boue, me dit l'employé ». La recommandation me paraît aimable, mais un peu exagérée ; on sait toujours faire quelque attention à la boue. Ah, oui ! mais on n'est pas à Souk-el-Arba. Je croyais que Téboursouk ne pouvait pas être dépassé pour l'horreur de la boue, la profondeur des flaques, l'impossibilité de circuler ; non, si on n'est pas venu à Souk-el-Arba. Je m'engage donc vers les lumières du Grand-Hôtel, mais à chaque pas j'enfonce au-dessus des chevilles dans une flaque ou dans l'autre. Un *négro* de l'hôtel a la prétention de me guider ; il ne me préserve de rien, et c'est vraiment à travers un marécage puant et vaseux que j'atteins la terre promise, une sorte de café-hôtel musicant et plus ou moins chantant. A mon arrivée, une chambre froide, médiocre, m'est assez peu gracieusement offerte et mon négro passe un quart-d'heure au moins à tirer mes bottes sur lesquelles il a peu de prise à cause de la boue glissante qui les inonde, raidies et durcies d'ailleurs par la pluie de la journée. Je n'ai qu'à me coucher, et j'entre anxieusement dans des draps froids qui participent vraiment trop à l'état hygrométrique général de l'atmosphère. Eh bien ! je l'avouerai sans scrupule, mes draps me font regretter l'absence de draps que j'ai pratiquée pendant dix ou douze jours à Téboursouk ; si le lit y était rudimentaire, au moins la laine n'était pas froide, et ma vaste couverture souple et chaude, m'apportait une véritable consolation.

Dimanche 8. — Sur pied de bonne heure, je contemple navré l'océan de boue liquide semée de récifs et de profondeurs que forment les inégalités de la rue et dans cet océan affreux les mêmes Arabes, encore pieds nus, avec la même insouciance ou la même résignation circulent incessamment sans broncher. A Téboursouk, on était bien dans la boue, mais dans une boue limitée par un certain pavé qui apparaissait encore visible à la surface ; mais ici nul pavé visible, on enfonce partout sans merci. Ce n'est pas tout : la boue liquide profonde, prête à porter bateau, occupe bien toute la chaussée ; mais sur les bords de celle-ci à la rencontre des trottoirs, la boue plus épaisse, plus solide, plus ancienne, s'est amassée en tas continus ; c'est au mètre cube qu'il faudrait la jauger ; non, je n'ai jamais rien vu et je ne crois pas qu'il puisse y avoir rien de pareil, et mes gémissements à Perpignan, en venant d'Oran avec Maurice, n'étaient pas justifiés. Je rends cet hommage tardif à la municipalité de Perpignan. *Souk-el-Arba la boueuse*, monsieur, me dit la fille de l'hôtel, dans le sein de laquelle j'épanche mon désespoir. Eh bien ! j'en conviens sans peine, jamais surnom ne fut mieux appliqué.

Cependant j'ai à voir M. Chenel, le contrôleur civil avec qui j'ai correspondu et que l'on dit excellent ; j'ai à retourner au chemin de fer pour quelques objets à prendre dans ma valise restée en gare ; comment faire ? Jamais je ne m'aventurerai dans cette mer infecte. Je surveille les Arabes qui passent à cheval ou en voiture pour les arrêter et traiter avec eux les conditions de la traversée. Rien à faire, les cavaliers n'ont pas d'étriers; les voitures sont atroces et aussi sales que la rue ou encombrées, sans une petite place possible. Je ne me risquerai pas à pied et pourtant j'ai à peine cent mètres à faire. Enfin le patron ou la patronne de l'hôtel qui ne comprennent pas trop mon amertume finissent par prendre pitié de moi. On attelle une façon de cheval à une façon de charrette anglaise, et mon même négro de la veille devenu cocher me conduit chez M. Chenel. Sur la présentation de ma carte je suis immédiatement introduit près du Contrôleur par les Arabes de service dans l'antichambre. Obligeant et bon M. Chenel; je lui raconte mes embarras, mes difficultés, mes incertitudes, devant de pareilles conditions de temps. Il n'y peut rien le digne homme !

Cependant je suis venu ici pour voir Bulla-Regia; il y a huit ou neuf kilomètres et il pleut encore. M. Chenel m'offre gracieusement une mule, sa propre mule pour m'y conduire, un spahi pour m'y escorter; c'est cela qui fait bien dans le tableau aux yeux des Arabes qui tiennent surtout compte des marques extérieures, un spahi avec son grand manteau rouge. Mais je ne puis faire de projets. Il faut patienter. Pour aucun prix je n'irai à Bulla-Regia à pied ou par la pluie ; j'irai à cheval, le cheval seul est possible.

Entre temps j'ai fait connaissance avec MM. le Dr Renaud et Deconinck qui sont en pension au même *Grand-Hôtel;* je leur raconte mes projets évanouis ou suspendus, pour un voyage seulement à Bulla-Regia, car il m'est impossible de songer à y faire des fouilles; 8 kilomètres matin et soir ou coucher sous la tente, c'est au-dessus de mes forces. Il n'y a absolument rien à Bulla-Regia comme aperçu de civilisation, rien que quelques cabanes arabes, couvertes contre la pluie, de roseaux ou de broussailles en manière de toit. Et tout ce dimanche la pluie tombe! J'ai bien calculé en quittant Téboursouk hier. Un train part pour Tunis à sept heures du soir; un instant je voulus le prendre, mais faire tant de chemin pour ne pas même voir les restes de l'ancienne cité romaine et la nécropole punico-romaine de Bulla-Regia, cela n'est guère héroïque. Le soir avec mes officiers, au moment du dîner, nous mettons en commun nos impressions; il est convenu que demain matin nous nous réunirons, nous examinerons le temps et s'il est possible tout sera préparé pour le départ, heure de midi pour Bulla-Regia.

Lundi 9. — A neuf heures, ces messieurs sont près de moi accompagnés de M. Carette, le secrétaire du contrôleur qui veut aussi me faire honneur et qui m'apporte de nouveau l'offre de la mule, et d'un spahi pour escorte. Décidément je suis un personnage.

Le ciel s'est mis au bleu, le voyage est décidé ; à midi moins un quart mes officiers sont en selle à la porte de l'hôtellerie ; mon spahi est descendu de son cheval et l'amène sur le trottoir moins boueux que la chaussée, avec la mule du Contrôleur, une belle mule grise, qui va l'amble par exemple, ce qu'on recherche dans le pays mais ce que je n'aime guère, une belle mule avec une bride aux larges jugulaires et de vastes pompons soyeux descendant de chaque côté du haut de la bride sur les jugulaires brodées. Pour selle une sorte de coussin rembourré usité dans le pays et recouvert d'un grand tapis de velours jonquille. Rien ne manque à la réception et il y a des étriers ; mais la bête a sa crinière coupée ras ; je ne puis donc rien saisir pour monter. Mon spahi me soutient la jambe, de l'autre côté le négro me tire comme un paquet, enfin j'y suis. Le secrétaire du contrôleur est aussi à cheval et de la partie. Il y a à Souk-el-Arba un ou deux escadrons du train d'équipages et des pontonniers. Le capitaine s'est aussi aimablement joint à l'escorte. Nous sommes cinq cavaliers, plus mon spahi s'attachant à mes talons qu'il a ordre de ne point quitter.

A quelques cents mètres de la ville, c'est encore la Medjerda ; mais ici du moins on a prévu le cas de ses crues pour supprimer le passage à gué. Les pontonniers ont établi à demeure un bac mobile sur lequel passent les hommes, les chevaux, les voitures légères ou chargées de lourdes marchandises. Ce bac se compose de trois parties, toutes trois formées de gros madriers assemblés. Deux parties sont fixées chacune sur une rive du fleuve; la troisième au milieu des deux autres ne mesure pas la largeur du fleuve restant libre entre les deux portions fixes, mais elle est mobile; on la met en mouvement au moyen d'un fort câble tendu sur des pieux d'une rive à l'autre et sur lequel glisse une forte poulie pour régler le mouvement. Le tout est mis en marche par des soldats pontonniers sous la direction d'un sous-officier, lesquels montés de chaque côté dans un bateau et munis d'avirons guident la régularité de la course et la douceur de l'abordage quand le bac mobile vient rencontrer la portion fixe. Nous passons bien sans même descendre de cheval. Après avoir suivi quelque temps une assez bonne route, nous nous engageons à travers les jeunes blés, les terres incultes bordées de quelques parties marécageuses pour nous diriger droit sur Bulla-Regia qui montre au loin le contour de ses ruines et le flanc d'une carrière, autrefois exploitée par les Romains où l'on n'a eu besoin que de s'établir pour en continuer récemment l'exploitation.

Le capitaine monte avec aisance un cheval gris de bonne mine ; mais c'est un étalon, et toutes les fois qu'une de nos bêtes s'approche près de lui il se dispose à lui envoyer une volée de coups de pied. Je veille sur ma mule et sur mes jambes et n'attrape rien. Mais mon spahi qui, dans un repos a mis un instant pied à terre, est moins heureux dans la personne de sa bête qui reçoit coup sur coup une série de ruades, heureusement sans gravité.

Nous sommes à Bulla-Regia, après une heure et demie de promenade ; il n'y a plus rien que des ruines au milieu desquelles se groupent quelques misérables campements arabes. Quelques-uns de ces Arabes sont connus du capitaine qui leur parle à la façon d'un homme qui sait leur bon esprit. Mais au milieu d'eux, à quelque distance, se tient un personnage jeune, plus richement vêtu, fumant sa cigarette crânement ; il se donne du genre et ne paraît se livrer à aucune occupation. Les Roumis, dit-il en haussant les épaules. Le capitaine a vu le geste et entendu la réflexion ; il pousse son cheval vers lui : Toi tu auras de mes nouvelles, lui dit-il, je te le promets. Et se tournant vers nous : Demain je le ferai amener par deux spahis chez le Contrôleur et on s'expliquera ; c'est un de ces Arabes qui protestent contre l'occupation française et qui sont envoyés dans les Douars par les dissidents pour y semer des difficultés contre nous. Le capitaine demande son nom ; l'autre paraît assez interdit. Quelques moments après il a jeté sur son burnous qui a un certain éclat, un burnous plus sale pour se fondre mieux dans les autres, et par un des gens qui paraissent avoir la bonne grâce du capitaine, il fait demander excuse. C'est inutile ; jamais faiblir avec ces gens-là, dit l'officier ; les Arabes ne respectent que ceux qu'ils craignent. Il est bien probable que le dissident n'attendra pas les spahis de demain et qu'il aura décampé dans la nuit.

Bulla-Regia était une belle ville romaine qui, au temps de sa splendeur, pouvait bien compter trente ou quarante mille habitants. Assise sur les dernières pentes d'une colline légèrement ondulée, elle avait sous ses yeux le spectacle de la plaine si grande et si fertile que coupe en deux la Medjerda. Aujourd'hui il n'y a plus que des ruines qui ont exhaussé le sol de cinq ou six mètres. On voit encore debout dans un état de conservation très relatif les Thermes, l'Amphithéâtre ou cirque, quelques colonnes d'un ancien temple, une belle piscine dont l'eau abondante a été envoyée à Souk-el-Arba par des travaux récents, et une construction carrée très solide encore qui était, me dit-on, un fort punique. Nous cheminons au milieu de toutes ces ruines, sur un terrain très mouvementé, souvent accrochés ou déchirés par les pointes aiguës des jujubiers, mais sans descendre de cheval.

Il y a surtout à voir à mon point de vue la nécropole punico-romaine qui serait si intéressante si j'avais le temps d'y faire des recherches, mais il n'y faut pas songer. En admettant toutes autres conditions favorables, les recherches à 7 ou 8 kilomètres d'un centre de population qui seul peut vous offrir l'abri et la table sont tout à fait impossibles à qui ne veut pas camper sous la tente ou faire chaque jour deux fois 7 ou 8 kilomètres pour l'aller et le retour.

J'y suis dans cette nécropole. Le champ est vaste et largement occupé par des tombes nombreuses. Les unes sont absolument romaines et se distinguent par les stèles, les cippes et les inscriptions selon la coutume romaine ; les autres sont manifestement puniques. On les reconnaît au croissant de la déesse Tanit qui est tantôt isolé, tantôt accompagné de larmes, comme nos mausolées, et gravées en relief ainsi que le croissant.

∪   ı ∪ ı

Au-dessous de cette caractéristique se trouvaient sur beaucoup de monuments, comme dans les époques de transition, des inscriptions à la romaine, le monument ou stèle ayant lui-même la disposition romaine.

J'ai voulu noter une de ces inscriptions. Il ne m'était pas facile de descendre de cheval. Le Dr Renaud met pied à terre et me transmet l'indication suivante que je ne puis contrôler et qui m'apparaît peu limpide :

∪

D M S

M T O N N E

I V (ou U) S F O R T V

N A T U S P V

A N X V

Consulté par correspondance, Carton resté à Téboursouk, régularise l'inscription comme suit :

Dis manibus sacrum
Marcus Tonneius Fortunatus
pius vixit
annis XV

Il se fait déjà tard ; nous rentrons au grand trot, car je dois prendre à sept heures le train pour Tunis. Ma mule se comporte bien, à l'amble, toujours, suivie de mon spahi qui ne me quitte pas d'une semelle suivant sa consigne.

En rentrant à travers champs pour couper court, nous traversons quelques campements arabes. Au loin, trois ou quatre femmes chargées de fagots verts, comme des bêtes de somme, rentrent péniblement au logis pendant que cinq ou six Arabes assis sur un tertre et occupés à *rien faire*, regardent sans aucun intérêt ni souci de leur côté, et à coup sûr sans la moindre idée de leur venir en aide.

Un peu plus loin, devant une tente ouverte, je jette un regard à l'intérieur ; j'y aperçois quelques femmes toujours vêtues de bleu sombre, dont l'une, fort belle personne en vérité, très jeune, probablement la favorite, porte des boucles d'oreilles et sur l'épaule la fibule caractéristique ainsi qu'à Téboursouk, le tout d'argent, mais de dimensions formidables. Les boucles d'oreilles n'ont certainement pas moins de dix centimètres de diamètre. Je n'ose m'attarder dans la contemplation. Il est possible que le mari veille et je passe, ne voulant pas me créer peut-être une méchante affaire.

Pendant qu'on prépare le bac pour le retour, on me montre, sur le bord et de l'autre côté du fleuve, l'abattoir de Souk-el-Arba. Il est bien simple. Les Arabes ont la coutume d'égorger leurs animaux de boucherie. Une façon de potence est debout, une corde en descend, saisit l'animal par le cou, l'élève en tendant la peau et empêchant la bête de se débattre. Le boucher fait alors sa besogne à satisfaction.

Tout cela est en plein air, sur le bord de la Medjerda, sans aucune construction ni clôture.

En rentrant à Souk-el-Arba, le Dr Renaud me prie de voir avec lui une jeune femme juive près de laquelle il a été mandé le matin et dont la position l'inquiète. J'arrive, avec ma mule et mon spahi, jusque sur le pas de la porte, presque dans la maison, toujours pour éviter la boue, et nous pénétrons dans un intérieur plein de Juifs et de Juives de la plus belle marque.

La jeune femme est couchée, elle a vingt-cinq ou trente ans et me paraît très sérieusement atteinte ; je crois qu'il s'agit d'un étranglement interne, d'un volvolus contre lequel la médication est fort difficile. Je fais mes observations au Dr Renaud ; nous nous mettons au moins tout à fait d'accord et nous recommandons l'emploi très attentif des moyens que nous jugeons les meilleurs. Les symptômes offerts ne sont pas les plus graves qui pourraient être, et je ne suis pas sans conserver un peu d'espoir. La malade ne savait pas un mot de français, nous causions par un interprète.

Le Dr Renaud promet de m'en donner des nouvelles à Tunis. Elle a guéri.

Voici la lettre du Dr Renaud :

Souk-el-Arba, le 3 Mars 1891.

Monsieur et cher Confrère,

Je m'empresse de répondre à votre lettre et de vous dire que la jeune femme juive que vous avez bien voulu voir avec moi est aujourd'hui tout à fait hors de cause. Néanmoins, les choses ne se sont pas passées sans quelques difficultés. Après votre départ, en effet, pendant la nuit, des vomissements ont commencé à se produire et ont persisté pendant la journée suivante, sans toutefois aller jusqu'au vomissement fécaloïde. Ce n'est que dans la deuxième nuit qui a suivi votre départ que j'ai pu enfin obtenir la débâcle intestinale, en insistant sur les purgatifs (eau-de-vie allemande et huile de ricin) et les lavements.

J'avais pris la résolution, en cas d'insuccès, de faire un anus artificiel, que j'aurais cherché à guérir par la suite. Ce mode d'in-

tervention chirurgicale me paraissait de beaucoup préférable à la laparotomie, dans les conditions où je me trouve placé ici : absence de matériel chirurgical, absence d'aide, malpropreté du milieu, etc... Aussi, ai-je été très heureux de n'avoir point à faire œuvre chirurgicale dans ce cas.

Je vous remercie, tant en mon nom qu'au nom de M. le capitaine Bunel, de M. Deconinck et de M. Carette, le secrétaire du Contrôle civil, qui nous a fait la conduite sur la route d'Aïn-Draham, lors de notre petite excursion à Bulla Regia. Je vous remercie, dis-je, du bon souvenir que vous nous envoyez à tous. Je suis convaincu que vous êtes heureux d'être enfin rentré en France, car malgré toutes ces beautés de la Tunisie, il n'y a rien de si beau que notre pays natal.

Dans le cas où vous viendriez à publier le récit de votre petit voyage parmi nous, je vous serais des plus reconnaissant de vouloir bien m'en envoyer un exemplaire, en souvenir de nos relations.

Dans le cas où je pourrais vous être utile ici, n'oubliez pas, Monsieur et cher Confrère, que je suis toujours à votre disposition, et veuillez agréer l'expression de mes sentiments respectueux.

Dr RENAUD.

Je puis ajouter quelques réflexions complémentaires des notes qui précèdent. Le pays que je quitte est tout imprégné des souvenirs puniques. Les Carthaginois furent maîtres de Bulla-Regia et de la plaine si fertile qui l'avoisine et que je viens de traverser, jusqu'aux guerres puniques. C'est, paraît-il, dans ces grandes plaines que Syphax et Asdrubal livrèrent combat à Scipion, qui fut victorieux. On sait que Rome eut à soutenir trois guerres dites puniques avant de vaincre Carthage :

1re guerre punique, 264-242 avant J.-C. : Carthage perd la Sicile.

2e guerre punique, 219-202 avant J.-C. : Carthage perd l'Espagne.

3e guerre punique, 149-146 avant J.-C. : Destruction de Carthage.

Prise de Carthage 146 ans avant J.-C.

Vingt-deux ans après la destruction de Carthage pillée et incendiée, Gracchus vint fonder une colonie nouvelle sur les ruines de la cité détruite. Les Césars embellirent la nouvelle Carthage qui recouvra plus ou moins son antique splendeur jusqu'au jour où elle devint la proie de Genséric, roi des Vandales ariens (439 après J.-C.). L'église d'Afrique, fondée à Carthage dès les premières années du christianisme, fut persécutée sous les empereurs romains païens et sous les rois Vandales.

C'est certainement pendant cette période que fut élevée la belle basilique dont nous avons parlé. C'était d'ailleurs à peu près le temps de saint Augustin.

Le train part à sept heures. Je me hâte de faire mes remerciements à M. Chenel et, après un dîner rapide, je me rends comme je peux à la gare accompagné de mon négro à qui j'avais d'abord demandé de me passer sur son dos, mais finalement le respect humain m'a arrêté. Le Dr Renaut, M. Deconinck, M. Carette me font la gracieuseté de venir me serrer la main quand je monte en voiture ; à minuit, fatigué, je débarque à Tunis. J'abandonne l'hôtel de Paris ; l'hôtelier est Niçois, ce qui a quelque signification au point de vue de l'exploitation du voyageur et on est assez *ficelle* dans la maison.

La nourriture d'ailleurs ne m'y plaît pas. De plusieurs parts, on m'a recommandé l'hôtel Gigino. Il est peut-être Italien, mais, après tout, la question de nationalité a bien peu d'importance dans l'espèce. On m'introduit de suite dans une grande et fort belle chambre qui pourrait passer pour un salon. Tout est fort propre et de très bonne mine. L'hôtel a été bâti par un comte italien, paraît-il, dans de belles proportions ; il voulait en faire son habitation personnelle ; mais il a mal pris ses mesures. Il n'a pas pu payer, il a fallu vendre et la spéculation en a fait un hôtel. Cette origine donne partout à l'établissement un cachet de distinction que n'ont guère les maisons de ce genre.

Point de papiers sales ou déchirés ; des peintures sur les

murs partout ; les portes, les fenêtres sont en bois apparent naturel luisant et verni, très épais, bois de cyprès, comme je l'ai appris plus tard ; les ferrures et serrures sont de choix. Tout est pavé en marbre du haut en bas. C'est devenu un hôtel, mais ce n'était pas destiné à un hôtel. Tout est propre. Point de bruit, un bon service de table, une sorte de cuisine bourgeoise à laquelle il n'y a vraiment rien à dire. Je n'ai qu'à me féliciter d'avoir changé.

Mardi 10, mercredi 11, jeudi 12. — Je poursuis M. Mercier, au service des mines, pour prendre un parti sur l'exploration d'Hammam-el-Lif ; M. Bertholon, pour l'examen de diverses questions. La direction des travaux publics ne peut pas m'obliger autant que je l'aurais voulu et que je l'espérais.

Elle met bien à mon service quelques engins dont elle dispose, mais une partie de ceux dont j'ai besoin lui manquent ; je n'ai pas qualité pour lui demander d'en faire la dépense. Je serai réduit à les payer moi-même si je veux faire le travail.

Le temps est toujours incertain, à chaque instant pluvieux. J'ai gagné un peu d'enrouement les pieds dans la boue. Je suis très perplexe. Je pourrais faire quelque travail heureux à Hammam-el-Lif ; mais passer là toute la journée, pendant une semaine au moins, par un temps si désagréable, ne me sourit guère. J'ai le droit de dire que, jusqu'ici, j'ai rempli largement tout mon devoir. Faut-il par considération de temps et de santé abandonner Hammam-el-Lif ; attendons encore un jour ou deux ce que dira le soleil. Je continue, sans aucun succès, de poursuivre M. Doublet, Inspecteur du service des arts et antiquités de Tunis ; j'ai absolument besoin de causer avec lui. J'ai passé plusieurs jours avant de pouvoir trouver sa demeure. Ayant enfin réussi, je ne le rencontre pas ; je lui laisse une lettre. Il vient me voir, je suis absent. Il m'annonce qu'il sera chez lui de 2 à 3 heures : il ne s'y trouve pas et, depuis le lendemain de mon arrivée, je le cherche.

Vendredi 13. — Averses nombreuses, acquisitions diverses, photographies, couvertures tunisiennes achetées dans les Souks, visite au tableau météorologique pour consulter l'état de la mer.

Samedi 14. — Enfin, après une nouvelle lettre lui annonçant, pour ce matin neuf heures, mon arrivée chez lui, 22, rue Kerchani, je trouve M. Doublet. Jeune, 28 ans, ancien normalien, extrêmement gracieux, se confondant en excuses pour ses absences, très intelligent, ayant beaucoup voyagé en Orient, en Asie-Mineure et fouillé aussi. Il est le successeur de M. de la Blanchère pour le service des Arts et Antiquités, mais il n'a pas encore pris possession du service resté, en attendant, aux mains de M. de la Blanchère. J'ai le plus grand désir de voir, au musée du Bardo, trois sarcophages en plomb trouvés, deux par le Dr Carton, à Bulla-Regia, un autre par M. Woog, à Tabarka.

Tout en me faisant remarquer qu'il n'est pas encore le maître du terrain, M. Doublet me donne très volontiers un mot pour M. de la Blanchère. Le musée en voie d'organisation est fermé au public. Il est installé dans l'ancien harem que j'ai visité l'an passé. Il fait un temps atroce, les rafales succèdent aux ondées, celles-ci aux rafales. Voyant qu'il va m'être impossible de rien faire au dehors, par la continuité de la pluie, et commençant à être pressé par le temps, si je veux partir lundi, je me risque à faire le voyage du Bardo ; une voiture m'y conduit rapidement, c'est à quelques kilomètres de Tunis, et la pluie tombe toujours. Tout est fermé, en apparence du moins ; je ne trouve dans les coins et couloirs que des Arabes ou des soldats du Bey ne comprenant pas un mot de français. Je m'en allais assez ennuyé, quand je rencontre un ouvrier français venant précisément travailler à l'installation du musée ; avec lui, il m'est facile de m'entendre. Par quelque couloir particulier, il me conduit à M. de la Blanchère qui me reçoit avec bonne grâce.

Le musée sera bien nommé des Arts et Antiquités. Tout s'y rapporte aux époques passées. J'ai hâte surtout de voir mes trois sarcophages. M. de la Blanchère me les montre obligeamment, mais je n'ai point à m'y arrêter ici. J'en parlerai mieux plus loin à l'article des sépultures chrétiennes.

Sépultures puniques

C'est avec un véritable recueillement que j'aborde le sol et les souvenirs de Carthage, la cité puissante qui fut si longtemps maîtresse de l'Afrique du Nord, la rivale souvent heureuse de Rome, la patrie d'Annibal qui mit Rome à deux doigts de sa perte et que son génie militaire place à côté de César et de Napoléon.

Quelques mots d'abord sur son histoire :

Les Phéniciens, peuple habile dans le négoce, répandaient au loin leurs relations et leur trafic.

La mer favorisait puissamment le courant commercial. Tyr et Sidon ne restèrent plus les seules métropoles de la Phénicie. D'autres établissements phéniciens se fondèrent au nord de l'Afrique : ce furent Hippo, Hadrumète, Leptis. Environ 800 ans avant J.-C., exactement paraît-il, 878, une nouvelle colonie de marchands venus de Tyr et accompagnée peut-être par la reine Didon vint établir des comptoirs et son commerce dans l'emplacement qui allait être le sol punique. La ville nouvelle Kart-Hadack que les Grecs appelèrent Carchedon et les Italiens Carthago, grandit vite et fut pendant bien des siècles la ville la plus puissante de l'Afrique septentrionale. On lui assigne au temps de sa splendeur 700,000 habitants.

« Elle n'oublia jamais qu'elle était fille de Tyr. Tous les ans une ambassade solennelle partait de la colonie et allait offrir un sacrifice en son nom dans le plus auguste des temples de la métropole, dans celui de Melquart. Après une guerre heureuse, Carthage envoyait à ce même temple la dîme du butin.

« Carthage s'adonnait surtout au commerce. La Grèce plus cultivée, plus artistique, fit de bonne heure sentir son influence dans les choses de Carthage, dans la décoration des monuments qui revêtirent le fronton triangulaire, dans la gravure des monnaies, dans les ornements qui décorent les stèles consacrées à la déesse Tanit » (Perrot et Chipiez).

Les Phéniciens habituellement ne brûlaient pas leurs morts. Ils leur donnaient une sépulture souterraine. Aux grottes naturelles où ils les avaient tout d'abord déposés, les progrès de l'industrie ont substitué des caveaux habilement ménagés en vue du service qu'ils devaient rendre. On trouve là toutes les variétés du lit funéraire, la banquette élevée de quelques pouces au-dessus du sol de la chambre, l'auge taillée dans ce même sol, la cuve fixe ou mobile plus ou moins ornée et parfois semblable à une gaîne de momie. Enfin et surtout la niche en forme de four, excavée dans la paroi, disposition qui présente de grands avantages ; au lieu de s'encombrer de cercueils, le caveau reste libre, soit pour la célébration des rites, soit pour le transport et la mise en terre de chacun des corps auxquels une place est réservée dans le tombeau de famille. La prédilection marquée que les Phéniciens ont eue pour ce système, est bien en rapport avec le génie utilitaire et pratique du peuple. En toutes choses il cherchait l'économie, il voulait épargner le temps, la dépense et l'effort. C'est peut-être aussi cette tendance qui explique la rareté des textes funéraires ; à quoi bon prendre la peine de graver une inscription au fond de ces sépulcres cachés et murés où l'on n'entrait plus une fois toutes les niches occupées ?

Là où les Phéniciens vivant à l'étranger trouvent établi l'usage des tombes à fleur de sol, désignées à l'attention par une stèle apparente, ils s'y conforment et ils écrivent sur la pierre. Voyez les épitaphes de ces marchands sidoniens qui sont morts à Athènes ; ces personnages ont fait les frais d'une inscription qui est souvent gravée à la fois dans les deux idiômes, en grec et en phénicien (Bilingue) (Perrot et Chipiez, p. 244).

Ville puissante et riche, Carthage devait avoir de fréquents démêlés avec les peuples voisins jaloux de sa richesse et de sa grandeur. Elle devait donc se protéger contre leurs agressions par de fortes murailles. Il n'est pas sans intérêt de rechercher par quels travaux les Carthaginois veillaient à leur défense. L'ouvrage de MM. Perrot et Chipiez nous donne sur ce point des renseignements intéressants.

Les ingénieurs puniques n'avaient rien négligé pour fortifier Carthage.

« Les anciens parlent avec admiration de l'enceinte de Carthage qui, après avoir embrassé des faubourgs tels que celui

Fortifications de Thapsus et de Carthage.
Elles avaient la même disposition.

de Mégara devait avoir de six à sept lieues de tour. Au pied de ces murs, s'étaient arrêtés sans entreprendre de les forcer tous les capitaines qui étaient venus attaquer les Carthaginois en Afrique, Agathocle, Régulus, les chefs des mercenaires révoltés. Dans la troisième guerre punique, alors que les Carthaginois n'avaient plus d'armée, les remparts opposèrent encore aux légions une longue résistance.

Ces murs étaient construits en pierres de taille, *saxo quadrato*. Ils avaient, selon Diodore, 40 coudées ou $18^m.50$ de hauteur et 22 coudées ou 10ᵐ.20 d'épaisseur. Appien leur donne à peu près la même épaisseur, celle de 30 pieds ou 9 mètres environ ; mais il réduit la hauteur à 30 coudées ou 13ᵐ.87. Il indique que c'est là l'élévation du mur même de la courtine sous créneau et que les tours qui avaient quatre étages montaient plus haut. Il ajoute que ce mur était triple, au moins dans une certaine partie de son développement, du côté de Byrsa et du golfe de Tunis ».

Suivant Appien, il y aurait eu au moins vers l'ouest et le sud, à une certaine distance, en avant l'un de l'autre, trois murs identiques — ce qui est moins prouvé. — Chacun de ces murs était creux, couvert et à deux étages. Dans l'intérieur de chacun de ces murs, on trouvait, au dire d'Appien, le logement de 300 éléphants, et au-dessus de 4,000 chevaux et de 24,000 fantassins. En outre on avait ménagé de vastes magasins contenant une grande quantité de vivres pour ces nombreux éléphants, des fourrages et de l'orge pour toute cette cavalerie.

Appien fait monter les chevaux ainsi que les hommes au premier étage où ils arrivaient au moyen d'une pente douce. A la vérité, Perrot et Chipiez (*loc. cit.*), Ch. Graux (note sur les fortifications de Carthage), contestent les trois murailles d'Appien au point de vue même des principes de la défense.

« La première enceinte une fois prise eût fourni à l'assiégeant un établissement excellent pour battre la seconde, et de même ensuite la seconde pour réduire la troisième. Le triple mur indiqué par Appien n'eût donc été pour l'assiégé qu'une cause de faiblesse. Appien a mal compris les indications des auteurs d'après lesquels il formule sa description (Perrot et Chipiez). Il n'y avait pas trois enceintes pareilles, et il faut comprendre autrement le triple mur qui bordait le front des quartiers de la ville non couverts par la mer. Les enceintes mieux connues de Thapsus et d'Hadrumète condamnent l'assertion d'Appien. Ces villes étroitement apparentées à Carthage avaient des enceintes qui ne devaient différer de l'enceinte de la Métropole que par de moindres dimensions ; elles avaient été bâties sur le même plan et par les mêmes architectes. Le triple mur d'Appien est une assertion erronée et contraire aux règles militaires de la défense. Philon remarque avec plus de justesse que l'usage dans une fortification exécutée selon les règles de l'art, c'était de creuser trois fossés que l'on faisait aussi larges et aussi profonds que l'on pouvait. En arrière du premier, c'est-à-dire de celui qui est le plus rapproché du corps de la place, il y avait le *mur* proprement dit avec ses créneaux et ses tours ; en arrière du second se trouvait l'*avant-mur* beaucoup plus bas, par dessus lequel tiraient les machines abritées derrière ce boulevard avec leurs servants et les troupes qui défendaient ces batteries. Enfin un dernier fossé couvrait les retranchements extérieurs des palissades dont le pied était fortifié par une épaisse banquette de terre ; au commencement des opérations, cet ouvrage extérieur permettait de tenir pendant quelque temps l'ennemi à distance et de reculer le moment où les remparts seraient sérieusement attaqués. Daux affirme avoir retrouvé à Thapsus et à Hadrumète des restes très visibles de cette triple ligne qu'il restitue d'après les vestiges existants (p. 346, Perrot et Chipiez). Il y a lieu de penser que des séries de citernes communiquant entre elles par un corridor fournissaient en tout temps de l'eau potable aux défenseurs de la place. Cette disposition se retrouve à Hadrumète, à Utique, à Thapsus, à Thysdrus, partout où subsistent des fondations d'enceintes d'origine punique; et ce n'était pas seulement sous les grands murs des places fortes que régnaient ces séries de citernes (La gravure, p. 188, montre les conduits qui fournissaient aux réservoirs). Il n'était pas jusqu'aux secondes lignes de défense tracées à 30 ou 40 mètres en avant de la place qui ne fussent construites sur des citernes pareilles. Les mercenaires qui formaient les garnisons, logés dans l'épaisseur des murs avaient par ce moyen l'eau sous leurs pieds ; on évitait ainsi qu'ils eussent à l'aller puiser aux citernes publiques, diminuant ainsi la provision d'eau réservée pour la consommation des habitants de la cité » (G. Perrot et Chipiez, p. 352) (1).

Mais nous n'avons pas à poursuivre la technique des fortifications de Carthage qui ne peut être ici qu'un incident surajouté au fond de notre sujet. Carthage à la suite des trois guerres puniques est définitivement vaincue et détruite 146 ans avant Jésus-Christ.

Les Romains ne tardèrent pas à occuper et à relever Carthage, en même temps qu'ils s'établissaient aussi sur différents points du littoral africain. Mais Carthage romaine fut à son tour détruite par Genséric et ses Vandales, vers 439 de notre ère.

Devenue en partie chrétienne depuis l'apparition du christianisme, Carthage, opprimée par les Vandales ariens, réclame le secours des Empereurs d'Orient. Bélisaire, général de Justinien, arrive par mer à la tête d'une forte armée et chasse les Vandales en 532. Peu de villes ont subi autant de vicissitudes que Carthage. Délivrée des Vandales, elle reste en paix jusqu'à la fin du VIIe siècle ; mais, vers 697, les Sarrazins se précipitent sur elle et lui font subir une ruine définitive. Tunis (Thunes) va s'élever maintenant à côté de Carthage détruite et la remplacer. Saint Louis, en 1270, n'a aucun effort à faire pour descendre à Carthage restée sans habitants et sans défense.

Dans ses démêlés avec Barberousse, Charles-Quint occupe à son tour le pays de 1535 à 1580 ; il en est chassé et il emporte sur sa flotte un grand nombre de colonnes et d'objets d'art arrachés encore au sol de Carthage si souvent déjà dépouillé des débris de sa magnificence par ses divers envahisseurs.

Carthage était ville phénicienne et la Phénicie touchait la Palestine et la Judée. La religion, les mœurs et coutumes hébraïques devaient donc y apporter et y laisser de fortes empreintes. Nous aurons occasion de le constater.

---

(1) Les belles citernes qui subsistent approvisionnent aujourd'hui la Goulette parce que Carthage n'existe plus.

C'est sans doute à cette circonstance que l'on doit de voir encore aujourd'hui tant de Juifs à Tunis.

Le but que l'on poursuit dans les fouilles est de reconstituer à travers les siècles et de remettre sous nos yeux l'histoire intime, ou seulement les habitudes, le caractère, les usages des peuples disparus, à l'aide des objets, des textes, des inscriptions, des ruines ou des débris qui s'y rattachent ou qui leur ont appartenu. Dans ces conditions, le passé parle véritablement au présent par les signes matériels qui lui ont survécu. Parfois, les enseignements qui naissent de cette exhumation sont d'une incontestable clarté ; d'autres fois la vérité est plus obscure, mais si des incertitudes sont permises, il n'est pas moins vrai que les grands traits subsistent. La science fixe, de façon plus ou moins complète et plus ou moins heureuse, le trait d'union entre notre époque et les âges anciens où l'humanité se perd dans la nuit des temps.

Les Espagnols, qui ont occupé la Tunisie pendant environ cinquante ans, de 1535 à 1585, n'ont-ils pas laissé des traces anthropologiques de leur passage ? il est probable que si ; mais elles ne sont pas apparentes, où sont-elles ?

J'expose maintenant les résultats obtenus.

Il est bien certain que le sol de l'ancienne Carthage, si souvent dévasté par la guerre et l'invasion, conserve encore dans sa profondeur une partie de ses ruines et, en particulier de ses sépultures, et que des choses de tout intérêt demeurent ignorées pour ceux qui s'intéressent à la science ; mais rien n'indique extérieurement la place de ces débris. L'exhaussement graduel du sol par les bouleversements successifs des invasions romaine, vandale, byzantine, arabe, les ont enfoncés à des profondeurs diverses. Quels endroits choisir pour surprendre les secrets et les restes de la vie antique ? Quels points devra attaquer d'abord la pioche de l'observateur ? C'est la première difficulté qui m'a saisi en arrivant à Carthage. C'est ordinairement le hasard qui fait les découvertes ; c'est lui presque seul qui a fait mettre au jour les tombeaux puniques reconnus et exhumés par le P. Delattre, supérieur des missionnaires d'Afrique à Saint-Louis de Carthage.

A côté de cette première difficulté, j'en ai rencontré immédiatement une autre. Comme le demandait si fermement Caton, la charrue passe depuis longtemps sur les ruines de Carthage. Tous ces terrains sont ensemencés et garnis de superbes récoltes. On ne saurait songer à y installer d'autorité une ou plusieurs escouades d'ouvriers, et si on demande au

Saint-Louis de Carthage et son séminaire.

propriétaire arabe l'autorisation nécessaire, on se trouve de suite en présence de lourdes prétentions aggravées encore par le morcellement de la propriété.

Les Pères blancs ne sont guère plus à l'aise autour de Saint-Louis, dans les terrains mêmes du diocèse de Carthage, dont on pourrait les croire maîtres d'une façon plus complète. Ils ne sont pas plus libres, aujourd'hui du moins, car le P. Delattre se propose bien, avant de renouveler des locations sur ces terrains, de réserver, au profit des fouilles ultérieures, les points qui lui paraîtront devoir donner des résultats; mais la difficulté subsiste jusque-là. Gêné ainsi dès le début, j'eus vite fait de comprendre qu'il me fallait ajouter d'autres champs d'observation à celui de Carthage faisant défaut et qui m'était spécialement indiqué. Il me restait pourtant, sur ce dernier point, la facilité de voir, de m'enquérir, de faire des observations générales, de bien me pénétrer des résultats obtenus par les missionnaires d'Afrique, et je veux remercier ici le P. Delattre, pour l'extrême bienveillance qu'il n'a cessé de me témoigner; il m'a donné complètement plusieurs de ses journées; il a mis à ma disposition toute son expérience; il m'a accompagné et dirigé dans une excursion fort curieuse pour visiter, à quelque distance de Carthage, à Gamart, une ancienne nécropole juive que je décrirai plus loin, et, en présence des difficultés que je rencontrais pour mes fouilles, il a mis le comble à ses bons offices en me donnant, à titre de documents anthropologiques, un certain nombre d'ossements et de crânes dont l'un, véritable crâne punique, a une valeur scientifique positive.

Et, tout d'abord, je mets sous les yeux de la *Société* les crânes dont il s'agit (1).

Ils sont au nombre de quatorze. Je les remarque par des numéros pour en faciliter la distinction et l'étude.

N° 1. Le premier est un véritable crâne punique ou phénicien. C'est le crâne d'un jeune homme, non d'une femme. Il est assurément masculin.

Il a été trouvé dans la nécropole carthaginoise de Byrsa, à la fin de 1890. Il est médiocrement conservé; un coup de pioche l'a mutilé sur un des côtés. Cette nécropole, sur laquelle nous allons revenir, comprend plusieurs chambres funéraires, formées de larges dalles d'environ 0^m25 d'épaisseur, appuyées les unes sur les autres sans aucun ciment et

---

(1) Je rends compte ici à la Société anthropologique du résultat de mes recherches.

grossièrement taillées. Mais, à côté de ces tombeaux construits et limités au moyen de ces larges pierres, on a trouvé quelques squelettes seulement déposés dans le sol, sans être entourés d'un revêtement de pierre ; ce crâne là appartenait à l'un d'eux. Il vient certainement de la nécropole phénicienne où, jusqu'à présent, on n'a trouvé que des tombeaux carthaginois.

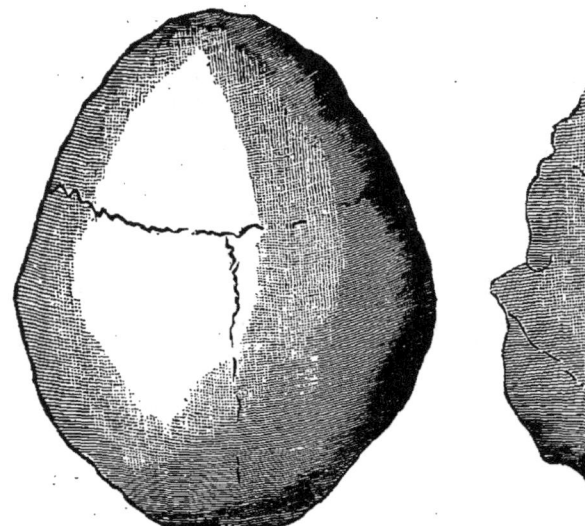

Crâne punique.   Crâne phénicien.

Le crâne que m'a donné le P. Delattre, comme absolument punique, reproduit sensiblement les caractères extérieurs (forme allongée d'avant en arrière, saillie marquée des bosses pariétales) que le Dr Bertholon indique dans la description de deux crânes phéniciens observés par lui (V. ci-dessus).

Note sur deux crânes phéniciens trouvés en Tunisie (Journal l'*Anthropologie*, mai-juin 1890, n° 3).

Cependant, il n'a pas du tout la même origine, ou du moins ce n'est pas lui que décrit Bertholon dans cette note. Mesuré par M. Manouvrier le 2 juin 1891, ce crâne punique a donné les caractères suivants : Il est sûrement masculin. Il est un peu détérioré et ne peut fournir que des dimensions approximatives. Voici celles qu'indique M. Manouvrier : Diamètre antéro-postérieur ; la mutilation du crâne dans ce sens laisse encore une mesure de 176 millimètres. La dimension était plus grande, puisque le crâne est mutilé ; mais, comme il l'est faiblement, on peut évaluer son diamètre réel dans ce sens à 180 millimètres au moins, à 185 au plus.

Diamètre transversal, 138 millimètres. La mutilation dans ce sens étant peu considérable, on peut regarder cette mesure comme exacte à un ou deux millièmes près.

L'indice céphalique probable serait 76.6 avec possibilité de 77.5, jusqu'à 74 ou 75. Cela montre que ce crâne est dolichocéphale, vers la limite de la métolycéphalie.

Deux autres crânes numérotés 2 et 3 ont été trouvés sur le sommet de la colline de Saint-Louis près du point géodésique (1), non loin de la nécropole punique et au milieu de tombes arabes reconnues telles par leur direction orientée selon l'usage de l'est à l'ouest et par la découverte, au milieu d'elles, d'un fragment d'épitaphe arabe. Il y a donc lieu de leur attribuer une origine arabe (2).

Onze autres crânes, tous indiqués par un zéro au crayon sur leur côté droit, ont été trouvés en déblayant les grandes citernes de création certainement romaine (1er ou 11e siècle de notre ère), que l'administration française vient de faire réparer pour un large approvisionnement de la Goulette. Elles contiennent en effet de 30 à 35,000 mètres cubes d'eau.

Il y avait dans ces citernes 17,000 mètres cubes de terre et de débris de toute sorte. C'est de là que viennent les onze crânes. Leur origine est fort incertaine. Ils peuvent avoir appartenu il y a de longs siècles soit à des individus tombés accidentellement dans ces citernes, soit à des gens assassinés et jetés dans ces mêmes bassins, soit peut-être encore à des

---

(1) Géodésie, science qui a pour but de mesurer la surface ou une partie de la surface de la terre ou quelque distance prise sur cette surface (*Petit Dict.* de Larousse).

(2) De ces deux crânes, il en manque un, le n° 3, probablement oublié à Saint-Louis au moment de l'emballage.

compagnons de Saint Louis ayant succombé en 1270 dans l'expédition où il trouva lui-même la mort ; on sait en effet que quatre ou cinq mille chevaliers périrent à côté du roi d'une maladie qualifiée de peste par les historiens du temps. Et enfin deux os longs, de grande dimension ayant une certaine ressemblance avec le tibia humain, qui ont été trouvés dans les mêmes conditions que les onze crânes ci-dessus indiqués. Ces os longs ne sont en réalité que ceux de jambes d'autruches, c'est-à-dire des métatarsiens relevés comme est le canon du cheval. Ils paraissent formés de la réunion de trois métatarsiens soudés dans la plus grande partie de la longueur de l'os, distincts encore à la partie supérieure. L'animal était jeune, car l'un des cartilages supérieurs a disparu ; l'autre est mal soudé encore avec la diaphyse. A propos de ces longs ossements un instant considérés comme des tibias humains, le colonel Dechizelle me disait à Menton, en mars 1891, qu'on a trouvé devant lui dans ses fouilles de Sfax deux squelettes véritablement géants, c'est son expression, entre Sfax et Tinah, à 15 kilomètres sud de Sfax, au bord de la mer, à côté d'une voie romaine, voie sacrée, près d'un colombarium et d'un cimetière chrétien. Ils étaient entourés de trois cercueils : 1° cercueil intérieur en bois appliqué sur le sujet ; il n'en restait que des débris ; 2° cercueil de plomb épais recouvrant le bois ; 3° cercueil ou auge en maçonnerie de pierre, extérieur aux autres. On a trouvé ces squelettes à côté d'un endroit appelé Maison-Rouge, habitation du consul d'Italie ; ils reposaient sous une voûte enfermant une sorte de chambre funéraire d'environ 3 mètres carrés et 3 mètres de haut.

Outre ces pièces qui m'ont été si gracieusement données par le Père Delattre, je dois encore deux autres crânes à l'obligeance du Dr Bertholon, de Tunis, ancien médecin-major du 3e régiment de zouaves, qui s'occupe avec beaucoup d'ardeur et de compétence des questions anthropologiques. Ces deux crânes sont marqués l'un d'un crayon bleu, l'autre d'un crayon rouge ; ce dernier est accompagné des deux fémurs du sujet à qui appartenait le crâne.

Le crâne marqué au crayon bleu a été trouvé dans les sépultures mises à nu dans les fouilles faites à la Kasba de Tunis, pour la construction d'une caserne. On peut lui assigner un âge de quatre ou cinq cents ans, et le rattacher à l'un des types de la race Berbère, car il y a plusieurs types de cette race. Il a pour caractère principal d'être très allongé d'avant en arrière, assez étroit latéralement, surtout en avant, d'avoir les orbites assez petites et un certain degré de prognatisme par la saillie en avant du maxillaire supérieur. Il pourrait être le crâne d'une femme.

Le crâne marqué au crayon rouge a été trouvé dans les mêmes conditions que le précédent. Il paraît être Arabe plutôt que Berbère. Les orbites sont grandes, le nez busqué.

Les sépultures d'où proviennent ces crânes n'avaient qu'un caractère moyen d'ancienneté, trois ou quatre cents ans peut-être.

Toutes ces pièces anatomiques ont été présentées à la Société Anthropologique le jour où j'ai été appelé à la tribune pour exposer les résultats de la mission qui m'avait été confiée. Elles ont ensuite été déposées dans les salles du musée de l'Ecole.

J'ai fait moi-même à Téboursouk plusieurs fouilles qui m'ont donné quelques résultats ; je les exposerai plus tard.

Je commence mon étude proprement dite par celle des sépultures pré-romaines, c'est-à-dire phéniciennes ou puniques, les premières à considérer dans l'ordre du temps.

Les travaux du Père Delattre à Carthage, les découvertes faites à Sousse, en 1884, par le colonel Dechizelle, du 27ᵉ chasseurs à pied, vont tout d'abord me fournir des documents précieux.

Déjà précédemment notre collègue, le Dr Fauvelle, a appelé votre attention sur les tombeaux puniques de Carthage dans un travail intéressant qui vous a été soumis.

Ces tombeaux ont été découverts à plusieurs années de distance et sur des points différents par le Père Delattre, dont nous relatons ici la description.

Les travaux furent commencés en avril 1878 sous l'inspiration du cardinal Lavigerie qui fixa lui-même l'emplacement de puits à creuser pour fouiller la profondeur du sol. Les puits ayant quatre mètres de côté furent commencés sur la colline de Junon, ainsi nommée d'un temple consacré à Junon qui y avait été construit.

On trouva tout d'abord des ossements, des perles. A six mètres de profondeur, on rencontra le sol naturel, on découvrit une auge formée de pierres de grandes dimensions. C'était une sépulture punique, mais elle avait été violée de longue date. Les dalles épaisses qui avaient recouvert cette sorte de chambre funéraire, avaient été enlevées ; il ne restait plus de ce caveau que les quatre côtés verticaux dont les dalles avaient une épaisseur chacune de 40 centimètres.

Sur un autre puits, à la profondeur de 4 mètres 20, on rencontra une construction formée de grands blocs de tuf coquillier, c'est-à-dire peu résistant, comme poreux et d'apparence spongieuse, mais qui était la seule pierre fournie à Carthage par les carrières voisines. En continuant le travail, on constata la présence d'un tombeau dont les parois latérales déviées par le poids des terres et des lourdes pierres du plafond s'étaient rapprochées soutenant un demi-tronc de cèdre mesurant $0^m,85$ de longueur et $0^m,35$ de largeur. A l'exception de sa surface réduite en poussière sur une épaisseur de 1 centimètre environ, il était parfaitement conservé et d'une solidité parfaite, malgré ses trois mille ans d'existence, âge qui, dit le Père Delattre (*Les tombeaux puniques de Carthage*, 1890) peut être approximativement indiqué comme étant celui du tombeau. Le morceau de cèdre, ajoute le savant missionnaire, avait sans doute été placé pour maintenir les dalles latérales ; celles-ci s'étant inclinées sous le poids des terres voisines ou des pierres supérieures, le morceau de cèdre avait lui-même changé de position et se trouvait porté par les dalles rapprochées « comme un canon sur son affût », selon l'expression militaire du R. P. qui est, je crois, un ancien officier du génie. Ou bien faut-il admettre que ce morceau de cèdre avait été placé là pour parfumer le tombeau de ses émanations ; cette interprétation est raisonnable aussi, car c'était chez les anciens une coutume assez répandue de placer dans les chambres mortuaires des substances odoriférantes ; nous aurons même à ce propos une réflexion curieuse à faire ultérieurement.

Quant au caveau proprement dit, il mesurait 2^m,32 de longueur et 1^m,70 de hauteur. La largeur n'était plus uniforme à cause du déplacement des dalles latérales. On trouva 0^m,81 à la tête et 0^m,76 aux pieds. L'entrée regardait le nord-est ; les quatre côtés du caveau reposaient directement sur le sol sans aucune trace de dallage intérieur. Un fémur assez bien conservé était la seule pièce du squelette qui subsistât, mais on trouvait aussi des débris et de la poussière d'ossements mêlés à la poussière de bois. Ce tombeau renfermait un certain nombre d'objets funéraires. C'étaient un vase de terre grise demi-sphérique et grossier de 6 centimètres sur 7 ; une patère (sorte de coupe) de même argile de 15 centimètres de diamètre ; un anneau d'argent noirci, soudé à un chaton d'or ; le chaton porte gravé en creux le dieu Bès dont l'image grotesque était si répandue en Egypte et en Phénicie. Son corps est muni d'une paire d'ailes (1). De chaque main il tient un fouet. A droite et à gauche de sa tête, ainsi que sous ses pieds, on voit l'emblème de la déesse Tanit et du dieu Baal-Hammon, c'est-à-dire le disque surmonté du croissant, comme on le voit sur tant de stèles votives dans les cimetières punico-romains à Dougga et à Bulla-Regia notamment, la poignée en argent d'un autre sceau ; elle a aussi la forme d'un croissant. Comme on avait pénétré dans le caveau par la partie supérieure à l'aide du puits, on creusa en avant pour découvrir extérieurement l'entrée. A un mètre vingt centimètres de distance, on trouva des amphores funéraires remplies d'ossements, mais brisées et aplaties par la pression du sol et des constructions carthaginoises, romaines et byzantines élevées plus tard à sa surface. Toutes les amphores appartenaient au même temps que le caveau punique.

---

(1) Le Père Delattre ajoute dans une note que le dieu Moloch, vénéré des Carthaginois et auquel ils sacrifiaient un grand nombre de victimes humaines, surtout des enfants, était aussi représenté avec des ailes.

Près d'elles d'autres vases avaient été déposés que l'on retira intacts. Il fallut aller jusqu'à la profondeur de 6^m,50 pour atteindre la base de l'énorme dalle qui fermait l'entrée du tombeau. Cette forte monolithe mesurait 2^m,15 de hauteur, 0^m,90 de large et 0^m,30 d'épaisseur. Une autre pierre du tombeau avait 2^m,12 de longueur (P. Delattre). Tout près de ce tombeau, et dans le même sens que lui, gisait dans le sol un squelette ; en retirant un à un les ossements on recueillit les objets suivants :

1° Une patère de terre grise semblable à celle trouvée dans le tombeau voisin.

2° Trois vases de terre commune hauts de 20 centimètres, à double oreillon et à col bas et évasé.

3° Quatre petites fioles de même terre et de même fabrication, hautes de 10 et 11 centimètres, de forme assez élégante.

4° Une lame de bronze étroite et mince, recueillie près du bassin du squelette.

5° Enfin une lampe de forme particulière, dont nous empruntons la copie ci-dessous au dessin figuré dans le même travail, et qui est intéressante parce qu'on la retrouve sans cesse dans les sépultures d'époque punique. Cette lampe qui

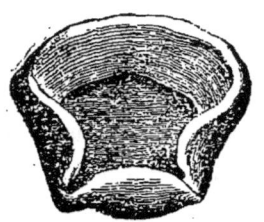

Lampe punique.

semble inspirée de la coquille, s'est perpétuée dans plusieurs îles de la Méditerranée, dit le P. Delattre, et en particulier dans celles de Malte et de Gozzo. Je l'ai retrouvée moi-même dans mon récent voyage de Tunisie, mais un peu modifiée de forme et de destination.

Dans les jours nombreux de pluie et de boue qu'il m'a fallu subir dans la montagne à Téboursouk, la maîtresse du logis qui me recevait, m'apportait pour brasero un objet tout semblable, avec cette différence qu'on y mettait des cendres et du charbon au lieu d'huile et qu'il portait quatre coins au lieu de deux, on l'appelait un *canoun*. Etait-ce le nom arabe du pays ? Etait-ce le nom donné à un objet de ce genre en Gascogne, pays d'origine de mon hôtesse ? Je n'ai pas songé à m'en assurer.

Au mois de mars 1886, sur cette même colline de Junon, une nouvelle découverte fut faite. « On aperçut d'abord, dit le P. Delattre, une grande dalle de tuf haute de $1^m,75$, large de $1^m,06$ et épaisse de 20 centimètres. Cette porte fermait l'orifice d'un tombeau punique dont le contenu, d'après l'apparence, devait être intact, car la grande pierre occupait sa place primitive. Mais quel ne fut pas notre étonnement lorsque la pierre écartée nous laissa voir la baie de l'entrée complètement murée par une maçonnerie en assez gros moellons. C'était la première fois qu'un tombeau punique nous offrait une particularité de ce genre. Du côté où nous le voyions, le mur paraissait construit en pierres sèches, mais, en les arrachant une à une, on entraînait avec elles des portions d'un enduit intérieur. Il était évident qu'on avait pénétré jadis dans ce caveau funéraire sans passer par la porte. Nous pûmes bientôt à notre tour entrer dans une chambre longue de $2^m,30$, large de $1^m,70$ et haute d'environ $1^m,80$. Le fond du caveau et les quatre côtés verticaux avaient été revêtus d'un enduit épais composé entr'autres éléments, de cendre et de poussière de charbon qui lui donnaient une teinte gris-foncé. Il en était de même de l'entaille à peu près circulaire, qui avait été pratiquée à travers une des énormes pierres du plafond. Ce trou était juste suffisant pour le passage d'un homme. C'est par là qu'on avait pénétré dans le caveau, qu'on en avait enlevé les ossements et le mobilier funéraire et qu'on avait fait ensuite passer les matériaux qui avaient servi à murer la baie de l'entrée et à enduire intérieurement le caveau sur toutes ses faces, à l'exception du plafond. Nul doute que ce tombeau punique avait été converti en un réservoir quelconque. La nature de l'enduit semble même indiquer que la transformation remonte à une époque fort reculée, que je croirais volontiers antérieure à l'époque romaine.

« Une certaine quantité de terre et de débris introduits par l'orifice supérieur, remplissait un des angles du caveau. Au moment où nous y pénétrâmes, nous vîmes sur ce tas de terre le squelette d'un enfant qui paraissait être celui d'un nouveau-né et dont la présence ne pouvait s'expliquer sans le soupçon d'un crime. Mais ces mêmes ossements humains n'avaient rien de commun avec cette sépulture primitive. Enfin, en déblayant ce tombeau-réservoir, on trouva plusieurs *unguentaria* (1) de verre, des poteries puniques et grecques et beaucoup de fragments de grands vases de terre ordinaires ».

« Les trois puits de sondage pratiqués, avons-nous dit, sur les indications du cardinal Lavigerie, avaient donc révélé chacun l'existence de tombeaux puniques, tous construits en grandes pierres de tuf selon le procédé des Carthaginois qui employaient ainsi des matériaux de grandes dimensions grossièrement mis en œuvre. Il convient d'ajouter pourtant que ces sépultures monumentales ne pouvaient pas être la sépulture du premier venu ; elles appartenaient sans doute soit à des chefs militaires, soit à d'autres personnages importants.

« Dans un quatrième puits de sondage poussé jusqu'à $8^m,50$ de profondeur, on trouva encore, avec des ossements humains, un débris de vase corinthien, un masque en terre

---

(1) Verres ou vases à parfums ; on les plaçait dans les sépultures pour honorer les morts à côté des autres objets qui composaient le mobilier funéraire. L'art de distiller les parfums, l'art du parfumeur, était très connu dans l'antiquité, surtout à Rome, ou du moins c'est par les auteurs latins que nous sont venues les principales communications sur ce sujet.

On distillait les parfums et on préparait aussi les poisons ; Locuste excellait dans ce dernier genre, et on sait que l'Empereur Néron faisait essayer sur des esclaves l'effet des poisons préparés par ses soins. Locuste devint si habile que Néron craignant d'être lui-même empoisonné, la fit mettre à mort.

cuite de femme coiffée à l'égyptienne. Ce masque appartient certainement à l'époque punique. Il témoigne, dit le Père Delattre, de l'influence exercée par l'Egypte sur la côte africaine et en particulier sur les monuments de Carthage. Il est percé au sommet d'un trou carré qui permettait de le suspendre comme *ex-voto* contre le mur de quelque temple.

Masque en terre cuite de femme coiffée à l'égyptienne.

« Enfin, un cinquième puits a été pratiqué au fond du temple semi-circulaire dont les ruines se montrent sur le sommet de la colline. Dans cette excavation comme dans les autres, on trouva, à la profondeur de sept mètres environ, des ossements humains et des vases brisés.

« De tout ce que nous avons rapporté ici, dit le P. Delattre, il résulte que la colline de Junon cache dans ses flancs, à une profondeur variant de six à neuf mètres, une nécropole punique datant de l'origine de la colonie tyrienne. »

Tombeaux de la colline de Saint-Louis (Byrsa). — En 1880, les travaux occasionnés par la construction des nouveaux bâtiments de Saint-Louis firent découvrir un autre

Tombeau punique.

tombeau punique également fort curieux. Comme ceux de la colline de Junon ce tombeau, de proportions monumentales, était construit en grandes pierres de tuf coquilleux, disposées par assises et rapprochées par un travail assez grossier sans aucun ciment ni mortier (1).

Voici la description qu'en fait le P. Delattre :

« Il se composait d'une chambre rectangulaire surmontée d'un toit à double pente.

---

(1) Les tombeaux puniques de Carthage, 1890.

« La chambre avait comme dimension intérieure $2^m,68$ de longueur, $1^m,58$ de large et $1^m,80$ de hauteur.

« Une baie rectangulaire, large de $0^m,60$, ménagée dans la façade *sud-ouest*, formait l'entrée du caveau, contrairement aux tombeaux de la colline de Junon, dont la porte regardait le nord-est. De grands blocs de tuf, longs de $3^m,20$ et de $3^m,30$, équarris sur trois côtés et juxtaposés l'un à l'autre, composaient le plafond de la chambre funéraire et portaient le couronnement de l'édifice qui était formé de deux rangées de blocs longs de $1^m,50$ et se faisant équilibre deux à deux (V. le dessin p. 205).

« C'est dans ce compartiment à section triangulaire qu'a été recueilli le collier punique dont nous donnons le dessin.

« Ce collier compte cinquante-et-une perles et sept amulettes, les uns de pâte blanche, les autres de pâte verdâtre, imitant tous la faïence égyptienne. Parmi ces amulettes se rencontre deux fois l'*urœus* (1), sous la forme d'une vipère qui, repliée sur elle-même, enfle la gorge et dresse la tête ; on y remarque aussi l'Oudja, ou l'œil mystique d'Osiris, et des figurines qui, malgré leurs proportions minuscules (treize millimètres), rappellent, par leur attitude demi accroupie, le colosse d'Amathonte conservé au musée impérial de Constantinople ; nul doute que ce ne soit encore là une de ces représentations égypto-phéniciennes du dieu Bès (2) qui, comme dit M. Heuzey, est peut-être la plus antique des cari-

---

(1) *Urœus*, transcription donnée par Horapollon, du nom égyptien *Arâ*, de l'aspic *Hajé*. « Ce serpent, dit Horapollon (t. 1), a la queue repliée sous le reste du corps. Les Egyptiens l'appellent ουρέιον, les Grecs βασιλικον, et son image en or est placée sur la tête des dieux ». L'urœus est en effet l'ornement habituel de la coiffure divine, et pour ce motif porté par les Rois qui le fixaient au *klaft* ou *pscheut* et au casque de guerre (Pierret, *Dictionnaire d'archéologie égyptienne*, 1875, p. 556).

(2) Bès, dieu d'origine non égyptienne, probablement punique, et dont les attributions sont complexes... Son aspect est à la fois monstrueux et grotesque : yeux à fleur de tête, langue pendante, jambes écartées. Il est vêtu d'une peau de lion et coiffé d'un bouquet de plumes, ou de palmes (Voir l'armoire E de la salle des dieux, Louvre, *ibid.*, p. 95).

catures populaires qu'on se plaisait à déposer dans les sépultures (1).

« Dans notre collier, les amulettes qui représentent le dieu Bès, sont à double face identique.

Collier punique.

« Le style égyptien de ce collier punique n'a rien qui doive nous surprendre. Jusqu'à cette heure, les pièces archéologiques de notre collection qui remontent incontestablement à la période primitive de l'histoire punique et peut-être même audelà, ont toutes le cachet égyptien si prononcé qu'en présence d'une analogie aussi frappante, on se demande si les terres

---

(1) Les tombeaux puniques de Carthage.

cuites les plus anciennes, que produisent nos fouilles, n'ont pas été fabriquées par les Carthaginois à l'aide de moules achetés en Egypte. »

Sous le toit à double pente, on ne trouve que le collier punico-égyptien. Au-dessous de ce toit était la chambre sépulcrale. Après qu'on eut écarté la grosse pierre qui en fermait l'entrée, on aperçut deux squelettes reposant au milieu de diverses poteries, lampes et vases.

A propos de ces dieux antiques, du dieu Bès en particulier, Perrot et Chipiez s'expriment ainsi (*Histoire de l'art dans l'antiquité*, p. 65) :

« Les dieux de la Phénicie sont restés bien plus que ceux de la Grèce, des dieux municipaux, des dieux attachés à un point fixe du territoire, les dieux de telle ou telle ville nommément désignée, de tel ou tel sanctuaire. Cette rigueur de la détermination ne pouvait que retarder le développement de l'idée religieuse ; elle n'était pas faite pour éveiller et pour inspirer l'idée de l'artiste.

« Le nom divin que l'on rencontre le plus souvent, soit dans les textes phéniciens eux-mêmes, soit à propos de la Phénicie dans les livres historiques du nouveau Testament, c'est celui de Baal ; Baal signifie « le Maître ». Ce terme paraît avoir été un titre honorifique qui pouvait s'appliquer à toutes les divinités. Il y avait autant de Baals, c'est-à-dire autant de maîtres que de villes, que de lieux consacrés par un culte et par des rites particuliers. Le Baal adoré à Tyr, à Sidon, à Tarse, sur le Mont-Liban, sur le Mont-Phégor devient dans ce système Baal-Tsam, Baal-Sidon, Baal-Tars, Baal-Lebanon, Baal-Phégor. En Phénicie et à Carthage, on accolait souvent à ce nom plus général celui de la Déesse protectrice des pays phéniciens ; on disait Tanit-Baal, Tanit face de Baal.

« Les Phéniciens aimaient encore à désigner par un autre mot leur principale divinité ; c'est le mot de Molok, ou Melek « le Roi ». Ils faisaient même à ce dieu des sacrifices humains, notamment des sacrifices d'enfants. Melgart, le grand dieu de Tyr, dont le culte avait été porté au loin par les colonies tyriennes, n'était pas autre chose que le Baal de la métropole. « Au Seigneur Melgart, Baal de Tyr », dit une dédicace dans l'île de Malte.

« Ce nom de Melgart, dieu tutélaire de Tyr, est une forme contractée de Molok ou Melek, le Roi Melekgart, le Roi de la Ville. Son nom complet était Baal-Melgart, ou Melgart-Baal-Tsor, Melkart, maître de Tyr ».

Il y avait neuf lampes puniques.

Vases divers trouvés dans un tombeau punique à Carthage (P. Delattre).

« Parmi les vases de moyenne dimension, dit encore le P. Delattre, il y en avait un qui semblait conserver des traces de lait.

« Le liquide, en s'évaporant, avait laissé subsister à la surface une croûte blanche et fragile qui demeurait comme une toile d'araignée tendue dans l'intérieur du vase. On sait d'ailleurs que les Phéniciens avaient coutume de déposer des aliments dans les sépultures de leurs morts. Les vases qu'on y trouve en font foi.

« Les squelettes, assez bien conservés à première vue, se réduisaient en pâte humide dès qu'on les touchait. Ils reposaient chacun sur deux grandes dalles qui fermaient elles-mêmes deux sarcophages placés au-dessous. Entre les dalles existait un peu de vide qui permit en s'éclairant de voir deux auges funéraires sous-jacentes ; on fit alors soigneusement dégager le sol du compartiment supérieur. Il était recouvert d'une couche de sable de plusieurs centimètres au milieu de

Tombeau punique à Carthage (P. Delattre).

laquelle on trouva parmi les ossements de petits objets de cuivre et des morceaux de bois qui tombaient en poussière sous les doigts. Ces morceaux de bois pouvaient représenter les vestiges d'un cercueil, les Phéniciens ayant assez souvent la coutume d'ensevelir leurs morts dans un cercueil de bois de cèdre ou de cyprès.

« Quand on eut enlevé les dalles qui formaient à la fois le sol du caveau supérieur et le plafond des deux sarcophages sous-jacents, on put explorer librement ceux-ci. L'auge funéraire gauche renfermait un squelette sans aucun autre objet, pas même une poterie. Le squelette n'avait plus aucune consistance. L'auge voisine renfermait aussi un squelette tout aussi friable.

« Tous deux reposaient à plus de sept mètres de profondeur au-dessous du sol actuel. Mais celle-ci renfermait également une lampe punique, une patère brisée, une petite boule en os et une hachette de cuivre longue de dix centimètres. A la hauteur des reins on recueillit huit petits objets de cuivre composés d'un anneau et d'une double lamelle longue de quatre centimètres qui se bifurque en forme de Y et de T. Ces objets, remarque le P. Delattre, entraient sans doute dans la composition d'un ceinturon militaire, car à côté on a trouvé deux armes en forme de poignard et mesurant quarante à quarante-deux centimètres.

« Quoi qu'il en soit, il s'agit là d'une sépulture punique très ancienne, sorte de mausolée élevé à quelques-uns des premiers chefs militaires de Carthage, à la famille ou à des compagnons de l'un d'eux.

« Pendant un temps, faute d'argent, les fouilles furent abandonnées. En mai 1888, elles purent être reprises, grâce à une libéralité de M. le marquis de Vogüé, membre de l'Institut.

« En avant du premier tombeau punique découvert, on pratiqua une large tranchée pour essayer d'arriver de plain-pied à ce tombeau ; cette tranchée nécessita l'enlèvement d'à peu près quatre cents mètres cubes de terre. A une profondeur moyenne de $2^m,50$ au-dessous du sol actuel, on rencontra une grande quantité d'urnes et d'amphores funéraires, les unes renfermant des ossements calcinés, les autres contenant des ossements sans traces de crémation.

« Les ossements qui n'ont pas été incinérés peuvent être humains ou non humains. Dans ce dernier cas, s'ils représentent un animal complet, ils peuvent être les débris d'une victime offerte en sacrifice ; s'ils sont isolés, ils peuvent représenter les restes d'aliments déposés avec le mort dans la tombe, selon une coutume souvent usitée.

« Un collier fut trouvé qui avait été brûlé avec le corps. Les perles et les amulettes de ce collier à demi fondus se sont déformés et soudés ensemble (P. Delattre). Tous ces vases, urnes, amphores, remplis d'ossements étaient brisés. Ces débris de vases, ayant peut-être le caractère grec, appartiennent certainement à la période punique, ainsi que le montrent les *graffiti* carthaginois inscrits sur plusieurs d'entre eux » (P. Delattre).

Ces caractères, dont nous donnons ici un fac-simile, d'après un dessin du P. Delattre, peuvent être considérés comme une

Fonds de vases grecs portant des *graffiti* carthaginois (P. Delattre).

ébauche des inscriptions plus complètes qui ont été reconnues sur les vases puniques de la nécropole de Sousse, lesquels sont d'un âge moins ancien. Nous aurons à en parler bientôt.

Ces vases, d'un style grec, ne paraissent pas avoir un rapport direct avec les sépultures. Outre ces vases, qui sont en terre noire vernissée, on a trouvé encore des fragments de vases grecs peints à ornements rouges sur fond noir, des balles de fronde en terre cuite, une hachette de bronze semblable pour la forme à celle déjà trouvée précédemment ; un poisson de terre cuite aux flancs couverts de lignes rouge-pâle mal rendues par la photographie ; neuf vases à petit goulot saillant sur la panse.

Sur l'un des fragments de ces poteries puniques, j'ai le plaisir de retrouver le dessin d'une volute que j'ai déjà vue

Divers autres vases et figures en poterie punique (P. Delattre).

exister en relief et comme principal ornement aux quatre coins du mausolée punique que j'ai visité à Dougga près Téboursouk. (V. le dessin du mausolée, p. 155).

On trouva encore des perles et des amulettes provenant de colliers de style égypto-punique et deux belles terres cuites de même style. Parmi les amulettes, il y avait un dieu Bès, deux *oudjah*, un petit triangle surmonté d'une barre et d'un petit anneau, emblème de la déesse Tanit, et deux scarabées en jaspe vert gravé.

Les deux terres cuites, de caractère également égypto-punique, sont un masque et une statuette. Le masque est une tête de femme qui peut être rapprochée de celle que nous avons dit avoir été trouvée sur la colline de Junon, à 8ᵐ,50. D'après le P. Delattre, M. de Vogüé pense qu'on peut classer cette terre cuite moulée parmi les produits de l'art phénicien.

La statuette, haute de dix-neuf centimètres, a la forme d'une momie. Comme dans le précédent, les oreilles et les

Masque de femme en terre cuite égypto-punique et collier (P. Delattre).

lèvres sont peintes en rouge vif qui tranche sur la couleur rouge brique de l'argile. Les bras sont pendants et soudés au tronc. Pour M. de Vogüé, le style de cette figurine rappelle également celui de l'Egypte.

Je mentionnerai ici, à la suite du P. Delattre, un type de figurine décrit par M. Perrot (1) qui l'a observée au musée

---

(1) *Histoire de l'Art dans l'antiquité*, t. 3, p. 451 et 452.

de Cagliari (Sardaigne). Cette figurine a été trouvée aussi sur la colline de Byrsa de Carthage ; elle a un grand intérêt pour l'histoire et le caractère de l'art punique ; c'est une divinité portant le disque, divinité populaire dans le monde de la Phénicie coloniale, et qui représente Tanit, la grande déesse

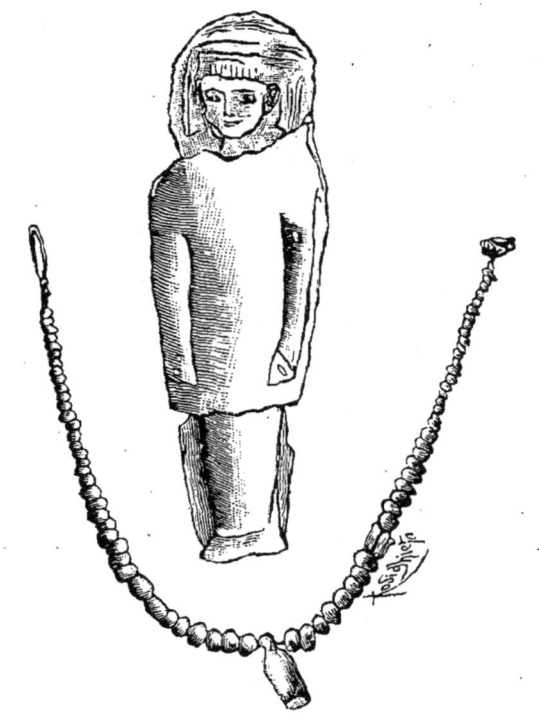

Figurine de caractère égypto-punique accompagnée d'un collier.

de Carthage, reflet ou face du dieu Baal pour les Carthaginois. Dans les cimetières punico-romains de Dougga, de Bulla-Regia, cimetières peuplés de monuments extérieurs de pierre élevés à la mémoire des morts, on trouve à chaque pas gravé sur la stèle funéraire l'emblème de Tanit, non habituellement avec la représentation du disque, mais sous la forme d'un croissant (avec cette circonstance curieuse qu'il semble préluder ainsi au croissant musulman) accompagné de quelqu'autre caractère, des larmes par exemple gravées en dessous comme dans nos propres mausolées, et d'une inscription relatant à la façon et selon la coutume romaines, après l'invocation aux dieux mânes, le nom et l'âge du défunt au moment de sa mort.

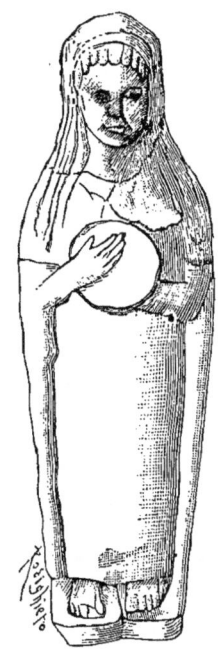

Divinité portant le disque, Tanit, grande déesse de Carthage.

Lorsqu'un peuple est absorbé par un peuple conquérant, les coutumes desdeux nations sont conservées parallèlement les unes à côté des autres pendant un certain temps ; c'est la période de transition ; après quoi l'une ou l'autre des deux races fixe sa prééminence, et c'est généralement la race vaincue qui s'efface et disparaît devant la race victorieuse.

D'autres colliers ayant toujours le caractère phénicien ou punique furent trouvés dans les nouvelles fouilles. L'un d'eux, remarquable surtout, se compose de soixante-dix-huit pièces parmi lesquelles trente amulettes. On y voit se répéter plusieurs fois le dieu Bès et l'œil d'Osiris, puis l'*uræus*, et une petite idole debout, les bras collés au corps et ayant tantôt la tête d'un singe, tantôt celle d'un épervier (P. Delattre).

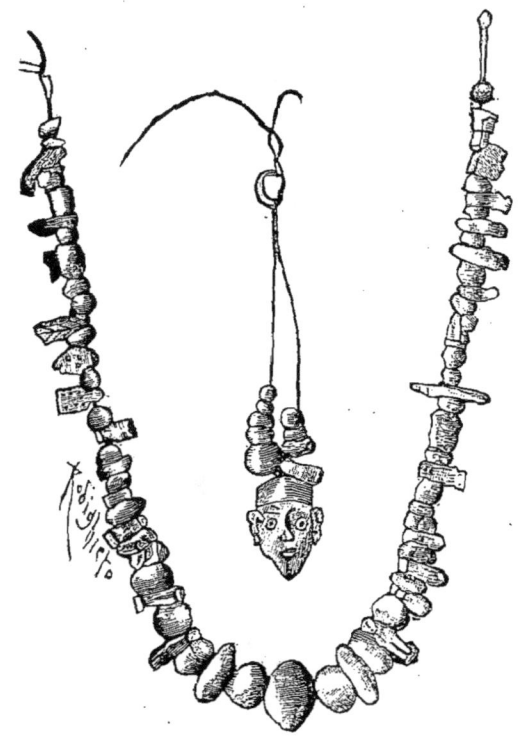

Collier punique.

On trouve ces colliers surtout dans les tombes supérieures, c'est-à-dire celles où le cadavre a été couché dans une amphore. Dans l'une de ces amphores on voyait un squelette d'enfant. La tête occupait le fond de l'amphore et les pieds touchaient l'orifice. Le vase avait été certainement brisé d'abord pour y introduire le cadavre, et les fragments avaient été rapprochés ensuite. Un certain nombre d'urnes funéraires ont été trouvées remplies d'ossements humains calcinés par suite de la crémation. Le fait prouve que les Carthaginois, au moins à une certaine époque et dans certaines circonstances brûlaient leurs morts. Voici un spécimen de ces vases.

Dans un autre tombeau de la même colline de Byrsa on trouva deux hachettes votives et une de ces lampes puniques déjà décrites sur laquelle on retrouvait la mèche conservée.

Urne funéraire trouvée remplie d'ossements humains calcinés.
(Colline de Byrsa).

La mèche allumée d'abord s'était probablement éteinte aussitôt, et restait entière, inclinée sur le bord de la lampe (P. Delattre).

« Ici encore le mode de construction du tombeau était semblable à celui déjà observé dans les autres sépultures. Les Carthaginois avaient coutume d'utiliser les matériaux dans leurs plus grandes dimensions, tels qu'ils sortaient de la carrière et en les taillant le moins possible. Les vides qui demeuraient après la pose des grandes pierres étaient remplis ensuite économiquement par de petits matériaux. C'est ainsi d'ailleurs que construisaient les Phéniciens » (P. Delattre).

La continuation des fouilles fit encore découvrir des objets plus ou moins analogues à ceux qu'on avait rencontrés dans les sépultures monumentales et divers autres qui en étaient différents.

Mentionnons : 1° Un collier à petits cubes de pâte bleue ;
2° Un vase avec décors primitifs peints en noir et en brun ;

Vase décoratif trouvé parmi le mobilier funéraire d'un tombeau de la colline de Byrsa.

3° Une lampe punique de terre rouge sans trace de peinture; elle avait été allumée, car les deux becs sont noircis et dans la lampe on rencontre plusieurs portions de la mèche complètement calcinée ;

4° Un vase présentant en saillie sur sa panse un bec conique, d'où l'apparence d'une mamelle et la qualification arabe de *bazzoula*, mamelle, pour désigner cet objet. On trouve toujours ce vase près d'amphores plus grandes contenant des squelettes d'enfants. Ces amphores ont été brisées pour faciliter l'introduction du corps. La solution de continuité est alors fermée soit avec des pierres, soit avec des tuiles de forme plus ou moins courbe et s'accordant avec la forme de l'objet à recouvrir. Les sarcophages en jarre étaient donc usités chez les Carthaginois ;

5° Des portions d'œufs d'autruche votifs, taillés en forme de *disques* et de *croissant* de lune, sur lesquelles on peut voir le dessin d'un visage obtenu par la gravure et la peinture.

« Sur la couleur naturelle de l'œuf, ou sur celle-ci légèrement teintée en jaune, on voit les sourcils et les yeux en partie ciselés se détacher en noir, la bouche en deux petits traits rouges, le nez par une ligne blanche et enfin un pâté rond de couleur rouge-vif occupe le centre des joues ;

6° Quelques amulettes en pâte blanche et verdâtre ; l'un à double face reproduit de chaque côté le dieu Bès ;

7° Des disques de bronze. Ils sont munis d'un petit anneau fixe et mesurent 92 millimètres de diamètre. Au musée de Cagliari, dit le Père Delattre, on montre des objets semblables trouvés également dans les sépultures puniques et que l'on croit être des castagnettes. Déjà, d'après Martial, l'usage de ce genre d'instrument musical était particulièrement attribué aux Espagnols qui, peut-être, en doivent l'invention aux Phéniciens ou aux Carthaginois ;

8° Une sorte de vase haut de 19 cent. 1/2, ayant la forme d'un gobelet conique soudé par la base à une demi-sphère.

« Extérieurement il est orné de deux bandes rouges et de sept cercles noirs. Cet objet creux et ouvert aux deux extrémités était peut-être aussi un instrument de musique comme la derbouka arabe qui est simplement une sorte de vase en terre cuite dont le fond est remplacé par une peau de tambour (P. Delattre) ;

9° D'autres sépultures contenaient les os calcinés d'un squelette formant une sorte de pelote logée dans le sol sans trace de vase ayant servi de récipient. D'autres objets furent aussi rencontrés dans d'autres tombeaux ;

Ainsi, « 10° un très beau vase de bronze doré qui, replacé sur son pied, mesurait 0ᵐ,32 de hauteur y compris l'anse qui s'élève gracieusement au-dessus du bec. Les deux points d'attache de cette anse méritent une mention particulière. L'extrémité qui rejoint le sommet du vase à l'intérieur du col est ornée d'une tête de veau surmontée d'un globe entre deux *uræus*, et l'autre bout appliqué à la panse se termine par une palmette identique à celle qui orne les anses du vase d'Amathonte, vase colossal dont le marquis de Vogüé en 1862, fit l'acquisition au nom de la France et qui se voit aujourd'hui au musée du Louvre. Ces palmettes sont de style absolument phénicien ».

A propos de cet emblème d'une tête de veau figurée sur ce vase, le P. Delattre observe qu'il a trouvé à Carthage un jeton de terre cuite portant une tête de bœuf entre l'emblème de Tanit et le caducée, et Justin rapporte selon lui, qu'en creusant les fondements de la ville de Carthage, on trouva une *tête de bœuf* qui présageait un sol fécond, mais de difficile culture, et un esclavage éternel ; ou bien cette tête de bœuf ne rappelle-t-elle pas celle du bœuf Apis, représentation du veau d'or adoré par les Israélites ?

Et le P. Delattre ajoute que selon plusieurs interprètes des Saintes-Ecritures, Aaron ne fabriqua point le corps entier d'un veau mais seulement la tête.

11° Les restes d'une corbeille à trame noircie mais encore visible, doublée intérieurement d'un cuir mince et renfermant divers objets : un miroir de bronze de 12 centimètres de diamètre, sans poignée, mais muni d'un petit appendice portant un trou, une hachette, deux petites anses de bronze d'inégale grandeur et conservant des traces de bois à leur point d'attache, trois perles rondes et enfin une amulette en pâte égyptienne à double face.

Ces derniers objets se trouvaient à la partie supérieure d'un tombeau à deux étages.

Dans l'un des compartiments inférieurs on rencontra un squelette d'homme très bien conservé, et au niveau de son omoplate gauche, un scarabée monté sur or et dont le plat porte gravé en creux une espèce de colosse barbu, coiffé de plumes, debout, les jambes écartées et tenant de chaque main une vipère (urœus) et un sanglier par la queue. Ce personnage qui n'est autre que le dieu Bès a lui-même une queue de taureau. Au-dessus de cette image grotesque plane le globe ailé (P. Delattre). Le squelette était celui d'un individu probablement gaucher, car les membres du côté gauche sont de quelques millimètres plus longs que ceux du côté droit.

Dans l'autre compartiment était le squelette d'une femme.

On recueillit vers une de ses mains un anneau d'or massif ; au niveau de la poitrine les éléments d'un collier composé de six grains d'agate, d'une perle en pâte de verre, de trois amulettes de même matière (deux représentations du dieu Bès, et un oudjah, ou œil d'Osiris) et une petite sonnette d'or ornée extérieurement de losanges en filigrane d'un travail très délicat.

Enfin on retira de cette tombe un second sceau en agate monté sur or, semblable à celui trouvé sur l'individu du tombeau voisin et qui était probablement le mari de cette femme ; seulement le plat du scarabée porte un sujet différent.

« Ici c'est une déesse ailée, debout, coiffée du globe et présentant de chaque main un objet à un personnage placé devant elle dans l'attitude de l'adoration. Ce dernier est coiffé d'un haut bonnet et simplement vêtu de la *schenti* égyptienne qui lui couvre les reins et les cuisses, comme la *fouta* bariolée des Arabes. Près de sa tête est gravé un croissant aux cornes levées embrassant le disque solaire. Au-dessus de cette scène, comme dans le sceau du mari, plane le globe ailé. Sous les pieds des deux personnages la pierre est quadrillée pour figurer le sol » (P. Delattre).

Dans toutes ces tombes, comme on le voit, on trouve peu de monnaies ou de médailles. Le fait est assez singulier au moins pour les médailles, si l'on songe que le cheval de Carthage répandu sur tant de médailles et si honoré dans la cité, était indiqué naturellement pour accompagner les autres objets destinés à l'ornement des chambres funéraires.

Toutes les sépultures de la colline de Byrsa, dit à son tour M. de Vogüé (note sur les nécropoles de Carthage, Paris, 1889) sont des monuments incontestablement carthaginois. Elles reproduisent les caractères des nécropoles de Sardaigne, de Chypre ou de Syrie, où se sont établis aussi des colons venus de Tyr et de Sidon. Elles appartiennent certainement aux premiers chefs de la cité et il n'est pas téméraire de les faire remonter au VIIIe ou VIIe siècle avant notre ère.

Les sépultures placées dans la couche supérieure du sol, celles où les vases grecs apparaissent comme des objets de commerce ou de luxe brisés après la mort, appartiennent à l'âge héroïque de Carthage, si non aux représentants des classes les plus élevées de ses habitants; ce sont les restes incontestables de la cité punique.

Tombeaux de la colline de l'Odéon. — Non loin des collines de Junon et de Byrsa qui nous ont fourni les sépultures précédemment décrites, existent des ruines qui indiquent l'emplacement d'une espèce de théâtre. On peut, dit le P. Delattre, les regarder comme représentant l'Odéon construit du temps de Tertullien, sous le proconsulat de Vigellius Saturninus qui gouverna la province romaine d'Afrique de l'an 180 à 183. Il est permis de penser, ajoute-t-il, que d'autres nécropoles puniques existent aussi sur ce point, non encore exploré. Cela peut être induit du moins de la description de Tertullien lui-même disant que de nombreuses sépultures furent exhumées dans les travaux faits pour établir les fondations de l'Odéon.

Voici le texte même que j'emprunte à la brochure du P. Delattre : « *Sed et proxime in istâ civitate quum Odei fundamenta tot veterum sepulturarum sacrilega collocarentur, quingentorum fere annorum ossa adhuc succida et capillos olentes populus exhorruit.* Lorsque dans cette ville (Carthage), on jetait les fondements sacrilèges de l'Odéon sur d'antiques sépultures, le peuple contempla avec effroi des ossements encore humides, quoique déposés là depuis environ cinq siècles et des cheveux qui avaient conservé l'odeur des parfums dont on les avait oints. (*Traité de la résurrection de la chair*, ch. XLII). Tertullien ne précise pas l'âge des sépultures ainsi découvertes; le P. Delattre croit qu'on peut les regarder comme contemporaines de la même époque que celles des collines de Byrsa et de Junon. — Sur le point particulier des cheveux qui conservaient encore, après un si long temps, une odeur parfumée, si singulière que soit cette circonstance, elle est confirmée cependant par un fait analogue observé lorsqu'on fit la découverte de la nécropole punique de Sousse (l'ancienne Hadrumète), que nous allons étudier tout à l'heure.

Le prolongement du plateau de l'Odéon aboutit à une hauteur surmontée d'un ancien fort turc appelé Bordj-el-Djedid. Sur le flanc et au pied de cette hauteur, d'autres sépultures puniques ont encore été rencontrées par M. Jean Vernaz, ancien officier d'artillerie, ingénieur attaché aux travaux publics de la Régence.

Ces sépultures existaient au voisinage d'un aqueduc souterrain ayant autrefois communiqué avec les grandes citernes pour une destination mal connue. L'ouverture de communication était *murée*; mais M. Vernaz parvint à retrouver l'aqueduc, dont les dimensions considérables mesuraient $1^m,70$ de largeur, $3^m,25$ de hauteur environ et 270 mètres de longueur. Les Romains avaient certainement rencontré une ancienne nécropole punique, en creusant ce souterrain à droite et à gauche duquel M. Vernaz reconnut une vingtaine de tombeaux disposés les uns à droite, les autres à gauche du souterrain.

Ces tombeaux étaient taillés dans le grès tendre, sans adjonction de maçonnerie, ni à pierre sèche, ni à mortier. On trouva dans ces tombeaux un assez grand nombre de poteries phéniciennes pour la plupart et grossières, quelques-unes étaient de caractère grec, plus fines, plus élégantes et peintes avec soin.

Vase grec trouvé par M. Vernaz. — Dessin du P. Delattre.

Vase grec trouvé par M. Vernaz dans la nécropole de Bordj-el Djedid.
Dessin du P. Delattre.

Les faibles dimensions de celles-ci ne leur permettaient d'avoir aucune utilité pratique ; elles ne représentaient probablement, suppose M. Vernaz, que des objets de luxe recherchés par quelque personnage important.

Quelques objets métalliques furent aussi rencontrés, mais en petit nombre, tels que des débris de vases en bronze parmi lesquels une anse à tête de femme encore très nette, quelques patères de même métal et deux armes, l'une en fer, l'autre en bronze ; la première a la forme d'un pic recourbé

Vase grec trouvé par M. Vernaz. — Dessin du P. Delattre.

dont l'œil apparaît encore sous la rouille ; l'autre a l'aspect d'une lame mince et étroite, pouvant avoir été fixée à une hampe en bois et n'étant peut-être qu'une lance du temps.

Ces tombeaux renfermaient aussi quelques fragments d'œufs d'autruche. L'un de ces œufs, à peu près complet, est décoré de peintures au vermillon.

« L'artiste qui l'a orné a détaché le segment correspondant au gros bout, a percé ce segment d'une ouverture circulaire de la largeur d'une pièce de monnaie et en a fait un support sur lequel l'œuf placé sur son petit bout pouvait se tenir en équilibre, offrant l'aspect d'un vase dont le bord supérieur était dentelé d'une façon assez régulière.

« Tous ces objets étaient enfouis dans le sable apporté par les infiltrations des eaux pluviales ou formé directement aux dépens de la roche elle-même. Quant aux ossements que les tombeaux avaient dû renfermer, ceux que les Romains avaient respectés, lors de la construction de l'aqueduc, étaient presque partout réduits en poussière (Vernaz cité par le P. Delattre).

M. Audemard, officier de marine, explorant lui-même la nécropole punique de Bordj-el-Djedid, rencontra deux sarcophages taillés dans le grès sans adjonction d'aucune maçonnerie, renfermant quelques débris de cercueil en bois recouvrant des ossements réduits en poussière. Il y avait aussi quelques poteries parmi lesquelles trois urnes, une lampe portée sur une assiette en terre grossière, et enfin quatre fioles à col allongé. Ces diverses poteries, identiques à celles qui ont été rencontrées dans les tombes puniques de Byrsa, sont grossièrement travaillées et portent sur leur pourtour des peintures brunes.

Si maintenant nous voulons résumer les découvertes faites dans les différentes fouilles de Carthage, comparer les résultats obtenus et en tirer les enseignements qui en découlent, nous formulerons les conclusions suivantes extraites encore de l'excellent travail si souvent cité du P. Delattre.

Toutes les sépultures ont été découvertes sur les hauteurs qui entourent, suivant un arc de cercle, la partie basse de Carthage.

Les principales collines de l'ancienne ville ont donc été primitivement occupées par des sépultures. Aucun tombeau punique n'a encore été découvert sur l'emplacement de la ville basse.

Les diverses nécropoles de Carthage, précédemment décrites, n'appartiennent probablement pas à la même époque, et c'est par leur mobilier funéraire que l'on peut apprécier leur âge relatif.

Les sépultures de Byrsa et de la colline de Junon n'ont fourni que des poteries de forme et de fabrication grossière et primitive ; au contraire, les caveaux de Bordj-el-Djedid ont permis de recueillir un certain nombre de vases grecs d'une facture plus élégante et certainement moins ancienne. Quelques-uns des premiers tombeaux doivent être antérieurs de plusieurs siècles à la fondation de la ville proprement dite et contemporains de l'époque où les premiers commerçants partis de Tyr et de Sidon, vinrent installer leurs comptoirs au bord du rivage africain ; puis, peu à peu en arrière de ce premier point et par l'arrivée successive de nouveaux trafiquants, on vit graduellement s'élever la ville de Carthage. Suivant la coutume phénicienne, on réserva d'abord les hauteurs pour y établir les sépultures placées, on peut le supposer, autour de quelque sanctuaire.

Lorsque les hauteurs furent envahies par l'agrandissement de la ville, on n'y construisit plus de sépultures monumentales ; on y plaça plus simplement les morts au-dessus des sépultures primitives et les vases contenant des ossements calcinés permettent d'affirmer que du temps de Carthage antique, on pratiquait l'incinération des corps au moins dans certains cas.

Byrsa a donc été d'abord une nécropole et probablement on y avait élevé un sanctuaire. Il convient de rappeler, en effet, que les grands tombeaux de la colline de Saint-Louis ont tous leur entrée dirigée vers le sud-ouest, tandis que ceux de la colline de Junon s'ouvrent à l'opposé, c'est-à-dire vers le nord-est. Cette disposition différente peut s'expliquer par la présence, entre les deux nécropoles, d'un temple central situé sur le sommet de Byrsa, à l'endroit où s'élève aujourd'hui la nouvelle cathédrale de Saint-Louis et vers lequel on plaçait la tête des morts au moment de l'inhumation. Ce temple devait être celui d'Eschmoun, que les Romains identifièrent plus tard avec Esculape. Il y avait d'ailleurs différentes sortes de sépultures ; tantôt on assemblait de longues et fortes dalles réunies sans mortier ni ciment, sans aucune décoration et à peine ébauchées, sans monnaies ni inscriptions, tantôt avec niches intérieures, tantôt sans niches, avec ou sans un couronnement triangulaire, pour résister à la poussée du sol et aux infiltrations pluviales. Ou bien le sarcophage était plus simple et formé soit d'une auge monolithe, soit de grandes dalles assemblées; ou encore le tombeau est creusé dans le roc; ou enfin le cadavre est déposé seulement dans la terre, recouvert ou non d'une dalle.

Les corps des enfants étaient quelquefois déposés dans des amphores préalablement sectionnées à cet effet.

Sépultures en jarres. — Considérées d'une manière générale, les jarres-sarcophages méritent une mention particulière ; on les coupait exprès, méthodiquement, ou bien on les utilisait, cassées plus ou moins régulièrement, par économie ; quand elles se cassaient, on introduisait le haut et le bas du corps dans les deux bouts et on remplissait l'intervalle avec des tuiles soit courbes, pour s'adapter à la forme du corps, soit munies d'un rebord qui permettait de les saisir facilement et de les disposer suivant un double plan incliné dont l'ouverture s'appliquait sur la partie moyenne du corps restée libre entre les deux moitiés de l'amphore.

Tuiles formant toit à double pente pour recouvrir les corps.

En raison de la dimension modérée des jarres, ce mode de sépulture était ordinairement réservé aux enfants et parfois un biberon en terre, mais de grande taille, faisait partie du mobilier de la sépulture.

Tous les tombeaux puniques observés jusqu'ici sont souterrains. Un puits vertical permettait l'accès de la porte. Le corps était souvent déposé dans un cercueil de bois.

Quelque forme qu'elles revêtent, toujours les sépultures

carthaginoises sont accompagnées de vases funéraires et d'objets ayant appartenu aux morts. Les poteries sont de divers caractères, plus grossières au temps phénicien et punique, plus élégantes lorsque, plus tard, l'art grec s'est répandu sur toutes les côtes de la Méditerranée. La lampe funéraire est un des vases les plus souvent employés.

Quelques-unes portaient une mèche disposée, soit pour éclairer le mort, soit pour brûler des bois de senteur ou des parfums. Les poteries servaient soit à enfermer des aliments dans la tombe phénicienne, soit à recevoir les ossements après l'incinération du cadavre, soit à honorer le mort à titre d'objet d'art. Quelques-unes portaient des inscriptions, ce que nous verrons surtout dans la nécropole d'Hadrumète.

Les tombes puniques ont fourni peu ou point de monnaies et pourtant celle qui représente comme emblème un cheval complet, ou une tête de cheval, était très répandue à Carthage.

Beaucoup de ces monnaies, en effet, ont pour emblème une tête de cheval, ou un cheval complet en souvenir de la tête de cheval, qu'au dire de Virgile on trouva dans la terre en creusant ses fondements, d'où aussi le nom de capitole donné à une des citadelles de Carthage.

Les ossuaires destinés à recevoir les cendres et les débris d'ossements des morts incinérés, ne se présentent pas toujours sous l'aspect d'amphores en poteries ; nous avons vu chez le colonel Dechizelle, qui a longtemps habité l'Afrique, dans la Régence de Tunis, une sorte de petit monument d'âge néo-punique, en pierre massive, qui avait autrefois servi à cet usage. Il avait la forme d'un petit temple grec et représentait un parallélogramme rectangulaire surmonté d'un fronton se continuant en arrière avec la partie supérieure de l'objet et faisant couvercle au coffre. Le couvercle s'enlevait d'un seul morceau, laissant au-dessous un parallélogramme creux où étaient les cendres.

Les dimensions étaient petites. Mesuré extérieurement, il avait environ $0^m,33$ de longueur, $0^m,23$ de largeur et $0^m,35$ de la base au sommet du fronton. Le coffre reposait sur quatre pieds de quatre centimètres de haut et taillés dans le massif de la pierre. En creusant un puits à Tacape, non loin de Gabès, on était tombé sur une chambre funéraire où se trouvait ce coffre funèbre, véritable mausolée en miniature, accompagné de deux ou trois autres. Il était rempli de cendres et de débris d'ossements. J'ai pu voir ceux-ci : ils étaient blancs, poreux et légers.

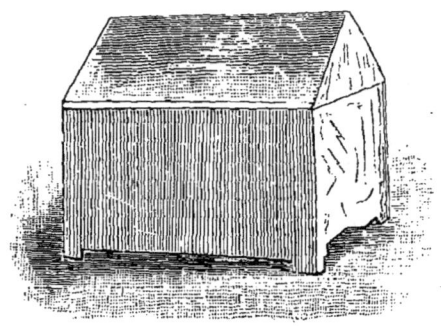

Ossuaire d'âge néo-punique creusé en pierre massive trouvé près de Gabès par le colonel Dechizelle.

Nécropole punique d'Hadrumète (Sousse)

L'histoire des sépultures puniques est encore éclairée par les découvertes faites à Sousse, régence de Tunis, il y a quelques années (mai 1884). Lorsqu'après l'occupation française en Tunisie on éleva des constructions militaires sur le plateau supérieur de Sousse on rencontra, en faisant les fouilles, une véritable nécropole punique des plus intéressantes. MM. les officiers qui prirent le plus de part à cette découverte sont MM. les généraux Bertrand et Riu, le colonel Vincent, le commandant Dechizelle aujourd'hui lieutenant-colonel du 27e chasseurs alpins, le Dr Collignon, chirurgien-major de l'hôpital de Sousse.

Tandis qu'à Carthage, la vie punique ancienne se révélait surtout par la disposition des tombeaux, par les objets divers qu'ils renfermaient, à Sousse c'est surtout la céramique et les inscriptions gravées ou peintes sur les vases qui marquent le cachet de l'époque phénicienne. On découvrit en effet une assez grande quantité d'urnes funéraires. La plupart sont remplies d'ossements humains calcinés ; quelques-unes portaient extérieurement une épitaphe néo-punique ou peinte à l'encre noire sur le corps du vase, ou même tracée à la pointe. Les vases étaient en terre grise. Il y avait aussi des lampes d'origine punique. Déjà précédemment, en reconstruisant l'église, on avait trouvé dans les fondations des urnes pleines aussi d'ossements calcinés. A quelque distance de cette nécropole punique on découvrit également une vaste nécropole romaine, mais elle est sans rapport avec la précédente et ne doit pas nous arrêter.

Dans la revue archéologique de MM. A. Bertrand et G. Perrot, M. Philippe Berger a étudié avec beaucoup de soin et de compétence (1889) les inscriptions peintes de la nécropole d'Hadrumète. Nous ne saurions mieux faire que de résumer son travail.

Au contraire de la coutume romaine, les Phéniciens ornaient peu d'une inscription ou d'une épitaphe sur les monuments extérieurs, la sépulture de leurs morts. Mais les ossuaires juifs étaient souvent accompagnés de textes bi-lingues dans lesquels l'inscription grecque donne l'équivalent et la traduction de la légende hébraïque.

Comme il arrive le plus souvent, la découverte de cette nécropole punique est due au hasard. En creusant une tranchée pour installer une conduite d'eau on rencontra à une faible profondeur l'ouverture d'un vaste caveau qui renfermait un certain nombre d'urnes en terre grossière, pleines d'ossements calcinés et des lampes. Quelques-unes portaient des inscriptions puniques, ce qui de suite excluait l'idée d'une nécropole romaine.

Les fouilles furent menées d'abord sans beaucoup d'activité.

« Aujourd'hui (1889) 82 chambres funéraires ont été mises à découvert. La disposition des tombes est toujours sensiblement la même. Elles sont creusées dans le tuf et réunies par groupes. Les chambres sépulturales sont toutes orientées à l'est. Elles ne contiennent en général que des urnes remplies d'ossements humains et des cendres. Il n'y a ni auges ni lits destinés à recevoir les corps. Pourtant, dans plusieurs tombes on a trouvé, à côté des urnes, un squelette intact, les pieds tournés vers la porte. Outre les urnes funéraires qui sont en général adossées à la paroi faisant face à l'entrée, ces chambres contiennent d'autres vases plus petits, en assez grand nombre, qui renferment des os de mouton ou des résidus organiques. Nous avons dit déjà que les débris non humains peuvent être les restes des victimes offertes en sacrifice, à condition que le squelette subsiste entier, ou avoir fait partie des aliments placés à côté du mort au moment de l'inhumation. Toutefois cette dernière explication ne s'appliquerait pas aux cas où le défunt a subi l'incinération. Le mode de fermeture de la tombe est des plus curieux. Il est formé par de grandes amphores vides très différentes des urnes funéraires qui sont placées tête-bêche de façon à boucher l'entrée. Les chambres sont parfois si hermétiquement fermées qu'en pénétrant dans l'une d'elles on fut surpris par une odeur de parfum pénétrante qui persista deux heures au moins après l'ouverture de la chambre. » (Ph. Berger).

L'étrangeté de cette dernière circonstance frappera certainement tout le monde. Il faut pourtant accueillir le fait, et pour le caractère grave des observateurs et en souvenir de cette phrase de Tertullien précédemment citée, dans laquelle il dit, à propos des fouilles et de la construction de l'Odéon dans Carthage romaine, que les cheveux de cadavres exhumés par ces fouilles et déposés là depuis plusieurs siècles, conservaient encore l'odeur des parfums dont on les avait baignés.

Voici, d'après M. le colonel Dechizelle, le plan et la coupe d'un de ces hypogées. L'escalier du dessin est assez mal rendu par le graveur.

M. Paul Melon, arrivant à Sousse au moment où l'on venait de mettre au jour les premiers vases, reconnut immédiatement les caractères néo-puniques inscrits sur deux d'entre eux; d'autres inscriptions avec leurs urnes ont été successivement recueillies par le colonel Dechizelle qui en a réuni quatre, par le colonel Vincent qui en a rencontré huit. La nécropole d'Hadrumète a fourni jusqu'à présent vingt-quatre inscriptions funéraires sur vases dont vingt sont connues par des reproductions fidèles. La continuation des fouilles en fera sans doute découvrir d'autres. Outre les urnes ciné-

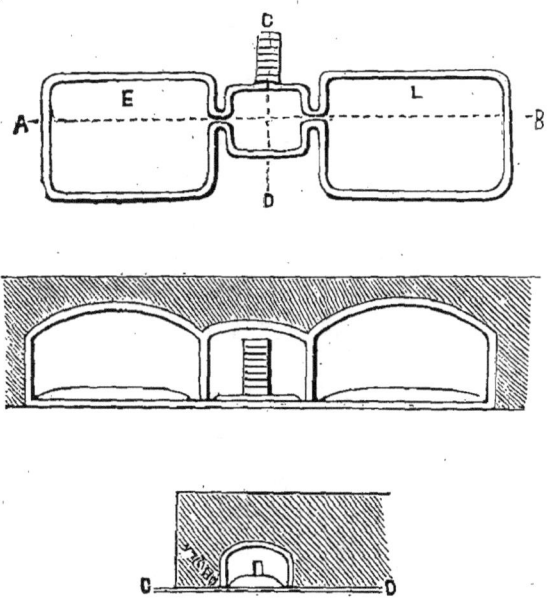

Hypogée. — Spécimen des chambres funéraires de Sousse.
L'escalier est assez mal rendu par le graveur.

raires, la nécropole a encore fourni quelques lampes, des gargoulettes, des *lacrymatoires* en argile et non en verre irisé qui est de caractère romain.

Nous avons pu voir un des vases conservés par le colonel Dechizelle. Il est à deux anses, de $0^m,887$, et son inscription peinte en couleur noire est à la partie supérieure du vase. Elle fait le tour du vase dont elle occupe les deux faces.

Voici la silhouette du vase d'après le dessin de M. Ph. Berger dans la *Revue archéologique*.

Il s'agissait de lire cette inscription et d'en donner le sens au moins de façon approximative ; c'est ce qu'a fait M. Berger après beaucoup de tâtonnements.

Voici donc la version qu'il propose tout en reconnaissant lui-même que cette version est moins une traduction qu'un élément de traduction.

Vase à cendres et ossements de la nécropole de Sousse recueilli par le colonel Dechizelle.

Examinant comparativement la copie de l'inscription par M. le colonel Dechizelle et celle de M. le Dr Rouire, il propose de traduire comme suit :

Urne à ossements d'Abdmelqart, conseiller, homme de Sidon, serviteur d'Abdmelquart.
Lui a érigé ceci Sillec, préposé aux......... à perpétuité.

Remarquons en passant que cette formule « à perpétuité » est tout à fait l'analogue de notre propre formule inscrite partout sur les monuments de nos cimetières.

Le vase du général Riu a une forme différente du précédent (V. le dessin). C'est un vase en terre à une seule anse, haut de 0ᵐ,21. L'inscription est peinte en noir et fait aussi le tour du vase au niveau du bas de l'anse. Le vase était vide, paraît-il.

La lecture de l'inscription est plus difficile encore ici, le sens plus incertain ; il demeure recouvert d'un voile, dit M. Berger qui propose de lire ainsi :

Offert par
Bodmelquart, fils d'Anan Golgal de..... Abdbaal.....
à Tombaal.....

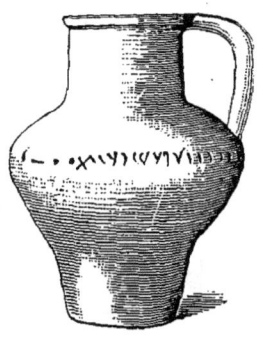

Autre vase à ossements. — Propriété du général Riu.

M. Berger s'attache à déchiffrer encore quelques inscriptions du même genre avec le même embarras et la même hésitation.

Ci-contre un autre vase punique. En voici le fac-simile. L'inscription fait aussi le tour du vase.

Si la lecture de ces divers textes reste obscure et s'il est difficile aux personnes familières avec l'hébreu d'en donner une traduction précise (1), on peut dire toutefois avec

---

(1) M. Renan a été consulté sans pouvoir complètement éclaircir la difficulté.

M. Berger qu'elles servent à éclairer les mœurs des Phéniciens d'Afrique et marquent un progrès dans la connaissance de la paléographie sémitique. Elles nous montrent une série de formes intermédiaires qui expliquent le passage du punique au néo-punique et elles montrent le rôle

Autre vase néo-punique ayant servi d'ossuaire.
Face A.

Face B.

de l'écriture cursive dans cette transformation de l'alphabet phénicien d'Afrique.

Au point de vue particulier qui nous occupe, nous n'avons point à suivre l'auteur dans les détails intéressants qu'il donne sur les variétés calligraphiques de l'écriture phénicienne punique et néo-punique. Disons seulement que l'écriture néo-punique correspond à la période romaine ; c'est une écriture cursive redevenue lapidaire ; et résumons les dernières observations de l'auteur :

« L'emploi simultané des caractères puniques et néo-puniques sur les inscriptions des vases funéraires d'Hadrumète permet d'en déterminer à peu près la date. L'écriture néo-punique a remplacé l'écriture punique entre l'an 150 et l'an 50 avant J.-C. Une inscription bi-lingue latine et phénicienne de Sardaigne, que Mommsen place entre Sylla et César, c'est-à-dire entre l'an 80 et 50 avant J.-C., présente déjà l'écriture néo-punique formée.

« On commence même à apercevoir quelques traces d'écriture néo-punique sur les *ex-voto* à Tanit qui, selon toute vraisemblance, sont antérieurs à la chute de Carthage. En tout cas, sur les monnaies qui conservent toujours plus longtemps les formes archaïques, en l'an 50 avant J.-C., la transformation est opérée. C'est donc sans doute au IIe siècle avant J.-C. ou au commencement du Ier qu'il faut placer la composition des inscriptions de la nécropole d'Hadrumète. Il est même probable que parmi ces textes funéraires qui tous n'ont pas été écrits en même temps, il en est qui datent d'une époque plus rapprochée de l'an 150 que de l'an 50. En effet, du moment où l'on a commencé à se servir des caractères néo-puniques, ils ont dû très vite se substituer dans l'écriture cursive aux anciens caractères puniques.

« Les textes où nous trouvons un mélange de caractères puniques et néo-puniques doivent donc nous reporter au moment où l'écriture cursive néo-punique a commencé à se glisser, par la paresse de la main et la négligence du copiste à la fin des inscriptions.

« Il est dès lors facile de comprendre pour quelle raison les inscriptions de Carthage ne nous offrent pas d'exemple de cette forme intermédiaire de l'écriture. La prise de Carthage par les Romains a interrompu brusquement et pour longtemps dans son développement la vie nationale et toutes ses manifestations ; et quand elle reprit, cent ans après avec une singulière énergie, la révolution était accomplie, et l'écriture néo-punique avait triomphé sur toute la ligne.

« Hadrumète au contraire n'a pas subi de pareille catastrophe ; elle s'est ralliée dès l'abord aux Romains et a pu conserver ses institutions et ses mœurs. C'est à cette continuation de la vie phénicienne sous la domination romaine que nous devons d'avoir conservé des inscriptions de la période de transition.

« La présence de ces petits textes sur les vases à ossements de la nécropole d'Hadrumète a pour l'histoire des mœurs des populations phéniciennes, des conséquences qu'il est aisé d'apercevoir. A plusieurs reprises déjà, on avait trouvé en Afrique des urnes funéraires remplies d'os calcinés, mais rien n'autorisait à dire que l'on fût en présence de sépultures phéniciennes ; au contraire, il était universellement admis jusqu'à présent que les populations phéniciennes d'Afrique, comme celles de la côte asiatique ensevelissaient leurs morts, qu'elles ne les brûlaient pas.

« Les fouilles archéologiques faites dans ces dernières années en Phénicie aussi bien que dans l'île de Chypre, à Malte et à Carthage conduisaient au même résultat ; seul le récit de la mort de Didon dans l'*Enéide* donnait à entendre que les Carthaginois avaient pratiqué la crémation. La découverte de caractères puniques sur des vases remplis de cendres vient donner une fois de plus raison à Virgile. D'ailleurs les noms qu'on lit sur ces urnes et qui sont presque toujours des noms puniques : Bomilcar, Hannon, Adonibal, ne laissent aucun doute sur l'origine de ceux dont elles renfermaient les cendres.

« En outre, la nécropole où ces inscriptions funéraires ont été découvertes est entièrement distincte de la nécropole romaine rencontrée à une certaine distance de là, à un kilomètre environ au nord de Sousse.

« Ces vases étaient-ils destinés comme les ossuaires juifs à recevoir les os de ceux qui étaient enterrés depuis un certain temps, pour faire place à d'autres ? Non, tous les os sont calcinés, craquelés, fragmentés à l'infini, blancs, noircis par places, bref présentant absolument l'aspect des ossements trouvés dans les urnes romaines. Il faut donc admettre que dès le début de la domination romaine, peut-être même antérieurement déjà, les populations puniques pratiquaient dans certains centres du moins la crémation et que celle-ci ne répugnait pas autant à leurs principes qu'on était habitué à le dire ». (Ph. Berger).

C'est aussi le moment où après la chute de leur capitale les Carthaginois transforment leurs usages funéraires. Comme il arrive généralement, le peuple vaincu est absorbé par le vainqueur et se range plus ou moins à ses habitudes. Au point de vue des sépultures, on voit alors les Carthaginois prendre peu à peu les coutumes romaines ; ils acceptent la même nécropole, ils adoptent et placent au-dessus des tombes la stèle et le cippe. Ils y gravent à la façon romaine des lettres auxquelles ils donnent l'aspect, les dimensions de celles qu'on voit sur les tombes romaines, 3 1/2 à 6 centimètres environ. Les inscriptions commencent aussi par une invocation aux dieux, et mentionnent le nom du défunt, parfois sa qualité, l'âge qu'il a vécu. Ils veulent pourtant conserver quelque chose de leurs propres coutumes et alors au-dessus de l'inscription de façon romaine, ils placent le croissant de leur déesse Tanit, emblème cher à leurs souvenirs. Les nécropoles de Dougga près Téboursouk, de Bulla-Regia près Souk-el-Arba présentent à chaque pas des exemples semblables. La paix de la tombe enveloppe maintenant du même linceul et côte à côte les vainqueurs et les vaincus.

Nous devons à l'obligeance de M. G. Toutain, élève de l'école française à Rome, de pouvoir ajouter encore quelques développements à l'histoire des sépultures puniques.

Chargé en 1890 d'une mission à Tabarca (Régence de Tunis), M. Toutain explora d'abord cette localité où il constata la présence de nécropoles chrétiennes dont nous aurons à parler tout à l'heure. Il voulut aussi explorer dans le voisinage les îles Galète, îles qui ne sont guère que des roches sauvages, dit M. Toutain, et qui se trouvent situées à environ 60 kilomètres, au nord-est de Tabarca. Ce groupe d'îles connu dans l'antiquité, était une étape pour les bateaux de transport qui se dirigeaient de *Thabraca* vers les côtes de Sicile, de Sardaigne et d'Italie. M. Toutain y découvrit, dans les flancs d'une colline constituée par une sorte de tuf poreux une nécropole à laquelle il assigne expressément le caractère punique. Il put mettre au jour une douzaine de tombes ; ce sont tout simplement, dit-il, dans des notes qu'il a eu l'obligeance de me communiquer, des excavations de forme rectangulaire creusées dans la muraille verticale de telle façon que l'orifice se trouve aux pieds du défunt ; « cet orifice était fermé par un morceau de rocher dégrossi et taillé en forme de tablette. Les dimensions moyennes de ces fours funéraires sont : profondeur, $1^m,75$ à $2^m,00$; largeur, $0^m,70$; hauteur, $0^m,75$. On distingue encore très nettement sur les parois les traces du pic avec lequel les tombes ont été creusées. A quelques mètres au-dessous de ce premier groupe de tombeaux a été découverte une chambre funéraire entièrement close dans laquelle on a pénétré en crevant la paroi supérieure. C'est encore une excavation rectangulaire creusée à même dans le rocher, mais dont les dimensions sont plus considérables ; c'est un véritable caveau. D'autres tombeaux ont encore été trouvés dans le même endroit, mais ils ont disparu et les renseignements que j'ai pu recueillir sur place n'ont pas été assez précis pour que j'affirme si c'étaient des caveaux ou de simples fours. Ces tombes n'avaient pas été violées. L'intérieur était intact au moment de leur ouverture. Les cadavres ont été trouvés étendus, les pieds tournés vers l'orifice. Aucune trace de cercueil n'a apparu. Le mobilier funéraire consistait en poteries et en bijoux grossiers. Les deux seuls vases qui aient été conservés sont une grande amphore en terre rougeâtre et un vase en terre grise dont la panse affecte la forme conique rappelant ainsi certaines poteries trouvées dans les nécropoles puniques. Quant aux bijoux, ce sont de grands anneaux en cuivre accompagnés chacun d'une longue épingle et tout à fait analogues à ceux que portent de nos jours les femmes Arabes de la campagne.

Ces sépultures présentent sans aucun doute tous les caractères des cimetières puniques. Elles ne sont pas comparables bien certainement aux caveaux des nécropoles de Carthage ou d'Hadrumète, pour ne citer que les plus importantes qui aient été explorées sur la terre d'Afrique ; mais la disposition, le mode d'ensevelissement, et même le mobilier funéraire pourtant si peu abondant et si grossier portent la marque phénicienne. Il est impossible de voir dans ces tombeaux des sépultures romaines. Ils sont puniques ou néo-puniques, on peut l'assurer par la comparaison de ces tombes avec les tombes puniques et néo-puniques déjà trouvées en Afrique, par exemple à Vaga (Béja). Ce mode de sépulture consistant uniquement à creuser un trou dans le roc, n'a rien de romain. L'inhumation même est rare en Afrique dans les cimetières certainement romains ; les nécropoles vraiment romaines sont à combustion. » (G. Toutain).

De ces observations M. Toutain conclut que certainement l'île de la Galète a été occupée à une époque déjà reculée par les Phéniciens, puis plus tard par les Romains. C'était en effet, dit-il, un point de relâche très commode pour les navigateurs phéniciens qui aimaient peu à perdre les côtes de vue et pour les *naves onerariæ* qui emportaient de *Thabraca* en Italie les marbres de Simitha. » (G. Toutain).

De cette étude un peu longue peut-être sur les sépultures puniques, étude facilitée par les travaux des divers observateurs auxquels nous avons beaucoup emprunté, nous pouvons déduire maintenant les caractères propres aux sépultures puniques :

1° Et d'abord elles sont en pays puniques ;

2° Les sépultures monumentales sont formées, à Carthage du moins, de larges dalles en tuf coquillier assemblées grossièrement, par assises, à peu près sans taille et sans ciment ni mortier ; elles forment alors de véritables chambres funéraires surmontées d'un fronton triangulaire ; d'autres fois elles se font dans des auges assez grossières aussi et recouvertes d'une dalle analogue aux précédentes, ou bien elles se font simplement dans la terre et sans addition de pierres funéraires.

3° Souvent le cadavre a été enfermé dans un cercueil, ou encore il est placé dans une grande amphore constituant ainsi ce qu'on a appelé des sarcophages en jarre. L'amphore a été préalablement sectionnée et le vide laissé entre les deux parties restant éloignées l'une de l'autre par la section, a été comblé par des tuiles généralement courbes ou à plan incliné de façon à épouser la forme du corps. Ce mode est appliqué surtout aux sépultures d'enfants.

4° Elles sont toujours accompagnées de poteries diverses, parmi lesquelles la lampe punique fournit une indication caractéristique ; ces poteries ont le caractère phénicien.

5° Ces poteries, comme dans la nécropole d'Hadrumète, sont parfois recouvertes d'inscriptions en langue punique ou néo-punique qui accusent, d'une façon absolument nette, l'origine des tombeaux et présentent un caractère fort curieux.

6° Ceux qui renferment souvent d'autres objets révèlent incontestablement aussi le caractère phénicien ou carthaginois ; tels sont la déesse Tanit, le dieu Bès, les colliers ou autres ornements phéniciens.

7° Le dépôt d'ossements calcinés ou de cendres dans les urnes, bien qu'il ait été pratiqué par les Phéniciens et les Carthaginois, n'est pas à lui seul un caractère propre puisqu'il se retrouve également dans les sépultures romaines.

Il n'y a point à s'étonner si l'on retrouve, dans certaines coutumes de Carthage, des traits dérivés des pratiques du Judaïsme.

La Phénicie, la Palestine, la Judée étaient provinces limitrophes et Tyr comme Sidon étaient villes de Palestine ; toutes deux d'ailleurs assises sur le bord de la mer. Les coutumes hébraïques devaient donc, par influence de voisinage, se refléter sur celles de Phénicie et celles-ci reparaître à Carthage en s'alliant, dans une certaine mesure, avec l'art et les coutumes de la colonie nouvelle conservant le souvenir de la mère-patrie.

J'ai échangé avec M. Toutain plusieurs correspondances relatives aux questions qui font le sujet de mon étude. Le lecteur trouvera sans doute intérêt à connaître les détails obligeamment fournis par M. Toutain, dont nous allons reproduire textuellement les lettres.

La première est datée de Rome le 26 février 1891.

Rome, le 26 Février 1891.

Monsieur,

Je m'empresse de répondre à votre lettre datée du 23 février. Je suis très heureux de pouvoir vous donner quelques renseignements sur les points qui vous intéressent le plus. J'ai, en effet, constaté pendant ma mission de Tabarka, des dispositions de tombes assez curieuses, et en partie, je crois, nouvelles.

1° J'ai visité ce que l'on peut considérer, sans trop de témérité, comme des tombeaux berbères. Ce sont des chambres carrées, de petite dimension (deux mètres au plus dans chaque sens), creusées dans le roc même, s'ouvrant sur le dehors par une ouverture carrée. Elles ont été ménagées dans les endroits où la pente des montagnes forme une paroi verticale, de telle sorte que l'ouverture se trouve non à la partie supérieure, mais sur un côté de la chambre. J'ai appris sans pouvoir aller les visiter, que de très nombreuses cavités analogues existaient dans les montagnes situées au nord et au nord-ouest de Medjez-el-Bab, aux environs de Toukkabor. Vous demanderez quelques renseignements sur ce point, soit à M. le docteur Bertholon, médecin-major du 3ᵉ zouaves, qui s'occupe beaucoup d'anthropologie, soit à M. le docteur Carton, aide-major attaché aux hôpitaux de Tunisie, actuellement en garnison à Téboursouk ;

2° J'ai trouvé dans l'île Galète, à 80 kilomètres environ au nord de Tabarka, quelques sépultures puniques. Je vous envoie ci-inclus la petite notice que j'ai rédigée sur ces tombeaux, et qui est encore inédite ;

3° En ce qui concerne le cimetière chrétien que j'ai fouillé pendant deux mois et demi (Avril-Juin 1890), je vous envoie égale-

ment le brouillon d'une note que j'ai rédigée au retour de Tabarka. Pour ce dernier document, je me permettrai seulement de vous prier de ne pas citer mon nom. La note en question a été remise à mon ancien Directeur, M. de la Blanchère, qui ne l'a pas encore publiée, je vous la communique à titre de renseignement.

Pendant mes fouilles, j'ai fait transmettre à M. le docteur Bertholon cinq crânes à peu près intacts trouvés dans les tombes chrétiennes. J'ai su depuis que M. Bertholon les avait étudiés de très près, et qu'ils lui avaient paru fort intéressants. Comme je suis tout à fait incompétent en matière d'anthropologie et de crâniologie, je crois devoir vous conseiller de vous adresser à M. le docteur Bertholon, en lui demandant s'il peut vous communiquer les résultats des observations qu'il a faites sur cinq crânes provenant du cimetière chrétien de Tabarka, qui lui ont été transmis au mois de mai 1890 par M. le capitaine Dautteville. Je ne doute pas qu'il vous renseigne avec le plus grand plaisir.

Lorsque j'ai quitté Tabarka, les fouilles n'ont pas été interrompues. Elles ont été continuées jusqu'en août 1890 par mon collègue de la Direction des Antiquités de Tunis, M. Woog, qui est encore en Afrique comme attaché au Musée du Bardo. Je n'ai pas été mis au courant des travaux qu'il a faits ; je crois savoir seulement que les crânes et ossements trouvés par lui ont dû être transmis à M. le docteur Hamy, de l'Institut.

J'espère que ces renseignements pourront vous être utiles. Je vous serais très reconnaissant de me retourner les deux notices que je vous adresse, quand vous en aurez tiré tout ce qui pourra vous intéresser, car j'ai l'habitude de garder les brouillons de mes articles.

Veuillez agréer, Monsieur, l'assurance de mes meilleurs sentiments.

J. TOUTAIN,
Membre de l'Ecole française.

Palais Farnèse (Rome).

Réponse à M. Toutain.

Menton (Alpes-Maritimes), Villa Saint-Nicolas, 3 Mars.

A M. TOUTAIN, membre de l'Ecole française, Palais Farnèse (Rome).

Monsieur,

Je vous remercie en toute cordialité de l'obligeant empressement que vous avez mis à m'être agréable et utile. J'ai reçu et lu avec un grand plaisir les renseignements fort intéressants que vous m'avez adressés. J'en ai fait mon profit, et selon votre désir je vous les retourne. Les documents que vous avez bien voulu me communiquer comprennent deux choses :

1° Une notice générale sur les nécropoles chrétiennes de Tabarka, où je serais peut-être allé moi-même sans le mauvais temps qui m'a poursuivi;

2° Une note sur les îles Galète; votre désir que je ne cite pas votre nom pour ces recherches s'applique-t-il à l'une des notes seulement et à laquelle, ou bien à toutes les deux? M. de la Blanchère pourrait-il se formaliser que je cite votre nom à propos d'un travail qui vous appartient? Si cela devait être, je ne pourrais donc pas communiquer à mes collègues de la Société d'Anthropologie le résultat de vos recherches si curieuses, car puisque je ne puis les présenter en mon nom, il me faut donc m'abstenir tout-à-fait d'en parler, et ce serait dommage si vous ne m'autorisez pas à vous citer. Et ne pourriez-vous me relever de l'interdiction au moins en ce qui concerne mes collègues de l'Anthropologie? Je vous serai reconnaissant de me fixer à cet égard. J'ai vu M. de la Blanchère au musée du Bardo, le samedi 14 février, au milieu d'un temps épouvantable.

Il connaît mon nom, l'objet de mon voyage à Tunis, ma mission officielle; en vertu de quoi pourrait-il se blesser si je mentionne un travail qui est bien le vôtre? Je ne comprendrais pas; mais pourtant je n'ai qu'à m'incliner si tel est bien votre désir.

M. de la Blanchère m'a fait voir au Bardo, à côté des deux sarcophages en plomb, découverts par M. le docteur Carton, à Bulla Regia, et qui avaient surtout attiré ma visite au Bardo, un autre sarcophage également en plomb, découvert à Tabarka et remarquable surtout parce qu'il est accompagné d'une très belle mosaïque parfaitement conservée et reproduisant le portrait très bien figuré d'un enfant avec cette inscription :

> *Eupraxius*
> *In pace vixit*
> *Annis VII*

C'est vous sans doute qui avez fait cette curieuse trouvaille; je vous serai obligé de me le dire pour que sur mes notes au moins votre nom puisse figurer à côté de la courte description que je consacre à cet objet.

J'ai passé huit ou dix jours à Téboursouk avec le docteur Carton, qui a été excellent.

J'ai voulu explorer Dougga. Il y aurait sans doute beaucoup à faire de ce côté ; malgré mon courage et ma bonne volonté, la pluie et le froid m'ont chassé comme peu de temps après ils m'ont chassé de Tunis ; mais je me suis entendu avec le docteur Carton pour qu'en mon absence les fouilles soient suivies à Dougga au point de vue Anthropologique et Archéologique ; ce dernier pour M. Carton. A Tunis, je voyais presque chaque jour le docteur Bertholon, non moins gracieux. Je vais lui écrire pour les cinq crânes que vous lui avez adressés.

Croyez, Monsieur, je vous prie, à mes sentiments de complète gratitude,

Dr A. T. DE FONTARCE,
Conseiller Général de l'Aube.

M. Toutain m'écrit à son tour.

Rome, le 7 Mars 1891.

Monsieur,

En réponse à votre si aimable lettre du 3 Mars, je tiens à vous dire en peu de mots pour quelles raisons je vous avais d'abord prié de taire mon nom, et pourquoi aujourd'hui je ne maintiens plus ce désir. Vous avez peut-être entendu dire en Tunisie que mes rapports avec mon ancien directeur, M. de la Blanchère, avaient été très tendus, surtout dans les derniers mois de mon séjour en Afrique. Ce n'est pas à moi de juger de quel côté étaient les torts. Mais, dans ces conditions, je me suis appliqué, depuis que je suis membre de l'Ecole française de Rome, à agir, à propos des choses d'Afrique, avec la plus grande réserve. J'avais rédigé un long rapport général sur ma mission de Tabarka ; je n'ai pas cru devoir le publier moi-même, et je l'ai communiqué à M. de la Blanchère, qui ne m'en a d'ailleurs pas accusé réception directement. Le chapitre sur les nécropoles chrétiennes de Tabarka est un extrait de ce rapport. En réponse à cette attitude plus que correcte, mon ancien directeur m'a caché soigneusement le résultat des travaux qui ont été faits à Tabarka après mon départ. Je tiens à vous expliquer comment les choses se sont passées, afin que la part de chacun dans les découvertes soit nettement déterminée.

M. de la Blanchère m'a envoyé à Tabarka le 1ᵉʳ avril, sans ouvriers, sans outils, presque sans argent, uniquement pour enlever des mosaïques signalées depuis quelques années. J'ai eu le bonheur de découvrir, en me servant d'indications qui m'ont été fournies par les habitants du pays, le grand cimetière chrétien, voisin de la basilique. J'ai constitué moi-même un chantier, formé de quatre ouvriers que j'ai dressés peu à peu. Les choses ont ainsi marché pendant deux mois. En même temps que je surveillais et que je dirigeais l'extraction des mosaïques, j'explorais les environs. Je remarquai un jour sur un tas de pierres, des tuiles absolument semblables à celles que je trouvais dans mes tombes du grand cimetière. Guidé par cette analogie, je fis creuser en cet endroit, où personne n'avait encore mis la pioche, et je découvris immédiatement plusieurs tombes avec dalles en mosaïques, mais dans un si mauvais état que je fis cesser les travaux sur ce point, me réservant d'y revenir quand l'exploitation du grand cimetière serait terminée. Sur ces entrefaites, je fus rappelé à Tunis par M. de la Blanchère, qui me donna l'ordre de quitter Tabarka au beau milieu des travaux. Je fus remplacé par M. Woog qui termina la fouille du grand cimetière, et qui ensuite, se transporta à l'endroit où j'avais découvert une nouvelle nécropole. C'est là, en ce point indiqué par moi, qu'il trouva le sarcophage en plomb dont vous me parlez. Eh bien! Monsieur, le croiriez-vous? Je n'ai été mis au courant de rien, et c'est grâce à vous que je connais maintenant une des inscriptions trouvées après mon départ. Rien ne m'a été communiqué; j'ai été laissé en dehors de travaux archéologiques que j'avais mis en train, de fouilles que j'avais inaugurées et dirigées pendant plus de deux mois. Telle a été la récompense des services que j'ai pu rendre. D'autres, heureusement, ont su ce que j'avais fait, et j'ai éprouvé un plaisir très vif lorsque j'ai lu votre première lettre. A la Résidence, où j'ai toujours trouvé l'accueil le plus sympathique, on a gardé le souvenir de mon passage à Tunis.

Vous comprendrez que maintenant je n'ai plus autant de scrupules. Je vous laisse donc entièrement libre de citer mon nom, d'en faire l'usage que vous jugerez bon. Excusez-moi de vous avoir raconté si longuement quelques-uns des faits qui se sont passés à Tabarka, mais j'ai considéré comme un devoir de vous expliquer pourquoi je vous avais prié de ne pas me citer et pourquoi maintenant je vous laisse sur ce point toute liberté.

En ce qui concerne la note sur les îles Galète, c'est un travail qui m'appartient personnellement. J'ai fait le voyage à mes frais, et pendant les congés de la Pentecôte. La question ne se pose donc pas à propos de cette seconde note.

J'ose espérer, Monsieur, que nos relations scientifiques se poursuivront et que, nous intéressant tous deux aux antiquités africaines, nous resterons en correspondance.

Veuillez agréer, je vous prie, l'assurance de mes meilleurs sentiments.
J. TOUTAIN.

Rome, 30 Mars 1891.
Monsieur,

Pardonnez-moi de n'avoir pas répondu plus tôt à votre lettre du 12 mars; j'ai bien peu de temps à moi en ce moment. Ma famille est venue passer quelques semaines en Italie, et je lui sers de guide dans Rome et aux environs. D'autre part, je vais m'embarquer pour l'Afrique dans trois ou quatre jours, et j'ai pas mal de préparatifs à faire. Je dois me rendre d'Alger à Tunis en visitant les principales ruines de la province de Constantine.

Mais je tiens à répondre, avant mon départ, aux questions que vous me posez. Un appareil photographique est, comme vous le pensez, absolument nécessaire pendant les missions scientifiques. J'en suis moi-même si bien convaincu que j'en emporte un en Algérie. Je me le suis procuré à la maison Schaffner, 2, rue de Châteaudun, à Paris, c'est un appareil 13 × 18, c'est-à-dire donnant des clichés ayant 13 centimètres sur 18. L'appareil, avec tous les accessoires nécessaires pour les manipulations, et empaqueté soigneusement dans une boîte à compartiments, m'a coûté environ 230 francs.

Il ne peut y avoir aucun doute sur le caractère chrétien des nécropoles de Tabarka. Les dalles en mosaïques qui ornaient les tombes portent des épitaphes chrétiennes et des symboles chrétiens. Vous savez que les épitaphes païennes sont ainsi formulées : Dis manibus sacrum. *Les épitaphes chrétiennes contiennent simplement le nom du défunt suivi de l'expression* Vixit in pace. *Or, à Tabarka, toutes les épitaphes sont de cette dernière catégorie. En outre, sur les dalles en mosaïque, ou sur les plaques de marbre que j'ai rencontrées dans ma fouille, sont représentés le monogramme du Christ, avec α et ω, la croix, d'autres symboles comme deux colombes perchées sur les bords d'un calice, ou encore un personnage dans l'attitude de la prière.*

Il n'est pas moins certain, à mon avis, que plusieurs pierres tombales païennes ont été employées dans la construction des tombes chrétiennes. Je ne pense pas que les chrétiens de Tabarka aient démoli de parti pris les tombes païennes, mais ils n'ont eu aucun scrupule à employer comme matériaux les pierres qui en provenaient. C'est là, d'ailleurs, un phénomène commun : à l'époque byzantine, par exemple, beaucoup de fortins ont été construits en Afrique avec des pierres qui provenaient de monuments antérieurs. Un certain nombre d'inscriptions ont été trouvées encastrées dans les murs de ces citadelles de basse époque.

Pour la Galète, je crois, sans avoir la même certitude, que les sépultures sont puniques ou néo-puniques. Cette opinion s'appuie sur la comparaison de ces tombes avec les tombes puniques et néo-puniques déjà trouvées en Afrique, par exemple à Vaga (Béja). Ce mode de sépulture, consistant uniquement à creuser un trou dans le roc, n'a rien de romain. L'inhumation même est rare en Afrique dans les cimetières certainement romains. Les nécropoles vraiment romaines sont à combustion.

Je suis entièrement à votre disposition, Monsieur, et je me ferai toujours un plaisir de vous donner les renseignements que vous désirerez. Adressez toujours vos lettres à Rome, d'où on les fera suivre en Algérie.

Veuillez agréer l'assurance de mes meilleurs sentiments,

Votre dévoué,   J. TOUTAIN.

Rome, 10 Janvier 1892.

Monsieur,

La lettre que vous venez de m'adresser me fait beaucoup d'honneur, et je vais essayer de vous donner quelques renseignements. Puisque l'étude des sépultures proprement dites remontant à la plus haute antiquité vous paraît sinon être épuisée, du moins manquer pour vous du charme de la nouveauté, pourquoi ne vous attaqueriez vous pas à l'étude des anciennes habitations de l'homme, cavernes, etc., etc. ? Vous trouverez sur ce point spécial des renseignements précieux dans le livre intitulé : Recherche des Antiquités dans le nord de l'Afrique (Paris, Leroux, 1890), p. 35 et suiv. *Les problèmes à résoudre sont indiqués.*

Quant aux endroits à fouiller, aux régions à parcourir en Tunisie, personne, je crois, ne pourra vous être d'un plus grand secours que

M. le docteur Bertholon, qui habite toujours Tunis. Si vous le permettez, je vous conseille de lui écrire pour lui demander des indications géographiques. Il connaît très bien la Tunisie au point de vue spécial qui vous intéresse.

Je vous souhaite, Monsieur, un excellent voyage, une fructueuse mission, et toute sorte de belles découvertes.

Veuillez agréer, je vous prie, l'expression bien sincère de mes sentiments les plus respectueux.

J. Toutain.

Je ne résiste pas au plaisir d'imprimer aussi la lettre ci-dessous de cet excellent M. Lallemand, laquelle, sans tenir précisément à mon sujet, a le mérite de compléter mes souvenirs et de me rappeler mieux l'intéressant voyage de l'Enfida, Sousse et Kairouan.

Biskra, 24 Janvier 1892.

Cher Monsieur,

Je trouve votre charmante lettre à notre retour de Touggourt et de Témacine à Biskra.

Nous venons de faire un très joli voyage, — un peu long, — mais fort intéressant.

Je regrette de n'avoir pu m'entendre avec vous pour le faire en votre compagnie.

Voici mon programme ultérieur, sauf variante dans les détails.

Je serai à Tunis le 29 ou 30 courant.

J'y resterai jusqu'au 8 ou 10 février.

De là, j'irai à Tabarka, par Souk-el-Arba et Aïn-Draham (à travers la Kroumirie).

De Tabarka à la Calle, d'où à Bône ;

De Bône à Constantine et à Philippeville.

Je compte rentrer à Paris à la fin de février.

Si le cœur vous dit de faire avec moi le petit voyage de Kroumirie, écrivez-moi à Tunis (pour le 6 ou 8 février, poste restante).

Mes vifs remerciements pour les appréciations flatteuses que vous avez bien voulu m'écrire au sujet de mes volumes. Venant de vous, cela est encourageant.

Veuillez croire à mes meilleurs sentiments.

C. Lallemand.

Sépultures romaines

La Tunisie, assise en face de la côte italienne, baignée par la mer sur une vaste étendue, fut, après la chute de Carthage, très fréquentée par les vainqueurs. Des colonies romaines vinrent y élever des villes florissantes ; beaucoup de simples citoyens, lassés de l'agitation du forum, accoururent pour s'y reposer, dans de superbes habitations de plaisance, majestueuses et grandioses comme tout ce que faisait Rome. Les ruines de cette grande époque couvrent le sol à chaque pas et restent souvent un objet d'admiration par leur grandeur et par le caractère vivant de l'art antique qu'elles conservent.

Celui qui, après tant de siècles écoulés, peut encore contempler les ruines de Dougga près de Téboursouk, ou celles de Bulla-Regia, près Souk-el-Arba, ou celles de Timgad surtout, ne saurait oublier l'impression saisissante qu'elles produisent, si son âme n'est point fermée à l'impression des belles choses et des grands souvenirs.

Les sépultures romaines sont un des points de l'histoire de ces temps reculés et la Tunisie fournit à cet égard un vaste champ d'observation. La coutume romaine était d'enterrer les morts en dehors de l'enceinte des villes et généralement de les incinérer.

Les cimetières romains présentent tout d'abord deux caractères : ils sont païens ou chrétiens. On peut y considérer le mode de sépulture, la disposition et le caractère des monuments consacrés à la mémoire des morts, les inscriptions gravées sur ces monuments, le mobilier funéraire accompagnant la sépulture, poteries diverses, médailles et monnaies, les estampilles figurées sur ces poteries et médailles.

Après l'incinération de leurs morts, les Romains conservaient, dans des urnes ou ossuaires, les cendres et les débris d'ossements qui provenaient de la combustion. Cette habitude pourtant n'était pas constante, et les fouilles pratiquées dans les cimetières romains païens — car les chrétiens renoncèrent vite à cet usage — ont fourni d'assez nombreux exemples de squelettes intacts déposés dans la terre, ou en des caisses de plomb, ou confiés à des mausolées et n'ayant pas subi l'incinération.

En tout cas, les détails ne sont pas nombreux sur la manière pratique dont se faisait la combustion. Le Dr Carton, médecin aide-major des hôpitaux de Tunisie, croit avoir éclairci cette question dans les fouilles faites par lui dans l'antique nécropole païenne de Bulla-Regia, et voilà comment il s'exprime à ce sujet :

Note sur la disposition du bûcher funéraire employé par les habitants de Bulla-Regia (Extrait des comptes-rendus de l'Académie des Inscriptions et Belles-Lettres).

A part les squelettes intacts rencontrés dans un mausolée, tous les sujets exhumés de la nécropole ont subi l'incinération.

L'état des ossements et la disposition du contenu des tombes lui ont permis de préciser, croit-il, la façon dont l'incinération était pratiquée à Bulla-Regia. Mais laissons la parole au Dr Carton :

« Ce n'est pas à l'état de cendres que l'on retrouve les restes du défunt, ce sont des fragments d'os carbonisés de deux ou trois centimètres d'épaisseur. Un certain nombre d'entre eux, principalement les côtes, les phalanges, étaient intacts ; incomplètement incinérés, ils formaient une masse d'un certain volume et les restes d'un individu pouvaient remplir un récipient de deux ou trois litres de capacité.

« A côté d'eux et sur le sol du sarcophage fait de tuiles disposées en forme de toit ou de jarre, j'ai rencontré une couche de charbon de bois, dont les morceaux atteignaient souvent la grosseur du poing. Au milieu de ceux-ci, gisaient un grand nombre de clous en fer au nombre de dix à trente par tombe, de dimensions différentes. Les plus nombreux avaient 17 centimètres de longueur et une épaisseur de 8 à 10 millimètres près de la tête, qui était ronde, aplatie et mesurait 2 centimètres de diamètre. Les plus petits, de même forme, avaient de 7 à 10 centimètres de longueur. Les premiers étaient invariablement recourbés vers leur extrémité aiguë et la distance entre l'angle ainsi formé et la tête était d'environ 8 centimètres. La grosseur de ces clous prouve suffisamment qu'ils n'ont pu servir à fixer les parois d'un coffret. Ils sont même trop volumineux pour avoir été employés à réunir les parties d'un sarcophage en bois qui, d'ailleurs, n'aurait pas trouvé place dans l'espace exigu compris entre les tuiles de la tombe. Si ce sarcophage, dont on ne trouve pas trace, avait existé, les clous se seraient rencontrés en plus grand nombre vers les angles et ils eussent été disposés régulièrement, ce qui n'est point.

« Enfin, j'ai mesuré avec soin et très fréquemment la distance entre la tête et la courbure, et celle-ci indique d'une façon péremptoire qu'ils ont dû être enfoncés dans des morceaux de bois volumineux destinés, suivant moi, à constituer un bûcher.

« Ce dernier était formé de poutres régulièrement équarries, car, pour une même tombe, la distance de la tête à la courbure du clou est toujours la même.

La partie inférieure devait être formée de bois plus fort que celui de la partie supérieure, car, allant d'un bord à l'autre de la fosse creusée au-dessous, elle avait à supporter tout le poids du bûcher.

« Les clous plus petits que j'ai retrouvés devaient réunir les poutres plus grêles de la partie supérieure.

« Une zône de *terre brûlée* (pour employer l'expression de mes ouvriers) se rencontre dans toutes ces tombes. Epaisse de 1 à 4 centimètres, elle est dure, rouge et a évidemment subi l'action du feu. Dans la tranchée, la coupe de cette zone forme une ligne courbe à concavité supérieure qui donne une idée bien nette de la forme de la fosse. Elle est tellement constante que, tout point de la nécropole où on la rencontrait était considéré par mes terrassiers comme devant être fertile en trouvailles, ce que confirmaient toujours les recherches ultérieures.

« De ce qui précède, je crois pouvoir conclure que le bûcher, destiné à incinérer le corps était dressé au-dessus d'une fosse. Le charbon de bois, les clous, la terre brûlée en sont la preuve. Le bûcher éteint, on recueillait les ossements et on enlevait les grosses poutres. Le reste, c'est-à-dire quelques fragments d'os, quelques braises, tombait dans la fosse ; de là la cuisson de la terre.

« Il a dû arriver même que le bûcher, mal construit, s'est effondré dans la tombe ; on se serait alors contenté d'en retirer les gros morceaux de bois non brûlés et les ossements les moins altérés. De là les très nombreux débris de charbon et les cendres osseuses que j'ai rencontrés dans plusieurs cas, alors même que l'ossuaire renfermait déjà des ossements. Après l'écroulement ou l'enlèvement du bûcher, on plaçait le mobilier funéraire, avec les cendres, dans la fosse et on jetait dans celle-ci ou dans la terre sous-jacente quelques pièces de monnaie.

« Plusieurs de celles que j'ai trouvées étaient altérées par le feu et ont dû être placées avec le corps sur le bûcher.

« Cette hypothèse de la position du bûcher au-dessus de la fosse, appuyée, il me semble, sur des faits probants, a trouvé sa confirmation dans une découverte faite par M. le lieutenant Margier. Il a rencontré, en effet, dans la même nécropole, une lampe représentant un bûcher funéraire au-dessous duquel était figurée une fosse. Cette lampe a été placée par les soins de M. de la Blanchère, dans une vitrine de la section tunisienne de l'Exposition centennale ».

La nécropole de Bulla-Regia était païenne (Carton).

MONUMENTS FUNÉRAIRES. — Dans cette nécropole comme dans les autres, les monuments funéraires diffèrent entre eux, par leurs dimensions, par leur importance, par la nature de leur travail selon le rang plus ou moins élevé de ceux auxquels ils sont destinés.

1° *Mausolées*. — C'était le type le plus important des monuments funéraires. A Bulla-Regia, la plupart d'entre eux étaient construits en blocage revêtu à ses angles et sur les faces des piliers de la porte, par des pierres de taille de moyenne dimension. Ils semblent avoir été constitués par une simple cella voûtée, présentant d'un côté une entrée et, de l'autre, extérieurement une niche ; l'un d'eux, très bien conservé, a été observé par le Dr Carton à Bordj-Hetal, près de Chemtou ; « de forme cubique extérieurement, il présente intérieurement une cella allongée, espèce de couloir traversant le monument de part en part, pour se terminer par une porte voûtée. De chaque côté de ce couloir donnent trois niches assez vastes et assez profondes pour constituer des chambres secondaires.

Mausolée.

A Bulla-Regia les niches intérieures sont rares. La chambre funéraire servait-elle simplement de lieu de réunion pour la célébration des rites funèbres, ou les urnes cinéraires étaient-elles placées à l'intérieur de celles-ci ? Je penche d'autant plus en faveur de la première opinion que sous le dallage qui recouvrait le sol, j'ai rencontré dans trois cas des sarcophages.

Dans le mausolée le mieux conservé de la forme et de la distribution duquel la figure ci-dessus donne une idée, de grandes dalles recouvraient des caisses de maçonnerie pleines de plâtre où avait été déposé le corps non incinéré.

La forme de ces mausolées en blocage se retrouve dans celles de monuments à dimensions plus modestes que M. Carton désigne sous le nom de caissons demi-cylindriques et qu'il a rencontrés en grand nombre dans la nécropole de Bulla-Regia.

Un columbarium parfaitement intact trouvé par M. Carton sur les rives de l'Oued-Melleg aux abords d'un *castrum* qui commandait le débouché de cette rivière vers la plaine du Bagrada, avait exactement la forme d'un caisson demi-cylindrique et de dimensions un peu plus grandes (2 mètres de long à l'intérieur sur $1^m.50$ de large environ).

Il était creux et renfermait dans chacun de ses murs latéraux cinq petites niches.

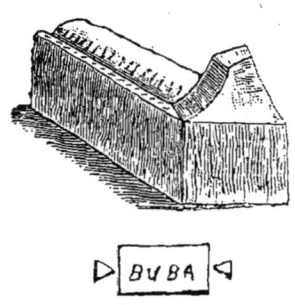

Mausolée ou Caisson.

M. Carton n'assigne point d'âge à ces mausolées en blocage; peut-être, dit-il, sont-ils antérieurs à l'époque romaine. « La non incinération des corps qu'ils contenaient et la profondeur de deux mètres à laquelle se trouvaient les tombes, ajoutons l'absence d'inscriptions et enfin leur forme, donnent à penser qu'ils étaient en tout cas la dernière demeure de peuples d'origine non romaine. Au nombre des grands monuments funéraires observés par lui dans cette localité, le Dr Carton cite encore une vaste chambre sépulcrale, d'une forme spéciale située contre la koubba qui domine la métropole, et qui a été construite en partie de matériaux provenant de ce monument, en partie à l'aide de caissons demi-cylindriques. Elle se compose de trois salles en grandes pierres de taille, d'une conservation parfaite, s'ouvrant par une porte étroite mais élevée d'environ 2 mètres de hauteur sur une quatrième chambre qui leur est perpendiculaire. L'édifice a environ 5 mètres de côté.

2° *Caissons demi-cylindriques*. — Ce sont des pierres taillées en forme de prisme quadrilatéral surmonté d'un demi-

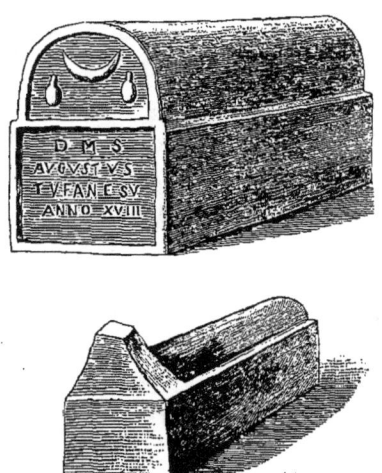

Caissons demi-cylindriques.

cintre. En calcaire commun, elles sont d'un assez bon travail et leurs dimensions sont en moyenne les suivantes : longueur 1^m.20, hauteur 0^m.50, largeur 0^m.40. M. Carton a rencontré 48 spécimens de ce genre de pierres funéraires, forme commune, dit-il, dans le centre de l'Afrique. Les faces sont taillées avec soin et la pierre n'est polie qu'au point où elle supporte l'inscription. Celle-ci est généralement gravée sur la partie rectangulaire et inférieure du monument. Au-dessus sont représentés divers emblèmes ou attributs : des gargoulettes, des larmes funéraires, le croissant punique, etc.

Le cartouche qui supporte l'inscription peut être simple ou double et placé sur les côtés du monument au lieu d'en occuper l'extrémité. Il est quelquefois anépigraphe ou présente au lieu d'inscription la figuration d'un personnage (Carton).

Le type de ces tombes rappelant celles de Syrie et de Palestine, a-t-il été importé d'Orient par les Phéniciens comme le pense M. Saladin?

Le caractère de constructions puniques que présentent certaines ruines de Bulla-Regia, la présence d'emblèmes chers aux peuples orientaux et un mode de sépulture de même origine (1) accréditent beaucoup cette idée d'après le Dr Carton.

La base de ces caissons repose toujours sur une grande dalle (représentant le gradin des tombes d'Assyrie) dans un encastrement de 1 à 3 centimètres de profondeur, taillé sur sa face supérieure. Ses dimensions moyennes sont : longueur 2 mètres, largeur 1 mètre, épaisseur 0^m.30. La partie supérieure seule a été taillée avec soin. Sur les côtés, on voit souvent l'empreinte des coins employés pour détacher le bloc des rochers (Carton).

3° *Stèles*. — Ce sont des pierres plates de 1 mètre de hauteur sur 0^m.15 d'épaisseur, et 0^m.30 à 0^m.40 de largeur en moyenne. Leur partie supérieure s'adapte à la forme de l'autel qui y est figuré et se termine soit par un triangle équilatéral, soit par une partie cintrée flanquée ou non d'acrotères. Elles présentent sur leur face principale un cartouche renfermant l'inscription et surmonté des mêmes emblèmes que l'on rencontre sur les caissons.

En bas le marbrier a laissé une partie en relief, laquelle, en diminuant son travail, concourt à affermir le monument en lui donnant plus de poids. En raison de leur peu d'épaisseur, elles sont souvent brisées, ce qui fait que les inscrip-

---

(1) Le P. Delattre a trouvé à Carthage des tombes phéniciennes authentiques caractérisées par l'emploi comme sarcophages de fragments de jarres, disposition très fréquente à Bulla-Regia (Note du Dr Carton).

tions ou les emblèmes sont devenus incomplets ou ont disparu. Au lieu de reposer comme les précédents sur une dalle à encastrement recouvrant le sarcophage dans toute sa lon-

Stèles.

gueur, elles étaient simplement plantées à une extrémité de celui-ci. Le Dr Carton a rencontré 72 fois ce genre de pierres funéraires.

Cippes.

4° *Cippes*. — Variété la moins nombreuse, à Bulla-Regia du moins, parmi les petits monuments funéraires (35 spécimens, Carton). Ce sont des pilastres peu élevés terminés à leur partie supérieure par un plateau ou par un pyramidion quadrangulaire. Leurs dimensions varient de 0^m.50 à 1^m.60. Une et quelquefois deux dalles superposées et munies d'un encastrement supportaient ce genre de monument ; on y trouve aussi des inscriptions, des figures en relief, mais jamais le croissant si fréquent sur les autres tombes, le croissant emblème de la Junon carthaginoise, de la déesse Tanit. Ce croissant existe aussi sur les monuments de Carthage, mais tandis qu'à Carthage le croissant est renversé, il a les pointes dirigées en haut à Bulla-Regia. Le disque qui se rencontre moins souvent dans cette dernière localité surmonte l'emblème de Tanit, tandis qu'à Carthage il est situé au-dessous (Carton).

Le P. Delattre en rendant compte dans la Revue archéologique de fouilles qu'il a faites dans un cimetière romain à Carthage en 1883, mentionne également dans ce cimetière l'existence de cippes analogues à ceux trouvés dans la nécropole de Bulla-Regia. Ils sont de forme carrée et ont ordinairement 1^m.50 de haut et 0^m.50 à 1 mètre de large.

« Tous ces cippes sont construits en maçonnerie et renferment une ou plusieurs urnes contenant des ossements calcinés et recouverts d'une patère (espèce de coupe) percée d'un trou au centre et mise en communication avec l'extérieur au moyen d'un tuyau de terre cuite. Celui-ci est placé soit verticalement suivant l'axe du cippe, de façon à aboutir au centre de la partie supérieure, soit obliquement pour communiquer avec une des parois externes.

« Ce conduit qui fait de chaque cippe un véritable autel était destiné à recevoir les libations des parents et amis du défunt. Les libations parvenaient ainsi jusqu'à l'urne funéraire qui, elle-même percée d'un trou, permettait aux liquides, après avoir traversé les ossements, de pénétrer jusqu'à la niche inférieure qui existe souvent dans la base de l'autel funéraire et dans laquelle on trouve les monnaies, les lampes, poteries et autres objets déposés avec les cendres et débris de bois brûlé provenant du bûcher. Cette disposition toute par ticulière rendait très faciles les sacrifices aux dieux mânes et chaque tombe ainsi construite était un autel qui leur était consacré; d'où la formule constante inscrite sur tous les tombeaux : D M S, *Dis manibus sacrum*.

« Le tube de terre cuite servait aussi dans certains cas à faire glisser jusque dans les urnes maçonnées à l'avance ou renfermant déjà les restes de quelque autre défunt, les os calcinés et les cendres, résidu de la crémation d'un nouveau cadavre. On constate en effet dans certains cippes la pré-

Variété de cippe observée par le P. Delattre.

sence d'urnes complètement vides et d'autres fois le conduit est rempli d'ossements brûlés et de cendres. Cette explication est confirmée par une des épitaphes. Un mari a élevé de son vivant un cippe, ou mieux un autel à son épouse : *se vivo aram fecit*, et ses restes eux-mêmes sont venus y reposer après sa mort » (1).

---

(1) Une autre épitaphe également trouvée à Carthage, après avoir nommé le défunt, ajoute : *Cujus ossa in ara monumenti sunt intra maceriam.*

Quelquefois le tuyau de terre cuite est supprimé. Il est alors remplacé par une petite niche communiquant directement dans la maçonnerie avec l'orifice de l'urne. A Bulla-Regia, le Dr Carton a rencontré cette même disposition d'un tuyau en terre cuite traversant un monument funéraire et aboutissant au-dessus d'une tombe. Mais *dans les faits observés par lui, la disposition* était quelquefois incomplète, ébauchée, bornée à une simple cavité creusée dans la dalle ou à une rainure longitudinale figurée dans la pierre, mais ne communiquant pas avec l'intérieur de la tombe. Le Dr Carton observe avec raison qu'il faut sans doute voir dans cette disposition incomplète le souvenir d'une pratique autrefois usitée, mais que l'on commence à négliger et dont on va bientôt perdre la coutume.

A Carthage, dit le P. Delattre, « chaque cippe est revêtu extérieurement d'un excellent enduit sur lequel sont moulés en *relief*, ou figurés en peinture, des ornements tels que colonnettes, chapiteaux, guirlandes, fleurs, symboles divers, têtes, personnages, génies funéraires, oiseaux et autres animaux ».

Inscriptions. — Epitaphes.

Les inscriptions et épitaphes sont une règle presque absolue sur les tombes romaines. Après une invocation aux dieux : *Dis manibus sacrum*, D M S, elles indiquent généralement le nom du défunt, souvent des mentions particulières sur ses titres et qualités, les fonctions qu'il remplissait pendant sa vie : affranchi, fils d'affranchi, etc.

L'âge est annoncé par l'indication du nombre des années, mois et jours qu'a vécu le défunt. Quelques-unes relatent jusqu'au nombre des heures et même jusqu'au scrupule qui était une subdivision de l'heure. D'autres ne donnent au défunt qu'un âge moins précisé et qui n'est plus qu'approximatif.

A l'exception du nom propre l'inscription est en abrégé,

chaque mot annoncé seulement par sa lettre initiale et il faut une certaine habitude pour lire ces textes funéraires.

Généralement l'inscription se termine par les trois lettres : H S E. *Hic situs* ou *sepultus est*, ou *sepulta*, s'il s'agit d'une femme.

Parfois une ou plusieurs lettres manquent, par oubli, paresse ou précipitation du praticien, sur le monument intact; ou bien l'inscription est incomplète, parce que le monument a été brisé et qu'un ou plusieurs fragments ont disparu. Sur ces épitaphes les femmes ne sont désignées que par leur nom de famille; chez les Romains elles n'avaient pas le nom que nous appelons nom de baptême ou petit nom; il était réservé aux hommes.

Les noms de femmes : Faustine, Agrippine, Messaline ne sont pas précisément des noms de baptême, des prénoms, mais des noms propres, des *gentilice*. Souvent le mot est coupé et la fin reportée à la ligne suivante.

L'inscription peut être incomplète par une autre circonstance.

Il y avait sans doute des entrepreneurs chargés de préparer et de fournir ces monuments; à l'avance, ils gravaient le texte courant et convenant à tous, réservant la place nécessaire pour inscrire les indications personnelles; mais par oubli ou négligence on ne mentionnait rien de spécial au mort et l'épitaphe restait incomplète.

Les lettres ont communément, nous l'avons dit déjà, de 3 cent. 1/2 à 6 centimètres de haut. Quelques-unes sont plus hautes.

Presque toujours les monuments sont en pierre, quelques-uns sont complétés et ornés par une tablette ou autre partie en marbre. La tablette de marbre qui porte l'épitaphe est ordinairement scellée sur la face du cippe, quelques centimètres au-dessous de la corniche qui lui sert de couronnement (P. Delattre).

Voici quelques inscriptions que nous avons relevées à Dougga près Téboursouk, avec la disposition typographique.

```
        D M S
      J M A G N I V S
      V E N V S T V S
      P V A X X I M I
         H S E
```

Dis manibus sacrum
Julius Magnius Venustus
Pius vixit annis 21 mense una
Hic situs est

Et, tout à côté, une autre épitaphe où l'analogie des noms avec la précédente semble indiquer que ces deux tombes appartenaient à deux parents.

```
         D M S
      J V L I A M A
      G N I A P V
    A X X I I M I I I I
         H S E
```

Dis manibus sacrum
Julia Magnia, pia vixit
Annis vigenti duo, mensibus quatuor
Hic sepulta est.

Non loin de là une autre inscription avec le croissant emblème de la déesse Tanit.

```
          ⌣
        D M S
      A V R E λ I A
      S A T V R N I N A
          P V A
          H S
```

Dís manibus sacrum
Aurelia
Saturnina
Pia vixit annis
(Le nombre des années manque).
Hic sita.

Voici une autre épitaphe que nous avons recueillie à Bulla-Regia.

```
      D M S
    M T O N N E E
    I V S T O R T V
    N A T U S P V
      A N . XV
```

Dís manibus sacrum
Marcus Tonneius Fortunatus pius vixit
Annis XV.

Certains caissons sont surmontés d'un disque et de deux croissants. Quelquefois dans le cours d'un mot il y a une lacune correspondant à l'oubli de une ou plusieurs lettres, ou bien une faute d'orthographe, *vixsit* au lieu de *vixit*. Parfois un nom romain et un nom libyque se trouvent gravés sur la même pierre; on peut en augurer que les personnages étaient parents, et voir là une marque du mélange qui s'est effectué entre les races latine et indigène (note du Dr Carton). Sur quelques tombes, divers emblèmes accompagnent l'inscription. Sur un caisson on voit un personnage couché sur un lit funèbre, accoudé à gauche, une coupe dans la main gauche, un miroir dans la droite ; ailleurs, sur trois faces d'un cippe, sont sculptées de très belles guirlandes. Sur cent onze inscriptions relevées par le Dr Carton, cinquante étaient sur des tombes de femmes. L'âge moyen de la mortalité est d'après ces inscriptions de 41 ans et 7 mois, et de 49 ans et 7 mois si on élimine du calcul les sujets morts avant la dixième année (Dr Carton).

Il n'y a pas de rapport à Bulla Regia entre la forme du monument extérieur et celle du sarcophage sous-jacent.

Sous certains mausolées, le Dr Carton a rencontré une ou plusieurs grandes caisses de maçonnerie renfermant un squelette non incinéré et plongé dans le plâtre. D'autres qui ne présentent pas la même disposition servaient de *columbaria*. Il n'était pas rare de trouver sous les caissons deux pierres plates rectangulaires, comme dans la figure ci-contre, placées sous les deux extrémités de la dalle pour la fixer plus solidement.

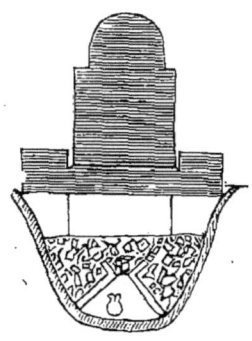

Columbaria disposé sous certains mausolées.

« Après avoir traversé 20 ou 30 centimètres de terre rapportée renfermant des débris de poterie et souvent des monnaies, on arrivait au sarcophage ; celui-ci était fréquemment bordé et surmonté de pierres assez grosses qui étaient réunies par une gangue de ciment ou de mortier. Le tout formait alors une masse très compacte, capable de résister à la pesée du monument et d'empêcher l'écrasement du mobilier funéraire (1).

« Une zone de terre dure rougeâtre ayant également subi l'action du feu tapissait et limitait les parois et le fond de la tombe. Elle est nettement indiquée dans la figure précédente. Elle marque la forme de celle-ci au moment de l'ensevelissement. Elle se rattache à la façon dont, au dire du Dr Carton, on pratiquait l'incinération à Bulla-Regia.

Très généralement les sarcophages étaient presque entière-

---

(1) MM. Cagnat et Saladin ont trouvé à Lamta des jarres posées dans un bain de mortier mélangé de cailloux. Le Dr Carton qui fait cette remarque n'a pas rencontré cette disposition, très analogue d'ailleurs avec celle-ci dessus.

ment constitués par des tuiles ou des jarres. Les tuiles en terre cuite, à peu près rectangulaires, ont environ 0,40 × 0,50 × 2 (1).

Elles sont souvent munies sur une ou sur deux de leurs arêtes d'un rebord de 7 à 8 centimètres de largeur qui peut être continu ou interrompu. Sur la face externe opposée à ce bord, l'ouvrier avec le doigt promené sur l'argile avant la cuisson a généralement tracé des sillons parallèles suivant des dis-

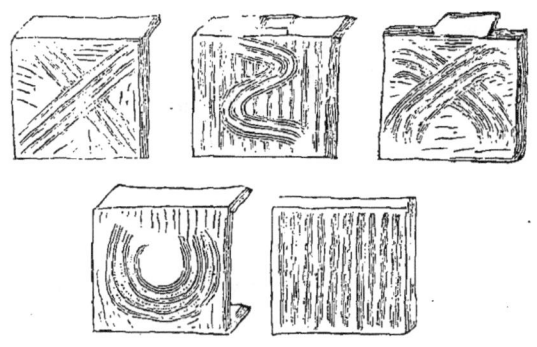

Modèles de tuiles funéraires.

positions en lignes droites, en S, en courbes plus ou moins demi-circulaires ou en X, et c'est ce dernier dessin qui est le plus fréquent (2).

Ces tuiles sont appuyées deux à deux, l'une sur l'autre de façon à former toit. Le rebord dirigé en dehors ne semble pas avoir eu pour but d'empêcher la pénétration de la terre à l'intérieur du sarcophage, mais d'en rendre le maniement plus facile. Aux deux extrémités du toit ainsi formé, on plaçait une tuile intacte, le rebord tourné à l'extérieur. En dedans se trouvaient le mobilier funéraire et les cendres.

---

(1) Il y a sans doute ici une faute d'impression. Ce chiffre 2 indique 2 décimètres ; c'est sans doute 0^m.02 que le Dr Carton à voulu dire.

(2) Dans les tombes de Sfax, c'est sur l'autre face que sont ces empreintes. Le rebord y est de plus tourné en dedans, tandis qu'à Bulla-Regia il est extérieur (Vercoutre, *Nécropole de Sfax*, Revue archéologique, 1887, t. X, p. 28 et 180, note du Dr Carton).

M. le Dʳ Vercoutre a rencontré à Sfax, un genre de sépultures analogues à celles dont nous parlons. Au-dessous des tuiles inclinées de façon à figurer un toit à double pente étaient une grande jarre ou deux jarres défoncées et placées bout à bout. Ce toit à double pente avait pour objet de protéger le contenu contre la pesée des terres supérieures. Le P. Delattre a découvert aussi à Carthage des tombes puniques ayant pour sarcophages des jarres renfermant des objets importés d'Orient, découverte prouvant de façon certaine que ce mode de sépulture a été introduit en Afrique et tout au moins employé par les Phéniciens.

En dehors des deux genres de sépulture ci-dessus, le Dʳ Carton a rencontré aussi, mais beaucoup plus rarement, les auges et les caisses en maçonnerie.

« Autour des tombeaux et surtout dans la niche ménagée à la base du cippe, sous l'urne funéraire on trouve de nombreuses poteries, des aiguilles et épingles de cuivre et d'ivoire, des figures de terre cuite, des *lacrymatoires* de verre, et une grande quantité de lampes. Quelques-unes conservent encore fixées sur leur disque, la monnaie qui y a été déposée et l'aiguille ou l'épingle, soit de cuivre, soit d'ivoire introduite dans le trou central pour remonter la mèche. Parmi ces nombreuses lampes, 93 portent la marque du potier. Quelquefois l'épitaphe, au lieu d'être sur la pierre, se trouve gravée sur une tablette de marbre, exceptionnellement sur une ardoise; assez souvent elle est accompagnée d'un croissant. »

Mobilier funéraire

Il comprenait surtout comme type fondamental : 1° un ossuaire, c'est-à-dire un vase destiné à contenir les ossements, généralement en poterie, de forme sphérique avec couvercle, le plus souvent dépourvu de col ou d'anses ; il était représenté dans certains cas par une boîte en plomb ayant la forme d'un prisme ou d'un cône tronqué.

Mais parfois il n'y a pas de récipients du tout. Les ossements sont alors disséminés dans toute l'étendue du sarcophage et mêlés à du charbon de bois.

2° Les lampes symboliques destinées à éclairer le défunt pendant le sombre voyage, n'avaient plus du tout la forme ni l'apparence des lampes puniques ; elles étaient plus petites, en poterie fine, portant des marques ou des représentations de scènes diverses. Au contraire de ce qui a été souvent remar-

 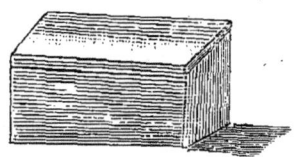

Mobilier funéraire.

qué pour les lampes puniques, les lampes de Bulla-Regia ne présentaient que très exceptionnellement des traces de combustion.

3° L'amphore accompagne toutes les tombes.

Monnaies, médailles. — Le Dr Carton n'a trouvé que rarement des monnaies dans les tombes ; quelques-unes étaient déposées sur les lampes funéraires, le plus souvent elles étaient mêlées à la terre sus-jacente. Elles étaient destinées suivant la tradition antique à payer le passage vers les sombres bords.

Dans les fouilles du cimetière romain qu'il a exploré à Carthage, le P. Delattre a rencontré des médailles en assez grand nombre ; elles étaient en bronze et très oxydées, dit-il.

« Le plus grand nombre de ces pièces sont des monnaies carthaginoises offrant sur la face la figure d'une femme vue de profil et tournée à gauche, et sur le revers le cheval punique debout au repos et tourné à droite. Dix-sept d'entre elles ont été classées d'une manière absolument certaine. Mais parmi les monnaies les plus usées et ne donnant plus aucune trace d'empreinte, il est facile de reconnaître au bord taillé en biseau que la plupart sont aussi des monnaies carthaginoises; trois pièces sont numidiques. Un quart à peine des monnaies appartient à l'époque romaine. Parmi celles qui ont été classées par le R. P., il y en a une d'Auguste avec la légende : D I V V S A V G V S T V S P A T E R.

Une autre sur laquelle semblait exister l'effigie d'Agrippine, l'épouse de Germanicus,

Une de leur fils Caligula,

Une autre de Trajan.

Et deux d'Antonin-le-Pieux, frappées sous le IIIe et le IVe consulat de cet empereur.

La face de la première porte autour de la tête laurée de l'empereur la légende : A N T O N I N V S A V G . P I V S , P P T R . P C O S I I I.

Et sur le revers de la seconde on lit : S A L V S A V G . C O S I I I I (Voir l'original).

Dans les fouilles de ses cimetières le P. Delattre a rencontré aussi près de quarante lamelles de plomb pliées ou roulées sur elles-mêmes et portant des formules magiques. Il donne un spécimen que nous reproduisons. L'inscription se lit sur une lamelle longue de 0^m.068 et large de 0^m.05. Les deux angles inférieurs manquent.

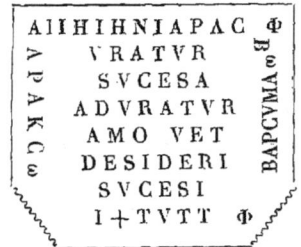

Sépultures romaines. — Lamelle de plomb portant épitaphe.

Souvent l'épitaphe funéraire mentionnait les fonctions exercées pendant la vie par le ou les défunts.

Nous empruntons au P. Delattre un tableau où il résume les fonctions indiquées sur les épitaphes des deux cimetières romains de Carthage.

FONCTIONS.

Adjutores tabularii	21	Custos Larum	1
Tabularii	3	Cubicularius	1
Custos tabularii	1	Cursores	2
Tabularii	19	Doctor cursorum	1
Adjutor a commentaris	8	Cursorum exercitator	1
Adjutor ad instrumentum commentariorum	1	Pedisequi	10
		Procuratores	4
Librarii	5	Dispensator	1
Notarii	5	Medici	3
Pœdagogi	3	Philosophus	1
Mensores agarii	5	Præco	1
Chorographus	1	Milites	5
Adjutor a cognitionibus	1	A Vectigalibus publicis	3
Œditui	3	Calculator ?	1

En résumé les sépultures romaines ont pour caractères les suivants : 1° L'incinération des morts est habituelle sinon constante, et après l'incinération les ossements qui ont survécu au feu et les cendres sont enfermés dans un ossuaire déposé dans la tombe.

2° Il y a quelquefois des chambres funéraires, mais plus souvent des monuments extérieurs édifiés sous la forme de stèles ou de cippes. Quelques autres plus importants peuvent être qualifiés du nom de mausolées.

3° Toutes les tombes sont ornées d'épitaphes ou d'inscriptions en lettres gravées relatant le nom du défunt, et en abrégé diverses indications parmi lesquelles l'invocation aux Dieux mânes fait rarement défaut. Là où il existe des souvenirs puniques, où la population vaincue a plus ou moins subsisté près du vainqueur, l'inscription est augmentée du croissant, emblème de la déesse Tanit, protectrice de Carthage.

4° Quelquefois, quand l'incinération n'a pas eu lieu, la sépulture s'est faite dans de grandes jarres ou dans un assemblage de tuiles disposées, soit pour recouvrir en entier le corps du défunt, soit pour remplir seulement l'intervalle entre les deux portions de la jarre, si celle-ci a été fragmentée en deux morceaux. Quelques corps ont été trouvés enfermés dans un bain de plâtre ou dans des cercueils de plomb, préludant ainsi à une coutume qui sera peut-être plus fréquente au commencement de l'ère chrétienne.

5° Le mobilier funéraire, quant à la nature des objets, est assez analogue à celui que renferment les tombes puniques : ce sont toujours les urnes pour recevoir les ossements et les cendres, les lampes pour éclairer le voyage, les monnaies pour payer le nautonier, les médailles ou emblèmes pour honorer le mort ; mais ici dans la décoration, dans la forme des objets, l'art punique a cédé la place aux coutumes romaines, et dans les sépultures vraiment romaines les monnaies et médailles n'ont plus rien de Carthage. Elles rappellent uniquement les souvenirs de Rome.

En terminant son étude sur les fouilles qu'il a faites dans la nécropole de Bulla-Regia, le Dr Carton exprime son étonnement de n'avoir pas plus que ses prédécesseurs, rencontré de tombes ni même d'emblèmes chrétiens dans une ville qui a eu des évêques ; là où les nécropoles chrétiennes, dit-il, restent à découvrir.

Je crois devoir reproduire ici quelques lettres de MM. Carton, Bertholon et autres. Elles donnent des détails qui éclairent davantage notre sujet et complètent un peu le tableau d'ensemble :

Téboursouk, le 1er mars 1895.

Mon cher confrère,

J'ai bien reçu l'envoi que m'a adressé M. Tétard à qui j'ai d'ailleurs envoyé immédiatement un accusé de réception. Jusque maintenant, le mauvais temps ne m'a guère permis de travailler beaucoup pour vous ; la pluie ramollit considérablement ces poteries et os friables, et il serait imprudent de chercher à les exhumer; d'ailleurs d'après les quelques tombes que j'ai explorées il y a peu de chances de trouver des objets intacts, tout a été brisé, et il est inutile que vous m'envoyiez du spermaceti, les fragments de crâne étant en général trop peu volumineux pour nécessiter cette opération. J'ai cependant trouvé quelques pièces assez grandes et surtout beaucoup de maxillaires inférieurs.

Enfin, des hommes ont trouvé des crânes post-romains mais cependant très anciens (peut-être Vandales) dans un édifice des premiers siècles à Hemlin-Matria, et j'en ai un échantillon magnifique; je mets le tout dans une caisse, et quand j'aurai de quoi faire un envoi de quelque importance, je vous les expédierai.

Mais vous deviez parler au Résident des moyens de transporter le colis d'ici Béja, et ne m'avez pas touché mot là-dessus; je me ferai un plaisir de vous envoyer les photographies que vous me demandez, mais je vous prie d'attendre encore quelque temps, car je n'ai pas de bons clichés de Téboursouk en ce moment.

Après votre départ j'ai recherché, mais sans les trouver, les grains de collier que nous pensions avoir été rejetés par vos travailleurs, je n'ai rien retrouvé.

Mes cercueils du Bardo ne sont certainement pas chrétiens, ils sont païens, du deuxième siècle sans doute.

L'inscription dont vous me parlez doit se lire:

```
       D M S
      M T O N N E
     I V S F O R T V
      N A T V S P V
       A N X V
```

Je l'ai d'ailleurs publiée dans mon travail d'ensemble sur la nécropole de Bulla-Regia, que je pensais vous avoir offert. S'il n'en était pas ainsi, et qu'il ne fût pas en votre possession, je vous prie de m'en aviser par une carte-postale et vous l'enverrai aussitôt.

Fidelis in pace veut dire que ce fidèle repose en paix, c'est chrétien.

Les noms de femmes: Faustine, Agrippine, Messaline, ne sont précisément pas des noms de baptême, des prenomen, *mais des noms propres, des* gentilice.

Je fais des vœux pour le rétablissement complet de Madame de Fontarce, et vous prie, mon cher confrère, de croire à mes sentiments de respectueuse sympathie.

Dr CARTON.

J'oubliais la traduction de l'inscription ci-contre :

Dis Manibus Sacrum
Marcus Tonneius Fortunatus
pius vixit annis XV

Carthage, le 20 Mars 1891.

Bien cher Monsieur,

C'est aujourd'hui seulement que je puis trouver un moment de calme pour répondre à votre bonne lettre, encore dois-je le faire à la hâte.

Ce sont les Arabes qui ont détruit Carthage après l'avoir prise et bouleversée en 698.

On n'est pas encore fixé, que je sache, sur la manière dont se pratiquait la crémation à l'époque romaine. D'après nos fouilles à Carthage et celles du Dr Carton à Bulla-Regia, il semble que le corps était brûlé au lieu même de la sépulture.

Dans nos cimetières romains, à côté des cippes funéraires renfermant les os calcinés du défunt, on rencontre quelques squelettes couchés dans la terre ou dont le corps s'est moulé dans ce plâtre qui l'a recouvert, mais dans ces mêmes cimetières les corps inhumés sont l'exception.

Pour les basiliques de Carthage, je vous conseille de consulter l'ouvrage de Dureau de la Malle intitulé : Recherches sur la topographie de Carthage, Paris 1835. *Vous y trouverez les renseignements que vous me demandez, je regrette de ne l'avoir pas sous la main. Quelqu'un me l'a emprunté et ne me l'a pas rendu. C'est l'histoire de beaucoup de livres prêtés.*

Quant au mode actuel de sépulture juive, je dois vous avouer que je l'ignore, n'ayant jamais eu l'occasion d'en voir enterrer un seul dans ce pays où il y en a tant.

La date approximative de la nécropole de Gamart, fixée vers le premier siècle avant notre ère, ne repose que sur l'examen de l'ornementation de quelques chambres dans lesquelles l'art romain se révèle déjà. Il serait téméraire de déterminer à quelle époque on a commencé à inhumer dans cette nécropole et combien de siècles elle a servi à la sépulture des morts.

J'attribue l'absence de débris des temps passés dans les hypogées de Gamart à ce que les juifs ne disposaient ni vases ni autres objets à côté de leurs morts comme le pratiquaient les Carthaginois.

Telle est, en peu de mots, ma réponse à vos questions, mais pour tout ce qui regarde l'histoire de Carthage à tel ou tel point de vue particulier, vous avez près de vous à Paris beaucoup de savants qui vous renseigneront mieux que moi. Le plus souvent, je me contente de constater *avec le plus de précision possible le résultat de mes fouilles, laissant à de plus savants le soin de donner des explications et de tirer des conclusions.*

Rien de nouveau dans l'état des jeunes gens que vous avez examinés.

Lorsque nos jeunes missionnaires prennent trois semaines de vacances à Gamart, ils ont une grande baraque sous laquelle ils ont un abri pour le jour et la nuit, ce qui n'empêche pas quelques-uns de choisir la tente pour s'accoutumer à la vie de voyage.

Avec mes meilleurs souvenirs et tout mon respect.

TH. DELATTRE.

Tunis, 3 Juin 1891.

Monsieur et cher confrère,

Je viens de recevoir votre mémoire sur la Pathologie clinique du grand sympathique. Je vous remercie beaucoup d'avoir pensé à moi en m'adressant ce travail qui a dû vous demander tant de recherches.

Le sujet est absolument neuf, et quand on précède la tâche est bien ardue. Je me propose de lire à loisir cette œuvre, certain que j'y trouverai de puissants éléments d'instruction.

J'ai bien des excuses à vous faire, vous m'avez adressé une lettre à laquelle je n'ai pas répondu. En voici la raison : votre lettre s'est égarée. Je me suis vaguement rappelé que vous étiez dans une ville du Midi, laquelle? Comme je continue à ignorer le lieu exact de votre séjour, je vais adresser ce pli à Bar-sur-Seine, pensant que l'on pourra vous le faire parvenir à destination.

Les israélites tunisiens déposent leurs morts enveloppés d'un simple linceul dans une fosse peu profonde. On comble cette fosse avec de la terre et on élève au-dessus un caisson en maçonnerie haut d'environ 60 centimètres. On le remplit de terre et on le recouvre d'une plaque de marbre avec inscription. Comme vous le voyez, cela ne ressemble en rien à la nécropole de Gamart au sujet de laquelle j'ai d'ailleurs des idées différentes de celles du P. Delattre.

Recevez, Monsieur et cher confrère, avec mes remerciements, l'assurance de mes sentiments les plus dévoués.

BERTHOLON.

Téboursouk, 3 Juin 1891.

Monsieur et cher confrère,

Je m'empresse de vous remercier de votre ouvrage sur la « Pathologie clinique du grand sympathique » que vous avez eu la délicate attention de m'envoyer. Je ne me permettrai pas de le juger dès maintenant et me propose de le lire à tête reposée, ne doutant pas d'ailleurs de l'intérêt qui s'attache à un ouvrage dont le titre seul suffirait à attirer l'attention et dont l'auteur possède lui-même, comme j'ai pu le constater, une si grande expérience et un jugement aussi sûr.

Je ne vous ai pas encore envoyé les photographies promises parce que Denis est parti aux sauterelles et a enfermé le cliché du mausolée bilingue. J'ai réuni une douzaine de crânes anciens ou récents et crains bien de n'en plus trouver maintenant que la chaleur me force à restreindre l'étendue de mes fouilles.

Voulez-vous que je les envoie dès maintenant? Si oui, dites-moi ce que je dois mettre sur l'adresse et si je dois présenter ces caisses comme envoyées par moi ou par vous.

Entre temps je fouille toujours les cerceuils de pierres, mais beaucoup sont vides.

Vous avez encore eu de la chance.

Croyez, Monsieur et cher confrère, à mes sentiments les plus distingués et sympathiques.

Dr CARTON.

Téboursouk.

Mon cher confrère,

Je suis très occupé, mais tiens à répondre en hâte à votre lettre.

Je vous remercie de la réitération de votre aimable offre, vous ferez ce que bon vous semblera. Mais mon envoi est si peu considérable que j'aurais voulu vous en laisser à vous seul le mérite, d'autant plus que j'ai été assez récompensé du peu de peine que je me suis donné par le secours pécuniaire que vous m'avez envoyé.

Je ne comprends rien à ce que vous me dites des photographies. J'ai dû me tromper au moment de l'envoi. Veuillez me les renvoyer et je vous adresserai celles que vous désirez, car la description que vous me donnez ne me suffit pas.

J'ai adressé la caisse d'ossements au ministère avec la pancarte que vous m'avez laissée. Je tâcherai de vous voir à mon passage à Paris. Quant à m'arrêter à Bar-sur-Seine, je ferai mon possible, mais n'ose rien vous promettre. Je n'ai qu'un mois de permission et tiens à le consacrer entièrement à ma mère et aux miens que je n'ai pas vus depuis deux ans. Je dois passer quelques jours à Paris pour aller à différents ministères et tâcherai de vous y trouver.

Croyez, mon cher confrère, à mon dévouement le plus cordial.

Dr CARTON.

Sépultures juives

La Phénicie, la Palestine, la Judée constituaient un même centre à la fois politique et religieux, le royaume d'Israël. Depuis Moïse, à travers de longs siècles la race juive présente ce caractère assurément bien digne d'intérêt qu'elle conserve intacts au milieu des populations qui l'entourent, sa foi, sa religion, ses coutumes, son caractère et jusqu'à son même type esthétique.

Les Phéniciens en venant s'installer sur la côte africaine restent fidèles à leurs traditions et consacrent à la sépulture de leurs morts un champ de repos spécial, où se retrouve le type habituel des sépultures de Palestine. Cette nécropole existe encore à Gamart ou Kamart à quelques kilomètres au-delà de la Marsa (l'antique Mégara).

La nécropole de Gamart paraît bien être celle de la colonie juive de Carthage. Cette manière de voir, toutefois, ne rallie pas toutes les opinions, et il y a des dissidents, le docteur Bertholon par exemple. Nous donnerons quelques développements sur ce point technique, au cours de cette étude.

Le 27 janvier 1891, j'étais invité à déjeuner à St-Louis par le P. Delattre et nous allions ensemble visiter la nécropole ; elle est assez éloignée de Saint-Louis, à quelques kilomètres au-delà de la Marsa. L'excellent Père s'attardait avec moi dans une causerie intéressante sur le produit de ses fouilles ; sans être bien fixé sur le temps que demande le voyage, je crois devoir le stimuler un peu ; nous devons aller à pied à la Marsa prendre là une voiture qui nous conduira à Gamart et revenir ensuite à la Marsa pour le chemin de fer qui me ramènera à Tunis, et il faut du temps pour tout cela. Voilà sous mes fenêtres, dans le moment même où j'écris ces lignes, un régiment de zouaves qui passe, tambours battants et clairons sonnants. Je ne suis pas chauvin, mais cette image vivante de la France, si loin de la mère-patrie, me fait une vive impression que j'avoue sans détour.

Mais le P. Delattre a mal calculé, il me fera manquer le train ce soir et me vaudra trois heures de retard ; enfin c'est un bien digne homme.

Nous prenons congé du Dr Cheurlot et nous voici avec le P. Delattre, à pied sur le chemin de la Marsa ; c'est la résidence habituelle du Bey et de son frère Taïed-Bey. Celui-ci a dépensé sans compter, et ces jours-ci même on doit vendre tous ses domaines par l'entremise d'une société qui va certainement l'exploiter. A la station de la Marsa, nous trouvons facilement une voiture. A travers d'assez mauvais chemins, et après cinq ou six kilomètres, nous abordons la ville de Gamart. La nécropole est en dehors du village ; elle occupait et remplit encore la partie souterraine d'une vaste colline appelée Djebel-Karvi, colline à pentes douces et légèrement accidentées, *la montagne creuse,* comme on l'a désignée ; aucune construction, nul débris, nul reste antique sur cette montagne. Quelques rares et maigres oliviers se dressent par ci par-là, inégalement distancés. La montagne est toute en terrain rocailleux et couverte de thym, de bruyères, de lentisques, d'arbrisseaux rabougris et sauvages. A une très petite profondeur, sous ce terrain rocailleux, se rencontre un calcaire assez tendre et friable dans lequel sont creusées les sépultures. Voici quelle est leur disposition commune : Une pente douce partant du niveau extérieur du sol conduit en quelques mètres à une sorte d'atrium ou chambre funéraire, de forme rectangulaire souvent, sur laquelle ouvrent les sé-

Mode de sépultures juives à Kamart.

pultures. Cette pente, descendant du sol naturel, était sans doute occupée autrefois par une série de gradins qui ont disparu ; à droite, à gauche, à l'entrée et au fond de l'atrium les sépultures ou *loculi* sont creusées dans la roche friable selon la disposition indiquée au dessin ci-dessus. Chaque sépulture a environ $0^m,50$ d'ouverture de droite à gauche, $0^m,55$ ou $0^m,60$ de hauteur et 2 mètres de profondeur. Elles sont dans leur partie basse au niveau même du sol de la chambre funéraire qui a elle, en moyenne, $2^m,50$ à 3 mètres de large sur une longueur de 6 ou 7 mètres. La voûte du caveau légèrement surbaissée, est dans sa grande hauteur à 1^m,70 environ du plancher du caveau. Il y a généralement six sépultures à droite, six à gauche, trois dans le fond, deux à l'entrée, plus l'ouverture par où l'on pénètre. Un intervalle de rocher massif de 0^m,50 d'épaisseur sépare chaque *loculus* l'un de l'autre. Les sépultures sont toutes au niveau du sol, non fermées et absolument vides depuis un temps indéterminé. Comment pouvait faire l'ouvrier pour fouiller dans le roc en pareil endroit, une ouverture de ce genre étroite et longue? Ce n'est

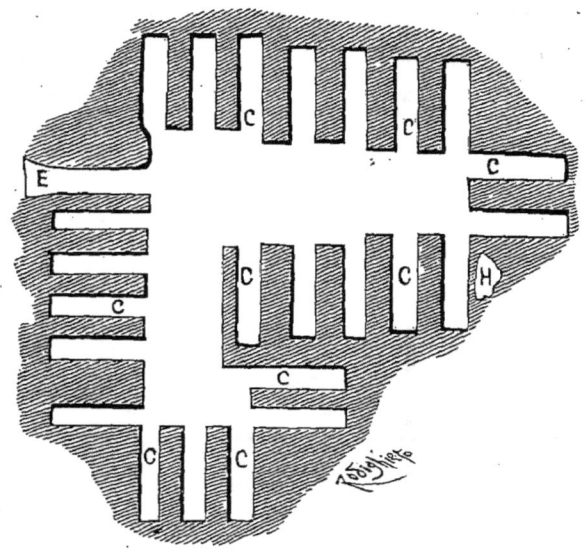

Autre mode de sépultures juives à Kamart.

pas facile à comprendre, et il ne devait certainement pas être à l'aise pour cela.

Dans les caveaux que j'ai visités, l'ouverture de tous les *loculi* sur l'atrium funéraire est absolument libre sans aucune fermeture actuelle, sans aucun débris annonçant une fermeture ancienne, et sans doute pourtant le sarcophage, ou le corps, s'il était sans sarcophage, ne devait pas être laissé à découvert ; une tablette de pierre ou de marbre, une maçonnerie tout au moins devait fermer chaque cavité ; l'étroitesse de celle-ci rendait la chose facile ; mais il ne reste trace de rien.

La disposition générale se présente donc sous la forme d'une grande chambre voûtée avec des enfoncements latéraux et réguliers sur les quatre faces. Quelquefois une deuxième chambre est ajoutée angulairement à la première, avec les mêmes dispositions funéraires, mais avec des variétés dans le nombre et l'agencement des cases. On pourrait dire, en considérant le surbaissement de la voûte, que chaque chambre est une sorte de four à cercueils.

Chaque sépulture est non seulement vide de tout objet funèbre, mais encore de tout amas de terre ou de pierrailles et pour ainsi dire mise en ordre et propre. Le roc ne laisse rien tomber et la place semble prête pour une inhumation de demain. L'absence de tout mobilier funéraire dans ces hypogées s'explique aisément par ce fait que les Juifs ne déposaient à côté de leurs morts, ni vases, ni autres objets comme le faisaient les Carthaginois ; mais aussi par cette circonstance que toutes ces tombes facilement accessibles ont été successivement vidées de tout ce qu'elles contenaient par le premier venu qui voulait y pénétrer.

Selon le P. Delattre, ces sépultures remontent au Ier ou au IIe siècle de l'ère chrétienne ; peut-être même sont-elles antérieures à l'ère chrétienne. En tout cas, ainsi que le pense le P. Delattre et comme l'a dit M. de Vogüé (Note sur les nécropoles de Carthage, lue à l'*Académie des Inscriptions et belles-lettres*, *1889*), elles ne sont pas, comme le croyait Beulé, la nécropole générale et commune de la Carthage phénicienne. Pourquoi et depuis quand sont-elles abandonnées, quand la population juive est si nombreuse à Tunis et dans les environs ? Quelles dispositions les Juifs actuels ont-ils adoptées pour leurs inhumations ? Diverses circonstances permettent de leur assigner sûrement le caractère hébraïque. En Palestine, les sépultures juives ont le même aspect ; ni ici, ni en Palestine on n'y rencontre d'inscriptions au moins de façon habituelle, car on en a remarqué quelques-unes en latin ou en hébreu ; elles sont conformes aux prescriptions du Talmud et on y a rencontré quelquefois le chandelier à sept branches.

D'après le P. Delattre, ce R V S V E serait un nom propre (avril 1895).

RVSVE IN PACE

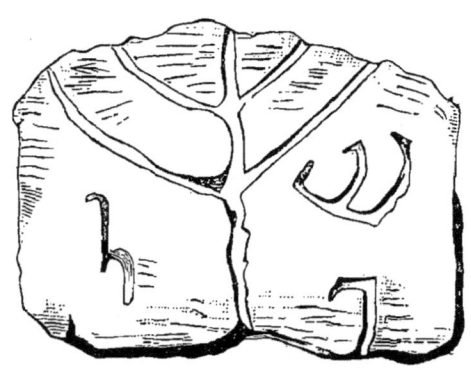

Disposition figurée du chandelier juif à sept branches.

Les tombes juives de Palestine sont identiques à celles de Gamart ; elles sont aussi creusées dans la montagne et dans le tuf plus ou moins tendre. Maintenant et depuis longtemps, ni à Tunis, ni en Palestine, les sépultures juives ne sont plus conçues suivant les mêmes dispositions, et n'ont plus le même caractère, mais les Phéniciens ont cessé pareillement d'enterrer leurs morts comme ils faisaient autrefois.

Aujourd'hui « les Israélites tunisiens déposent leurs morts

enveloppés d'un simple linceul dans une fosse peu profonde. On comble cette fosse avec de la terre et on élève au-dessus un caisson en maçonnerie haut d'environ 0^m,60. On le remplit de terre et on le recouvre d'une plaque de marbre, avec inscription ; cela ne ressemble donc en rien à la nécropole de Gamart. (Communication du Dr Bertholon, Tunis, 3 juin 1891.)

Extérieurement, à l'air libre, au-dessus de quelques-unes de ces habitations funèbres de Gamart se voit creusé dans le rocher nu de la montagne un trou de 15 à 20 centimètres d'ouverture et d'une quarantaine de centimètres de profondeur. Lorsque je visitai Gamart, les trous de ce genre, que j'ai aperçus, étaient remplis d'eau par les pluies précédentes. Ils ont assurément le même âge que les *loculi* sous-jacents ; quel pouvait être leur usage ? Quelle est leur signification ? Ce n'était sans doute pas la pensée bucolique de ménager aux oiseaux la facilité de boire ; était-ce pour les remplir de terre et y cultiver en l'honneur des morts quelques fleurs difficiles à venir dans le sol rocailleux voisin ? Dans nos cimetières actuels, nous pratiquons la coutume des fleurs sur les tombes, mais le petit nombre de ces enfoncements à Gamart, leur exiguité, donne peu de crédit à cette opinion. Il est plus à propos de penser, selon l'avis du P. Delattre, qu'ils devaient recevoir le poteau d'une tente destinée à abriter les parents et amis qui venaient, dans l'ardeur de l'été, prier pour leurs morts et s'entretenir avec eux.

On retrouve dans certaines de ces sépultures quelques traces de l'art romain, et c'est sur ce caractère que se fonde le P. Delattre pour fixer l'origine de cette nécropole aux environs du 1er siècle de notre ère. Dans certaines chambres, la surface des murs avait été recouverte d'un enduit blanc et décorée d'ornements en stuc. Les ornements sont de style romain impérial ; certaines inscriptions mentionnent les noms latins de Gaïus, Arnesus, Aster, Colomba, Licenia, Sabina et la formule *in pace*, marque si commune des sépultures romaines. Si, par ces caractères il est établi que l'usage de cette nécropole a été contemporain de l'époque latine, l'époque même de sa fondation peut être antérieure aussi. Les emblèmes romains peuvent accompagner la fin de la nécropole au lieu de signaler son début, et dans l'état actuel on ne saurait véritablement dire à quelle époque exacte remonte l'ouverture de ce cimetière et pendant combien de siècles il a servi à la sépulture des morts (P. Delattre).

Sur la surface des murs, le P. Delattre a trouvé la preuve du caractère juif et relativement moderne des sépultures.

Plafond décoré avec attributs judaïques de la nécropole de Gamart.

Beaucoup de ces parois, avons-nous dit, présentaient des ornements en stuc de l'époque impériale. Certaines inscriptions sont tracées à la pointe sur le stuc ou peintes en rouge-brun ; des inscriptions en hébreu se remarquent en outre des inscriptions latines. Le chandelier à sept branches, de caractère éminemment juif, s'y retrouve fréquemment. Certaines chambres offraient encore des peintures communes en couleur rouge-verte ; on voyait dans d'autres des décorations plus savantes dont l'une artistique et très ornée figure dans une lettre du P. Delattre à M. le marquis de Vogüé. La lettre et le dessin, dont la copie précède, sont reproduites dans le travail de M. de Vogüé sur les nécropoles de Carthage.

La vigne tient une place importante dans ces décorations.

Dans un caveau, la décoration était faite de stuc en relief et peint. Une frise régnait au dessus des *loculi*. Deux cadres moulurés larges de 53 centimètres s'y voient encore. L'un renferme un cavalier, l'autre un personnage debout près d'un arbre et tenant un fouet de la main droite ; dans le fond deux génies ailés tiennent un médaillon circulaire qui devait contenir un buste en relief, peut-être le portrait du défunt (lettre citée du P. Delattre).

Etendue de la nécropole. — Les groupes de caveaux n'occupent pas toute la superficie de la montagne, mais seulement divers points des plateaux supérieurs des collines. Le P. Delattre a visité cent trois caveaux, qu'il regarde comme représentant à peu près la moitié de la nécropole, ce qui donnerait deux cents et quelques caveaux pour la nécropole entière. En mettant au maximum 250 avec une moyenne de 17 *loculi* par chaque hypogée, la nécropole a pu recevoir 4,250 cadavres (P. Delattre).

Il n'a pas été donné de savoir quelles enveloppes recevaient les corps avant d'être abandonnés dans la loge que leur offrait le rocher. Rien ne montre qu'ils fussent incinérés. Etaient-ils recouverts d'un cercueil ? La nécropole de Gamart n'en fournit pas la démonstration.

La nécropole de Gamart est donc le cimetière de la colonie juive de Carthage à l'époque romaine et peut-être avant cette époque. « De même, dit M. de Vogüé, les Juifs avaient aux portes de Rome, sur la voie Appienne un cimetière souterrain qui a été décrit par le P. Garucci (cimitero degli antichi Ebrei, Roma, 1862). Ce cimetière renferme des sarcophages à personnages, des décorations peintes où figurent des génies, des animaux, des hommes et des femmes, tout un symbolisme plastique que l'on croyait banni des usages judaïques. Or, les inscriptions nombreuses qui accompagnent cette décoration ne laissent aucun doute sur son origine judaïque. Il faut donc admettre que les Juifs établis dans les villes de l'empire romain s'étaient relâchés de la stricte observance des prescriptions mosaïques et avaient adopté au moins dans des tombeaux souterrains les motifs de l'art païen. Devant ce fait tombe la seule objection que l'on peut être tenté d'élever contre l'attribution de la nécropole de Gamart aux Juifs de Carthage ».

On a découvert à Hammam-el-Lif, dit le P. Delattre, les restes d'une synagogue du ve siècle encore parée de sa mosaïque.

On y voit une inscription placée entre deux chandeliers à sept branches et terminée elle-même par le même symbole. Dans les déblais, on a recueilli une lampe de terre rouge ornée de cet emblème. M. de Vogüé suppose que quelques-unes de ces tombes décorées pourraient être chrétiennes. C'est dans les colonies juives en effet, dit-il, que se rencontrèrent les premiers adhérents de la foi nouvelle, et la trace de ces premières conversions pourrait se retrouver jusque dans les cimetières.

Toutefois cette assertion de M. de Vogüé ne saurait être facilement admise. L'antagonisme qui a toujours existé entre les Juifs et les Chrétiens ne devait guère disposer ceux-ci à rechercher ou à accepter les nécropoles juives.

La Syrie et la Palestine renferment un nombre immense d'hypogées dont les dispositions intérieures sont identiques à celles des tombes de la nécropole de Gamart.

Parmi les tombeaux creusés dans le roc autour de Sidon, il en est qui offrent avec ceux de Carthage des analogies très grandes. Ils se composent de chambres rectangulaires à parois unies auxquelles on accède par un puits vertical et dans lesquelles les morts sont déposés en deux couches séparées par des dalles, mais sans trace de *loculi*.

En résumé, il est permis de soutenir que les sépultures juives de Carthage antique ont leur représentation claire et certaine dans la nécropole de Gamart. Elles ont pour caractère un ensemble de caveaux distincts les uns des autres, creusés sous terre dans les flancs rocheux de la montagne et formant des chambres rectangulaires où chaque corps a sa place dans un *loculus*. Il y a en moyenne de 15 à 18 *loculi* par chaque hypogée. La nécropole de Gamart a son image dans les tombes de Palestine où les morts étaient déposés soit dans des grottes naturelles, soit dans des cavités creusées dans des falaises n'ayant pas non plus beaucoup de consistance.

Si, comme il n'est pas douteux, la colonie qui a fondé Carthage était phénicienne, si, comme il paraît certain, les sépultures de Phénicie présentaient un caractère analogue à celles de Gamart, pourquoi n'accueillerait-on pas la pensée que la nécropole de Gamart a reçu en grand nombre les morts de Carthage? La Carthage punique pouvait avoir, disent des calculs autorisés, environ sept cent mille habitants. Les flancs de la vaste montagne de Gamart avaient la dimension suffisante pour absorber tous ses morts. Qui sait d'ailleurs si les morts ne se renouvelaient pas dans un même caveau, comme font nos propres cercueils dans les terrains non protégés par la concession? Si l'origine juive des premiers colons de Carthage venant d'un pays, la Palestine, berceau des Juifs, n'est pas douteuse, si ce caractère religieux s'est maintenu à travers les âges dans le pays punique jusqu'à aujourd'hui où l'on trouve encore à Tunis 35,000 Juifs, la plus grande agglomération peut-être de ces coreligionnaires, si les chambres funéraires de Gamart ont une extrême analogie avec les nécropoles anciennes de Phénicie, comment ne serait-on pas disposé à croire que la montagne de Gamart a été la nécropole juive punique, et quelles autres villes voisines dont les noms d'ailleurs ne sont pas prononcés, auraient pu fournir une si grande population de morts? La distance modérée d'ailleurs qui sépare Gamart de Carthage n'est-elle pas en rapport avec la civilisation des Hébreux auxquels la loi, selon Beulé, défendait d'inhumer leurs morts dans l'enceinte des cités ? Si ces sépultures présentent certains caractères qui rappellent le début de l'ère chrétienne, mélangeant ainsi les coutumes comme il arrive aux époques de transition, rien n'empêche d'admettre que ces caractères ont pu apparaître à leur époque, qu'ils n'avaient pas de raison d'être avant, et que leur absence dans la plus notable partie de la nécropole ne saurait impliquer que cette nécropole n'a pas été utilisée au temps même de la splendeur de Carthage et qu'elle est seulement contemporaine de l'ère chrétienne. Il est vrai que le P. Delattre n'est pas favorable à l'opinion que nous présentons ici (1), déjà soutenue d'ailleurs par d'autres. Il pense que la nécropole de Gamart n'est pas aussi ancienne qu'on l'a supposé et qu'on ne peut la faire remonter au-delà des premiers siècles.

D'autre part, M. Gabriel Medina, de Tunis, savant distingué, esprit ouvert et très libéral soutient (2) qu'avant même l'établissement des colonies phéniciennes dans le nord de l'Afrique, une autre civilisation les a précédées dans ces régions où elle a laissé des traces indéniables de son culte, de son caractère, de sa civilisation et de son industrie. Si le sol de l'Afrique du nord contient en grand nombre des monuments incontestablement phéniciens, romains ou vandales, on se trouve aussi parfois en présence d'autres épaves sans affinité avec celles de ces civilisations et qui dénotent par leur technique une ressemblance frappante, les unes avec les Mégalithes de la Scandinavie, de l'Angleterre, de l'ouest de la France et de l'Espagne, les autres avec ceux de l'Etrurie, de la Grèce primitive et de l'Asie-Mineure (G. Medina). Tous ces indices concordent à prouver que les tombes de l'acropole de Carthage, découvertes par le P. Delattre, sont d'une race diffé-

---

(1) Gamart ou la nécropole juive de Carthage. Lyon, 1895.
(2) Note sur la nécropole prétendue phénicienne de St-Louis de Carthage. Extrait de la *Revue Tunisienne*, organe de l'Institut de Carthage, Tunis, 1894.

rente de celle des Phéniciens, et que cette race a occupé antérieurement à ces dernières le nord de l'Afrique pour se fondre plus tard avec celle qui l'a précédée (G. Medina) ou suivie.

De vagues traditions recueillies par Eustache et par Etienne de Byzance nous enseignent d'ailleurs que sur l'emplacement où s'éleva plus tard la Carthage punique, une autre ville a existé. Les uns l'ont appelée Cacabé ou Cambé, d'autres Cadméia, d'autres encore Inoussa ; et c'est ce qui explique ce nom de Ville-Neuve qui n'est que la traduction textuelle du nom punique de Carthage. Cette Cambé, cette Cadméia, cette Inoussa des vieilles traditions, était-elle sidonienne, comme on a voulu le prétendre, ou bien les écrivains postérieurs, ne voyant rien au delà des colonies sidoniennes, lui ont-ils attribué cette origine faute d'un enseignement historique plus précis (G. Medina).

Et par conséquent, pour revenir à mon sujet, une nouvelle interprétation doit-elle être posée à l'égard de la nécropole de Gamart ? Celle-ci aurait-elle eu son origine dans la survenance des morts de la cité primitive ? Il est difficile de le penser, les chambres funéraires étant dépourvues du caractère très ancien qu'il faudrait y trouver. Est-elle née seulement de l'apparition des morts juifs de la cité punique, comme il est permis de le supposer ? La solution du problème est difficile et la vérité se dégage mal au milieu des faits obscurs et des assertions plus ou moins contradictoires.

Cependant le temps a passé ; la recherche des sépultures en état d'être utilement visitées n'a pas été facile. Il a fallu faire bien des pas sur la montagne funèbre, et quand nous remontons en voiture, sans incident d'ailleurs, je devine que nous allons manquer le train à la Marsa. Je le manque en effet. Le panache blanc de la locomotive marbre le paysage et disparaît à l'horizon un ou deux kilomètres avant notre arrivée. C'est pour moi deux heures et demie ou trois heures de retard. Il faut en prendre son parti. Nous suivons de nouveau à pied la route de la Marsa à Saint-Louis. Je remonte au couvent pour quelques brochures que j'y avais laissées, et je reviens à la gare de Saint-Louis pour y attendre pendant près de deux heures le nouveau train qui ne me fait rentrer que vers huit heures et demie à mon hôtel de Tunis. Nonobstant je suis content de ma journée, elle a été intéressante malgré le contre-temps du dernier instant.

Sépultures chrétiennes

La religion du Christ parut dans le monde avec les premiers empereurs à Rome et se développa de suite avec rapidité dans tout l'empire romain. Formant une famille nouvelle, les premiers chrétiens n'avaient pas encore d'histoire. Les usages, les coutumes d'un peuple ne se forment qu'à la suite d'une vie propre d'une certaine durée. Vivant à côté de la société romaine, ils commencèrent à lui emprunter, dans la sépulture des morts, tout ce qui ne choquait pas leur foi. Ils repoussaient l'incinération qui s'accordait mal avec l'idée d'une vie future, mais ils conservaient, en partie du moins, l'aspect extérieur des monuments funèbres et surtout les épitaphes dont ils ont copié d'abord la rédaction, la disposition des lettres et jusqu'au caractère typographique.

Les inscriptions sont aussi en latin, mais l'invocation aux dieux mânes, *dis manibus sacrum* par laquelle débute l'épitaphe romaine, a disparu (1); celle-ci se termine généralement par ces mots, inscrits à la suite du nom du défunt : *Vixit in pace, fidelis in pace* (qu'il repose en paix).

Cette réflexion s'applique surtout aux chrétiens non persécutés ; ceux que poursuivait la violence impériale cachaient leur culte, leur vie religieuse et pour beaucoup devenaient martyrs. Le tombeau pour eux ne se posait plus au grand jour. Il y a, dans un faubourg de Rome, une nécropole souterraine désignée sous le nom de catacombes et où l'on rencontre des niches de pierre superposées et considérées comme ayant servi de sépulture aux premiers martyrs.

---

(1) L'épitaphe chrétienne ne contient plus que le nom du défunt suivi des indications *Vixit in pace, fidelis in pace*, et souvent du nombre des années vécues.

Le P. Delattre, qu'il faut toujours citer quand il s'agit d'évoquer les souvenirs antiques, a découvert à Carthage, en 1887, une vaste basilique chrétienne dont nous avons visité les ruines avec beaucoup d'intérêt. Cette basilique (V. p. 27), qui date du premier, du deuxième ou peut-être même du troisième siècle de notre ère, a reçu beaucoup de sépultures et par conséquent fournit à ce point de vue des documents précieux. On y a recueilli en très grand nombre des débris de sarcophages, de bas-reliefs et d'épitaphes; quatorze mille morceaux d'épitaphes ont été à ce jour exhumés de la basilique. Le P. Delattre a fait une étude longue et patiente de ces ruines dans une brochure fort intéressante *(Inscriptions chrétiennes trouvées de 1884 à 1886, dans les fouilles d'une ancienne basilique à Carthage)*.

Voici quelle est d'ordinaire la disposition des tombes : Une auge formée de pierres carrées, épaisses de $0^m,07$ à $0^m,08$ est recouverte de pierres semblables; ses dimensions diffèrent naturellement selon que la tombe appartient à un enfant, à un adolescent ou à un adulte. Nous avons dit déjà que parfois les cadavres d'enfants sont placés dans de grandes amphores qui ont été divisées dans le milieu et dont les fragments ont été rapprochés les uns des autres ou réunis par des tuiles. Assez souvent, le squelette repose sur une couche de chaux; mais on ne trouve dans ces tombes ni vases, ni lampes, ni autres objets, qui représentaient une pratique païenne; quelquefois seulement des clous annonçant qu'il y a eu un cercueil. L'auge est à un mètre environ de profondeur au-dessous du sol de la basilique, sur lequel repose la dalle de pierre ou de marbre portant l'épitaphe. La dimension moyenne des dalles est de 2 mètres de longueur pour $0^m,60$ de largeur. Souvent aussi l'épitaphe est gravée sur une tablette de petite dimension.

Les sarcophages étaient placés dans le sol de façon que leur face supérieure, où était gravée l'inscription, fût de niveau avec le dallage de la basilique.

Les inscriptions, soumises ainsi au frottement des pieds de

nombreux fidèles, étaient pour un bon nombre plus ou moins effacées.

La hauteur des lettres varie selon que l'inscription est gravée sur une tablette ou sur une dalle. Dans ce dernier cas, les lettres sont plus grandes. Elles n'ont guère moins de $0^m,07$ et parfois une dimension supérieure. Dans certaines inscriptions monumentales et épitaphes d'Evêques, elles atteignent jusqu'à 17, 20 et même 30 centimètres de hauteur.

Voyons maintenant un échantillon de quelques épitaphes, toujours d'après le P. Delattre :

1° Sur un morceau de plaque de pierre

Hic Sunt

hauteur des lettres $0^m,04$. Il y a des inscriptions de tombeaux de martyrs qui commencent par ces mots : *Hic sunt reliquiæ;*

2° Sur une plaque de marbre blanc A L T

hauteur des lettres $0^m,30$

Sur une plaque de pierre :

I I I   I I I V S   E P I S C   E C C L E S I   æ   I I I I I I I I

La hauteur des lettres est de $0^m,10$. Il y avait une seconde ligne illisible, elle indiquait probablement le nom de l'église administrée par le défunt dont le nom était sans doute indiqué dans le premier mot tronqué de l'inscription.

En réunissant neuf morceaux d'une dalle de marbre blanc, à stries bleuâtres, longue de deux mètres, on obtient cette épitaphe qui renferme le nom d'un acolyte :

CYRIANUS fidelis in PACE
NOVELLA FIDELIS IN PACE DPÇSD.OCTOB
GLORIOSVS ACOLVTVS IN PACE

Cette formule *in pace* se retrouve très souvent sur les épitaphes chrétiennes de Carthage.

Sur une petite plaque de marbre de $0^m,10$:

    PVELLA FIDELIS in pace
    FELICITAS fidelis in pace
    Hauteur des lettres : $0^m,04$.

Fidelis in pace. Que ce fidèle repose en paix. C'est chrétien (Dr Carton).

    ATANASVS IN PACE
    VIXI ANNIS II MÇI
    III
    MARCELLA
    fidelis IN PACE

Hauteur des lettres : 1re ligne, $0^m,15$; 2e ligne, $0^m,05$; cette épitaphe a été trouvée avec plusieurs autres plaques dont l'une porte l'anneau et la palme et une autre la croix latine. Quelques épitaphes ont des lettres grecques entremêlées avec les lettres latines.

    ENΘΑλΕΚΕΙ ΘΗC IIIIIII
    NIIIIIETEΘHII IIIIIIII
    Hauteur des lettres $0^m,055$.

D'autres sont moitié en majuscules et moitié en petites lettres, comme nous l'avons vu déjà.

    can DIDA FIDELIS in pace
    Hauteur des lettres $0^m,05$.

Sur une plaque de Saouân :

    IIII ASINARI IIIII
    FIDELIS IN PACE
    VIXIT ANNOS
    III

On voit que ces épitaphes ne diffèrent pas sensiblement les unes des autres, quant à ce qu'on peut appeler la typographie, des inscriptions gravées sur les tombes romaines proprement dites.

M. Toutain, élève de l'Ecole française à Rome (Palais Farnèse), chargé en 1890 de fouilles à Tabarca (Tunisie), y a rencontré des nécropoles chrétiennes. Il a eu l'obligeance de me communiquer les notes qu'il a prises à ce sujet et que je puis vous présenter moi-même avec son autorisation (1).

« Un champ considérable de sépultures chrétiennes a été exploré à Tabarca pendant le printemps et l'été de 1890. Ce cimetière se trouvait sur la pente inférieure d'un mamelon séparé de la colline du Bordj par un ravin profond et s'abaissant au nord vers la mer.

Il s'étendait dans le voisinage immédiat d'un ensemble de constructions chrétiennes.

La disposition générale des tombes présente deux traits caractéristiques :

1° Les tombes étaient superposées dans le petit enclos ; j'ai reconnu avec la plus grande netteté trois étages de tombes.

Dans le cimetière proprement dit, il est difficile, à cause de la pente du sol, de déterminer exactement le nombre des étages successifs ; mais on peut affirmer sans exagération que six sépultures au moins avaient été construites les unes au-dessus des autres, et encore le sol vierge n'a-t-il pas été atteint.

« Rien ne séparait les couches superposées ; le cadavre était étendu purement et simplement sur la tombe de la couche immédiatement inférieure. Lors même que cette tombe était ornée d'une mosaïque, aucune précaution n'était prise ; ni pierre, ni tuile, ni terre n'étaient disposées au-dessus du corps.

2° Les tombes n'étaient pas orientées, les sépultures étaient dirigées dans tous les sens.

Il est impossible de ne pas être frappé de l'extrême confusion qui régnait parmi ces sépultures. Immédiatement au-

---

(1) Malgré la distance, je voulais aller moi-même à Tabarca ; le mauvais temps continuel m'en a empêché.

dessus d'une tombe dirigée du nord au sud, se trouvait une autre tombe dirigée de l'est à l'ouest. Il n'y avait ni parallélisme, ni symétrie entre les tombes voisines et les couches successives.

« Si nous examinons maintenant les tombes en elles-mêmes, nous constatons à la fois beaucoup d'unité et une grande variété.

« D'une manière générale, la tombe chrétienne de Tabarca est un espace rectangulaire limité par quatre murettes et hermétiquement fermé à la partie supérieure. Le cadavre était étendu sur le dos. Le plus souvent, il n'y a pas trace de cercueil ou de sarcophage.

« La plupart des murettes sont constituées par des blocs à peine taillés, quelquefois par des galets de dimensions considérables. Un mortier assez grossier relie les uns aux autres. Parfois aussi dans l'intérieur de la tombe, le long de la murette et appuyées contre elle, quelques tuiles épaisses de plusieurs centimètres sont placées de champ et forment la paroi de la cuve.

« A plusieurs reprises, j'ai trouvé, parmi les matériaux de ces murettes, des fragments d'inscriptions ou même des inscriptions presque intactes. Toutes sont des épitaphes païennes.

« Les monuments du ou des cimetières païens ont donc servi à construire les sépultures chrétiennes. La dalle supérieure qui ferme la tombe se compose toujours de deux parties : la dalle proprement dite, en béton ou en mosaïque, et ce qu'on pourrait appeler les substructions, c'est-à-dire les matériaux reposant directement sur les murettes et soutenant la dalle extérieure.

« Ces matériaux sont de deux sortes : ce sont, ou bien de grosses dalles allongées et aplaties, fort imparfaitement taillées et pesant très lourd, tantôt en pierre calcaire, tantôt en galet d'une dureté incroyable, ou bien des tuiles en terre cuite. Ces tuiles affectent des formes diverses : tuiles carrées sans rebords avec une échancrure à chaque angle ; tuiles rectangulaires dont les deux plus longs côtés sont munis de rebords.

« Tuiles courbes ; toutes présentent des empreintes parallèles, tracées avec le doigt dans la pâte encore molle, qui ont été déjà rencontrées si fréquemment et qui ont été faites par l'artisan au moment de la fabrication.

« La disposition de ces tuiles est très variée. Tantôt elles forment, au nombre de quatre ou de six suivant leur dimension et suivant la longueur de la tombe, une sorte de toit continu au-dessus du cadavre ; tantôt elles alternent avec des pierres plates. Enfin, nous avons rencontré plusieurs tombes où deux couches de tuiles étaient superposées. Les tuiles courbes, beaucoup plus rares que les tuiles plates, étaient placées à la suite les unes des autres et leur concavité tournée vers l'intérieur de la tombe. Au-dessus des tuiles, se trouve presque toujours d'abord une couche peu épaisse de débris de pierres noyées dans un mortier très résistant, puis la dalle proprement dite, béton ou mosaïque. Sur certaines tombes, une plaque de marbre portant l'épitaphe encastrée dans le béton.

« Parfois, la tombe tout entière est entourée soit d'une couche de béton, soit de dalles en mosaïque. Les murettes sont entièrement cachées. La sépulture ressemble alors à un sarcophage, mais à un sarcophage qui recouvre le corps au lieu de le contenir.

« Depuis la simple tombe en maçonnerie, sans ornement ni inscription, jusqu'aux sarcophages décorés de mosaïques, on peut reconnaître plusieurs variétés de sépultures :

« Tombe en maçonnerie ;

« Tombe recouverte d'une dalle en béton, avec épitaphes sur dalles de marbre ;

« Tombe dont la dalle supérieure est en mosaïque ;

« Tombe en forme de sarcophage décorée de mosaïque sur toutes les faces extérieures.

« Ces diverses sépultures sont mélangées. Il est vrai que, dans l'enclos muré signalé plus haut, toutes les tombes étaient ornées de mosaïque ; mais dans le grand cimetière ont été trouvés pêle-mêle tous les types ci-dessus énumérés ».

Les mosaïques, les sarcophages en plomb sont un caractère des sépultures chrétiennes emprunté d'ailleurs aussi par les païens.

J'ai pu voir au musée que l'administration française forme au Bardo, près Tunis, trois sarcophages en plomb appartenant à ces sépultures. Deux ont été trouvés à Bulla-Regia, par le Dr Carton ; l'autre, par M. Woog, succédant à M. Toutain dans les fouilles de Tabarca. Les deux sarcophages, envoyés par le Dr Carton, sont de dimensions inégales, mais tous deux ont une forme semblable.

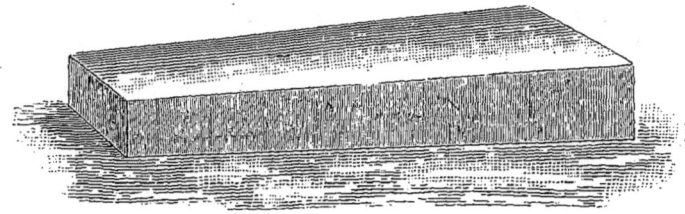

Sarcophage en plomb d'origine non chrétienne mais païenne, du IIe siècle, sans doute (Carton).

C'est une sorte de boîte longue, régulièrement aplatie sur toutes ses faces, plus large à un bout qu'à l'autre, et dont les arêtes suivent une ligne droite sans déviation aucune, même au niveau des épaules.

Voici leurs dimensions, d'abord le plus petit : la grosse extrémité qui répond au haut du corps a 0^{m}32 de large ; la petite, qui répond aux pieds, en a 0^{m}18. La hauteur semblable partout en porte 0^{m}21 ou 0^{m}22. La longueur est de 1^{m}08. Le plomb qui forme tout le sarcophage est très épais ; il a six ou sept millimètres. Il est presque intact. Le couvercle est plat, il a été détaché de l'ensemble. Le sarcophage s'ouvre par l'enlèvement en un seul morceau de toute la feuille de plomb qui forme couvercle au sarcophage. En soulevant ce couvercle, on voit dans le sarcophage le squelette paraissant complet d'un jeune sujet ; mais les os n'ont pas conservé leur place et leurs rapports naturels. L'extraction et les pérégrinations du sarcophage ont détruit l'assemblage du squelette. Les os sont confondus et trop libres dans une cavité relativement large. Il n'y a qu'un seul corps ; nul objet de quelque signification ne l'accompagne.

Le grand sarcophage présente la même forme exactement, mais avec des dimensions différentes. Il porte :

Largeur, grosse extrémité.	0^{m}50
— petite extrémité	0^{m}30
Longueur.	1^{m}85
Hauteur	0^{m}34

Le plomb, très fort aussi, a la même épaisseur que celle indiquée plus haut. Il n'y a aussi qu'un seul corps. Les os paraissent également complets, mais ils n'ont pas non plus, et pour la même cause, conservé leurs rapports naturels et sont aussi disséminés dans l'intérieur du coffre funèbre. Aucun objet de quelque importance n'accompagne le corps. Il y a seulement une sorte de poussière noirâtre, sale, comme dans le premier sarcophage, et les restes d'une sorte de trame qui peut représenter ce qui subsiste des étoffes dans lesquelles le corps a été enseveli.

M. de la Blanchère, directeur actuel du musée et qui en ce moment cède ses fonctions à M. Georges Doublet, ancien élève de l'Ecole normale, me fait voir, dans ce même musée du Bardo, un troisième sarcophage également en plomb et venant de Tabarca où il a été découvert par M. Woog succédant à M. Toutain dans les fouilles exécutées sur ce point.

La forme est semblable à celle des précédents ; les dimensions diffèrent :

Largeur à la grosse extrémité.	0^{m}38
— à la petite extrémité	0^{m}32
Hauteur	0^{m}21
Longueur	1^{m}25

On ne voit aussi qu'un seul corps très jeune par l'aspect des os qui sont également dissociés et épars. Il n'y a pas non plus d'objets funéraires ; mais on retrouve, comme dans les deux premiers sarcophages, cette même poussière sale, noirâtre, accompagnée de quelques débris organiques.

Les os et ces quelques débris tiennent également très peu de place dans le sarcophage qui paraît vide à plus des trois quarts. Le plomb est aussi très épais.

Mais ce sarcophage présente une addition très curieuse. En place il était recouvert par une très belle mosaïque parfaitement conservée, ayant la forme d'un parallélogramme de dimension correspondante au sarcophage et reproduisant le portrait très bien figuré d'un enfant avec cette inscription :

Ευπρασιυς   (Textuel en grec).

In pace vixit } (Textuel en latin).
annis VII

La mosaïque est aussi au Bardo.

« On ne saurait contester le caractère chrétien des nécropoles de Tabarca (1).

« On y voit en abondance sur les tombes des dalles en mosaïque.

« Celles-ci portent des épitaphes chrétiennes et des symboles chrétiens.

« Souvent sur les dalles en mosaïque ou sur les plaques de marbre rencontrées dans les fouilles sont représentés le monogramme du Christ avec α et ω, la croix, d'autres symboles comme deux colombes perchées sur les bords d'un calice, ou encore un personnage dans l'attitude de la prière. Les pierres tombales païennes ou débris de pierres tombales païennes que l'on voit entrer aussi dans la construction des tombes chrétiennes n'enlèvent pas à celles-ci leur caractère chrétien. Les chrétiens de Tabarca n'ont peut-être pas démoli de parti pris les tombes païennes, mais ils ont volontiers pris et employé comme matériaux les pierres qui en provenaient. » (Toutain).

C'était du reste la coutume du pays. Tous les peuples plus ou moins voisins de Carthage sont venus puiser dans ses rui-

---

(1) Le cercueil de M. Voog aurait donc ce caractère.

nes pour aider à construire les monuments qu'ils élevaient chez eux. Rome a commencé, et Charles Quint, abandonnant l'Afrique d'où il était chassé par Barberousse, chargeait ses vaisseaux de marbres et de colonnes dont il dépouillait Carthage pour les transporter en Espagne.

Aux observations si intéressantes faites par M. Toutain, il faut ajouter la découverte d'inscriptions sur lamelles de plomb faite par le P. Delattre dans les fouilles des deux cimetières qu'il a étudiés. Nous avons eu occasion de dire déjà qu'il a rencontré près de quarante lamelles de plomb pliées ou roulées sur elles-mêmes et portant soit des inscriptions, soit des formules magiques. Nous avons donné un spécimen de ces feuilles gravées. Nous ne croyons pas devoir nous y arrêter davantage.

Avec l'étude des sépultures chrétiennes ma tâche est finie. Dans un rapport spécial, j'ai exposé à M. le Ministre de l'instruction publique les résultats obtenus.

J'ai présenté ces mêmes résultats à la tribune de la Société d'Anthropologie dans le courant de juin 1891.

Un résumé de mon travail, non l'ensemble trouvé trop long, est inséré dans le Bulletin de la Société.

Me voici quitte avec mes obligations.

Et maintenant si je veux résumer mes impressions personnelles, je dirai sincèrement que je suis médiocrement satisfait de mon voyage.

L'observateur qui veut faire des fouilles pour des recherches savantes en Tunisie ou en Algérie, doit s'attendre à des mécomptes s'il n'a pas connu à l'avance les difficultés de l'entreprise et pris les mesures comme la résolution nécessaires pour s'en garantir.

Tout d'abord il faut considérer la saison et choisir le temps qui n'est pas celui des grandes chaleurs, qui n'est pas non plus celui des pluies. On peut indiquer comme le meilleur moment l'époque du commencement d'octobre ou courant de décembre, ou du commencement de mars aux premiers jours de mai.

Le ciel de Tunis n'est pas celui des Alpes-Maritimes. J'entends parler surtout de Menton que je connais plus particulièrement. Janvier, février sont généralement très beaux dans ce dernier pays. Fort de cette expérience, j'avais cru trouver une situation analogue de l'autre côté de la Méditerranée. J'avais mal calculé ; je suis tombé dans la saison des pluies, et j'ai été fort gêné de ce contre-temps. Je voudrais pouvoir mieux faire si je recommence le voyage.

Je suis donc parti dans les premiers jours de janvier à destination de Tunis, et j'ai eu le regret de tomber dans une série interminable de pluies, de froid, de mauvais temps qui m'ont singulièrement contrarié, avec cette aggravation que l'année a été exceptionnellement rude partout.

Le 18 janvier, je revenais à Tunis d'une excursion, au milieu d'un froid très vif. L'avant-veille j'avais recueilli sur un bassin à Kairouan une glace épaisse, et il faisait un vent glacial, oui à Kairouan la ville sainte, la ville des minarets et des mosquées, et je trouvais Tunis avec 0,25 ou 0,30 de neige dans les rues, ce qui ne s'était pas vu depuis quarante ans. Le mauvais temps, le froid, la pluie, la boue sont de mauvaises conditions pour l'explorateur et pour les gens qu'il emploie. Le courage du premier faiblit ; les Arabes qui ne demandent que l'occasion, ne font rien s'ils sont laissés seuls ou quittent le chantier, ou mutilent les objets découverts si on en rencontre. En principe absolu, l'observateur ne doit pas quitter le chantier de ses fouilles, et pour cela il doit être prêt à coucher sous la tente s'il le faut ; mais encore faut-il que la saison le permette. Comment échapper à cette nécessité de vivre sous la tente, si l'on explore une région éloignée de 7 ou 8 kilomètres par exemple d'un centre de population ? Les nécropoles de Dougga près Téboursouk, celle de Bulla-Regia près Souk-el-Arba sont éloignées chacune de 7 ou 8 kilomètres de ces deux points. Elles m'auraient probablement fourni des matériaux importants ; je n'ai pu y faire que des recherches interrompues et stériles, à cause de la distance. Venir chaque matin et repartir le soir n'est point pratique. La fatigue à pied ou la difficulté de trouver régulièrement des montures sont des inconvénients. Les Arabes ne sont d'habitude des gens ni pressés ni exacts ; on ne les retrouve plus s'ils échappent à une surveillance constante. A Dougga, et encore par l'entremise du cheik qui devait avoir sur eux quelque autorité, je leur donne rendez-vous à huit heures du matin ; ils ne viennent pas. Heureusement cette localité qui occupe la place d'une grande cité punico-romaine disparue, est remplie de débris de toutes sortes, temple encore debout, mausolée punique imposant, frontons et colonnes renversés mais majestueux, vastes citernes, portes monumentales encore ouvertes sur le périmètre de l'ancienne ville, etc., tous objets qui conservent le caractère d'une véritable splendeur.

Et pour le dire en passant, le gouvernement de la Régence s'honorerait en mettant un peu d'ordre dans toutes ces ruines, et il pourrait le faire sans beaucoup de frais ; à contempler longuement tous ces débris, je me suis facilement consolé de la fouille manquée.

Le lendemain de ce jour il tombait le matin une pluie légère. Mes Arabes viennent, mais tard, et c'est le mauvais temps, l'absence de chevaux ou de mulets qui m'empêchent moi-même de revenir à propos. Je ne puis arriver que dans l'après-midi. Mes Arabes avaient travaillé mais sans résultat et ils avaient déjà quitté le chantier.

Il faut aussi ne pas être pressé dans une entreprise de ce genre. Il faut ne pas s'être à l'avance enfermé dans le cercle d'un temps limité et court. Il faut pouvoir attendre sans impatience soit la fin du mauvais temps, soit le dénouement tranquille des mille petites complications qui ne manquent pas de se produire, remettre paisiblement à faire demain, dans deux jours, dans une semaine, ce qu'on ne peut conclure le jour même, travailler à tête reposée et ne pas vouloir enlever à la vapeur les renseignements et les indications. Il importe de ne jamais perdre de vue ce principe qui peut nous étonner, mais que connaît bien le musulman : *En Orient, le temps ne compte pas.*

J'avais assigné une durée de six semaines environ à mon

voyage, croyant cette période bien suffisante pour faire et bien faire. C'était une erreur. Au bout du temps que je m'étais fixé, il m'a fallu repartir parce que je n'étais plus libre, véritablement chassé par la pluie, le froid, la boue qui n'ont jamais été si incommodes que cette année, et m'en aller sans avoir pu achever une ou deux explorations encore sur lesquelles je fondais quelques espérances.

J'ai le droit de dire pourtant que je n'ai cessé de mettre mes efforts et mon courage à la hauteur des circonstances et que j'ai bien payé de ma personne. Je puis même ajouter que j'ai peut-être couru quelques risques en franchissant à gué certaines rivières larges et fortes sur un cheval sans étriers, à peu près sans selle et sans bride, et en parcourant dans le même accoutrement des chemins de montagne semés de ravins et de fondrières, véritables sentiers de chèvre qui n'avaient rien de rassurant. Aussi bien, je ne conseillerai pas le voyage actuel de Béja à Téboursouk, par exemple, à celui qui n'a pas l'âme résolue et une certaine habitude du cheval.

En dehors de ces incidents de parcours, j'ai dû subir aussi et longuement, des installations par trop primitives qui n'étaient nullement de nature à me faire oublier les intempéries du dehors; mais j'ai résisté avec une certaine vaillance et tout est bien qui finit bien.

J'ai mis mes efforts et mon courage à la hauteur des circonstances et j'ai le droit de dire que j'ai bien payé de ma personne.

Quelques mesures spéciales sont bien utiles à prendre. Faute d'une expérience suffisante, je les ai négligées. Et d'abord, il importe de se munir d'un appareil photographique simple et facile à manier pour prendre et conserver la silhouette d'une foule d'objets qui peuvent avoir un intérêt véritable, que la mémoire conservera difficilement et qui, ainsi reproduits, serviront à l'instruction et au plaisir de tous.

Je me hâte de le dire, j'ai trouvé près de M. le Résident de France à Tunis, près de tous les fonctionnaires français ou arabes, auxquels j'ai cru devoir m'adresser, non seulement l'accueil le plus gracieux, mais encore un concours efficace. Mais il ne faut pas oublier que j'étais en pays musulman, que l'Arabe, en général très impressionné par l'appareil extérieur de l'autorité, reste assez froid devant ce qui ne frappe pas d'abord les yeux ; lorsque je présentais à un Caïd ou à un Cheik et que je faisais traduire la lettre ministérielle sur papier blanc et en français, qui justifiait de mon titre et de ma mission, le Musulman écoutait avec politesse, ne contestait rien et m'assurait de tout son bon vouloir ; mais ils sont défiants. Je suis bien assuré qu'au fond de lui-même, il faisait des réserves et croyait peut-être qu'après tout il pouvait bien être question d'autre chose que de ce qu'on lui disait. Il eût été bien plus à propos que cette lettre eût une traduction arabe, ce qui lui aurait donné plus de valeur, et qu'elle fût munie de plusieurs grands cachets qui auraient grandi son importance et le personnage qui la portait.

Dans le même ordre d'idées, j'aurais dû me faire suivre dès le début et partout d'un spahi à cheval ; j'aurais été plus considéré et par suite mieux servi, bien qu'en réalité je n'aie pas eu à me plaindre. Assurément, le bon accueil que j'ai trouvé près de M. le Résident de France m'autorise à penser que, si j'en avais fait la demande, il aurait volontiers pris les mesures et donné les ordres nécessaires pour que partout cette faveur me fût accordée. A Souk-el-Arba, M. le contrôleur civil Chenel, à qui je suis heureux de rendre ici cet hommage de gratitude, m'envoya ainsi, de son initiative personnelle, sa propre mule, superbement harnachée, avec un spahi d'escorte qui avait l'ordre de ne pas quitter mes talons et je vis bien que, sur le public français ou arabe, l'effet était produit. L'empressement et le bon vouloir de tous étaient certainement plus accusés. Une précaution, bien pratique et fort utile aussi, eût été de demander à la Résidence une note pour MM. les commandants militaires et pour les agents des travaux publics, afin d'avoir quelques hommes ou des engins pour les fouilles nécessaires.

L'expérience vient toujours tard et j'ignorais tous ces détails. Je les consigne ici avec la certitude de leur utilité et dans l'intérêt de ceux qui auraient à entreprendre la même tâche, bien résolu, pour mon compte, à les mettre en pratique si je voulais quelque jour reprendre, dans de meilleures conditions, l'expérience commencée. Cependant, si j'ai été assez mal servi par les circonstances et surtout contrarié par la mauvaise saison, j'ai pourtant travaillé avec courage, augmenté mes connaissances, recueilli et rapporté des documents intéressants et fait tous mes efforts pour rester digne de la mission qui m'a été confiée.

Ma dernière journée jusqu'à la dernière minute s'est donc employée, malgré un temps épouvantable, dans un voyage au musée du Bardo, pour y voir les sarcophages de plomb qui m'attiraient.

Cependant j'en ai fini avec le Bardo, avec M. de la Blanchère, avec les sarcophages.

Je rentre à Tunis avant quatre heures, toujours dans les rafales et dans la pluie.

C'est après-demain lundi le départ du bateau pour la France, je renonce, contraint et forcé, à poursuivre des recherches par un temps pareil; mais pourrai-je partir? Le vent, les rafales, la pluie constante ont fait une mer démontée épouvantable. D'autre part, je n'ai pas encore enlevé à Carthage les crânes et autres objets mis si gracieusement à ma disposition par le P. Delattre. Il faut que je me hâte si je veux partir lundi.

Dimanche 15. — Voici qui n'est pas fait pour diminuer mes perplexités. Le vapeur de France devait arriver ce matin à la Goulette. Il est bien venu à peu près à son heure, mais la violence de la mer l'a absolument empêché de débarquer ni passagers, ni correspondances et il a dû regagner la haute mer pour ne pas risquer d'être jeté à la côte, mal assujetti sur ses ancres glissant dans le sable mouvant.

Je fais mes calculs; si le temps est meilleur demain je

pars; mais pour cela il faut que j'aille aujourd'hui même à Carthage recueillir les objets que j'ai à prendre et c'est dimanche, ce qui ne facilite pas les choses.

Je prends un landau et je pars à midi et demi pour arriver entre les offices.

Toujours de la pluie et du vent. La mer est atroce, jaune, violente, soulevée aussi loin qu'on peut la voir en flots tumultueux. Aux premiers mots, le P. Delattre me dit : « Mais il est impossible que vous partiez demain par un temps pareil, vous périrez en route. Il m'est d'ailleurs impraticable de vous aider dans vos emballages, j'ai outre les offices un sermon tout à l'heure dans la cathédrale ». Non, je ne partirai pas si le temps reste semblable, mais la mer change vite, et j'ai tout un jour devant moi pour qu'elle s'apaise. Au surplus une demi-heure doit me suffire pour emballer ce que j'emporte.

Le P. Delattre tire sa montre. « Si cela est ainsi, dit-il, nous pouvons faire ». On trouve deux caisses, de la sciure de bois préparée à l'avance. En moins d'une demi-heure l'emballage est fait. Pendant qu'un jeune père cloue, ajuste le couvercle avec le rabot et la scie, le P. Delattre, qui paraît avoir confiance en moi, me prie instamment de voir deux jeunes élèves du séminaire dont la santé le préoccupe lui et le Supérieur du séminaire. Je vois ces deux jeunes gens, au point de vue surtout de la tuberculose, et quand ils sont partis : « Je ne trouve rien, dis-je, de bien précis, mais je pose pour l'un et pour l'autre deux gros points d'interrogation pour l'avenir ; un beaucoup plus gros pour le premier de ces jeunes gens qui, sans présenter de phénomènes positifs, me paraît mal parti ; un moins gros pour le second jeune homme chez qui les accidents peuvent en partie s'expliquer par une angine chronique susceptible de guérir. »

« Alors, dit le Supérieur, ils ne pourront pas être missionnaires, car il faut nécessairement une santé robuste pour un pareil apostolat. »

Ces deux messieurs paraissent très contents. Une collation

m'est servie avec des vins généreux; je me contente de regarder sa bonne mine.

Je rentre dans la salle du musée. Je veux laisser un souvenir dans le tronc pour les fouilles de Carthage. Il reste au P. Delattre cinq ou six minutes avant l'heure du sermon qu'il doit faire à la cathédrale ; nous nous quittons en grande estime et confiance mutuelles.

Il est quatre heures quand je rentre à Tunis, dans la même bourrasque un peu calmée pourtant.

Je ramène d'ailleurs avec moi mes caisses anthropologiques. Eventuellement, je suis prêt pour le départ de demain.

Lundi 16. — Le temps est toujours humide, pluvieux et froid, mais le vent est beaucoup tombé; à la Poste on me dit que le vapeur, qui avait dû hier reprendre la haute mer faute de pouvoir se tenir en rade, a pu débarquer ce matin correspondances et passagers. Donc la situation est meilleure, mon espérance renaît. Je me hâte de revoir MM. Bertholon, Doublet, Mercier, je ne veux pas m'exposer à partir sans les voir. Avant onze heures, je suis rentré à l'hôtel. J'ai décidé de faire tous mes préparatifs. J'irai à la Goulette avec tout mon bagage, prêt à gagner le bateau si le temps est possible. Si la mer est encore trop mauvaise, je laisse mon bagage à la Goulette pour le départ de mercredi et je rentre chez Gigino. A la Goulette, tout le monde s'accorde à dire que la situation devient bonne ; le baromètre remonte, la mer n'a plus sa fureur, un certain nombre de passagers sont là comme moi prêts à risquer l'aventure. Je me décide au départ, je pèse d'ailleurs une considération de quelque importance. Le bateau qui est là aujourd'hui est un grand et superbe bateau, *La Ville de Tunis*, à peu près semblable à *L'Isaac-Pereire*. Mercredi, il ne doit y avoir qu'un bateau très inférieur avec lequel la mer, même meilleure, ne me donnera peut-être pas un meilleur passage.

Au point de vue patriotique, j'ai un petit regret ; mes incertitudes du matin m'avaient un peu mis en retard. Je voulais prendre le petit bateau français qui conduit à la Goulette, mais il était déjà parti quand j'ai été absolument prêt. Il ne restait plus que le chemin de fer italien pour me conduire et je n'avais qu'un quart d'heure avant le dernier train possible. Enfin je suis sur *La Ville de Tunis*. La mer est très passable. On l'annonce meilleure encore pour un peu plus tard. J'aurai donc réussi. Et de fait elle se comporte de mieux en mieux. Le premier soir pourtant, je ne suis pas vaillant ; le balancement régulier et uniforme de la rade me laisse des inquiétudes.

Le dîner, léger d'ailleurs, ne me tient pas longtemps compagnie ; je gagne promptement ma cabine ; mais décidément la mer est apaisée. La nuit de lundi à mardi, toute la journée de mardi, la nuit de mardi à mercredi ne laissent rien à désirer.

Mercredi, à 7 heures du matin, nous sommes ancrés dans le port de Marseille.

Mais il y a les ennuis du débarquement, de la douane très facile pourtant pour les colis ministériels et pour moi-même par contre-coup, quelques embarras au chemin de fer pour l'expédition de ces colis à Paris ; j'en termine cependant.

Les attraits d'une bouillabaisse possible sont insuffisants à me retenir. Un train part à 10 h. 32 pour Menton, je puis monter en voiture trois minutes avant le départ.

A cinq heures du soir, je suis de retour à Menton que j'ai quitté le 8 janvier.

Peu de temps après je recevais la lettre suivante de mon collègue Hovelacque toujours si gracieux pour moi :

Paris le 25 Février 1891.

Cher collègue,

Le ministère de l'Instruction publique me fait savoir qu'il reçoit de votre part trois caisses destinées à la Société d'anthropologie.

Je remets cette annonce à mon successeur à la présidence, le Dr J.-V. Laborde, qui va faire retirer l'envoi. Il ne sera ouvert qu'à votre retour, et vous présent.

Je vous adresse au nom de la Société, cher collègue, les meilleurs remerciements et vous prie de recevoir mes sincères souvenirs.

HOVELACQUE.

TROISIÈME PARTIE

TROISIÈME TRAVERSÉE. — MARS 1895

Philippeville, Constantine, Batna, Biskra, Kroubs.
Recherche inutile de crânes Juifs à Tunis

Je prends la plume le 10 mars au matin à Batna.

Mars 1895. — J'ai quitté Menton le 5 avec un billet circulaire de l'agence Gaze pour Philippeville, Constantine, Batna, Biskra, Tunis et retour à Marseille. Le mauvais temps, le grand froid m'ont retenu à Menton un peu plus que je ne comptais.

Mon affaire principale est de rechercher et de rapporter à Paris des crânes juifs. La Société d'Anthropologie n'en a pas, et me prie de lui en trouver.

Vers le milieu de janvier, je déjeunais chez l'ancien député de Paris, mort depuis en janvier 1896, Hovelacque, avec MM. Hervé, de Mortillet, membres et anciens Présidents de la Société ; ces Messieurs m'ont instamment prié de rapporter quelques-uns de ces crânes. Je me suis volontiers laissé faire. C'est un pays attirant que l'Afrique. Et pourtant je pars triste ; c'est un voyage sinon tout à fait de plaisir, au moins d'occupations intéressantes qui vont à mon esprit et je suis triste.

Je sais bien que c'est « le dernier chant du cygne ». Là n'est pas seulement le sentiment qui me pénètre ; sans doute c'est, ou peu s'en faut, le « dernier chant du cygne », mais par dessus tout je suis fatigué de toutes choses, écœuré, ulcéré de l'injustice, de l'ingratitude, dominé par d'autres chagrins, d'autres amertumes. Je sens mon isolement grandir et j'en souffre davantage ; mais ce n'est pas le voyage qui me pèse et je retourne volontiers dans un pays où la vivacité de la lumière, un ciel doux, l'éclat des costumes, la couleur locale, les souvenirs historiques, l'intérêt français apportent à l'âme un ensemble d'émotions qui ne sont pas sans prix.

5 mars. — Il est une heure après-midi quand je quitte Menton ; à sept heures, je suis à Marseille. Je dois m'embarquer le lendemain pour Philippeville. A Menton le temps était redevenu agréable. Gens de Menton qui vous plaignez de ne pas avoir toujours les quatre soleils et le plus pur ciel bleu, venez seulement à Marseille, quand une petite brise dans un ciel gris souffle un peu chez vous. C'est une tempête quand j'arrive à Marseille. Le mistral, qu'on a oublié de museler, souffle d'une façon à décorner tous les bœufs de la campagne romaine ; le thermomètre ne dépasse guère un degré au-dessus de zéro, et c'est vraiment une Sibérie au regard de ce que j'ai laissé à Menton quelques heures avant. Enfin puisque je vais au pays de l'Islam, il faut me mettre en harmonie de sentiments et me résigner. L'hôtel du Louvre me donne un bon dîner, une bonne chambre ; nous verrons demain.

Ma première course, le mercredi 6, est vers la Compagnie des Paquebots, pour régler quelques détails de mon passage et prendre nouvelles de la mer. Sur ce dernier point on ne me donne pas grande satisfaction. Je veux aller me renseigner aux gens du bord et savoir si mon bateau, la *Ville d'Oran,* me donne au moins par sa force et sa grandeur des garanties contre le mauvais temps. Je suis le port marchand en plein et bon soleil, je me rassure ; mais au bout du port marchand, ou vieux port, on tourne à droite pour entrer dans le port de la Joliette, et alors tout à coup, au tournant même c'est le déchaînement d'un vent furieux et glacé. Pendant quelques minutes, je suis héroïque et j'affronte impassible la tempête ; mais mon courage n'est pas suffisant et bientôt, toute honte rentrée, il me faut tourner bride n'y pouvant plus tenir et sans avoir pu joindre mon paquebot. Joli début !

Un tramway me conduit chez Mlle Grandval, boulevard de Longchamps, que je dois voir pour Maurice. Je trouve une femme d'un certain âge, petite, contrefaite, mais instruite, polie, gracieuse, qui me fait très bon accueil sans me donner grande satisfaction sur le point particulier qui touche Maurice. Elle me parle de ses missions et de ses missionnaires ; car pour employer sans doute son activité, son intelligence et son cœur, elle s'occupe incessamment de tout ce qui touche les missions religieuses hors de France, et il faut bien reconnaître, quoi qu'on pense d'ailleurs, que les missionnaires, n'eussent-ils qu'un mérite, ont au moins celui du patriotisme et concourent plus que personne à répandre au loin et souvent à leurs risques, la langue, l'influence, le nom et l'esprit français.

Je suis donc facilement d'accord avec Mlle Grandval qui m'offre le livre récent d'un missionnaire : *Loin du pays*.

Je lirai ce livre volontiers.

Je veux en avoir le cœur net ; après déjeuner, je retourne à mon bateau. Je prends un autre chemin où le mistral a moins d'accès, et sans être garanti tout à fait, je puis arriver pourtant. On me dit bien que la mer n'est pas bonne, mais ce vent atroce est plutôt un vent de terre qu'un vent du large.

La *Ville d'Oran* est un des meilleurs et des plus grands bateaux ; attendre quoi ? deux jours d'abord pour un nouveau départ, deux jours encore perdus et l'échéance d'avril pour ma rentrée en France reste la même ; et puis fera-t-il meilleur ? Le mois de mars n'est en général pas celui de la mer tranquille. Je n'ai pas trop l'habitude de faiblir ; je décide mon départ et m'occupe immédiatement de convoyer mon bagage ; deux heures après je suis à bord convenablement installé seul, dans une bonne cabine.

Hélas ! le port n'a guère la surface tranquille que la réputation fait aux ports ; que sera donc le large ! Plus de récriminations, et à la grâce de Dieu.

A quatre heures, nous sommes partis ; très peu de passagers ; je le crois bien. J'essaie de me mettre à table quand le dîner sonne à six heures; je n'ai pas pris deux cuillerées de potage qu'il est grand temps de quitter ma place, et je gagne ma cabine et mon lit où la position horizontale me donnera le seul adoucissement qu'en pareil cas on puisse espérer. Très mauvaise nuit. La mer n'a pas désarmé. Quand le maître d'hôtel vient m'annoncer le lendemain que le déjeuner est servi, je donne à l'un et à l'autre ma bénédiction, et impassible et calme, comme le musulman, j'attends.

Vers deux heures, le 7, le maître d'hôtel vient me dire que le vent a disparu et que la mer est vraiment belle, pour un marin peut-être ; mais la révolte du fond de moi-même m'inspire peu de confiance et je continue de rêver à des jours meilleurs. A quatre heures pourtant je veux essayer; je me lève et monte sur le pont; je n'ai rien pris depuis trente heures, mais je ne suis pas prêt à rompre le jeûne. Quand je vois ces longues vagues écumeuses, moutonnantes, verdâtres, à dos de crocodile, je pense que je n'en aurai pas pour longtemps à les contempler sans accident et je retourne prudemment regagner mon gîte. Du dîner je ne prends que le son de la cloche avertissant les plus heureux. Cependant nous marchons bien ; le vent nous a poussés plutôt que contrariés. J'ai su que nous devons être à Philippeville vers minuit ; mais descendre en pleine nuit, brisé, dans un pays que l'on ne connaît pas, quelle perspective ! Je demande au commissaire, c'est lui qui règle ces questions comme M. Dulaurens, la permission de rester à bord ; je finirai ma nuit tranquille ; je dormirai si je ne mange pas, et j'aurai vu finir paisiblement le cours de mes épreuves.

Le commissaire accueille ma prière aimablement. A sept heures du matin, je me décide à secouer mes membres engourdis, j'accepte une tasse de chocolat gracieusement offerte; je réunis mon bibelot, et à huit heures me voici enfin sur le plancher des vaches ! Ah ! non ce n'est pas un vil et vain flatteur qui a chanté tes louanges bienheureux plancher, et reçois bien la sincère assurance de ma cordialité ; mais pendant deux ou trois jours j'aurai l'estomac en compote et souffrirai d'une soif constante. Allons, mal passé n'est que songe. En marche !

Philippeville est une petite ville toute européenne et française bâtie en amphithéâtre sur les flancs d'une colline assez élevée et qui rappelle un peu, sauf les dimensions, Oran avec sa ville haute et sa ville basse. La rue principale, assez belle, en arcades comme la rue de Rivoli, mais plus modeste, oui, monte doucement le long du bas de la colline se dirigeant du faubourg inférieur à la ville haute. J'ai mon instrument photographique et je prends deux ou trois vues. Il fait douxet bon.

Beau port, largement pourvu d'un bel approvisionnement de grains garantis comme à Oran, par de larges bâches contre les intempéries. Philippeville, où l'on cultive beaucoup la vigne, paraît être le centre d'un commerce de vins important. Toute la journée, du port à un entrepôt sis au faubourg qui suit les arcades, et de cet entrepôt au port, je vois circuler une série de voitures chargées de gros muids au nom de Ch. Bruno à Brest, sans doute un commanditaire de la maison de Philippeville.

Mais je ne veux point m'attarder ici où j'ai peu à faire.

A trois heures, je prends le train pour Constantine où j'arrive à sept heures du soir descendant au grand hôtel Légey, assez bonne maison. Il ne fait pas mauvais, mais moins bon et moins doux qu'à Philippeville ; après dîner un tour dans le voisinage et une cigarette m'occupent un instant. Je suis rentré et couché avant neuf heures.

Samedi 9. — J'ai bien reposé, mais je ne suis pas bien remis de la secousse de mer. Levé de bonne heure, je vois le soleil et me hâte de sortir. Je connais déjà Constantine et ne vois rien qui doive m'y retenir. J'entre dans un café, et je constate avec regret qu'on y a perdu la recette du grog américain. C'est le même café où j'entrais il y a trois ans avec Maurice. J'étais alors un peu touché de rhume, et Maurice, qui veut me guérir, demande pour moi un grog américain. C'était une boisson carabinée, chaude, très chargée de rhum et forte à réveiller un mort. Aujourd'hui je ne suis nullement touché de grippe, mais encore fatigué de la mer, l'estomac médiocre. Je redemande ce même grog qui m'avait réussi. Le garçon me regarde étonné sans répondre ; il n'a pas saisi. Il va à la patronne qui le renseigne plus ou moins, et après un instant il m'apporte un petit pot d'eau chaude, une bouteille de rhum et un citron, mais la préparation n'est pas faite, et comme j'aurai certainement la main moins prodigue de rhum, je n'aurai plus la boisson type qui avait fait mon étonnement et mon succès autrefois. Deux petites cuillerées de rhum me suffisent, agrémentées de citron et de sucre pour boire agréablement, car je reste mort de soif.

Ah ! par exemple, si Philippeville est cité française, Constantine est plein de couleur locale. De tous côtés, on ne voit que des Arabes à pied, à cheval ou trottinant sur leurs petits ânes ou mulets ; c'est précisément aujourd'hui jour de marché, et la collection est complète et d'ailleurs intéressante. Muni de mon appareil, j'en profite pour prendre divers clichés. Je pénètre pour cela dans quelques bouges en plein vent où sont entassés bêtes et gens dans une malpropreté sordide. Ce que c'est que l'amour de l'art !

J'avais peur d'un mauvais accueil. Pas du tout ; quand je rengaîne mon instrument, un vieil Arabe qui raccommodait une savate, m'interroge en me demandant : fini.

— Oui, fini.

Je vais revoir le quartier arabe bien plus pittoresque naturellement, les gorges du Roumel où tourbillonnent dans le soleil, au-dessus du bruit du torrent, un bon nombre de grands oiseaux déjà vus, — je ne songe point à demander le nom — et qui sont peut-être une espèce d'aigles.

Je revois aussi l'emplacement où se trouvaient les batteries de brèche lors du siège de Constantine. De là ou du voisinage, très belle vue sur la grande vallée et sur les montagnes qui forment l'horizon. Pendant que j'examine le paysage, un jeune homme vêtu à l'européenne m'adresse la parole en français. Il est occupé à trier, à nettoyer une certaine quantité d'orge pleine de poussière et de résidus impurs. A mon étonnement, il est aidé par une femme arabe, une vieille par exemple, mais par une femme, la première que je crois avoir jamais vue à visage découvert. Il paraît que les femmes arabes commencent à s'humaniser un peu. J'en aurai prochainement d'autres exemples.

L'individu a acheté au marché voisin des fonds de sacs, des résidus de balayures et il cherche à tirer parti du grain qui peut subsister dans les débris. La femme secoue la denrée dans un tamis ; elle ôte le plus gros et l'industriel complète l'opération par un soin plus attentif en enlevant à la main ce que le tamis ne peut laisser passer. Il m'explique que la femme le voyant faire lui a demandé à l'aider ; il lui donnera quelques sous dont elle sera contente. Elle complètera sa journée en allant ramasser des chiffons dans les ordures de la ville. Voilà pour aujourd'hui. Mais demain ? Demain est à Dieu, soumettons-nous !

Je demande à mon personnage si les Arabes me laisseront prendre des vues sur eux ; ils craignent m'a-t-on dit qu'on leur jette un mauvais sort. Non, m'est-il répondu, vous n'avez pas cela à craindre. Mais si vous rencontriez isolé dans la campagne un ou plusieurs Arabes, bien mis comme vous êtes, ils pourraient croire que vous avez un magot dans votre appareil et vous faire un mauvais coup. A bon entendeur salut !

Le train pour Batna où je vais coucher ce soir, part à midi 15. A onze heures, je rentre à l'hôtel, et après un déjeuner que l'état de mon estomac m'oblige encore à faire sommaire, je monte en omnibus et suis à la gare à midi.

Quand j'ouvre mon wagon de première, je trouve les deux banquettes fortement garnies de valises et objets divers et derrière moi se présente un spahi qui surveille mon emménagement. La banquette faisant dos à la machine était prise tout entière, l'autre moins occupée. Je m'installais sur la première.

— Ces places sont prises, me dit le spahi, il faut les respecter, poliment du reste.

— Tu gardes trois places, n'est-ce pas ; eh ! bien, j'en prends une, il te reste trois coins, cela doit faire ton affaire ; seulement, moi, je préfère un coin dans ce sens.

— Oui, après tout, un coin à droite ou un à gauche, c'est kiss-kiss.

Me voilà parti à rire.

— Alors tu as servi en France ?

— Oui, j'ai servi en France.

Et il déménage une partie de son bibelot.

Les officiers de chasseurs de la remonte de Constantine achetant à Biskra des mulets pour Madagascar.

Quelques minutes après arrivent trois officiers de chasseurs à cheval, trois lieutenants pour qui sont les places gardées. Ce sont les officiers de remonte qui vont sur divers points acheter 3,000 mulets pour Madagascar et, par occurrence, quelques chevaux s'il s'en rencontre.

Le hasard m'a fait suivre ces officiers plusieurs jours, et j'ai vu par eux un spectacle intéressant et auquel je ne m'attendais pas : à Batna et à Biskra, une foire ou marché de mulets et de chevaux, les Arabes étant convoqués pour présenter leurs bêtes.

Les mulets pour Madagascar doivent avoir au moins cinq ans et comme ce sont des mulets de bât, ne pas excéder 1^m.43 — de 1^m.40 à 1^m.43 — parce qu'étant petits, ils sont alors plus faciles à charger.

L'occasion se présentant, on achètera d'autres mulets pour l'Algérie ; ceux-là pourront être pris à quatre ans et d'une taille supérieure. Alors on achètera donc tous les beaux animaux qui se présenteront? Pas précisément, un beau mulet ayant 5 ans pourrait ne pas être pris pour Madagascar parce qu'il a plus de 1^m.43, pendant qu'un autre bon aussi pourrait ne pas convenir pour l'Algérie parce qu'il serait trop petit. Les uns et les autres pourront être pris jusqu'à onze ans.

Et pour s'assurer que l'animal est en état de porter un bon fardeau, les officiers font monter en l'essayant deux hommes sur son dos, le spahi qui va les suivre tout le temps de leur voyage et le marchand ou un autre Arabe de bonne volonté. C'est ce que montrent mes photographies.

Le prix moyen est d'environ 375 à 380 francs, 310, 330, 360, 400, 450, etc., selon le mérite de l'animal. Il est payé à peu près séance tenante et sans reçu, les Arabes ne sachant généralement pas écrire et on n'a pas à regretter cette manière de faire. Il arrive pourtant quelquefois ceci : Les Arabes ont souvent des noms qui se ressemblent, Mohammed ben amar, Mohammed ben amour, Mohammed ben amor. Quand on appelle et qu'on demande les noms, l'officier ne se reconnaît pas toujours dans la prononciation gutturale de l'arabe, et il arrive que Mohammed ben amar à qui on a acheté 380 fr. se présente à la place de Mohammed ben amour à qui on a payé 420 fr. Lorsque le vrai ben amour se présente réclamant 420 fr., on lui dit : mais tu es payé.

— Non.

— Si, tu es payé.

On arrive bien à découvrir la fraude mais trop tard, et

comme il est à peu près impossible de retrouver le délinquant, c'est l'Etat qui écoppe.

Nous roulons vers Batna. Le temps est doux, clair, bien ensoleillé ; à quelque distance de nombreux ouvriers sont occupés à redresser des terrassements. On nous raconte qu'une colline voisine, glissant sur sa base par une cause indéterminée, s'est peu à peu rapprochée de la voie qu'elle a envahie et couverte. Pendant quelque temps, il a fallu transborder voyageurs et marchandises pour franchir le mauvais passage. Aujourd'hui, l'ordre est à peu près rétabli, quoiqu'il y ait encore un certain nombre d'ouvriers, et on passe librement. A Kroubs, je crois, un régiment de spahis manœuvre dans la plaine à peu de distance de nous. L'éclat des burnous rouges, la vigueur et l'agilité des petits chevaux généralement gris-pommelé, font plaisir à voir.

De ce point jusque vers *les lacs*, un peu avant Batna, nous voyons, tout le long de la voie, une grande quantité de cigognes. Elles se promènent tranquillement dans les prés avec leur long bec et leur long cou, plumage blanc sur le dos, noirâtre sous le ventre. Elles sont quelquefois vingt ensemble, aussi paisibles à dix mètres du train que si elles n'étaient pas dans le voisinage de l'homme. Mais aussi tout le monde européen ou arabe les respecte comme un oiseau de protection et de bon augure. Bien heureux celui dont la cigogne a choisi la maison pour y faire son nid et l'oiseau toujours respecté, vit en confiance absolue.

Bien avant Batna, le paysage devient triste ; la terre est sèche, aride, présentant à peine quelques mauvais points de culture ; les montagnes sont sauvages, désolées et sèches sur leurs flancs comme sur leurs crêtes. On sent que l'on approche du désert.

On change de train à El-Guerrha, une heure environ avant Batna, où nous arrivons à 6 h. 30 ; on m'a recommandé l'hôtel des Etrangers, tenu par des Français, de l'Aveyron je crois, gens convenables, chez qui j'ai un bon accueil.

Batna, petite ville toute militaire, a une population d'à peu près 6,000 âmes, dont environ 2,000 soldats. On sent, on voit qu'on y est toujours et sérieusement préparé à la défense.

La ville percée à l'équerre de belles et grandes rues à larges trottoirs bordés de platanes, est de forme rectangulaire entourée d'une forte muraille que percent tout autour de nombreuses meurtrières disposées de deux en deux mètres ou de quatre en quatre mètres selon les endroits, et toujours prêtes à recevoir le fusil des défenseurs. La ville est pleine de soldats et la trompette sonne à chaque instant.

Mes officiers ont choisi le même hôtel que moi. Je sais par eux que, le lendemain matin à 8 heures, *dimanche 10*, les Arabes sont convoqués pour présenter leurs mulets et chevaux qui peuvent convenir au service militaire.

C'est une trop belle occasion de voir, sans me déranger, une importante réunion d'Arabes et le type des bêtes du pays. Je demande à mes officiers la permission d'aller les voir opérer de près. Gracieusement accueilli, je me propose bien de passer près d'eux une partie de ma journée.

En me renseignant près de mon hôte sur les ruines romaines que l'on m'a signalées à Lambesse (10 ou 12 kilomètres de Batna), il me dit qu'il y a bien là, en effet, quelques ruines intéressantes, mais que d'autres beaucoup plus belles se voient à Timgate, à 25 kilomètres plus loin, qu'il y a là une ville romaine tout entière que l'on travaille à relever de ses ruines. Il me demande 30 francs pour m'y conduire et il ajoute qu'un voyageur d'un autre hôtel, voulant aussi faire le voyage, est prêt à venir avec moi et à partager la dépense. Nous emporterons à déjeûner et nous déjeûnerons en route. Je stipule que nous aurons un break fermé, ne voulant pas m'exposer aux désagréments fâcheux du courant d'air. J'ai bien quelques regrets de n'être pas tout à la fête du lendemain, mais d'abord je ne veux partir qu'à neuf heures et demie, ce qui me laissera une grande heure pour suivre les opérations. Puis, mes officiers devant se retrouver trois jours après à Biskra pour le même objet, je compléterai mes observations à Biskra.

C'est convenu ; à neuf heures un quart, le break vient me chercher sur le champ de foire. J'ai pris quelques photographies, qu'il me sera agréable de consulter plus tard.

Ces Arabes sont vraiment de singulières gens. Leur docilité, leur soumission sont incompréhensibles. Pour maintenir l'ordre et l'alignement au milieu de la cohue, les gendarmes et hommes de police les font à chaque instant reculer à l'aide de coups de canne légers appliqués sur les épaules et sur les bras. Et pas une révolte, pas une réflexion !

Voilà six heures et un gros coup de canon, c'est le Rhamadan, le carême des Arabes. Il faut que je m'explique :

C'est en effet le Rhamadan pendant lequel les Arabes ne doivent faire, pendant un mois, qu'un seul repas par jour et à six heures du soir ; à six heures un coup de canon, celui que je viens d'entendre, tiré par qui ? annonce que le moment est venu de rompre le jeûne et voilà pourquoi aujourd'hui *mardi 12*, dans une promenade avec mon guide aux environs de Biskra, à plusieurs reprises, des Arabes m'ont demandé l'heure en assez bon français, sans doute pour savoir si le dîner approchait. Il était trois heures, trois heures et demie, ils avaient l'estomac creux et le temps d'attendre.

Et pour revenir à Batna, j'avais remarqué dans la foule un certain nombre d'Arabes ayant la figure cachée jusqu'*au-dessus* du nez, à la manière habituelle des femmes qui, étant dehors, ne veulent pas qu'on voie rien de leurs traits. Dans cette situation, le nez couvert ne perçoit guère les odeurs et le disciple de Mahomet risque moins d'être agité dans sa foi et de succomber à la tentation par les effluves odorantes qui lui parviennent. L'explication est absolument authentique et sérieuse.

Nous voici donc roulant en break vers Lambesse avec mon compagnon de circonstance, un marchand de vin de Saint-Péray, me dit mon hôte.

La route suit son cours dans une plaine assez ondulée, mal ou point cultivée, aride et sèche ; assez jolie route qui, au bout d'une bonne heure, nous mène à Lambesse.

C'est un lieu bien connu pour la prison qui s'y trouve, grand bâtiment d'une centaine de mètres de long, qui a reçu assez souvent, surtout au coup d'Etat, un certain nombre de prisonniers politiques et qui paraît être une prison cellulaire. Cela m'est égal et je ne songe point à la visiter. Mais à côté se trouve une belle ruine romaine, que l'on qualifie de prétoire ou Palais-de-Justice.

C'est un assez grand bâtiment, de forme carrée en pierres de taille, assez bien conservé, à qui notre administration a fait quelques réparations dans les parties les plus atteintes. La couverture a totalement disparu ; quatre grandes portes en plein cintre règnent aux quatre faces du bâtiment. La baie seule subsiste. Au-dessus de chacune d'elles, une main ouverte, surtout pour les trois premiers doigts, soutient une sorte de couronne. Qu'est cette main qui représente assez exactement l'emblème judiciaire de notre main de justice ? Celle-ci n'est-elle que la reproduction de la main de justice du prétoire de Lambesse prise pour modèle ? Un large péristyle pavé de grandes dalles romaines et terminé par des colonnes encore debout accède au monument. Avant même d'arriver à ce péristyle et à une soixantaine de mètres du monument, se trouvent un certain nombre de cellules à peu près souterraines et encore maçonnées, de 2 mètres de large sur 5 mètres de long, qui devaient servir à loger les prévenus ou à recevoir les condamnés.

Toute l'apparence justifie l'explication. Un village de petite importance, mais tout français, accompagne la maison centrale. Nous repartons. A quelque distance, deux ou trois ruines représentant des portes monumentales et assez bien conservées également sont encore debout, attestant qu'il y avait autrefois dans la région une vie romaine très importante, ainsi qu'en témoignent surtout les belles ruines qui font plus loin le but de notre voyage.

A peu près à mi-chemin de Timgad, on change de chevaux. Au relai se trouvent quelques barraques en planches, une maison de cantonnier, une tente arabe. Sept ou huit petits Arabes, filles et garçons de deux ans à sept, huit ou neuf ans nous entourent aussitôt. Ils sont vraiment très gentils avec leur petite mine fûtée, leurs yeux noirs et le « bonjour monsieur » enfantin gracieusement dit par trois ou quatre petites bouches. Ils sont presque nus ; une mauvaise indienne sans forme connue couvre à peine les filles, et pourtant elles sont,

Petite et gentille famille arabe trouvée au relai sur la route de Timgad.

quoique tous pieds nus, proprement tenues. Un mouchoir de fond noir et rouge est gracieusement ajusté et noué sur leur petite tête. Les petites filles surtout sont vraiment gentilles à croquer ; avec le teint bistre des Arabes, elles ont aux pieds et aux mains les attaches fines et un air de santé qui fait contraste avec leur misère. Le père, attaché au service du relai, se mêle à la conversation avec quelques mots de français et me permet de photographier toute la marmaille. Dans l'entrebaillement de porte de la maison cantonnière, j'avais aperçu une femme arabe assez jeune, la mère d'une partie du groupe, balayant à l'européenne l'entrée de sa maison. Son costume est toujours aux mêmes couleurs éclatantes de vert, de bleu, de jaune, mais je ne puis que l'apercevoir. A peine je fais mine de l'approcher, vite elle rentre chez elle ; mais elle a le visage découvert et elle était sur le pas de sa porte. Décidément les femmes s'humanisent ici. Ce balai de propreté me fait penser que les petites filles si coquettement coiffées sont les siennes. Toute la marmaille nous accompagne pendant que nous allons à deux pas voir la tente arabe. Nous nous arrêtons à la porte ; la porte ! enfin !

Entrez, nous dit le garçon de huit ou neuf ans, l'aîné de la bande ; je n'ose pas d'abord ; mon compagnon le marchand de vin me pousse ; nous voici entrés. La tente est assez vaste. De tout son pourtour elle descend presque jusqu'à terre ; l'entrée est donc très basse et il faut se baisser pour y pénétrer. J'aperçois une assez bonne provision de bois de chauffage, un amas de fourrage pressé à la mécanique ; de lits pas trace ; tout le monde couche plus ou moins sur la terre nue ou à peine couverte de quelques feuilles mortes. Des bouts de couvertures en loques rajustés ensemble et soutenus par des piquets inégaux forment la toiture ; on ne peut pas se tenir debout. Dans un coin, une brèche d'environ un mètre carré faite à la couverture laisse échapper la fumée. Quelques tisons brûlent sous cette ombre de cheminée. Un enfant de deux ans à peine et presque nu se chauffe assis sur une pierre. Une forme humaine roulée dans une grossière toile, se dessine sur la terre nue, mais sèche et battue. Au bruit la forme s'agite et se soulève. C'est ma femme, dit l'homme qui est entré derrière nous. Elle est malade depuis bien longtemps, et de fait *la pauvre* nous montre le visage pâle, amaigri des maladies chroniques. Elle n'est pas bien vieille pourtant, une trentaine d'années. Elle est là attendant ; que peut-elle avoir ? A la rigueur je pourrais le savoir en l'examinant bien sur toutes faces ; mais d'abord ce ne serait commode à aucun point de vue, et puis à quoi cela pourrait-il servir, et quel serait le résultat de mon examen ? Ni soins, ni médecin ; on n'y songe pas, ni elle, ni son entourage. On attend la fatalité du destin. Le grand garçon nous explique que dans toute la marmaille il y en a une partie à la tente, une partie à la maison cantonnière, tout ce petit monde vivant en parfaite intelligence dans l'oisiveté absolue et dans la complète ignorance de demain. Le groupe est photographié ; quelques sous les font contents et nous remontons en voiture suivis des mêmes « bonjour, Monsieur » qui ont salué notre arrivée.

La route n'est pas achevée encore jusqu'à Timgad. A un certain endroit on quitte l'ancienne pour en prendre une nouvelle. A cet endroit, un fossé à vive arête et récemment établi interrompt la circulation sur le vieux chemin en se raccordant avec le chemin nouveau pour indiquer nettement le changement de direction. Il était plus de midi et demi, nous étions à déjeuner en voiture, ne devant arriver que dans une bonne demi-heure. Mon compagnon tenait un verre de lait. Tout à coup éclate un fracas épouvantable; nous nous croyons renversés. Il n'en est rien pourtant, mais nous subissons une violente secousse. Mon imbécile de cocher, un Algérien parlant bien français, ne regardant rien ni avec les yeux du corps, ni avec ceux de l'esprit, n'avait pas vu ce fossé, en plein jour ! il avait continué à lancer ses chevaux qui avaient plus ou moins culbuté dans l'obstacle. Les deux roues de devant de la voiture descendant à pic dans le fossé avaient butté violemment contre le bord opposé nous infligeant cette désagréable surprise. Le verre de lait de mon compagnon se répand tout entier sur moi pendant que nous sommes projetés l'un contre l'autre étant assis en face. Il n'en fut rien de plus, mais nous tenions nos couteaux et nous aurions pu être blessés. D'autre part que fût-il advenu, si la voiture brisée avait été mise hors de service ? Nous étions encore à cinq ou six kilomètres du terme de notre excursion et nous en avions au moins trente à faire pour retourner à Batna. On ne rencontre guère de voyageurs de ce côté et personne n'eût pu nous venir en aide. J'aurais probablement enfourché un cheval tant bien que mal, laissant le cocher se débrouiller au milieu de la casse ;

mais mon gros marchand de vin ! Enfin tout est bien qui finit bien.

Bientôt nous sommes à Timgad ; c'est une ville tout entière que l'on fait sortir de la terre, sous laquelle elle est plus ou moins enfouie. Il y a un gardien des ruines, une maison qu'on dispose pour un architecte surveillant des travaux, une escouade d'ouvriers maçons pour remettre un peu d'ordre dans les dégradations et consolider les principaux débris. Il y a une maison pour le gardien, une autre où sont déjà logées les statues et les choses les plus précieuses et qui en recevra d'autres au fur et à mesure des découvertes. Le gardien est un Arabe et sa femme qui est sous nos yeux, garde la maison, une jeune femme jolie peut-être pour une Arabe, mais fort peu seyante malgré les peintures de son visage, ses fanfreluches sur la tête, l'éclat de son costume et le beau miroir de $0^m 10$ de diamètre pendu devant elle à sa ceinture.

La porte est ouverte, je me risque à regarder. Elle ne s'effarouche pas trop, mais elle est visiblement gênée. Elle pile je ne sais quoi dans un mortier de cuivre, assise tout uniment sur une natte posée à terre ; sa petite fille de 5 ou 6 ans, bien nippée aussi de jaune et de bleu éclatant, joue près de sa mère.

Je voudrais bien prendre sa photographie, mais va-t'en voir s'ils viennent ! La femme devine le tour et se met en mesure pour échapper. Le cocher, qui parle arabe et voudrait réparer sa maladresse de tout à l'heure, emploie sans succès toute son éloquence à la décider. Elle reste insensible à la séduction d'une bonne pièce d'argent et au charme des raisonnements de son copain en linguistique. Un peu plus tard, nous rencontrons son mari dans les ruines, accompagnant une famille anglaise. Un jeune ouvrier qui parle arabe lui raconte l'histoire en lui demandant s'il veut accorder l'autorisation du portrait. Le mari répond qu'il veut bien si sa femme y consent. Au retour, le cocher reprend la négociation. Pendant un quart d'heure, il n'obtient rien. Enfin il vient me dire qu'elle consent et qu'elle va sortir. J'étais prêt, à quelques mètres, mon doigt sur le bouton de l'appareil. Je la vois paraître, la croyant plus ou moins résistante encore, poussée et entraînée par le cocher, et à peine ai-je pu l'apercevoir que je lâche le bouton, craignant la voir rentrer aussitôt sortie. J'ai eu tort d'aller si vite. Peut-être l'épreuve sera-t-elle peu réussie. La femme sortait de son plein gré, prête à la pose. Elle prenait même un enfant sur son bras pour compléter le tableau et quand elle sut que l'affaire était déjà faite, elle m'a paru avoir

Mon cocher endoctrinant la gardienne des ruines de Timgad.

un certain désappointement. La prime lui fut d'ailleurs donnée et il me reste à espérer que l'épreuve ne sera pas trop mauvaise. Elle a été médiocre.

Oui décidément, les femmes arabes s'humanisent. Tout à l'heure, à Biskra, l'une d'elles que j'ai surprise sous son voile, au passage avec mon appareil, me dira spontanément que j'ai mal vu la figure et qu'il faut recommencer (Textuel).

Les fouilles de Timgad datent seulement de quelques années. Commencées par M. Duthoit, elles sont poursuivies avec intelligence et activité par M. Albert Ballu, architecte distingué de Paris, conservateur architecte en chef des monuments historiques de l'Algérie.

L'ancienne Thamugadi de la province de Numidie, que les Arabes ont appelé Timgad, est situé sur les dernières pentes de l'Aurès, à 27 kilomètres environ de Lambesse qui est lui-même à une douzaine de kilomètres de Batna. C'est, paraît-il, au vi^e siècle de notre ère (1), au moment de l'approche des troupes de Bélisaire, que les montagnards de l'Aurès, pour empêcher les Byzantins de s'établir dans leur voisinage détruisirent Timgad. Les Byzantins y vinrent cependant, et avec des matériaux pris dans les ruines de la ville ils élevèrent aux flancs de la montagne une église et une forteresse qui s'y voient encore aujourd'hui.

Les terres entraînées peu à peu par les pluies, sur les pentes de l'Aurès, le sable apporté par le vent du désert, les débris accumulés du cataclysme, ont recouvert et enseveli, mais peu profondément, les ruines faites par la main barbare des destructeurs. On dit qu'au dernier siècle un tremblement de terre vint encore aggraver le désastre en renversant une partie des colonnes restées debout, et en ajoutant d'autres ruines à celles des monuments déjà bouleversés.

Les ruines de Timgad rappellent avec beaucoup plus de grandeur les restes de Pompéï, ville de moindre importance ensevelie sous la cendre du Vésuve. Timgad pouvait avoir 30 ou 40,000 âmes et l'on y retrouve toute la splendeur des grandes cités antiques. Les fouilles ont déjà mis au jour un grand nombre de statues presque toutes mutilées. Généralement ces statues ne servaient qu'à la décoration et sont sans histoire et sans qualification particulière. Quelques-unes, au voisinage des Thermes, sont les nymphes protectrices des eaux.

Les Thermes, le Forum, le Marché, le Théâtre, l'Arc de triomphe de Trajan, le temple de Jupiter capitolin, une basilique sont les principaux monuments qui subsistent encore

---

(1) Note du *Journal des Débats*, avril 1895.

plus ou moins conservés avec leurs mosaïques plus ou moins intactes. Une inscription montre que les Thermes ont été agrandis sous Septime-Sévère. Dans les sous-sols, où conduit un large escalier, M. Ballu a découvert les fourneaux et les canalisations qui servaient à la distribution de l'eau et de l'air chaud, et près des fourneaux, des salles d'approvisionnement et de réserve garnies de combustible en bon état de conservation.

Dans le forum très vaste, les dalles portent encore les traces gravées des tables de jeu ayant servi au passe-temps des désœuvrés de l'époque et où se lisent des inscriptions comme celle-ci :

Lavari, venari, ludere, ridere, hoc est vivere.
Se baigner, chasser, jouer, rire, c'est la vie.

Dans le marché, on voit encore debout et en place les pierres faisant table ou éventaire sur lesquelles les vendeurs en arrière, offraient leur marchandise à l'acheteur qui se présentait en face.

Le théâtre, comme tous les monuments antiques de ce genre était couvert par un velarium qu'on tendait au moyen de cordes et de poulies fixées à un certain nombre de mâts (*mali*) plantés tout autour du mur d'enceinte, et maintenus par une double rangée de corbeaux de pierres entaillées pour les recevoir. Sur les degrés on pouvait installer 3,400 spectateurs, et dans les galeries de pourtour du haut 800 environ, soit au total et en chiffre rond 4,000 personnes. Au niveau de l'arène trois rangées demi-circulaires de gradins réservés aux magistrats et personnages de distinction se trouvent en contre-bas du podium (ou balustrade inférieure) (A. Ballu), séparées des gradins supérieurs par un haut revêtement vertical qui établit l'isolement et la démarcation entre la partie réservée inférieure représentant un peu notre orchestre et le reste du public.

L'arc de triomphe de Trajan bâti en l'an 100 de notre ère reste debout assez bien conservé avec ses colonnes d'ordre corinthien, ses frontons, ses niches, malheureusement veuves en général, de leurs statues. Il comprend une grande arcade centrale pour les chevaux et voitures et deux arcades plus basses réservées aux piétons. Sous la grande arcade, deux ornières sont imprimées sur le pavé, — M. Milvoy (1) dit, à tort, taillées dans la dalle, — représentent l'ancien sillon tracé par le passage des chars. M. Milvoy suppose que ces deux ornières ont été creusées artificiellement pour faciliter la circulation des chars en les maintenant régulièrement à distance de chacun des pieds-droits, représentant ainsi une sorte de chasseroue à la mode romaine. L'idée peut être ingénieuse, mais c'est certainement une erreur. M. Ballu qui relate cette opinion de M. Milvoy en juge de même.

Si ces dépressions étaient dues à la main de l'homme et faites pour la destination indiquée par M. Milvoy, elles seraient taillées régulièrement à peu près à l'équerre et à la même profondeur. Il n'en est rien. Elles ne représentent point un sillon unique. Elles sont plus ou moins diffuses ou ramassées, plus ou moins superficielles ou profondes selon que la circulation est à peu près libre comme dans les grandes voies ou que le passage est commandé plus fixement sur la même ligne par un obstacle permanent, comme ce que fait précisément la base massive de l'arc de Trajan placé sur et dans l'axe de la rue. Elles sont dues simplement au passage des chars dont la longue fréquentation a par une force naturelle usé peu à peu le pavé, comme il en est à Pompéï, comme nous pouvons le voir à l'occasion chez nous-mêmes, non seulement pour le passage des voitures mais encore pour celui des simples piétons sur certains trottoirs des voies urbaines ou sur les marches d'escaliers que monte et descend un nombreux public.

Mon compagnon, le gros marchand de vin était ébahi de cette particularité du sillon imprimé sur le pavé par le passage des anciens chars, et renouvelait ses questions pour bien com-

---

(1) Suppléant, M. Duthoit.

prendre. Le même fait existe à Pompéï et m'avait moi-même autrefois vivement intéressé.

A Pompéï, l'explication est clairement donnée par la disposition des lieux. Les rues sont étroites et diminuées encore par un trottoir de chaque côté. La charrière est faite pour une seule voiture, les voitures étant alors peu nombreuses. On avait prévu la pluie et pour faciliter la traversée des piétons quand il pleuvait, trois grosses pierres alignées sur la chaussée les aidaient à passer d'un trottoir à l'autre. Mais alors ces pierres forçant les chars attelés de deux bêtes, à suivre toujours la même direction, les roues à la longue, faisaient leur ornière qu'on retrouve encore aujourd'hui.

Timgad était une ville autrement importante que Pompéï détruite en 79 avant J.-C. L'importance de la population, l'augmentation des besoins qui croissent avec le nombre des individus, avaient élargi toutes les habitudes. Les rues étaient donc beaucoup plus larges, plus ouvertes pour une circulation plus active et des voitures plus nombreuses ; aucun obstacle ne réglait le passage des voitures ; mais elles ont aussi laissé leurs traces. Celles-ci sont superficielles, diffuses et comme en bavure là où la circulation gardait une certaine liberté, n'obligeant pas les roues à suivre toujours la même trace. Mais le sillon, l'ornière si l'on veut, est plus marquée, plus profonde, plus ramassée, là où un obstacle rétrécit et commande le passage au même point, comme dans le cas d'un tournant qui amène la voie dans une partie plus étroite. C'est précisément ce que l'on remarque lorsque la rue s'engage sous l'arc de triomphe. La masse du monument assis directement sur la rue diminue sa largeur alors ramenée aux proportions de celles de Pompéï. Là, aussi, l'ornière plus profonde, plus ramassée, l'obstacle dirigeant la roue sur le même point rend manifestement à votre souvenir, la voiture qui vient de passer.

Les rues sont pavées de ces grandes dalles à peu près rectangulaires de 1^m., $1^m.30$, $1^m.40$ de long, sur $0,50$, $0,60$, $0,80$ de large, dalles qu'on voit encore à Menton et dans certaines villes d'Italie, — un peu moins grandes pourtant. — Elles se trouvaient complétées par deux grandes voies dont l'une reliait la ville à Théveste et à Lambèse. M. Ballu signale le tracé en biais des joints des dalles afin d'éviter aux roues la simultanéité des cahots que des pierres saillantes pouvaient occasionner.

Les rues ont des trottoirs. Dans les artères principales, ceux-ci sont bordés par des colonnes régulièrement espacées et d'ailleurs sculptées ou non sculptées.

Quelques-unes de ces colonnes ont une jolie ornementation en torsades qui court du haut en bas de la colonne. Dans certains endroits, ces colonnes alternent avec des statues sur leurs piédestaux.

Ce n'est pas un amas de cendres comme à Pompéï, c'est le renversement violent des édifices qui a détruit la ville en exhaussant le sol. Timgad est donc moins enterré mais plus détruit que Pompéï. Sur plusieurs points, en prenant pour niveau le beau dallage des rues resté intact, j'ai trouvé que la ville est enfouie sous 1 mètre, $1^m,20$, $1^m,50$, $1^m,80$ de terre et de débris. M. Ballu a fait des fouilles qui l'ont conduit jusqu'à 6 ou 7 mètres de profondeur. Est-ce que sur ces points les matériaux de remplissage ont eu quelque raison de s'accumuler en plus grande abondance ? Est-ce qu'il y avait là une déclivité du sol facilitant l'agglomération ? Le point est difficile à fixer, mais en général on peut dire que l'ancienne cité est presque à fleur de terre. Des fontaines publiques bordaient la voie ; elles étaient alimentées par les eaux de la colline dont l'adduction s'opérait au moyen d'une canalisation en pierre (A. Ballu).

Plus loin, un établissement qui représente certainement les *latrinæ publicæ*, latrines publiques avec système diviseur et *tout à l'égout* parfaitement organisé : une eau courante partant d'une fontaine-réservoir munie d'un trop-plein circulant dans toute la salle, en assurait le nettoyage (A. Ballu).

Les égouts n'ont pas été touchés et fonctionnent encore.

Sur plusieurs points, M. Ballu a retrouvé les traces de l'incendie allumé par les destructeurs de la ville : amas de monnaies fondues, verreries coulées, terres calcinées, etc.

Le christianisme depuis plusieurs siècles était florissant. Il y avait à Timgad une basilique chrétienne où Mgr Laferrière, évêque de Constantine, a pu récemment célébrer la messe qui n'y avait pas été dite depuis plus de douze cents ans.

Cette basilique avait pour particularité de ne posséder qu'une seule nef sans bas-côtés à étage ; de petites pièces annexes flanquaient toutefois le mur latéral oriental. En face le prétoire élevé de 1 mètre environ au-dessus du sol de la basilique, trois grandes niches dont une demi-circulaire, contenaient des statues dont les soubassements ont laissé sur le dallage des traces encore visibles. Les dimensions de la basilique sont de 38 mètres de long sur 20 mètres de large ; la grande nef était décorée de deux cadres superposés dont l'inférieur était de style ionique avec feuilles d'une sculpture toute particulière (A. Ballu).

M. Ballu a retrouvé la source qui alimentait Timgad. Il suffirait, dit l'article cité, de réparer les conduits pour faire revivre les bassins des Thermes et les fontaines de l'antique cité. M. Ballu s'attache avec sollicitude au relèvement qui ne peut être hélas ! que partiel de la ville. Quatre-vingts ou cent soldats des compagnies de discipline aident aux travaux. Une douzaine de maçons rétablissent les principaux dommages et on ne peut vraiment que féliciter le gouvernement d'avoir pris en main avec cette persévérante énergie, l'exécution d'une tâche si intéressante pour les amis de l'art et de l'histoire.

Déjà à la vue des belles ruines que j'observais à Dougga, j'exprimais le désir que le gouvernement fît quelque chose pour leur conservation. Il a bien compris son devoir à Timgad ; il faut s'en réjouir et l'en féliciter, d'autant que la plupart des municipalités algériennes semblent se désintéresser comme à plaisir de tout ce qui a trait au respect et à la conservation des traditions et des monuments de l'art antique.

A trois heures, nous remontons en voiture ; au relai nous retrouvons nos petits amis arabes, qui ont posé pour nous et nous ont gracieusé ce matin, et sans rencontrer à peu près aucune voiture nous rentrons à Batna vers six heures et demie. Il est encore un peu jour et le premier mot que j'entends en descendant à l'hôtel, c'est ceci : Tiens, voilà la cigogne qui rentre dans son nid. Il y a une église catholique à Batna au milieu d'un square qui fait face à l'hôtel. L'architecte, qui a voulu sans doute marier le Christ avec l'Islam, a substitué au clocher habituel de nos pays le dôme d'un minaret. Au sommet du dôme est la croix catholique ; au sommet du dôme aussi, juste au pied de la croix, est établi le nid de la cigogne, dont on voit aisément de l'hôtel, de la place et du voisinage le gros fagottage, de sorte que tous les faits et gestes de l'oiseau se passent au su et connu de tout le monde ; mais il peut être tranquille, on ne songe guère à le troubler, encore moins à lui faire mal.

Lundi 11. — J'ai écrit toute la matinée mes notes de voyage. A dix heures, je sors pour aller trouver M. Boutellier, photographe, à qui j'ai donné la veille mes châssis à recharger. Très obligeant il m'a donné satisfaction à l'heure dite, et malgré un temps très douteux pour nos opérations, il m'accompagne volontairement au quartier nègre et sur le terrain de manœuvre des spahis où nous prenons quelques photographies qui ne réussiront guère, car il n'y a pas de soleil.

Je me suis attardé à voir manœuvrer les escadrons, à regarder ces petits chevaux vifs, coquets, vigoureux. Il est une heure quand je rentre déjeuner ; à deux heures, je prends le train pour Biskra où j'arrive à près de sept heures. L'aspect nu, aride du paysage s'accentue à mesure qu'on approche d'El-Kantara. Un tunnel sépare la station du village, et tout à coup, la dernière montagne franchie, on se trouve comme par un changement de rideau transporté dans un pays absolument différent, où les palmiers en forêt, l'eau, la verdure reposent l'œil du spectacle triste qui l'affligeait depuis quelque temps.

El-Kantara s'est meublé d'un petit hôtel et beaucoup de touristes et d'artistes viennent s'y arrêter pour les sites et les beautés du paysage, ou pour la chasse du mouflon assez commun, dit-on, dans le voisinage.

Encore le coup de canon de 6 h., annonçant pour aujourd'hui la fin du jeûne musulman du Rhamadan.

Peloton de spahis en exercice sur le champ de manœuvre de Batna.

En route à Aïn-Touta, je retrouve mes trois officiers de remonte qui viennent d'opérer le matin dans la région. Ils montent dans mon wagon et nous renouvelons connaissance. Ils descendent comme moi à l'hôtel du Sahara.

Un peu avant sept heures nous sommes à Biskra. Je retrouve volontiers et je reconnais facilement mes hôteliers d'il y a trois ans. Ce sont des hôtes plutôt que des hôteliers, gracieux sans affectation, polis sans obséquiosité. On est à l'aise, et comme en famille chez eux. M. Chabert est un ancien officier de chasseurs d'Afrique, décoré, qui, séduit par le pays s'y est fixé il y a une quinzaine d'années et a monté un hôtel pour vivre honorablement. Mme Chabert est de l'Anjou. Ils ont deux grandes filles qui paraissent très bien élevées. A peine arrivé, je demande Chaban, le fameux Chaban.

On ne peut plus en jouir, on ne l'a pas vu depuis longtemps, on ne sait plus où il est. On le croit au service de la police locale. Je crois volontiers qu'il y a eu quelque querelle, entre M. Chabert et lui, et qu'ils se sont séparés.

Les mêmes officiers de remonte achetant leurs mulets à Biskra.

Un grand garçon arabe aussi, Hama ben Rached, 22 ans, cuisinier de son état, se transformant en guide pendant l'hiver, me fait ses offres de services que j'accepte.

Mardi 12. — Mes officiers m'ont annoncé qu'ils commençaient leurs opérations ce mardi à 8 heures du matin. Je ne veux pas manquer le spectacle et de 8 heures du matin à 11 heures, je suis avec eux au milieu d'un concours considérable d'Arabes, de chevaux et de mulets. Ils achètent beaucoup d'animaux. Je prends quelques croquis.

Je suis surpris de voir le spahi qui les accompagne et qui monte toutes les bêtes, je suis surpris de le voir monter toujours à droite. Je crois d'abord à une fantaisie, à une habitude personnelle ; mon guide Hama me dit bientôt que c'est une coutume générale chez les Arabes, et je le vois lui aussi faire de même quand il m'accompagne à cheval.

Après-midi, je sors avec Hama à la recherche de types à reproduire. Je veux photographier, près le village nègre, quelques groupes de femmes ou d'enfants ; mais à peine ai-je braqué mon instrument que les uns et les autres s'enfuient comme une volée de pierrots. Un peu ennuyé, je cheminais lentement vers le vieux Biskra sis à environ 2 kilomètres et où j'espérais trouver à discrétion de la couleur locale et du caractère.

Je vois deux femmes arabes qui cheminaient voilées sur un sentier à quelque distance dans les champs. Ennuyé de mes précédents mécomptes, je combine un plan de campagne ; je prends les devants au pas de course et vais me poster caché par un coin de mur en terre sur le bord même du sentier suivi par mes femmes. De cette façon, elles ne pourront pas me voir, et dès qu'elles m'auront découvert, c'est qu'elles seront contre moi et l'opération sera faite. Un instantané ! Ainsi jugé, ainsi fait. Elles tombent sur moi comme à l'affût. Elles sont pincées, mais elles ont entendu le cliquetis du ressort, et se disent en arabe, traduit par Hama : On vient de faire notre portrait.

Mais aussi elles m'entendent dire en français au guide : Enfin, ce coup-ci, j'en suis venu à bout. Et alors l'une d'elles la plus jeune, ne se déconcertant pas, ajoute en bon français, mais avec un accent : Oui, mais on n'a pas vu la figure, il faut recommencer.

Et me voilà ripostant : Sans doute, puisque cela va si bien, il faut recommencer.

Mes femmes ne s'étaient point arrêtées.

Je prends un nouveau tour pour me placer sur leur passage : Eh bien, recommençons.

Cette fois, elles s'arrêtent et la conversation reprend :

Il y en avait une affreuse, l'autre un peu mieux, fort bien vêtue d'ailleurs; je m'adresse à celle-ci :

Alors, écarte ton voile; pas assez, encore un peu plus du côté droit; maintenant, tiens-toi bien tranquille.

Elle obéit sans discussion, et l'opération recommence.

— Alors, dit-elle, c'est pour emporter en France?

— Oui, pour emporter en France, et merci.

Je ne les reverrai jamais et n'y tiens guère ; mais trouver

Rencontre dans la plaine de Biskra de deux femmes arabes voilées toujours.

dans un faubourg de Biskra deux femmes arabes bon teint, authentiques, qui répondent en français, sur un chemin, c'est assez drôle !

Ah ! cette fois on peut dire que les femmes arabes s'humanisent, et pour de bon.

Hama me dit que quelques mauresques sont élevées à Alger, qu'elles y apprennent à parler français et qu'elles ne sont pas fâchées au besoin de montrer ce qu'elles savent.

L'explication a sa valeur et elle peut être juste.

Depuis le matin, je ne me suis pas arrêté, je rentre à 6 heures à l'hôtel.

Le soir visite aux cafés maures. Hama-Ben-Rached qui est un grand et assez beau garçon, est loin d'être intelligent et de ressource comme était Chaban ; il faut m'en contenter.

Toute la journée, j'ai entendu dans la plaine une fusillade nourrie et on me dit à l'hôtel que tel ou tel voyageur a rap-

Elles me parlent en français et je leur fais ôter leur voile
pour mieux prendre la figure.

porté 10, 15, 23 cailles. L'un de mes voisins de table raconte en effet qu'il a tué 23 cailles *à la corde* et il explique son procédé.

L'amateur d'abord est le Dr Madeuf, spécialiste pour les maladies du nez et de la gorge, dont on voit le nom, les prospectus traîner sur les tables d'hôte des divers pays que j'ai traversés. La corde longue d'une vingtaine de mètres est une assez grosse corde comme un cordeau de charrue ; elle est garnie d'une série de nœuds espacés de 0,75 à 0,80 supportant chacun une cordelette de 0,25 à 0,30 de long à laquelle est attaché un caillou gros de la moitié du poing. Deux Arabes traînent la corde par chacun des bouts ; les pierres en balayant la surface du sol font partir les cailles que fusille le chasseur qui suit au milieu, en arrière de la corde. Les robes des dames n'auraient pu que faire un balayage plus complet et laisser moins passer les cailles, dit le chasseur aux dames qui dînent avec lui et qui sont je crois une dame à sa suite et la femme d'un ami. C'est du braconnage qui est loin de valoir le travail du chien ; et avec cette destruction combien peut-il en arriver chez nous de ces pauvres cailles ?

A la fin du dîner, j'ai pris congé de mes officiers en les remerciant de leur obligeance à mon égard ; nous nous sommes souhaité de nous revoir. J'ai ajouté : En ce qui me touche, il me faut compter, Messieurs, avec les années que j'ai sur la tête. L'un d'eux est de l'Est, de la Meuse, de Verdun, je crois. Je ne sais pas leurs noms. La différence d'âge ne m'a pas encouragé à le leur demander. Je dois me rattraper bientôt.

Mercredi 13. — Je cours d'abord deux heures environ avec Hama pour prendre quelques vues de soleil levant. A dix heures nous sommes à cheval voulant pousser une bonne pointe dans le désert pour y étudier les tentes, les mœurs et s'il se peut les figures arabes, mon appareil en sautoir sur l'épaule d'Hama.

Un très grand nombre de tentes sont dispersées autour de Biskra, entre la ville et l'oasis de Chetma que je verrai le tantôt. Elles sont dispersées sur une vaste étendue où elles se groupent, par deux ou trois, cinq ou six, quinze ou vingt. Elles ne diffèrent pas de celle que j'ai visitée en allant à Timgad. Plus ou moins vaste, selon la fortune sans doute et le besoin de famille du propriétaire, ce sont toujours des couvertures noires, sales, cousues les unes aux autres, et soutenues intérieurement sur des piquets plus ou moins longs qui les font par conséquent plus ou moins hautes. Au dehors et tout autour sont disposés une série de petits piquets excédant le sol de 0,40 ou 0,50 centimètres. Le bas de la tente est attaché par des cordes à ces piquets. Je vous demande les bons vents coulis qui passent entre le sol et le bas de la tente ! Parfois celle-ci repose sur une façon de sous-mur en terre séchée qui l'exhausse et la rend plus habitable. Mais ni mobilier, ni siège ; quelques rares et vulgaires ustensiles de ménage, quelques nattes en ruine ou quelques débris de paille

Tente arabe dans le désert aux environs de Biskra.

pour s'asseoir ou se coucher, ou même rien que la terre nue ; quelques poules, un âne, quelquefois un cheval sont à côté ou devant la tente. Le cheval toujours entravé par une corde fixant les deux paturons de devant à une autre corde attachée à deux piquets sur le sol.

Ce n'est pas qu'on nous fasse nulle part mauvais visage ; on s'étonne de notre visite, on nous fait quelques questions. Tout se passe agréablement du côté du personnel, mais les tentes sont gardées par des chiens de l'espèce de ceux qu'on appelle chez nous le chien-loup, les uns attachés, les autres en liberté ; tous ayant l'air fort peu rassurant et faisant un vacarme effrayant pour nous empêcher d'approcher. Hama, qui ne me paraît pas d'une bravoure éprouvée, me dit que ces animaux peuvent sauter sur nous en selle et se tient prudemment à distance. Un des Arabes plus méchant ou plus soupçonneux que les autres paraît très mécontent que nous

Autre tente arabe. — Une très nombreuse famille pose devant l'entrée pour figurer dans le cliché photographique.

approchions ainsi de sa tente, je le vois à son air et à la vivacité de son langage. Au milieu de sa conversation, je surprends le mot Roumi qui s'adresse à moi et qui ne sonne jamais bien quand un Arabe parle de nous. Hama veut me faire comprendre que l'Arabe est inquiet de la violence de ses chiens contre nous et qu'il redoute de nous voir exposés à leurs attaques. Je me contente de l'explication qui ne m'a pas convaincu.

Partout ailleurs tout se passe bien.

La curiosité attire au dehors les hommes, les femmes et la marmaille, mais quand il s'agit de braquer l'instrument pour prendre leur silhouette, les gens font mine d'avoir peur ou résistent purement et simplement. Il me paraît que c'est pour ouvrir la porte à un marché, car une fois sur ce terrain ils s'humanisent, et avec quelques pièces blanches, j'en viens à bout; mais quand j'ai payé, on me dit : Ce que tu viens de donner, c'est pour le maître, mais les femmes et les enfants réclament aussi quelque chose, et comme il y a des nuées d'enfants, c'est un assaut d'autant plus difficile à soutenir que je suis descendu de cheval, et quand j'ai vidé ma poche j'en suis réduit à me liquider par des poignées de main.

Je demande à visiter une tente ; oui mais il faut encore payer et marchander.

La veille, songeant au déjeuner, j'avais demandé à Hama s'il fallait emporter sa provision avec la mienne. Non, m'avait-il répondu, je fais le rhamadan, je ne mange qu'à six heures du soir. Quand nous sommes à cheval, et que je lui ai passé au bras mon petit panier pour partir, panier préparé obligeamment par Mme Chabert, *avec du sel,* Hama me dit que le jeûne le fatigue, qu'il a eu des vomissements le matin et qu'il mangera un peu, ne pouvant pas résister à l'abstinence.

— Alors, je partagerai ma provision avec toi ; il y en aura toujours assez pour deux ; mais je n'ai pas apporté à boire, j'ai compté que nous trouverions à acheter du lait de chèvre sous les tentes.

— Oui, je pense bien que nous trouverons du lait, répond Hama.

A onze heures et demie, nous descendons de cheval et croquons un morceau de gigot et un œuf dur à l'abri du vent derrière un monticule de sable. Après une cigarette, je fais tenir par Hama les deux chevaux en bonne posture et je prends un cliché. Le portrait sera un souvenir s'il a réussi. Je regrette de n'avoir pu m'y faire figurer moi-même.

Cependant il s'agit de boire. Hama a mis dans sa poche, c'est-à-dire dans son capuchon, car les Arabes mettent tout ou du moins beaucoup de choses dans leur capuchon, une petite bouteille d'eau à laquelle j'ai trempé mes lèvres; mais je compte sur le lait promis. Nous sommes remontés sur nos bêtes, et activant notre allure nous retournons vers les tentes dont nous ne nous sommes pas beaucoup éloignés avec intention. Les chevaux sont de belle humeur et je constate que

Mon arabe et mes chevaux dans le désert.

mon petit cheval bai assez gêné au début par mon mors français, car j'avais apporté de France tout un harnachement, saute très agréablement les fossés de la piste qui mène à l'oasis de Chetma ou les gros plis de terrain que la pluie a creusés dans le sable.

Quand nous arrivons à la tente où déjà une assez belle Arabe nous avait promis du lait, ce sont des pourparlers sur la quantité, sur le prix, et comme l'étranger arrive toujours à se mettre d'accord par un moyen qui lui est familier, je gagne assez facilement la partie.

Dans une sorte de timbale en fer blanc, la belle Arabe m'apporte du lait, elle s'excuse sur le peu qu'elle donne ; mais ce n'est pas du lait, c'est un mélange assez peu agréable de lait caillé et de petit lait dont je bois quelques gorgées sans descendre ; mais je ne puis l'avaler. Hama n'en veut pas et je rends le reste à la belle qui, visage découvert, pouvait avoir à s'excuser sur la qualité, mais ne méritait pas, dans l'espèce, un blâme sur sa parcimonie, puisque je lui rendais les trois quarts de sa fourniture.

Je veux me rattraper sur la bête et faire son portrait. Nous nous sommes arrêtés prudemment à 30 mètres de la tente et les chiens se tiennent tranquilles ou à peu près. Mais la belle est rétive et ne se prête à rien. Sa duplicité m'éloigne de chercher à la vaincre par l'appât de l'or et nous tournons bride pour courir à d'autres exploits. A peine parti, je vois venir de loin une troupe de chameaux ; je mets pied à terre et me hâte de prendre la silhouette que je reproduis plus loin.

A cinq ou six kilomètres de là est l'oasis de Chetma, jolie oasis où l'eau court partout, où l'orge pousse dru ayant bien $0^m.60$ de haut (13 mars), où les palmiers sont vigoureux et verdoyants.

Nous donnons nos chevaux à un jeune Arabe pour faire un tour à pied dans le village. Une petite fille est debout contre un mur à côté d'un groupe de femmes lavant dans un ruisseau. La plupart des femmes déménagent vivement à notre approche ; reste une vieille négresse et la petite fille formant un petit tableau que je me hâte de croquer pendant qu'il en est temps. Mais je n'ai plus de plaques. Je viens d'employer ma dernière. Un peu plus loin, au détour d'une ruelle, nous tombons sur une place où quelques Arabes debout au milieu d'un beaucoup plus grand nombre étendus ou endormis dans toutes les positions, eussent fait un fort joli tableau.

Malheureusement, je n'ai plus de munitions et ne puis que regretter mon impuissance. Je suis contrarié même à ce point que je voulais retourner le lendemain dans l'espoir de retrouver le même tableau. C'eût été vraiment trop de conscience. Je retrouverai cela plus ou moins ailleurs.

Nous sommes repartis. A 4 heures nous rentrons à Biskra, et mon premier soin est d'aller chez le photographe pour lui faire renouveler mes plaques. Je laisse mes chevaux à la porte et à peine suis-je muni de nouveau que nous reprenons le

Vieille négresse lavant son linge dans un ruisseau de l'oasis de Chetma, sa petite fille assiste à l'opération, debout, au pied d'un mur ensoleillé.

principal faubourg vers le vieux Biskra pour recueillir encore quelques souvenirs.

A cinq heures 1/2, je suis rentré à l'hôtel et comme je vais prendre la plume pour continuer mes notes, un nouveau coup de canon, le coup de 6 heures fait trembler mes vitres.

Il n'y a aucun doute, c'est l'administration française qui tire le canon dans l'intention paternelle d'avertir les Arabes qu'ils peuvent rompre le jeûne. Demain matin en allant au fort et à l'hôpital militaire, je verrai dans la cour le canon chargé de cet exploit et le poste des zouaves me garantira l'authenticité du fait.

Jeudi 14. — J'ai tout à fait abandonné la pensée de retourner à l'oasis de Chetma. J'aime mieux suivre de nouveaux projets.

Avec Hama, je circule de différents côtés cherchant toujours des types à prendre. Je vais à la caserne des spahis demander le médecin militaire avec qui je voudrais voir l'hôpital ; il n'est pas à la caserne. Je vais à l'hôpital où l'on me dit qu'il doit être à faire sa visite ; il n'y est pas ; il est en réalité à la manœuvre du tir. Je renonce à le voir. Je vais chez le Dr Bruch avec qui je cause de diverses questions médicales.

Je regagne ensuite la route du vieux Biskra, passage fréquenté, assez commode pour mes études photographiques. Après déjeuner, toujours avec Hama, je continue mes promenades dans une autre direction. Je veux aussi revoir quelques tentes tout à fait rapprochées de Biskra. Non loin du marché extérieur, près d'un beau parc de palmiers, je vois attaché dehors un fort joli cheval bai dont je ne puis prendre la silhouette à cause des embarras du soleil. Près de ce parc, on construit une élégante et grande maison que le guide me dit être pour le kaïd de Biskra ; elle est presque terminée. Je vais visiter le jardin Landon, fort intéressant pour le soin et l'abondance de sa végétation tropicale, et voulant liquider Hama pour le lendemain, je rentre de bonne heure à l'hôtel, je lui fais encore graisser et envelopper mes objets de cavalerie, préparer mes paquets, boucler ma valise. Je règle son compte et nous nous séparons bons amis.

Vendredi 15 et samedi 16. — Il y a à l'hôtel du Sahara, dans une petite cour séparée deux jolies gazelles. Je désire en prendre la silhouette, c'est un animal si gracieux ! Obligeamment Mme Chabert les fait passer dans la cour principale, au grand soleil et je les croque suivant le dessin ci-après. L'une d'elles saute au moment même où je presse le bouton.

Mêmes tournées artistiques sans incident. Je passe quelques heures le 16 avec le Dr Bruch, fils du professeur de clinique chirurgicale d'Alger, et nous parlons du clou de Biskra qui paraît dû à la nature de l'eau. A la remonte, j'avais remarqué un gendarme ayant à la joue droite, au niveau de la tempe, une tumeur croûteuse qui m'avait intrigué. J'aurais voulu pouvoir l'étudier, mais le moyen ? Il paraît que c'est le clou de Biskra.

Deux gazelles dans une cour de l'Hôtel du Sahara à Biskra.
L'une fait un saut juste au moment psychologique.

Je dois partir demain à six heures du matin, dimanche 17. Je liquide mes comptes avec le photographe Fernandus qui m'a fort bien arrangé mes épreuves, cher par exemple, mais il faut, m'a-t-il dit, faire ses affaires dans l'espace d'une saison courte qui ne dure guère plus de quatre mois.

En me rendant mes photographies, il me dit :
— Vous connaissez donc le marquis de Montgomery ?
— Mais non.

— Comment non ? mais vous avez son portrait.

— C'était ce beau spahi qui à ma prière s'était si obligeamment prêté à poser devant moi sur la promenade de Biskra à côté de cet Arabe rebelle, lui, qui se cachait la figure derrière la tête de son cheval. Je ne m'en doutais pas.

Six heures ! encore l'éternel coup de canon !

Le marquis de Montgomery que je ne connais pas, se trouve par hasard près de moi à Biskra et se prête obligeamment à la pose pendant qu'un Arabe se cache derrière la tête de son cheval.

Le rhamadan coûte de la poudre au gouvernement français !

J'ai oublié deux choses assez intéressantes dans l'emploi de mon temps pour les deux derniers jours de vendredi et samedi, c'est ma visite aux étalons du gouvernement et ma rencontre photographique avec quelques Ouled-Naïl.

Le gouvernement entretient quatre étalons à Biskra. Ce sont :

1° Bouffon, étalon anglo-arabe ;
2° Moukal, étalon barbe ;
3° Ablack, étalon barbe ;
4° Un autre jeune étalon probablement barbe aussi qui commence le service et qui n'a encore à la tête de sa mangeoire ni indication ni pancarte. Ce sont un brigadier et un simple soldat de spahis qui sont préposés à la direction du service de l'établissement ; garçons intelligents et aimables

Les étalons de Biskra. — Premier étalon. — Anglo-arabe.

d'ailleurs. J'ai obtenu sans trop de peine l'autorisation d'entrer pendant qu'un assez grand nombre d'Arabes avec leurs juments attendent leur tour dehors.

J'ai mon inévitable appareil pour prendre les silhouettes qui sont vraiment très fines et très bien réussies, sauf pour l'étalon bai ou plutôt alezan dont la tête est en partie masquée par le palefrenier qui le conduit ; mais je ne puis pas prendre les chevaux dans l'écurie à arcades sans porte, qui les abrite; le soleil n'y pénètre pas et forcé de les prendre en marche, à la sortie dans leur passage vers la jument, je n'ai pas été bien servi par les circonstances pour celui-là. Le dernier, le plus jeune, qu'on ne faisait pas travailler ce matin-là, a été sorti exprès pour moi. Le gouvernement, pour faciliter et étendre la reproduction, ne fait paraît-il payer aucun droit de saillie.

J'avais le désir de prendre la silhouette de quelques Ouled-Naïl; ce n'était pas chose facile. Je ne parle point l'arabe et ne

Deuxième étalon. — Barbe.

me souciais pas d'ailleurs d'intervenir directement. Hama-ben-Rached, peu adroit d'ailleurs, échoua dans la négociation devant le refus ou les exigences de quelques-unes de ces dames. Je cherchai un autre intermédiaire. Le Dr Bruch, que j'avais déjà vu, est assez souvent en rapport avec elles, pour le service. Il en décida quelques-unes à poser sans me tondre. Il donna rendez-vous à quatre ou cinq d'entre elles sur une petite place d'où nous devions chercher l'orientation du soleil nécessaire. Les demi-mondaines sont exactes. Il est environ trois heures et demie, mais le soleil très couvert me fait craindre un médiocre résultat. Reculer et prendre un nouveau rendez-vous ne me paraît pas sage ; j'avise tout près de là le mur très blanc du pignon de l'hôtel Royal. Je fais placer là les cinq sujets qui se sont présentés et j'opère pour le mieux, c'est le cas de le dire ! J'avais à peine fini qu'une sixième se présente flanquée d'une petite fille arrivée là par curiosité. Je recommence donc l'opération satisfait d'avoir à mon tableau deux sujets de plus ; mais il est arrivé quelque public attiré

Ces demoiselles de Biskra. — Les Ouled-Naïl.

par la petite scène et par l'éclat des costumes. On me fait parler ; on me dérange, on me distrait ; je manque et j'oublie un des points principaux de la préparation, et quand j'ai lâché le bouton je constate qu'il n'y a qu'un insuccès à attendre ; je le regrette, je ne retrouverai plus l'occasion ; et encore la première épreuve aura-t-elle bien réussi ! L'histoire de ces femmes peut s'écrire en deux mots. La tribu des Ouled-Naïl est très pauvre. Il est d'usage dans la tribu, et tout à fait accepté que, quand les filles sont grandes, elles s'en vont courir les pays plus ou moins voisins, Biskra en particulier, par les sentiers qui ne sont pas ceux de la vertu farouche, et quand dans ce commerce de galanterie haute ou basse elles ont ramassé un bon pécule, ce qui arrive assez vite, car elles commencent très jeunes, elles retournent dans la tribu où elles trouvent toujours un mari complaisant qui salue le veau d'or et s'arrange de tout. Ce sont les héroïnes de la danse du ventre et autres danses à caractère.

Le Dr Bruch m'avait dit : Quelques-unes ont des colliers d'or superbes, — et c'était vrai plus ou moins, pour celles qui se trouvaient là, — soit pour placer leur argent sans laisser au voleur l'occasion de les dévaliser chez elles, soit pour se parer, rehausser leurs charmes, offrir peut-être un exemple à la générosité de leurs adorateurs. Ce sont des pièces de 20 et de 100 francs en bonnes espèces d'or frappé et monnayé presque toujours à l'effigie de Napoléon III. En faisant approcher l'une d'elles, je constatai d'une manière absolument authentique que le médaillon du milieu était une pièce de 100 francs flanquée d'une forte série de pièces de 20 francs et 10 francs formant vraiment une assez originale et solide parure. Toutes ces pièces sont réunies et fixées dans une chaîne qui les maintient à leur place par une soudure facile à enlever, et la valeur vénale de l'objet est à l'instant réalisée. Le collier de cette pécheresse valait bien six ou sept cents francs. Je me bornai à cet examen sans ajouter rien à la collection.

Dans cette visite avec le Dr Bruch, j'ai fait quelques remarques anatomiques intéressantes. Elles sont trop spéciales pour être consignées ici. Il y a 52 de ces créatures à Biskra. Quelques-unes de ces filles sont jolies, la plupart sont communes ; d'autres sont hideuses et celles-là on peut s'étonner qu'elles ne soient pas obligées de déposer leur bilan.

Pendant le jour elles circulent dans leur quartier sans aucun respect humain, et le plus naturellement du monde. Elles sont femmes avec le but final de leur sexe ; elles y répondent à leur façon, sans aucun embarras, et l'Arabe qui raisonne à peu près de même, n'en voit et n'en dit surtout pas davantage.

Elles pensent augmenter leurs agréments et le chiffre de leurs affaires avec la danse à caractère. C'est en effet un nouvel atout dans leur jeu. Par tous pays, du sud au nord et de l'orient à l'occident, la grande loi physiologique qui rapproche les sexes établit une provocation constante de la femme à l'homme quand ce n'est pas de l'homme à la femme. Sous des formes diverses, que ce soit la danse du ventre restée à peu près modeste, le cri de la passion vive, plus hardie, plus savante et mieux rendue, que déploient les sujets plus sensuels exhibés par les cafés juifs d'un ordre supérieur, que ce soient les mouvements methodiques, rhythmés et cadencés de la danse javanaise à personnages multiples, quand il s'agit de Javanaises, que ce soit ceci ou cela avec plus ou moins de lascivité ou de réserve, c'est toujours la femme qui se rapproche de l'homme, et l'initiative vers cette grande loi qui veut que l'espèce subsiste et se multiplie.

Tout ce personnel laissé à part, je comprends bien que Biskra soit chaque année de plus en plus fréquenté, non seulement par nos nationaux, mais aussi par les étrangers, les Anglais surtout qui y viennent en grand nombre pour y passer l'hiver. C'est un pays vraiment plein de séductions. L'élévation de la température, la *sécheresse* du climat en font un pays de choix pour la guérison des formes diverses et souvent si complexes du rhumatisme. J'y prolongerais donc volontiers mon séjour, mais il ne faudrait pas être pressé, c'est encore mon refrain, et je le suis toujours.

Enfin mon départ est fixé à demain dimanche 17. Le seul et unique train remontant part à six heures vingt du matin. A six heures, Mme Chabert est levée assistant au départ ; nous échangeons nos souhaits, nos gracieusetés, l'espérance du retour à ce même Biskra où l'oubli sous le soleil, va si bien à la couleur de mon esprit. Hélas ! j'en sais pour qui sont superflus les projets lointains et les longs espoirs !

Dans ma course au désert j'ai été surpris, quoique je dusse m'y attendre, de l'oisiveté complète, absolue des femmes des tentes. Quelques-unes s'occupent bien de tisser quelques couvertures pour le service du ménage ou d'autres plus grossières pour abriter la tente, les premières en laine, les autres en poil de chameau, mais le plus grand nombre de ces femmes ne font absolument rien, rien. Songent-elles à quelque chose? savent-elles ce qu'elles veulent, savent-elles ce qu'elles voudront demain? Une dernière réflexion avant de quitter Biskra. J'ai vu plusieurs fois sous le burnous de jeunes figures de type absolument français, et entendu parler le pur arabe par des bouches qui ne paraissaient pas tout à fait indigènes. J'en ai pu conclure, avec quelque raison, que plus d'un croisement s'était opéré entre la race nouvelle et la race conquise; mais ces quelques rares exceptions n'infirment point la règle qu'aucune assimilation sérieuse ne se fait ni ne paraît près de se faire entre les deux peuples juxtaposés.

A six heures vingt le train se met en mouvement. Je revois avec plaisir El-Kantara où j'avais eu la pensée de m'arrêter un jour, si je n'avais pas été si pressé, son bois de palmiers, son rideau de montagnes verticales qui l'abritent du nord, lui faisant ainsi un paravent au midi comme les Alpes à Menton; puis après le tunnel on entre tout à coup dans la région aride et sèche qui a déjà commencé le désert quand on vient de Batna.

Le buffet-buvette d'El-Kantara est detestable. Il est près de huit heures et demie quand on s'y arrête ; médiocrement en appétit je demande pour attendre le déjeuner de Batna un petit verre d'anisette; c'est ou ce doit être innocent ; on me sert une affreuse drogue, un trois-six tord-boyaux que je ne puis continuer après la première gorgée qui me brûlait l'estomac. J'en ai été incommodé une partie de la journée. A onze heures un quart environ nous sommes à Batna. Le photographe, M. Boutellier, m'attendait à la gare pour me remettre quelques épreuves et clichés qu'il n'avait pas eu le temps de disposer avant mon départ. C'est un gentil et obligeant garçon, je le remercie de son exactitude ; il me demande quand je reviendrai !

Après un mauvais déjeuner nous continuons sur Kroubs. Plus ou presque plus de cigognes, si ce n'est aux abords même de Kroubs où elles deviennent moins rares et se montrent même en quelques troupes. Il faut croire que le pays leur plaît.

Nous sommes à Kroubs à un peu plus de trois heures. Le pays est à trois ou quatre cents mètres de la gare, pendant que dans la cour même de la gare se dresse un hôtel assez propre, l'hôtel Victoria. Mme Chabert m'avait dit : hôtel Honorat, ce n'est point celui-ci. J'étais contrarié de passer devant pour aller chercher fortune plus loin. J'aime assez les petits hôtels près de la gare ; on y est plus à l'aise pour bien des détails et on craint moins de manquer le train ; mais Mme Chabert m'avait dit Honorat. Mon aventure du matin au buffet d'El-Kantara m'avait mis en souci et respectueux de la consigne, je m'embarque pour le pays suivi d'un gamin qui porte mon petit bagage.

Après sept ou huit minutes nous sommes arrivés. Mon gamin satisfait de l'aubaine et probablement aussi de mon offrande me demande de venir le lendemain à six heures et demie du matin pour refaire le voyage en sens inverse, car je compte prendre le train pour Tunis à sept heures.

En descendant à Kroubs, j'évite d'aller jusqu'à Constantine pour revenir tout de même à Kroubs où se fait le croisement de train. Il faudrait par conséquent se lever beaucoup plus tôt, et c'est assez de se préparer pour sept heures. Honorat, hôtel d'Orient ! Enfin, je n'y suis pas mal, c'est déjà quelque chose ; on y parle parfaitement le français. Je vois là des Français qui sont dans le pays depuis cinquante ans et qui ne comptent pas le quitter.

Kroubs, simple bourg de sept à huit cents âmes, est le centre d'une circonscription communale de huit ou dix mille Arabes. Il fait gris, un peu frais, ce n'est plus Biskra.

C'est dimanche 17, il n'est guère plus de trois heures et demie ; une musique infernale retentit sur la place qui est voisine. Grands dieux ! ce sont les chevaux de bois, les vrais chevaux de bois de France, ni plus ni moins qu'à Bar ou au Parc où ils ont ébaubi la population, et ils paraissent avoir le même succès.

Kroubs est sur une hauteur. Je cherche à me rendre compte du voisinage, le pays est assez bien cultivé et paraît florissant. J'ai pris mon appareil, mais l'absence de soleil me le rend inutile ; après une visite à l'église, petite église propre et toute moderne, l'air vif me fait rentrer, et sans vergogne je fais allumer du feu.

Le lendemain lundi 18, à six heures et demie, mon gamin est exact et nous redescendons de la hauteur vers la gare. Heureusement il fait beau, sans cela mon respect pour la réflexion de Mme Chabert aurait pu avoir de fâcheuses conséquences ; Honorat et l'hôtel d'Orient n'ont pas d'omnibus, et je ne fus pas sans considérer que j'avais été plus heureux que sage ; comment me serais-je tiré d'affaire avec un parapluie les pieds dans l'eau et dans la boue ! Non seulement il ne pleut pas, mais il a gelé blanc ; l'herbe des sentiers crie sous les pas et j'assure vigoureusement mon cache-nez sur ma bouche pour éviter une complication.

Voilà qu'en gare je retrouve mes officiers continuant leurs opérations ; ils ont été mieux avisés que moi, ils sont descendus à l'hôtel Victoria et en disent du bien ; je me le rappellerai, si jamais je reparais à Kroubs.

C'est le moment de partir, le train de Constantine arrive ; mais voilà que par mes officiers, par la réunion fortuite de quelques autres voyageurs les places de première classe manquent. Dame ! la circulation n'est pas énorme dans ces parages ; les voyageurs de première ne veulent pas monter en seconde, et il faut attendre une demi-heure pour qu'une voiture de première arrive de je ne sais où. Pendant l'attente on se morfondait un peu sous l'aigreur du vent ; mieux avisé ou plus résolu j'allai bravement me réfugier dans le cabinet du chef de gare où il y avait du feu ; enfin nous sommes repartis. Mes officiers et moi plus camarades que jamais nous causons amicalement de bien des choses ; évidemment je ne les ennuie pas, c'est déjà cela. Nous échangeons nos noms, car ils vont descendre à la station très prochaine de Zenitten pour continuer leurs achats. Ce sont les lieutenants Génin et Jeannin du 1ᵉʳ chasseurs d'Afrique, et Chautard, lieutenant aussi au 4ᵉ chasseurs d'Afrique, tous trois attachés au dépôt de remonte à Constantine. Et les voilà qui, en me serrant la main au moment de nous quitter, me parlent des photographies prises à leur occasion et me demandent très gracieusement de vouloir bien leur en faire part. J'ai promis, je vais m'exécuter. Un peu plus loin, à la station de Meskoutine, il y a une ou des sources d'eau chaude. Une vapeur abondante se dégage de quelques bâtiments qui paraissent être un embryon d'établissement. Ces eaux sont probablement très chargées de matières salines, car sans descendre du train on voit, très nettement à 80 mètres environ d'abondantes stalactites se dessiner au milieu de la vapeur. Je ne connais pas ces eaux, je me renseignerai.

Bientôt on s'arrête à Guelma, vingt-cinq minutes, pour déjeuner. De Kroubs à Guelma le pays est joli ; tantôt il est en plaine, tantôt en plaine et montagne ; en plaine la terre est riche, verte, garnie de belles emblaves, et la verdure occupe jusqu'au sommet les crêtes montueuses. Quand plus loin la montagne domine, ne se prêtant plus à la culture, les vallons et les pentes sont couverts d'arbustes verdoyants qui reposent agréablement l'œil des nudités arides qui marquent de loin l'approche de Biskra, et, bien après Guelma, cette belle nature continue ; et sans cesse on côtoie, on passe et on repasse l'inévitable Medjerda. Dans mon vagon aussi sont montés un monsieur et une dame et leur fillette de quatorze ou quinze ans ; ils sont Belges, ils sont agréables, et le mari, M. Gravet, s'occupant de photographie, cela fait un sujet de conversation. La jeune fille paraît fort intelligente. Ils vont à Tunis comme moi, et nous serons ensemble jusqu'au bout du voyage.

A Souk-Arrhas, grosse station, on s'arrête un peu. Plus loin, à Ghardimaaou, visite peu sévère de la douane beylicale. Enfin vers sept heures dîner à Souk-El-Arba. Souk-El-Arba la boueuse de triste mémoire ! où je fus obligé il y a deux ans, absolument obligé de monter en voiture pour parcourir 100 mètres qui me séparaient du contrôleur civil à qui j'avais à faire visite. On enfonçait dans la boue littéralement jusqu'au dessus des chevilles. Nous sommes remontés en voiture, nous n'arrivons qu'à minuit, et nous sommes partis de Kroubs à sept heures du matin! Au moins nous marchons régulièrement, le temps est doux. Au cours de la route j'ai envoyé une dépêche à l'hôtel Gigino ou Eymond pour m'annoncer et m'assurer une chambre. Il serait dur d'être renvoyé à pareille heure.

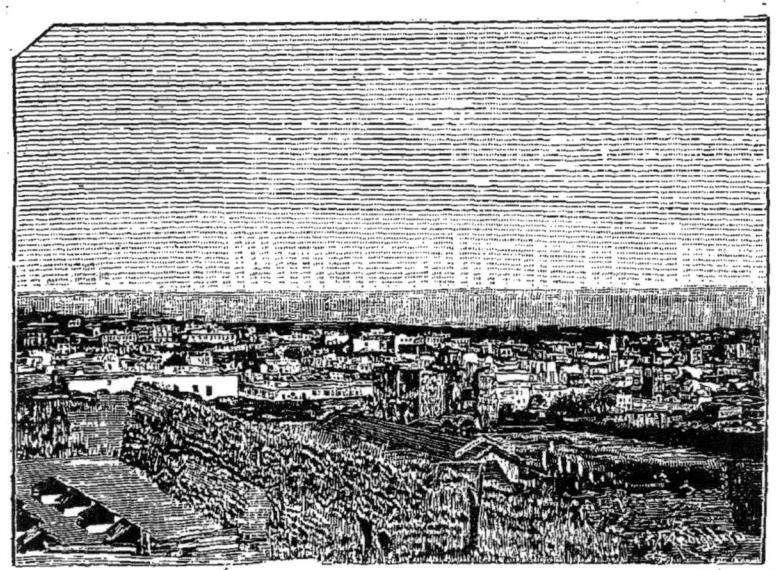

Autre vue générale de Tunis.
Elle complète celle déjà donnée précédemment. — V. p. 193.

Eymond est le véritable nom du propriétaire ; Gigino est le prénom, Eugène, Gégène comme on dirait en français, mais Gigino est surtout employé et connu. A minuit moins une minute nous sommes enfin en gare de Tunis ; il fait doux, beau ; une demi-heure après j'étais couché, et je n'avais besoin pour dormir ni qu'on berce mon lit, ni qu'on agite des pavots sur ma tête. Bienheureux sommeil, que serait-on sans toi, si l'on ne s'y retrempait chaque jour, pour l'oubli ou du moins l'adoucissement de l'amertume constante !

Nous donnons ci-dessus une nouvelle vue générale de Tunis prise sous un autre aspect.

Mardi 19. — Avant huit heures je suis debout, reposé et peu après sorti. Je connais à peu près la ville et me dirige facilement seul ; je vais chercher des sujets de croquis au marché de bois et charbons où se trouvent en abondance des types divers d'Arabes, des ânes, des mulets, des chameaux. A dix heures et demie, pour songer à des choses plus sérieuses je reviens pour aller voir le Dr Bertholon, une bonne et vieille connaissance qui demeure 24, avenue de France, tout près de chez moi. Il a quitté le quartier arabe où il demeurait avec son beau-père M. Siganacki, ancien négociant grec qui l'a suivi ou précédé, avenue de France, où ils demeurent ensemble dans un grand et bel appartement que, par exemple, je trouverais froid pour moi. Trop de marbre, trop de marbre ! et pas de cheminée dans le cabinet de Bertholon au moins. Il est par hasard chez lui, et sur ma carte il me fait immédiatement introduire.

Toujours aimable, nous avons vite refait connaissance, mais quand je lui parle du but de mon voyage et de ma prétention de trouver et de rapporter des crânes juifs à la Société d'Anthropologie, il verse une belle douche d'eau froide sur mon enthousiasme.

Cela me paraît bien audacieux, me dit-il, pourtant je vais vous adresser à un de mes amis, M. Gabriel Medina, israélite d'ailleurs, esprit très large, très libéral, très ouvert, occupé comme nous, de questions scientifiques auxquelles il donne tout le temps que ne réclament pas ses affaires commerciales. M. Medina m'a dit depuis, qu'il est en relations avec 180 maisons de commerce de l'Europe. Malgré cela, il trouve le temps de suivre les questions scientifiques et de produire quelques brochures intéressantes dans le français le plus pur, le plus élevé, et il est né à Smyrne !

Très considéré dans la communauté israélite, M. Medina, ajoute Bertholon, vous dira et fera tout ce qu'il est possible pour vous d'espérer. Et je reçois de Bertholon un mot d'introduction gracieux qui me vaut deux jours après, le meilleur accueil, car pendant deux jours je poursuis inutilement M. Medina qui plusieurs fois par semaine va passer la journée à sa maison de campagne de Radès, à quelques kilomètres de Tunis. Il a là des travaux, des affaires de jardin, et comme tant d'autres il s'intéresse à ce qui lui est utile ou agréable. Au premier mot de ce que je désire, je vois M. Medina froncer légèrement le sourcil. Je crois, me dit-il, que vous ne parviendrez à rien, et si libéral que je sois il y aurait là une véritable profanation à laquelle, dans nos idées, je ne saurais me prêter. Sur ce mot de profanation je me défends, la chose n'étant nullement dans ma pensée, et la paix faite, ayant ajouté que respectueux de toute idée religieuse, j'entends surtout respecter celle-là quand je m'adresse à un israélite, la conversation continue amicalement. Au surplus, me dit M. Medina, je vais vous conduire après-demain dimanche chez quelqu'un de plus autorisé que moi dans la communauté juive, chez le directeur de l'école israélite de Tunis; vous verrez ce qu'il vous répondra sur le point particulier qui vous intéresse. Sur ce, nous nous séparons déjà bons amis; M. Medina me fait hommage de deux brochures récemment publiées par lui et intitulées l'une : *Note sur la nécropole prétendue phénicienne de Saint-Louis* de Carthage ; l'autre, *Formations géologiques des terrains quaternaires*.

M. Bertholon m'avait aussi adressé à un jeune photographe qu'il emploie et qu'il me recommande, réfractaire italien, me dit-il, pendant que l'autre se prétend Tunisien, cela m'est égal. Je prends avec lui mes combinaisons, il me donne un guide arabe parlant assez mal français par exemple, et pendant plusieurs jours je cours de tous côtés cherchant des sujets de photographie, individus, animaux, costumes, etc.

Au cours de mes promenades, je rencontre un jour un fort beau cheval arabe très bien monté par un soldat du train, je crois, qui le promenait sans doute pour son officier. La bête était enlevée à une jolie allure, le cavalier la flattait de la main, et le cheval comme un chien câlin arrondissait l'encolure et tournait à chaque instant la tête et le cou sur la main qui le caressait; c'était fort gracieux. Je n'avais pas besoin de cela pour aimer le cheval arabe.

Non loin de l'endroit où je rencontrai ce cheval, il y a au pied d'une vieille ruine une place où se tient habituellement un charmeur de serpents. J'ai peu de goût pour ce genre de représentation ; mais l'amateur était précisément en exercice et je m'approche, demeurant un peu à distance du cercle qui l'entoure. Il débitait son boniment pour commencer la séance, lentement, lentement pour laisser le temps de venir aux gros sous qui ne venaient pas vite. Le personnage a l'air fin et rusé, c'est un homme de quarante-cinq à cinquante ans ; il vise à l'effet dans son extérieur. Il a une sorte de longue robe brune qu'il a substituée au burnous arabe pour se distinguer. Il porte une vaste boucle d'oreille d'un seul côté, à droite. A chaque instant il jette par terre sa calotte rouge ou se découvre seulement la tête, pour montrer que celle-ci est rasée à moitié suivant une ligne qui partirait d'une oreille à l'autre en passant par le sommet de la tête, et le boniment continue toujours, toujours avec une longueur et souvent une vivacité qui font l'éloge de ses cordes vocales, et à chaque instant les éclats de rire de l'assemblée montrent qu'il amuse son public. Je reste indifférent, ne comprenant rien au discours. A chaque instant aussi, la tournée du tambour de basque vient solliciter les gros ou les petits sous toujours rares.

Aux pieds de l'individu, dont les longs cheveux me rappellent les gravures des anciens Peaux-Rouges, gît un assez gros sac de cuir de forme arrondie, ayant l'ouverture fermée par une bonne ficelle. De temps à autre le sorcier s'assied sur ce sac pendant quelques instants, avec affectation, et puis le boniment recommence à ne plus finir. A un certain moment enfin le personnage se décide à dénouer la corde, il ouvre légèrement la gueule du sac, plonge la main à l'entrée avec l'apparence d'un certain effroi, et amène à l'ouverture seulement les anneaux multiples d'un certain nombre de reptiles et le boniment recommence encore avec la quête aussi. Un acolyte entonne alors sur une sorte de flûte, une mélodie monotone et plaintive. Le sorcier a amené un peu plus près du jour une série de ces anneaux hideux. L'acolyte continue sa mélodie et voilà que très promptement un assez gros serpent du volume environ d'un bon manche à balai présente sa tête au dehors et cherche allègrement à sortir. Le sorcier prenant un air irrité s'avance vivement vers son compère comme pour lui faire de graves reproches. On peut supposer que le sorcier veut encore impressionner son public ; il semble dire : Mais tu n'as pas le sens commun, tu vas trop vite, je n'ai pas encore pris mes dispositions ; tout à l'heure je ne serai plus maître de mes bêtes. Tout cela est de la pure frime ! mais l'animal a tout à fait sa tête en dehors, je le vois parfaitement ; je ne sais à quelle espèce il appartient ; la tête est large et plate ayant à peu près la forme des castagnettes ; une tige de cuivre décorée, très facile à voir à 4 ou 5 mètres de distance, est passée soit en travers de la bouche à la façon d'un mors de cheval, ou maintenue sur le cou de quelque façon. Comment ? je ne sais, mais elle y est. Est-ce quelque chose d'analogue aux épingles dites de nourrice, un objet destiné en serrant dans les deux branches la tête de l'animal, à dompter son indocilité, peut-être ses mauvais instincts ? Cette tige de bronze joue-t-elle le rôle des anneaux qu'on passe dans la lèvre des ours pour les mieux conduire ? ou encore si ce reptile est le personnage principal de la collection, son maître veut-il par un oripeau le mettre en évidence et donner plus de relief à ses avantages ? je ne sais, mais aussitôt le sorcier se précipite comme effrayé pour le faire rentrer. Il le repousse en effet dans le fond du sac, mais, de la même main, il ramène un serpent un peu plus petit qu'il jette à bout de bras sur une partie de l'assistance, heureusement pas de mon côté ; je trouvai la plaisanterie de mauvais goût et je tournai les talons sans en attendre davantage. Que ces animaux soient impressionnables à une certaine mélodie, je viens d'en avoir là une preuve et elle est conforme à la tradition. Qu'est-ce que le sorcier allait montrer ensuite ? je l'ignore tout à fait, n'ayant aucun goût ni pour ses élèves ni pour leurs exercices. Ce que je crois, c'est que ce sont des bêtes naturellement inoffensives, ou rendues telles par l'enlèvement des dents et des glandes qui peuvent les rendre dangereuses. Il en est ainsi d'habitude, mais il paraît aussi que lorsque les charmeurs opèrent devant des personnages importants ils se piquent d'opérer avec des reptiles fort dangereux et dont la morsure serait mortelle. Un journal a raconté en mars 1896 ce fait divers dont je ne garantis point l'authenticité : « En rade de Colombo, le transport le *Vinh-Long* avait pris à son bord les généraux Millot, Brière de Lisle et de Négrier se rendant au Tonkin. Des charmeurs obtinrent de donner une séance devant les trois généraux. L'un d'eux se mit à jouer des airs étranges sur une flûte à six trous des plus primitives en présentant des cérastes. Au son de cette flûte, ces terribles reptiles sortaient dociles de leur panier d'osier et s'approchaient du charmeur qui, après les avoir irrités, agacés, excités, les saisissait brusquement par le cou et les rejetait dans le panier.

« — Ce n'est pas dangereux, dit à ce spectacle le général de Négrier, leurs serpents n'ont plus de crochets.

« Et le général se baissait pour saisir à son tour un des reptiles.

« Heureusement, le charmeur avait deviné : avant que le général ait eu le temps de saisir le serpent qui déjà se préparait à mordre, l'Hindou se précipitait et tuait le reptile d'un coup de son instrument sur le cou. Il le montra ensuite la gueule ouverte : les crochets redoutables s'y voyaient intacts. »

Cette question des serpents charmés est vraiment curieuse et je m'y arrête volontiers. Si je n'ai pas voulu suivre jusqu'au bout le spectacle offert à son public par le jongleur de Tunis, j'avais pourtant le désir de savoir en quoi consistent les exercices de ses coreligionnaires et comment se passent les choses entre eux et leurs élèves. Un livre de L. Rousselet sous ce titre : *Le charmeur de serpents*, Paris 1882, m'a fourni les renseignements nécessaires ; j'en présente ici un extrait.

La scène se passe dans l'Inde, pays classique des charmeurs et des serpents charmés ou non charmés.

L'auteur nous place au temps de la révolte de l'Inde sous Nana-Sahib. Un vieux charmeur du nom de Mali, homme de cœur du reste, a reçu de bons traitements de la famille d'un Français établi dans l'Inde depuis Dupleix et rangé à la cause des Anglais. Quand Nana-Sahib se révolte le père est poignardé par Nana lui-même comme complice des oppresseurs. Il laisse deux enfants, une fille et un fils de quatorze à seize ans ; la fille est enlevée par ordre de Nana qui songe à la marier à quelqu'un des siens. Le fils est obligé de fuir à travers la jungle et la forêt avec Mali qui se fait son protecteur en reconnaissance des services rendus. Mali fait passer le jeune homme pour son fils ; il lui donne un costume pauvre comme le sien et lui fait apprendre son métier pour avoir un gagne-pain et déjouer les soupçons de leurs féroces ennemis. Ils sont accompagnés d'un jeune dresseur de singes Miana qui complète l'intérêt de la troupe et aura son utilité dans les péripéties du long voyage.

Les charmeurs portent leurs serpents dans deux corbeilles chacune suspendue aux extrémités d'un bâton passé en sautoir sur l'épaule. Ils ont dans la main un long bâton magique peint d'ocre rouge d'où ils prétendent tirer un caractère surnaturel. Ils se rendent dans les diverses localités, parfois aux fêtes chez les princes pour exhiber l'adresse et l'intelligence de leurs élèves. Les serpents les plus redoutables, les cobras par exemple, dressés peu à peu semblent comprendre la voix de leur maître, et lui obéissent à peu près comme feraient des animaux domestiques. Ils sont sensibles à la musique. Le charmeur se sert d'une sorte de flûte primitive appelée *toumril* et qui est peut-être une des premières flûtes inventées par l'homme, car, paraît-il, on la retrouve figurée sur des monuments qui ont plus de quarante siècles d'existence. C'est un court sifflet emmanché dans la partie supérieure d'une calebasse munie elle-même inférieurement de deux courts roseaux percés de trous. Si les serpents se sont échappés des paniers dans une chute ou d'une autre façon, la voix du maître ou le toumril les ramènent. Il est d'ailleurs inutile de leur offrir une mélodie compliquée, il suffit de souffler en levant alternativement l'un après l'autre les doigts qui ferment les trous du toumril.

Voici le charmeur en représentation ; il est assis sur une natte de jonc, entouré de curieux. Aux premiers accents de la flûte, les cobras s'agitent, le bruit mélodieux éveille leur curiosité ; une à une elles sortent des paniers et le sol est bientôt couvert d'une troupe multicolore de serpents de toutes tailles qui viennent se ranger autour du maître. Elles se dressent en gonflant leur capuchon pour maintenir leur équilibre, elles essaient d'atteindre le toumril dont les extrémités garnies de verroteries brillantes fixent leur attention. Ainsi fascinées et comme bercées par la douce musique elles suivent en se balançant tous les mouvements de l'instrument, elles dansent comme dit le vulgaire ; si le charmeur se déplace, elles l'accompagnent et font avec lui le tour de la chambre. S'il insiste sur la mélodie, elles viennent s'enrouler autour de son corps, et montant jusqu'à la tête elles forment autour de son front une auréole de têtes sifflantes. Si parmi ses bêtes il en est une qu'il affectionne plus particulièrement, il lui parle avec bonté, la regarde tendrement et la saisissant avec délicatesse il la glisse autour de son corps et la garde dans ses vêtements.

Les serpents seraient même susceptibles de s'attacher à leur maître et de montrer de l'intelligence et du dévouement, témoin l'histoire suivante que raconte Rousselet :

Pour échapper ainsi que ses pupilles aux ennemis qu'il redoute, Mali est obligé de traverser la jungle où il est attaqué par un tigre. D'effroi il laisse tomber ses paniers qui s'ouvrent en livrant passage à ses serpents. Au bout de quelques secondes le tigre modère son étreinte et semble renoncer à immoler sa victime. Bientôt le charmeur se sent libre, il ouvre les yeux ; la monstrueuse bête se roulait à quelques pas comme en proie à un accès de rage. Pendant un quart d'heure elle se tordit dans d'affreuses convulsions puis cessa de se mouvoir ; le tigre était mort. Mali se jette à genoux pour remercier Siva et Rama de leur insigne protection ; il rappelle ses serpents qui se cachaient dans les broussailles voisines et les réintègre dans les corbeilles. Il se hâtait de quitter ce lieu funeste quand il s'aperçoit qu'il lui manquait encore une de ses jeunes cobras la plus intelligente et déjà la plus affectueuse. Il la cherchait en vain quand s'approchant de nouveau du tigre, il vit sa jeune cobra, Sàprani de son nom, enroulée autour du cou du fauve, ses crochets venimeux profondément enfoncés dans la gorge du monstre. Alors il comprit tout, la retraite de son ennemi, ses convulsions, sa mort, Sàprani l'avait sauvé. C'était une superbe cobra de deux mètres de long. Son corps rond et flexible était couvert d'écailles noires entremêlées de taches jaunâtres régulièrement disposées. Au grand étonnement des jeunes fugitifs, la bête se redressant sur un signe de son maître, étala la membrane qui encadrait sa tête et montra les deux cercles noirs dont elle est ornée et qui ont valu à son espèce le nom de serpents à lunettes.

Le tigre piqué par une cobra, dit Mali, meurt en moins d'un quart d'heure ; chez l'homme, quelques minutes suffisent pour amener la mort.

Je ne me porte assurément pas garant de l'histoire du tigre de Mali, je la raconte comme la donne Rousselet ; ce qui m'étonne ce n'est pas la rapidité d'action du venin ; la science a enregistré le fait d'un industriel nommé Drake, je crois, qui débarquant au Havre avec une cargaison de serpents fut mordu par l'un d'eux et mourut en dix minutes. Ce qui me laisse en doute c'est l'intelligence, le sentiment et le dévouement de la cobra.

Toussenel a écrit un livre charmant sur *l'esprit* des bêtes ; il n'a point compris les serpents dans son étude. Peut-être les y aurait-il fait figurer s'il eût connu l'histoire du tigre de Mali.

Mais il est temps de revenir au cours de mon récit.

Le rhamadan touche à son terme. Trois jours avant la fin, les musulmans célèbrent par une fête pieuse la prochaine délivrance. Plus respectueux que nous de l'idée religieuse, on les voit pendant tout le temps du rhamadan prier dehors en égrenant un chapelet. Quelques-uns surtout à la campagne, autour de Biskra par exemple, restent agenouillés longuement sur le sol, parfois près d'un ruisseau où ils ont fait leurs ablutions, frappant la terre de leur front à plusieurs reprises et invoquant Allah.

Le rhamadan doit se terminer le lundi 25 à la fin du jour.

La fête dite du Baïram je crois, a donc lieu vendredi 22 ; fête toute religieuse du reste. Ce jour là le bey vient de la Marsa faire dans plusieurs mosquées ses dévotions à Tunis. Il devait rentrer et coucher à son palais de la Kasba ; on avait dit d'abord à quatre heures, puis à cinq, puis à six. Ma promenade m'avait amené du côté de la kasba et je désirais voir le cortège. Mon Arabe, en qui j'avais peu de confiance, me faisait espérer indéfiniment le bey que j'attendais sur la place du Palais. Lassé d'attendre, je prends le parti de regagner mon hôtel. Il est cinq heures un quart ; j'ai occasion de ressortir presque aussitôt. A dix pas de l'hôtel, devant la porte de France, à l'entrée de l'avenue de France, voilà le bey et son cortège. C'est d'abord un personnage à cheval, ni civil, ni militaire, avec un grand sabre grec ou persan, ce que l'on veut ; puis un autre, puis un petit groupe de soldats à cheval, ayant la calotte rouge, le pantalon rouge à basane de l'armée française, et la veste de drap gris-bleu, un peloton d'une quarantaine de soldats précédant la voiture, mousqueton dans le dos, sabre au clair, le sabre recourbé de notre ancienne cavalerie légère ; enfin la voiture du bey, sorte de grand landau, le bey a la place de droite en arrière, trois grands dignitaires tous en calotte rouge occupent les autres places. Derrière la voiture un autre peloton d'une quarantaine de cavaliers, ceux-ci en veste bleu-clair. Les uns comme les autres ont d'assez beaux chevaux. La voiture roule au pas conduite par six mules pacifiques ; je ne sais plus si elles étaient montées ce que je crois plutôt, ou conduites en main. Le bey arrivait donc à son palais à peu près à l'heure que m'avait indiquée personnellement mon Arabe, vers six heures, en prenant le long tour et les grandes avenues plus commodes pour son cortège, que la rue étroite de la kasba et les souks.

Le dimanche 24, à neuf heures du matin, je suis exact pour aller trouver M. G. Medina et me rendre avec lui chez le Directeur de l'enseignement israélite M. Pariente. Il s'agit toujours d'obtenir des crânes juifs. Sous une forme plus que gracieuse, amicale, je trouve encore ici plus de résistance.

M. Medina m'avait exposé ceci : la loi nouvelle interdisant l'inhumation dans les villes, un cimetière juif nouveau a été créé au dehors, l'ancien est abandonné ; si l'on y fait quelques fouilles, le gouvernement français sans doute fermera les yeux ; reste à savoir ce que pensera la communauté juive et c'est ce que nous dira M. Pariente. Nous arrivons et sommes reçus de suite par le Directeur ; je lui expose le but de ma démarche ; je vois de suite qu'il n'y aura pas moyen d'aboutir. Dans nos idées, dit M. Pariente, le respect des morts est poussé jusqu'à sa plus extrême limite. Nous avons un hôpital israélite ; ni médecins ni chirurgiens ne peuvent et sans doute ne veulent faire aucune autopsie, et *jamais* cette coutume ne sera modifiée, autant qu'il est possible d'employer le mot jamais pour les choses de ce monde.

J'objectai sans timidité que c'était là une singulière manière de faire avancer la science et d'être utile aux malades et à l'humanité. M. Pariente en convint, me disant que s'il parlait en son nom personnel il pourrait tenir un autre langage, mais qu'il parlait au nom de la communauté juive et résumait son impression.

Il y a quelques années, dit-il, depuis l'occupation française, l'administration voulut imposer pour les enterrements juifs le corbillard ou un analogue, employé dans les cérémonies funèbres des autres cultes : c'était peu de chose certainement. Le mécontentement fut tel que l'on serait arrivé à une émeute si l'administration n'avait cédé, retirant son projet.

J'étais à Smyrne il n'y a pas très longtemps, poursuit le Directeur : Il y avait un ancien cimetière juif délaissé que l'on voulait transformer pour des travaux d'utilité publique. Il n'y avait qu'à déplacer respectueusement les vieux ossements pour les déposer dans un coin de ce même cimetière qui n'aurait pas été touché ; l'opposition fut très vive et l'on ne put s'entendre. L'affaire fut portée devant le tribunal du sultan qui donna raison à l'opposition des israélites. Une seule fois un grand ministre de Turquie toucha à un ancien cimetière juif de son autorité privée et sans rien demander à personne ; on le laissa faire, mais c'était pour fonder un hôpital israélite.

Quand nous avons fait les acquisitions nécessaires pour établir cette école, continue toujours le Directeur, notre contrat d'acquisition s'appliquait à l'ensemble de la propriété. On s'aperçut bientôt que dans un coin il y avait une tombe pas même juive, mais arabe ; il nous fallut clôturer par un mur un îlot de terrain assez large autour des limites de cette tombe et par conséquent faire une enclave dans la surface générale qui nous appartenait tout entière. — Et on m'a montré cette enclave et le mur qui la circonscrit.

Il n'y avait rien à espérer par la persuasion ni par le raisonnement, je me déclarai battu et prêt à abandonner mon projet.

Il restait bien un moyen, c'était de prendre avec moi deux ou trois Arabes, les bien payer et m'en aller avec eux la nuit faire la besogne secrètement. C'est une équipée qui peut convenir à de plus jeunes ; quant à moi, m'en aller ainsi la nuit dans le froid, les pieds plusieurs heures dans l'herbe humide ne me souriait nullement ; et puis ne pouvais-je pas avoir quelque affaire au moins de premier engagement avec la police si j'étais surpris ; et enfin si j'étais découvert, n'était-ce pas bien mal reconnaître le sentiment particulier de mes hôtes, la bienveillance qu'ils me témoignaient et me donner l'apparence d'une conduite astucieuse et fourbe en faisant sournoisement, par derrière, ce que j'avais paru abandonner en face.

Je suis battu, et je crois qu'il me faut absolument en rester là. Cependant nous étions sur le terrain de l'instruction donnée aux fils d'Israël dans l'établissement ; j'en profitai pour toucher le sujet, et voici ce que je recueillis de la bouche de ces deux messieurs Medina et Pariente :

Il existe à Paris un comité d'alliance israélite universelle dont le siège central est rue de Trévise.

En 1878 ce comité s'émut de voir qu'à Tunis 35 ou 40,000 juifs restaient sans instruction officielle. On décida de combler cette lacune. Le baron de Hirsch donna 100,000 francs pour l'acquisition de la propriété actuelle, grande, bien installée, me paraît-il (on va tout à l'heure me la faire visiter) et déjà plus ou moins couverte de bâtiments habitables. Le bâtiment des filles est séparé de quelques centaines de mètres de l'école des garçons. La population des deux écoles comprend environ :

1° Garçons.	1,100
2° Filles	600
3° Ecole maternelle annexée aux filles.	300
	2,000

L'entretien des deux écoles coûte 110,000 francs par an ; il faut les trouver. La communauté israélite coopère pour 50,000 francs, le gouvernement du protectorat pour 12,000 aujourd'hui ; il a commencé par 4, puis par 6. La communauté juive de Tunis s'est imposée la charge d'un sou par livre de viande abattue dans l'abattoir *juif* de la ville. Chaque secte religieuse, avons-nous dit déjà, a son abattoir propre à Tunis. En outre de l'école de Tunis, il y en a deux autres moins importantes dans la régence, une à Sousse, une à Sfax. La fondation a eu lieu par un arrêté du gouvernement beylical, contresigné par celui du Protectorat.

La communauté israélite est divisée en deux rites :

1° Le rite tunisien proprement dit dont l'origine se perd dans la nuit des temps.

2° Le rite français ou portugais; celui-ci ne date que de 1810 et répond à l'époque de l'expulsion des juifs d'Espagne.

Reste à dire comment se distribue l'enseignement dans

l'école israélite de Tunis ; c'est un établissement d'instruction primaire simple et primaire supérieur, et elle se donne absolument dans la forme et suivant le programme français. Ici une question intéressante : Quand l'école fut fondée, le gouvernement italien s'efforça d'obtenir que la langue italienne fût enseignée côte à côte avec la langue arabe ; cela suscita des difficultés, M. Medina et le Directeur actuel voulant faire prévaloir l'enseignement français. Cependant, à titre de bon accord il y eut au début un professeur italien, mais à la première occasion il fut remercié et le français est l'enseignement qui domine absolument à l'école, grâce aux efforts de MM. Medina et Pariente qui ont soutenu notre pays et qui pour cela me réconcilient avec les juifs. Il y a douze professeurs de français à l'école des garçons, une proportion correspondante à l'école des filles. On est en train de fonder une école d'agriculture, la direction en est confiée à un Français que j'ai vu du reste et avec qui j'ai causé, homme jeune et intelligent. Mais il faut visiter l'école ; j'accepte, pour le faire un peu sommairement, mais volontiers. J'entre dans plusieurs classes de garçons, tout y est en français, les tableaux sur les murs, de longues explications écrites à la craie sur le tableau classique.

J'ouvre quelques cahiers ; le français y domine de beaucoup l'arabe, et à quelques questions on me répond partout dans un français très correct à peu près sans accent. Mais, dis-je au Directeur, je vois bien le français, je vois bien l'arabe, mais l'hébreu ? Cependant il y a une langue hébraïque et nous sommes dans une école israélite. C'est vrai, répond le Directeur, on enseigne un peu d'hébreu pour les choses de la religion, mais en dehors de cela le français d'abord et ensuite l'arabe occupent presque tout l'enseignement, parce que ces deux langues sont appelées à armer bien autrement les élèves contre les difficultés de la vie. Cela me parut plein de bon sens.

Nous sortons pour aller trouver un peu plus loin, dans une autre rue, l'école des filles. Celles-ci sont naturellement beaucoup moins nombreuses que les garçons, moitié environ, et l'enseignement y est de même surtout français additionné d'arabe, les maîtresses jeunes et françaises ; l'une est lorraine, brune, à type juif assez marqué, l'autre de Marseille d'un blond presque germain, les élèves presque sans accent, de sorte que je ne puis m'empêcher de dire à l'une des maîtresses : Si ces jeunes filles prennent un jour un accent, ce n'est pas vous qu'il faudra en accuser. A l'école maternelle, — car on ne me fait grâce de rien, — j'entre au moment où une troupe de gamines de deux, trois ou quatre ans tournent deux à deux les bras réunis devant la poitrine en marquant le pas, un, deux ; cela ne vise à rien de militaire, Dieu merci, mais les enfants sont ainsi habitués à un peu de tenue, à obéir, et prennent sans s'en douter un mouvement, un exercice salutaire. Mais avant d'entrer, j'ai remarqué à quelques pas de l'école une jeune juive de dix à douze ans, dans le pur costume de sa caste. Toutes les jeunes filles de l'école israélite ont le vêtement français, européen si vous voulez. Le contraste me frappe et je demande à mes deux compagnons : Nous venons de voir à quelques pas d'ici une jeune juive en son costume propre, toutes celles-ci ont le costume français ; à quel moment l'autre prendra-t-elle le costume européen, et d'abord le prendra-t-elle ? Le costume juif ou européen a-t-il quelque rapport avec l'âge de la puberté ? Aucun rapport, me disent ces messieurs. Cette petite juive, que vous avez remarquée tout à l'heure, ne fréquente pas l'école, elle reste donc sous l'influence et dans les idées des parents qui la maintiennent dans son habitude.

Les nôtres, imprégnées de l'esprit européen par leur seule présence à l'école en ont pris en même temps l'habit ; elles ne le quitteront plus ; à quel moment et pourquoi le quitteraient-elles ? D'ailleurs, pour un certain nombre, elles seront épousées par nos jeunes gens de l'école des garçons qui, vêtus aussi à la française, seront, eux, un bien plus gros obstacle à la reprise du costume juif ; — et j'ajoute, mais en mon nom personnel, cette réflexion : En fait, le costume juif, pantalon bouffant, petite veste plus ou moins flottante, mouchoir noué sur la tête pour les filles, cône pointu pour la femme, ce costume, qu'on le veuille ou non, est destiné à disparaître sous la pression européenne. Je n'examine pas si ce costume est plus ou moins commode, ce n'est pas moi qui le porte ; je n'examine pas s'il est décent ou non, ce n'est pas moi qui l'ai introduit ni qui le maintiens ; il est certainement pittoresque, mais il doit disparaître. En réalité son effacement est commencé ; il est consommé à l'école et là ne renaîtra pas, et c'est l'école sans doute qui va surtout contribuer à l'éteindre. En poursuivant avec une opiniâtreté, une persistance qui a fini par réussir, l'occasion d'obtenir par la photographie les toilettes d'une noce juive, j'ai pénétré dans une famille juive chez laquelle se faisait ce même jour un mariage ; j'y reviendrai. Je ne connais personne de la famille, mais il y avait dans la cour carrée traditionnelle qui est, si l'on veut, le salon de réception, il y avait un certain nombre de jeunes filles de dix, douze à vingt ou vingt-deux ans ; étaient-elles de la famille ou de son entourage, je ne sais, mais parmi elles, petites ou grandes, les unes avaient le costume juif pur, les autres étaient en robe française, et je me rappelle surtout une petite fillette très morfondue de ce que, à cause de sa robe européenne, le photographe l'excluait du groupe qui devait donner la représentation du costume juif, et une autre grande fille, dans une robe verte qui m'a paru d'une très bonne facture, la fille se tenant comme une parisienne et n'ayant aucune prétention à figurer dans le tableau.

Nous étions devenus tout à fait bons amis, M. Medina et moi ; sans doute mes conversations ne lui avaient pas déplu, car il me dit un jour presque à brûle-pourpoint : Mais alors vous vous êtes présenté à l'Institut, à la députation ? Je fus bien un peu surpris de l'aventure, je répliquai : Votre bienveillance, cher monsieur, exagère ma valeur scientifique ; je n'ai pas les titres suffisants pour prétendre à l'Institut et je n'y ai jamais songé. Quant à la députation, c'est autre chose, et je lui raconte par le menu mes tentatives et les aventures assez étranges que j'ai rencontrées. Il eut un air contrit et ajouta : Il serait à désirer que seuls les hommes de valeur eussent mission de conduire les affaires publiques.

J'avais demandé à M. Medina la facilité de pénétrer dans une noce juive, et ce qui est plus compliqué l'autorisation de prendre ou faire prendre la photographie des principaux personnages, les femmes surtout, pour le costume. Il me promit que sur les deux points cela pourrait se faire.

J'avais pensé qu'il m'adresserait ou me présenterait à une famille de sa connaissance qui aurait un mariage à célébrer ; la chose alors devant aller seule. Ce n'est pas ainsi qu'il procéda ; il chargea un de ses jeunes gens, un de ses neveux, je crois, de s'enquérir d'une famille juive ayant une noce et de m'y conduire. C'est le mercredi toujours qu'ont lieu ces cérémonies, au moins pour les familles riches ou aisées. Les familles plus pauvres choisissent de préférence le vendredi, parce que le jour férié des juifs étant le samedi, elles ont ainsi moins de perte de temps pour les affaires, et les frais de la noce servent plus commodément au jour férié du lendemain.

Enfin on m'annonce que le mercredi 27 mars on me présentera à quatre heures précises dans une famille ayant une noce. J'arrive à l'heure dite chez M. Medina avec le photographe autorisé, et nous voilà en route, le commis de M. Medina nous conduisant.

Dans le quartier juif, nous entrons soi-disant dans la maison promise. C'est toujours la maison à petite porte, de caractère mauresque avec la cour carrée ouverte sous le soleil et sous la pluie, sous le soleil pour que, me dit-on, la bénédiction divine puisse descendre plus directement sur la famille. La cour est entourée des bâtiments d'habitation prenant jour sur elle. Il est en effet difficile d'avoir la lumière sur la rue trop étroite ou sur les bâtiments voisins qui sont mitoyens.

Il est quatre heures quand nous entrons, on n'a pas trop l'air de savoir ce que nous venons faire. Cependant on s'explique, notre introducteur parle pour moi, un étranger voulant emporter en France des souvenirs du pays ; on nous répond que c'est beaucoup trop tôt, que la mariée est à sa toilette, que d'ailleurs prendre la photographie cela est impossible, cela est défendu, et toutes les femmes présentes, moins la mariée qui est chez elle, protestent avec des gestes d'abomination et de désolation. Mauvais début! Cependant il y a là un personnage moitié européen, moitié juif de costume, disant quelques mots de français; il se charge d'être mon intermédiaire, moyennant finance bien entendu, près de la mariée elle-même, et nous laisse espérer le succès. C'est, m'a-t-on dit, le barbier de la maison ou le coiffeur de la mariée, peu importe. L'accueil reçu nous satisfait peu, et notre jeune guide nous conduit à la recherche de quelque autre noce où nous pourrons être mieux traités. Nous ne trouvons rien; chemin faisant, puisque nous sommes dans le quartier juif, il demande à plusieurs jeunes filles ou jeunes femmes qu'il paraît connaître si elles veulent se laisser photographier; peine perdue, toutes s'enfuient en faisant claquer leur porte ou protestent bruyamment; elles craignent entre autres choses de figurer dans la vitrine des photographes ou sur l'image des boîtes d'allumettes. J'ai beau répondre la bonne parole, rien n'y fait.

Les jours précédents, en quête de chercher des types, à certains coins pleins de soleil, j'avais bien remarqué que dès que les juives voyaient mon appareil, elles s'enfuyaient, changeaient de route ou se couvraient tout à fait la tête en tournant la figure. Enfin à plus de cinq heures nous retournons à la maison première; il faut en avoir le cœur net. La mariée est toujours à sa toilette, les autres femmes aussi résistantes, même une petite jeune très jolie qui se décidera tout à l'heure à figurer dans le tableau.

Le personnage coiffeur ou barbier est toujours présent et ne désespère pas.

Enfin, après une nouvelle et longue attente, le jour a baissé; il est temps d'agir ou bien l'opération va devenir impossible. Mais voilà la mariée qui paraît en grand costume au balcon du premier sur la cour où nous sommes; elle descend l'escalier avec majesté ; la voilà près de nous, entourée naturellement d'un cortège féminin assez serré et brillant. Je ne sais ce que le coiffeur ou barbier lui a raconté. Tout au moins il lui a présenté ma carte pour montrer qu'étranger, je ne voulais faire aucun commerce de son profil, car c'est une belle fille et la voilà qui résolument vient se planter devant l'ob-

Une noce juive.
Scène à caractère poursuivie et obtenue après mille difficultés (Tunis).

jectif, immobile, entourée de quatre ou cinq fillettes qui tout à l'heure s'enfuyaient avec terreur.

Il est vrai qu'on m'a fait promettre de donner plusieurs photographies à la famille ;

Et la perspective de se voir pour le reste de ses jours, sous ses propres yeux, dans son beau costume de noce, ne fut peut-être pas étrangère à l'évènement. Enfin elle est sous la lentille, elle bouge ; on la fait recommencer, elle bouge encore et toujours docile elle se prête à une pose nouvelle.

Enfin c'est terminé.

Mais comme j'avais peur que le mari arrivant tout à coup ne trouvât la plaisanterie mauvaise et ne renvoyât, avec une querelle à sa future, les visiteurs plus ou moins aigrement dos à dos, je me hâte de déguerpir.

Il fallut ensuite compter avec le coiffeur ou barbier qui, nous ayant suivis, faisait valoir et voulait faire payer ses bons offices. J'ai fini par m'entendre mais non sans débat, car ils sont tenaces les fils d'Israël.

Dans l'après-midi de ce même dimanche où je visitai le matin l'école israélite, M. Médina avait mis à ma disposition un autre de ses jeunes gens pour m'aider à prendre des physionomies. Ce jeune homme me propose d'aller à l'Ariane, gros bourg à quelques kilomètres de Tunis où beaucoup de juives se rendent les beaux jours en villégiature, où d'autres, nombreuses, habitent régulièrement.

Il est deux heures à peine ; nous sommes en voiture et nous roulons vers l'Ariane. M. Gatigno, mon compagnon, connaît très bien le pays ; il le connaît même trop bien, car tout à l'heure quelques amis ou connaissances vont se rapprocher de lui et de moi et gêner mes opérations. Il fait très beau et du reste pas un jour de pluie depuis que j'ai débarqué à Philippeville.

C'est jour de promenade et à la faveur de ce beau temps, je vois circuler un certain nombre de jeunes et jolies juives. Je puis en saisir quelques-unes assez péniblement, car dès qu'elles me voient orienter mon appareil elles s'enfuient ou se détournent de leur chemin ; mais ce n'est pas là le plus grand obstacle. Les amis et connaissances ont entraîné la formation d'un cercle autour de nous. Des gamins nombreux ont augmenté l'attroupement : je suis gêné, distrait par eux et dans la confusion je fais des fausses manœuvres et manque une partie des résultats. Quelques-uns mal intentionnés avertissent de loin les jeunes imprudentes qui paraissent vouloir s'engager de notre côté et leur font rebrousser chemin.

Faute de pouvoir mieux faire je me rabats sur un groupe de fillettes qui n'y mettent pas tant de façons et qui vont être, je crois, le seul résultat de mon voyage.

A cinq heures je rentre à Tunis et termine ma journée par une visite à une synagogue que veut me faire voir mon compagnon.

Fillettes juives à l'Ariane, près Tunis.

Le lendemain lundi 25, nous sortons de bonne heure avec M. Valenza, mon photographe, qui m'a promis de faire avec moi une longue excursion pour m'aider de ses conseils.

J'avais, les jours précédents, faute de soleil, manqué dans le quartier arabe la silhouette d'un lavoir fréquenté par des négresses, nous y retournons ; au cours de la promenade, une première opération pour avoir l'ensemble du tableau se passe assez bien ; mais quand je veux m'approcher un peu plus pour croquer une négresse en particulier, peut-être un peu plus intéressante, voilà cette femme qui gesticule, se démène et m'apostrophe aigrement en paroles vives dont je ne m'émeus point, ne les comprenant pas. M. Valenza qui sait l'arabe me traduit le discours en me disant que cette femme m'adresse toutes sortes d'imprécations et me voue aux pires accidents pour m'occuper d'elle d'une si audacieuse façon; diriger vers elle l'objectif d'un appareil de photographie !

Nous ne ménageons pas les sujets d'étude et nous consommons beaucoup de plaques. Dans un quartier voisin un groupe

Groupe de négresses — et nègres — dans un lavoir (Tunis).

intéressant nous arrête. Ce sont encore des négresses, celles-ci plus pacifiques ; deux jeunes femmes et quelles dents ! assistées de leur mère sans doute pilent dans un mortier de bois du riz ou du blé pour la fête de demain. Une petite négrillonne d'à peine deux ans est debout au milieu d'elles se cramponnant aux bords du mortier qui a environ 0,40 de haut. Tout cela est sur le trottoir en pleine lumière; nous voulons saisir le croquis ; mais il ne nous reste plus de plaques !

Vite, nous retournons en chercher. Quand nous revenons une bonne demi-heure après, le soleil a tourné et n'éclaire plus aussi bien la noire famille. L'enfant aussi a disparu ; quand nous demandons où il est, la jeune femme nous le montre pendu derrière elle dans une sorte de besace familière aux femmes arabes qui portent ainsi leurs enfants en gardant plus ou moins l'usage de leurs mains. Il faut parlementer avec les négresses pour les amener un peu plus au soleil. Peine perdue ; elles ne veulent pas être partie active et malgré l'éloquence de M. Valenza elles refusent absolument.

J'ai regret de ce petit contre-temps. Nous rentrons assez tard ; nous avons beaucoup couru et bien travaillé. Le lundi c'est courrier de France ; après déjeuner j'écris et me repose, j'en ai besoin.

Mardi 26. — De très bonne heure je suis réveillé par l'artillerie.

Le vendredi 22, c'était la fête du Baïram, précédant de trois jours francs la fin du Rhamadan. Le Rhamadan se terminait donc ce mardi 22, et le canon beylical annonçait et annonça de dix minutes en dix minutes à tous les Arabes qu'ils pouvaient désormais boire et manger à leur guise toute la journée. Mais probablement les artilleurs du bey manquent d'expérience ou son artillerie de solidité matérielle, car dans le milieu de la journée une des pièces a, paraît-il, éclaté tuant ou blessant cinq ou six hommes.

Voilà donc commencée la fête célébrant la fin du carême musulman. Elle dure trois jours consécutifs et complets ; c'est en résumé l'analogue de notre Pâques. Ils n'y vont pas de main morte les Arabes ! Il faut la voir dans les quartiers arabes naturellement. J'y suis vers huit heures du matin ne me doutant pas de la fête, cherchant à retrouver le tableau de mes jeunes négresses ; mais il est perdu. C'est la fête trois jours de suite pendant lesquels je ne reverrai pas mes filles du Soudan et après trois jours je serai parti. Il faudra bien que je m'en console.

Je me rabats sur la fête ; c'est un mouvement, une animation tout à fait inusités. Les rues disparaissent sous la foule grouillante, tous les caboulots s'emplissent de consommateurs et de la musique criarde qui fait les délices des indigènes et appelle les amateurs de la danse locale. Ailleurs ce sont des chants toujours sur le même air, et le tambourin ou derbouka qui rend sans interruption la même note sous la même main qui le frappe sans relâche ; c'est un vacarme à se boucher les oreilles et à prendre la fuite.

Tous les trottoirs, ou du moins tous les devants des maisons, sont bordés de chaises et de bancs qui recevront ceux que l'intérieur ne pourra plus abriter. Chacun a revêtu ses plus beaux costumes, et l'éclat du jaune vif, du bleu, du vert, du rose éclatant brille au soleil et ruisselle partout.

Un jeune Arabe que sans doute je n'ai jamais vu m'arrête et me dit joyeux, la figure éclairée d'un bon rire :

— Fini le Rhamadan.

— Et je t'en félicite, car vous me paraissez tous joliment satisfaits d'en être débarrassés. Et nous passons pour ne plus nous revoir.

Les Arabes, ceux de marque principalement, s'embrassent dans la rue; d'autres portent la main solennellement à leur tête d'abord, et de suite avec une solennité pareille sur la région du cœur, quand ils sont moins à portée pour s'embrasser ou qu'ils jugent devoir faire une déclaration différente.

Les marchands ont étalé des marchandises variées, des jouets de toutes sortes, c'est une vraie foire de la Bastille ou de Saint-Cloud. Et les gamins pourvus aussi de leurs habits de fête font résonner les trompettes, geindre les mirlitons ou éclater les capsules dans les pistolets ou carabines à cinq sous.

Il ne fait pas de soleil; je m'assieds sans scrupule sur un banc pour attendre qu'il reparaisse et donner à mes yeux le spectacle inusité, et à coup sûr très mouvementé de la fête ; mais au bout d'un instant, le propriétaire du caboulot sis en arrière, vient me faire assez nettement comprendre qu'il me faut laisser la place à un consommateur plus sérieux. Boire, boire, c'est tout ce que j'ai compris. Et pourtant il n'est que neuf heures du matin et il n'y a encore à peu près personne sur les bancs et sur les chaises. Mais au milieu de tout cela, pas de femmes arabes ou presque pas du moins, pas plus que d'habitude et toujours invariablement cachées de cet épais voile noir qui couvre toute la figure, sauf une ligne étroite restée libre entre le bas du front et la racine du nez et à travers laquelle on distingue à peine leur noire prunelle.

La veille ou l'avant-veille, dans le même quartier, j'avais manqué un petit tableau qui eût été intéressant pour ma collection : c'était une jeune Arabe de distinction, fort bien mise, chaussée de petites pantoufles bleu-clair à talon, dans lesquelles ses pieds n'entrant guère qu'à moitié de leur longueur, l'obligeaient, comme toutes ses pareilles d'ailleurs, à marcher avec une gêne et une lenteur à laquelle il est difficile de comprendre qu'elles se résignent.

Une petite fille de sept ou huit ans, très bien mise aussi, sa fille sans doute, l'accompagnait. M. Valenza était avec moi; nous l'avions manquée au passage, non prévenus à temps ou n'ayant pas le soleil, mais nous pouvions nous rattraper en la devançant par une rue détournée dans la direction qu'elle suivait. Ce qui nous intéressait c'était moins la toilette que la manière particulière dont elle cachait sa figure ; au lieu de l'épais voile noir traditionnel qui défigure, on peut le dire, toutes les femmes arabes, elle se dissimulait d'une autre façon que nous avons indiquée déjà. De ses deux mains élevées à la hauteur de la tête elle tendait par les deux coins le devant d'un foulard d'ailleurs assorti à sa toilette de couleur vive et allongé sur ses épaules. Le foulard parfaitement incliné en bas empêchant absolument de rien voir du visage, pas même la *noire prunelle*. Restait le moyen indiqué aussi de laisser tomber près d'elle un objet quelconque. Il devait être possible en se relevant à propos, après l'avoir ramassé, de surprendre la figure et de voir ce qu'il pouvait y avoir d'intéressant sous le voile.

J'allais sans doute me risquer dans cette tentative, mais la difficulté se complique. Un gamin, qui a vu notre appareil et deviné notre tactique, lui crie sans doute — en arabe incompris — la manœuvre dont elle est l'objet, et la femme, prenant, à n'en pas douter, conseil d'un Arabe important qui passe, se jette tout à coup avec sa fille dans un bain maure où son compagnon lui dit de rester indéfiniment; et nous sommes battus, et nous ne retrouverons plus cette occasion rare.

Le soleil gênant mes opérations, par son absence, je quitte le quartier arabe pour aller faire visite à M. Bertholon, à M. Medina. Au cours de la conversation avec M. Bertholon, je lui dis : Nos affaires dans la Régence vont bien, mais le bey actuel est vieux et après qu'il aura disparu, il est probable que nous ne le remplacerons pas, restant ainsi les seuls maîtres du pays. Ce serait, me répond Bertholon, un grand tort de ne pas le remplacer. Les seuls maîtres du pays, nous le sommes ; le bey ne peut prendre aucune mesure quelconque si elle n'est contre-signée par notre Résident. Nous faisons donc absolument sur place tout ce que nous voulons. Voyez le bey disparu et non remplacé ; c'est le Parlement de France qui se mêle de tout, brouille tout, entrave tout, et peut-être remplace par le gâchis la bonne situation présente. Non, il n'est pas à désirer qu'on change les choses.

Bertholon m'apprend qu'à l'occasion des trois jours de fête qui marquent la fin du rhamadan, et la veille du premier jour une députation officielle de tous les hauts fonctionnaires français est allée présenter ses félicitations et ses souhaits au bey, soit au Bardo qu'il n'habite plus, sinon à propos d'une cérémonie spéciale, mais plutôt à la Marsa qui est devenue sa véritable résidence. Vous auriez vu là, me dit Bertholon, quelque chose d'intéressant. Oui, mais je ne l'ai pas su.

Chez M. Medina, toujours excellent accueil, — je m'entendrais fort bien avec un esprit libéral et large comme le sien. — Il me demande ma carte, ma résidence ; s'il vient à Paris, il cherchera certainement à me rencontrer, et je serai fort aise de le voir. Il m'invite à aller passer une journée à sa maison de campagne de Radès. Une journée est bien un peu longue avec quelqu'un que l'on ne connaît pas beaucoup. J'aurais accepté toutefois, si je ne me sentais déjà un peu pressé par le temps. J'ai bien à faire à Bar et ailleurs au commencement d'avril ; le voyage est long du point de départ au point d'arrivée, et je n'ai pas encore vu Bizerte que je désire absolument visiter ; j'emploie mon après-midi de mardi 26 à écrire un peu, à faire quelques courses qui ne méritent pas de récit, laissant de côté pour un moment la photographie que l'absence de soleil ne rendrait pas brillante.

J'ai oublié de dire en son temps que le jour de la fête du Baïram ou plutôt la veille de ce jour, au soir, les souks participent à la fête par une illumination générale des diverses boutiques. Dans des lustres de cristal, dans des verres longs, on dispose des bougies simples ou coloriées, des lampes, ou bien on inonde le devant des boutiques avec des bougies qu'on maintient debout par artifice et qui coulent à tous les vents ; ou ce sont de grosses lampes qui joignent leur forte lumière à la pâleur des bougies. De façon ou d'autres, les souks sont fortement éclairés. Les Arabes s'y entassent en foule nombreuse et serrée pour jouir du spectacle. Ce n'est pas précisément la foule de Paris les jours de feu d'artifice, mais enfin, on circule très péniblement. Au milieu de tous les burnous je rencontre M. et Mme Gravet, les deux belges avec qui j'ai fait le voyage de Kroubs à Tunis et qui sont des gens aimables et comme il faut. Ils auront sans doute voulu être agréables à leur fillette en l'y conduisant. C'est elle d'ailleurs qui m'a reconnu dans la presse et adressé la première gentiment la parole. Mais cette foule me plaît peu. Il faut s'arracher péniblement au milieu du flot humain. Il est plus de neuf heures et temps de se coucher ; fatigué que je suis par l'exercice violent de chaque jour, je ne suis pas l'homme des longues veillées. Je ne l'ai jamais été, et sur pied du matin au soir, ce n'est pas ici que je commencerai.

J'ai reçu le Père Delattre un jour à dix heures du matin venant me rendre la visite que je lui ai faite à Carthage. C'est un esprit ouvert, un travailleur, un homme de bien. Quelles circonstances l'ont conduit à endosser la robe blanche des missionnaires d'Afrique? Je n'ai pas eu l'indiscrétion de le lui demander et il ne me l'a pas dit. Si j'étais quelque chose dans les questions de ce genre, demeurant d'ailleurs l'observateur moraliste et philosophe que je cherche à être, j'aurais imposé ou j'imposerais à tous les religieux, religieuses, moines, capucins, à tous les disciples des couvents et communautés, l'obligation de consigner dans un récit exact et correct l'histoire des faits, des incidents qui les ont conduits à fuir le monde et à s'abriter dans la foi religieuse. Il n'y aurait là aucun mobile d'investigation curieuse ou indiscrète. Rien ne serait signé que d'un nom de convention ; nul personnage ne serait désigné de façon transparente ; ce serait toujours le froid tombeau, mais le tombeau au lieu de sa froideur inutile, fournissant à la vie une lumière, un ensemble de faits précis et les éléments d'une étude profonde. Les volumes s'ajoutant aux volumes à la suite de tant de confessions qui seraient sans doute sincères, il y aurait là, pour le moraliste observateur l'occasion à nulle autre pareille d'une histoire complète du cœur humain qui serait vraiment utile et vraiment digne de méditation pour les esprits élevés, sérieux, que la science attire sous toutes ses formes, mettant au premier rang de leurs préoccupations l'étude morale de l'homme.

J'ai reçu aussi la visite de M. Pariente, le directeur de l'école israélite. Il faut croire que je ne lui ai pas déplu, car je suis allé le déranger et il ne me devait rien.

Enfin il est venu ; je n'ai eu que sa carte, car j'étais absent, selon mon habitude de chaque jour.

Je suis allé à la résidence de France chercher des nouvelles de M. Lallemand, l'ancien collaborateur de M. Massicaut, avec qui j'ai fait le voyage de Kairouan et que j'aurais volontiers retrouvé, car il a été fort obligeant. Mais la disparition de M. Massicaut a sans doute dérangé sa vie. Il n'est plus à Tunis qu'il habitait depuis plusieurs années et où il paraissait s'être fixé. Il est, m'a-t-on dit, à Paris, et on n'a pu me donner ni son adresse, ni me dire l'emploi qu'il peut faire de son intelligence et de son temps.

Et sa fille Hélène, gentille personne, moins d'extérieur que d'allure générale et de tournure d'esprit, qui accompagnait son père dans notre voyage à Kairouan, qu'est-elle devenue aussi? J'ai pensé quelquefois à elle; elle était sans fortune et certainement le brusque changement et l'abaissement de la situation de son père n'a pas dû apporter beaucoup de roses dans son existence.

A propos de M. Lallemand, j'ai compris mieux la petitesse des dessins et croquis appliqués par lui aux gravures de son livre sur la Tunisie.

Il faisait précéder son dessin d'une épreuve photographique, toujours petite quand on l'applique aux monuments, qu'il faut prendre de loin, petite aussi à cause de l'instantané portatif, et c'est cette épreuve ainsi obtenue et facilitant beaucoup son travail, qu'il faisait entrer dans son livre sans agrandir ses dimensions primitives.

Mercredi 27. — Je continue encore mes études artistiques, mais les juives que je poursuis pour leur costume m'échappent sans cesse. Une surtout, très jeune, qui m'apparaît inopinément dans le costume blanc des jeunes filles, avec le mouchoir noué autour de la tête, les cornes dépassant un peu, comme au temps de Raphaël, dans son tableau du mariage de la Vierge, ferait très bien dans ma collection; mais elle s'éloigne soit de son plein gré, soit mise en éveil par mes dispositions, et au moment où je crois pouvoir la saisir dans un embarras de voiture, elle disparaît comme une ombre et je ne puis en retrouver la trace.

Cependant, les juives femmes avec leur pantalon blanc et le bonnet ou chapeau pointu si caractéristique, manquent à ma galerie, et j'ai le souci de n'en point avoir. Je désire partir après-demain 29, et demain 28, je veux absolument aller à Bizerte.

D'ailleurs, M. Valenza qui se prête obligeamment à compléter mon instruction par une étude de portraits et d'intérieurs, maintenant que je connais le travail de l'instantané au soleil, M. Valenza me remet de jour en jour pour le portrait d'une jeune italienne ou tunisienne, femme d'un avocat, qui habite sa maison et qui consent volontiers à la pose.

Je le presse et nous prenons rendez-vous ferme, non pour demain 28, absorbé pour mon voyage de Bizerte, mais pour après-demain 29. Il est temps. J'emploie pour le mieux mes derniers instants de mercredi jusque vers quatre heures où j'ai rendez-vous avec l'associé de M. Medina pour cette fameuse noce juive que j'ai racontée plus haut et qui doit me fournir le spécimen authentique des costumes pour les filles et pour les femmes dans celui des filles d'honneur et de la mariée. C'est à ce tableau que j'ai employé les dernières heures de la journée, veille de mon départ.

Puisque ma mission spéciale remplie, je me suis attaché volontiers à l'étude de la vie et des mœurs arabes, tout ce qui peut élargir et compléter cette étude mérite mon attention. A ce titre, et bien qu'il ne s'agisse pas précisément de l'Afrique française, nous reproduisons volontiers quelques passages d'un livre écrit sous ce titre : *Le Maroc inconnu*, dont je trouve l'analyse dans le *Figaro* du 28 janvier 1896 et qui a pour auteur M. Aug. Moulieras, un savant dans la littérature arabe.

« Ce livre d'un haut intérêt a pour origine des explorations du Rif *(Maroc septentrional)*, dont l'auteur a recueilli lui-même la relation presque sous la dictée de celui qui les avait faites, d'un derviche qui avait longuement parcouru les bourgades, les hameaux de ce pays inconnu.

« Selon M. A. Moulieras, nous pourrions, sans qu'un coup de fusil soit tiré, faire la conquête de cette partie du Maroc, si tous ceux qui ont tenté de la connaître n'avaient échoué à cause de leur ignorance de la langue et de la vie arabes. Reconnaissons que ce n'est pas là chose facile, de l'aveu même de l'auteur.

« On est pris de vertige en présence de ces 12,305,412 mots que contient le dictionnaire arabe. Les synonymes sont presque innombrables. Le laborieux de Hammer a catalogué 5,744 mots relatifs au *chameau*. Le lexicographe Firouzabadi a trouvé 80 synonymes du mot *miel* et 1,000 pour *épée*. *Malheur* compte plus de 400 synonymes. Un philologue put composer un livre sur les 500 noms du *lion*. Plus de 200 termes signifiant *serpent* furent l'objet d'un ouvrage d'un autre amateur de statistique. Et cela ne suffit pas encore, car, pour porter au plus haut point la difficulté de cette étude, chaque mot a encore des sens multiples et contradictoires. On dirait qu'un génie infernal s'est amusé à faire de cette langue une énigme perpétuelle.

« Rien de plus intéressant que ces récits du derviche, intrépide monomane de voyages, qui a fourni à M. Moulieras les principaux éléments de son livre, formé aussi des révélations de Marocains eux-mêmes et de voyageurs mahométans. Je passe l'introduction et j'entre dans le cœur du livre qui est l'exploration du Rif et que ne sauraient trop consulter ceux qui ont la curiosité de connaître ce pays fermé. Nous traversons les plus étranges tribus ; celle de Mihioua n'est pas des moins étonnantes par ses mœurs ; la rage de l'hospitalité fait des assassins de ses habitants ; c'est à qui hébergera les étrangers.

« On se les arrache littéralement de famille à famille. Le derviche fut témoin un jour d'une bataille rangée, occasionnée par un voyageur étranger que se disputaient deux familles. Trois hommes restèrent finalement sur le carreau, et les vainqueurs emmenèrent triomphalement l'étranger dans la chapelle de leur *âzoua*. Dans le Rif, on appelle *âzoua* un petit clan constitué, dans chaque village, par deux ou trois maisons confédérées. Chaque âzoua a sa chapelle particulière. Il arrive souvent que les différentes âzoua d'un même village sont entre elles à couteaux tirés. Alors les hommes ne sortent que la nuit ; s'ils s'avisaient de se montrer pendant le jour, des balles, parties des âzoua voisines de la leur, les arrêteraient promptement dans leur course. En revanche, les femmes peuvent circuler sans danger dans les rues, en tout temps ;

pour elles seulement il y a amnistie complète et éternelle. Elles vont à l'eau, au bois, aux champs, sans jamais être inquiétées. Les chefs de famille, exposés à tant de périls, sont obligés de louer des étrangers pour labourer leurs terrains et garder leurs troupeaux. Ces mercenaires sont sacrés comme les femmes.

« Le cérémonial des mariages n'est pas moins curieux que ce qui précède. Les vierges se marient de dix à quatorze ans et valent, suivant leur laideur ou leur beauté, de 500 à 5,000 francs.

« Dans l'après-midi, une centaine d'hommes à pied, armés de leurs fusils, la ceinture fortement serrée autour des reins, comme s'ils partaient au combat, se dirigent vers la demeure de la jeune fille. Ils déposent entre les mains du père le douaire promis, font monter la mariée sur un mulet sellé d'une élégante bardelle, donnent le signal du départ par une décharge générale de leurs fusils. La femme, toujours voilée, est placée au milieu du bruyant cortège, dont les salves continuelles de mousqueterie annoncent au loin l'arrivée. Dans la maison du futur maître, les femmes, en entendant les détonations, commencent à pousser des you-you étourdissants. Dès que l'escorte est en vue, elles se précipitent à la rencontre de la jeune fille, l'enlèvent de sa selle, la conduisent dans sa nouvelle demeure, s'installent avec elle dans une pièce où elles lui tiennent compagnie jusque vers le milieu de la nuit. A ce moment, elles se retirent, la laissant seule. Le fiancé, qui était resté dehors à jouer et à tirer des coups de fusil avec ses amis, est prévenu par une matrone de l'instant solennel. Il quitte furtivement ses compagnons et court trouver sa femme. Un moment après, il entr'ouvre une croisée, par l'entre-bâillement de laquelle s'allonge le canon de son fusil. Un éclair, suivi d'une forte détonation, annonce à la population du bourg que la jeune fille n'est plus vierge. Cette nouvelle est accueillie par d'indicibles you-you auxquels répondent des feux de salve bien nourris. Tandis que les mariés restent enfermés, les invités continuent à festoyer toute la nuit.

« Toutes les tribus, et elles sont nombreuses, ont leurs coutumes particulières, et c'est plaisir que de suivre ce derviche qui nous fait passer partout sans danger ; il examine tout en cheminant, remarque jusqu'à la nourriture des diverses contrées qu'il traverse, notant, par exemple, qu'il a goûté, dans la tribu des Beni-Seddath, du miel amer ! Ce goût lui vient de ce que les abeilles vont chercher leur butin sur les fleurs de l'arbousier.

« En résumé, dit l'auteur, un livre très intéressant, non seulement au point de vue pittoresque, mais aussi au point de vue politique, pour ceux qui voudront l'examiner plus à fond que je n'ai pu faire. »

VOYAGE A BIZERTE

Mercredi 28. — A 6 heures, je suis debout ! Il faut partir à 6 heures 45 ; il y a 3 heures 1/2 de trajet en chemin de fer. Il va maintenant jusqu'à Bizerte. Nous sommes en route à l'heure dite. Un peu après Tunis on change de ligne à Djederda, je crois, mais on m'a prévenu pour prendre un wagon de la ligne directe, et j'évite l'ennui de changer en cours de voyage. On s'arrête aux stations de Sidi-Athman, de Mateur, de Sidi-Ahmed, toutes stations perdues, sans importance, sauf Mateur, que l'on distingue à deux kilomètres environ, dont on voit les maisons blanches se détacher en grosse agglomération aux rayons du soleil levant. Point d'autre village tout le long du chemin, mais le pays est assez bien cultivé sur une partie du trajet, assez bien emblavé, assez vert surtout ; là où la culture manque, de nombreux troupeaux de vaches, de moutons, apparaissent en larges taches de près ou de loin à la portée des yeux. Bien longtemps avant d'arriver, de vastes terrains marécageux annoncent l'ancienne possession de la mer.

A dix heures et demie nous sommes arrivés. La gare et ses dépendances sont installées dans une vaste plaine sablonneuse, autrefois sans doute couverte par les eaux. Bizerte, ancienne ville arabe, se dessine à trois ou quatre cents mètres au-delà et au-dessus de la gare, avec ses maisons blanches et sa ou ses mosquées, comme toujours dans toutes les villes arabes. Depuis notre occupation, des maisons se sont élevées autour de la gare, reliant celle-ci à la ville.

L'administration française a édifié tout autour de la gare des voies d'accès pour la ville et pour les services du port. A l'heure même, elle y fait des plantations surtout autour de la gare pour créer un peu d'ombre qui, bientôt, ne sera pas sans charme aux visiteurs ou aux sédentaires. Bizerte est entourée d'une sorte d'enceinte fortifiée, percée de meurtrières et pourvue de créneaux bien inutiles aujourd'hui. Un vieux fort réparé par nous domine l'enceinte à mi-côte, dans la partie haute de la ville. Quand j'arrive, Bizerte épuise aussi les trois jours de fête qui suivent le Rhamadan ; ce sont donc les mêmes costumes, le même éclat des couleurs vives, les mêmes musiques ou à peu près, le même grincement des trompettes et des mirlitons. Tout le monde s'amuse. Des troupes nombreuses d'enfants bruyants s'entassent à tout rompre, dans des sortes de breaks ou d'omnibus et frappent à tour de bras de pauvres mulets qui refusent d'avancer sous le poids d'une si forte cargaison. Une sorte de petit bras de mer pénètre dans la ville même, et c'est par une façon de pont levis moins le levis, jeté sur la partie étroite qu'il faut passer pour pénétrer dans la ville. Une vieille porte arabe en maçonnerie assez bien conservée ferme l'entrée de ce pont. Elle m'a paru digne d'un croquis et je la rapporte.

Mais toujours point de juives, ou si j'en aperçois par hasard, elles se dérobent avec le même ensemble scrupuleux qu'à Tunis. J'arrive pourtant à saisir quelques fillettes dans leur costume de fête. Je prends le clocher d'une mosquée et je redescends au port que je n'ai pas assez bien vu le matin.

Il y a des hôtels, et je déjeune passablement à l'Hôtel Continental dans la vieille ville.

Les bassins de Bizerte sont fertiles en nombreux poissons. C'est de là que vient presque tout le poisson de Tunis.

Le port de Bizerte, dont on parle souvent comme un excellent point d'appui militaire pour nous, comme un objet d'envie pour les autres puissances, m'intéressait beaucoup. Deux jetées, l'une beaucoup plus étendue que l'autre, enferment le port proprement dit et conquis sur la pleine mer. Ces deux jetées laissent entre elles du côté de la mer un vaste passage de quatre ou cinq cents mètres peut-être d'ouverture. Du port ainsi constitué part un long chenal d'au moins un kilomètre

Une porte monumentale faisant entrée principale à Bizerte.

et large d'environ 80 mètres, à proximité duquel est assise la gare avec ses dépendances. De chaque côté, nous achevons d'y établir des quais pour la décharge ou l'embarquement des troupes, du matériel ou des marchandises. Ce chenal aboutit ensuite à un vaste bassin de dimension au moins égale à celle du port, et ce premier bassin correspond à une succession d'autres bassins supérieurs, sans doute de moins en moins profonds, car ils arrivent finalement à se résoudre en vastes marécages, ceux aperçus déjà le matin longtemps avant d'arriver à Bizerte. Ce vaste port ou cette succession de ports, mérite sans doute d'occuper nos adversaires. Bien des escadres peuvent s'y abriter, et si le premier répondant à la haute mer était forcé, les bâtiments en se réfugiant dans le chenal attenant ou dans les bassins supérieurs, défieraient invinciblement toutes les audaces de l'ennemi. Nous repartons à quatre heures et demie pour ne rentrer qu'à huit heures à Tunis.

C'est une journée bien remplie.

Vendredi 29. — J'espère pouvoir prendre le bateau à quatre heures, mais j'ai tant de choses à faire encore ! Je n'ai pas pris livraison de mes photographies que prépare M. Valenza, je n'ai pas fait mon étude de portraits et d'intérieurs ni mes préparatifs !

Le rendez-vous avec la jeune tunisienne pour ce même matin de vendredi sept heures et demie, ne tient pas à l'heure dite. Du moins elle n'est pas levée et nous renvoie à onze heures. Je fais alors mes comptes avec M. Valenza en payant ce qui reste à livrer, ce qui est une faute (1). Pour attendre onze heures, je redescends vers le quartier juif, voulant renouveler mes efforts jusqu'au dernier instant.

Depuis deux ou trois jours je poursuis mes modèles sans aucun succès, et voilà que ce matin, dans l'espace de dix ou quinze minutes, j'arrive à en saisir, je crois, quatre. J'aurai donc bien représentée la silhouette du chapeau pointu, et je croque même, passablement malgré une mauvaise position du soleil, l'esquisse d'un peloton de cavalerie beylicale qui passe au moment où je ne l'attendais pas. Mais je manque une ou deux occasions de juives qui auraient bien figuré dans ma collection, celle en particulier d'une juive avec sa fille, sans doute, qui m'aurait fourni le contraste côte à côte des deux costumes.

---

(1) Obligé de laisser M. Valenza développer ces clichés après mon départ, je n'ai pas trouvé beaucoup d'exactitude, et j'ai eu avec lui des difficultés au milieu desquelles j'ai perdu une partie de mes épreuves.

A dix heures et demie, je remonte chez M. Valenza, la jeune tunisienne ou italienne, car elle parle l'italien avec une pureté digne des bords de l'Arno, est prête. Cette fois, c'est moi qui opère sous la direction de M. Valenza, puisque c'est une leçon qu'il me donne ; mais le modèle bouge au moment psychologique. Ce n'est plus *l'instantané*, c'est *la pose*, et il ne faut pas bouger ; force est de recommencer. L'appareil est mal assis sur un pied pour lequel il n'est pas fait, et dans un mouvement mal calculé, il chavire et tombe à terre, c'est-à-dire sur le pavé de marbre. J'en ai le frisson, car je le crois brisé ; heureusement, il n'a presque rien ; j'en suis quitte à bon compte.

L'opération est faite, portrait et intérieur ensemble. La jeune femme me remercie comme si elle était mon obligée et me serre la main en me souhaitant bon voyage. M. Valenza va faire le nécessaire comme pour la noce juive et les croquis recueillis à Bizerte, et ce matin même ; il m'enverra le tout dans quelques jours, promet-il, car je ne puis attendre ici. J'aurai au moins 130 croquis, un vrai moyen plus tard de voyager dans mon album quand la caducité me forcera à garder le feu et à méditer avec une persévérance attristée sur le galbe de mes chenets. J'aurai le souvenir en plus. Cette fois je vais être libre, je liquide mes comptes à l'hôtel, je vais à la Compagnie transatlantique pour les détails de mon départ. M. Valenza me procure un Arabe qui va porter mon bagage à la façon du pays, c'est-à-dire avec des cordes fixant l'objet à même sur le dos. Je fais ma revue pour ne rien oublier et me voilà parti par un soleil et une chaleur de juillet. Je prends le tramway qui mène au port, car Tunis regorge de ces véhicules où les Arabes s'entassent comme s'ils les avaient toujours vus. Mais il est dit que j'aurai un déboire ; je ne parle pas de celui minuscule d'un maigre objet perdu dans une halte à Souk-Arrhas. Celui que j'entends est plus regrettable sans être encore bien sérieux. Dans mon voyage à Carthage, il y a quelques années, j'avais ramassé dans quelque coin de la campagne un débris de marbre qui me paraissait avoir appartenu au bras d'un enfant ; c'était insignifiant et sans valeur, mais c'était un souvenir. Le P. Dèlattre qui me rejoint quelques instants après, et qui trouve, lui, des statues et des objets précieux de toutes sortes, regarde ce fragment comme indigne du voyage de France et l'envoie à bout de bras se promener encore sur la terre punique.

Je partageais bien un peu son avis et je le laisse faire, mais au bout d'un quart d'heure, saisi d'un remords, je reviens sur place à la recherche de mon objet, mais va-t'en voir s'ils viennent! Impossible de le rencontrer; finalement j'avais été contrarié. Cette fois dans ma nouvelle visite à Saint-Louis, j'aperçois un petit fragment en marbre détaché de la frise du fronton de quelque édifice; c'est gros comme le poing, facile à emporter ; c'est un souvenir, je le prends et pendant huit jours je l'examine volontiers sur ma cheminée, enchanté d'avoir un débris de Carthage. Celui-là je l'emporterai; mais j'ai été pressé jusqu'au dernier instant, si pressé que d'ailleurs mon Arabe étant là, m'ennuyant de son immobilité et de son silence, je n'ai pas pris le temps ou le soin de très bien assujettir les coins de mon châle gris où j'ai entassé divers objets dont le petit morceau de marbre ; pourtant je place le châle assez bien fermé toutefois sur le dos de mon Arabe ; je le place horizontalement, appuyé sur les autres colis ; rien ne pourra tomber ; mais mon Arabe est une bête; le bateau de France, un beau et immense bateau portant pavillon tricolore, est le premier dans le port ; mon Arabe le dépasse et se rend plus loin à un troisième bateau qui part lui pour l'Espagne. Au bout de dix minutes, ne voyant pas venir mon homme, je suis inquiet. J'interroge les agents de la douane, et au signalement on m'avise de ce qui s'est passé. Un autre Arabe part à la recherche du nigaud et pour mériter quelques sous, peut-être sollicité par l'autre pas fâché de se décharger d'autant, il prend mon châle qu'il porte à sa guise, se souciant peu des moindres précautions. J'ai quelque souci en voyant mon organisation dérangée, mais tout paraît intact et je me rassure d'abord. Sur le bateau, un examen plus attentif me montre un coin vide ; c'est bien mon fragment que son poids a entraîné et que mon deuxième imbécile n'a pas su voir ni entendre tomber. Cette fois, adieu le souvenir, il est bien perdu ; c'est un petit chagrin.

Je suis sur la *Ville de Naples*, un grand et beau transatlantique qui me donne toute sécurité pour le voyage. La mer ne paraît pas trop méchante, mais c'est toujours une mauvaise bête, capricieuse et grinchue. Un peu avant cinq heures nous levons l'ancre et nous descendons le nouveau port vers la Goulette, lentement et avec précaution, car le port est à peine achevé et il faut un pilote pour guider le navire au milieu de la passe à peine suffisamment creusée.

Ce qu'il m'a semblé voir de ce nouveau port avec des yeux qui ne sauraient être ceux d'un ingénieur, c'est à peu près ceci :

Des terrains recevant la mer mais envasés, marécageux, sans profondeur d'eau, séparaient Tunis de la mer. Qu'a-t-on fait ? On a sondé, dragué, fouillé de Tunis jusqu'à la Goulette ou peu s'en faut. On a d'abord creusé sur le parcours un canal large d'environ 100 mètres. Deux longues lignes de palplanches ont été établies pour faciliter le travail, puis à droite et à gauche de ce canal deux autres lignes de palplanches ont été enfoncées laissant ainsi de chaque côté du canal un espace d'une quinzaine de mètres de largeur. Tous les terrains vaseux, dragués, fouillés ont été jetés avec quelque maçonnerie dans la place restée libre entre les deux séries de palplanches qui de chaque côté limitent le canal. Peu à peu cet intervalle d'abord occupé par la mer a été rempli, formant ainsi un double quai qui borde la voie de mer et peut être utilisé, mais ayant surtout servi à déverser les matériaux énormes que ramenaient les dragues.

Le travail m'a paru fort bien compris, mais la fouille n'est pas encore partout régulière et complète, d'où la nécessité d'un pilote pour diriger le navire et éviter les écueils. Les bâtiments arrivent maintenant jusqu'à Tunis dans le port situé au bout de la Marine et chaque voyageur arrivant ou partant, paie un droit de port de quatre francs destiné à diminuer les frais de construction qui montent, paraît-il, à quinze millions.

Entre autres considérations qui ont fait creuser ce port, il y a sans doute la raison politique. Le chemin de fer de la Goulette à Tunis est aux mains des Italiens. Nous avons voulu l'acheter, cher même ; ils ont refusé ; on a fait le port qui bat en brèche le chemin de fer et arrivera certainement à le ruiner.

La mer n'a pas été bien mauvaise, mais encore ? à deux ou trois reprises j'ai voulu poursuivre ces notes à bord ; chaque fois, après un quart d'heure, des nausées significatives m'annonçaient la vanité de mon courage et me faisaient regagner ma cabine en chancelant. Mais tout prend fin ici-bas, les mauvaises choses heureusement comme aussi, hélas ! celles qui réjouissent le plus l'esprit, le cœur et l'âme. Avant huit heures du matin, le dimanche 31 mars, la *Ville de Naples* a laissé tomber majestueusement ses ancres dans le port de Marseille, et c'est avec une satisfaction vive que je puis enfin poser un pied assuré sur cette bonne et solide planète.

Le temps est doux et il y a du soleil, mais ce n'est pas la douceur de Tunis, et le soleil pâle me dit bien que j'ai quitté l'orient pour me rapprocher du nord.

QUATRIÈME PARTIE

Croquis et faits divers de couleur locale

Les croquis photographiques présentés jusqu'ici dans ce travail, se rapportent à des scènes figurant au récit qu'ils animent et vivifient. Il m'en reste à produire un certain nombre d'autres qui n'ont pas de rapport direct avec la narration ; mais ils complètent l'intérêt pour les yeux et rehaussent la vivacité de la couleur locale. Ils aident à composer cette quatrième et dernière partie.

1. — Voici d'abord trois groupes de femmes arabes. Nous sommes à Tunis. Ce sont des femmes de distinction, leur cos-

Femmes arabes. — Premier groupe.

Deuxième groupe.

Troisième groupe.

tume est de soie blanche ou d'étoffe brillante tramée de soie ; elles sont vues de dos malheureusement, mais ainsi on les surprend mieux. En face elles s'effarouchent davantage et vous échappent. Elles s'avancent dignement, d'un pas léger. Elles dissimulent même leurs formes dans le long et flottant peplum qui les couvre. Leur visage est masqué et insaisissable sous le voile noir traditionnel.

Dans les trois croquis elles se ressemblent si bien que prises en des lieux et à des jours différents, on les dirait, sans la taille qui diffère, calquées l'une sur l'autre.

Sur l'un des croquis, dans le lointain, près d'une fontaine monumentale, une autre femme arrive de face accompagnée d'une petite fille.

2. — Quelques autres dessins se rapportent aux divers incidents de la vie locale quotidienne. Ils représentent des groupes d'ânes, de mulets, de chameaux. Les chameaux dodelinent du cou régulièrement, à chaque pas, et pour ainsi dire auto-

Caravane de chameaux dans le désert, près l'oasis de Chetma.

Caravane d'Arabes d'ânes avec un chameau, à Biskra.

Caravane d'ânes à Biskra.

Rempart de Tunis. — Caravane d'Arabes et de bourriquots.

matiquement. La cavalerie à longues oreilles montre ici plus encore peut-être qu'ailleurs, sans doute parce qu'elle est plus nombreuse, partant plus remarquée, la démarche paresseuse et tranquille, ce caractère bon enfant d'abnégation soumise, qui distingue l'espèce. Les ânes sont petits. Sans nul souci de leurs faibles épaules, de grands diables d'Arabes trônent majestueusement sur leur dos, soit assis, soit à califourchon, ou les accablent durement de lourds fardeaux qu'ils conduisent à la ville. Pauvre aliboron, tu n'es pas assez compris et tu vaux souvent mieux que ton dur maître !

3. — Tantôt c'est un Arabe qui circule pour ses affaires sur son mulet pacifique à l'égal de ses coreligionnaires plus petits mais pourvus du même caractère et des mêmes oreilles.

La mine est sévère, l'Arabe ne rit jamais. Derrière lui il a fait monter son gamin tout encapuchonné malgré le soleil; au lieu d'un il y en a parfois plusieurs. Ce que le maître considère, ce n'est pas la force et le bien-être de l'animal, c'est la place disponible. Il charge tant qu'il peut. (V. p. suiv.):

Biskra. — Arabe à mulet et son gamin en croupe.

4. — Sortie d'école à Tunis. (V. p. suiv.).

Un jour au coin d'une mosquée à Tunis, mon attention est éveillée par l'éclat désordonné d'un grand nombre de petites voix ; c'est une sortie d'école qui envahit bruyamment le pavé. Le soleil est de la partie et je croque à l'instant les jeunes fils d'Allah qui ne s'en douteront jamais.

5. — *Joueur de tambourin dans un café arabe à Biskra.*
— Dans la plupart des cafés chantants et dansants, la voix

criarde des femmes, le cri aigu des flûtes ou autres instruments de couleur locale, sont accompagnés par le gémissement sourd du tambourin. C'est toujours un nègre robuste ayant souvent un costume à caractère qui frappe dessus avec la main ouverte, à coups redoublés, des heures durant, lui faisant rendre, sans interruption, une mélodie trop sonore, toujours la même ou à peu près, très appréciée, faut-il croire, des indigènes, mais intolérable, au bout d'un temps court, aux oreilles plus délicates de l'Europe. La nuée des Arabes qui emplissent tout le local de la couleur blanche et uniforme de leurs burnous — ce qui fait, par parenthèse, un tableau original — assistent impassibles à cette débauche d'harmonie primitive.

Le croquis ci-devant est un aperçu de l'artiste orné, paré et dans l'exercice de ses fonctions.

Le personnage manque naturellement dans les cafés de simple consommation, sans caractère de danse ou de chant.

Mais si les cafés à musique sont au bout d'un quart-d'heure impossibles, ceux du silence sont bien étranges aussi. A Téboursouk, j'en affectionnais un où, dans les jours de boue, de pluie et de froid, j'allais, en attendant le coucher, passer un quart-d'heure et demander sous le nom de *tie* (1) une boisson alcoolique et réconfortante que Chazot m'avait signalée. C'était une façon de grog ou de punch aromatisé par une pointe d'*extrait* local fort agréable vraiment. La débauche coûtait dix centimes la tasse; on pouvait accumuler l'une sur l'autre, et à certains jours j'associais volontiers, ayant l'air d'un grand chef, à ma table personnelle M. et Mme Chazot, leurs deux grands garçons et même quelques-uns des hôtes de l'établissement; et généralement on redoublait, la dépense n'étant point à considérer.

Chaque soir la salle était comble, j'allais dire noire d'Arabes; je dirai plus justement, envahie dans tous les coins par une nuée de burnous blancs faisant tapisserie, et tous ces gens étaient immobiles, silencieux, impassibles devant notre invasion, pareils à la statue du commandeur, un ou deux à peine jouant une partie de cartes, à peu près sans parole. Ce grand silence de gens à impressions nulles ou cachées, était plus imposant à coup sûr que l'orgie musicale des confrères; c'est à peine si nos voix françaises osaient timidement se faire entendre ; mais nous, après un bon quart-d'heure nous levions

---

(1) Nom emprunté peut-être du mot *tea* anglais qui a la même prononciation.

la séance, tandis que la plupart des Arabes présents, assis sur des nattes posées sur un relief de maçonnerie, les genoux ordinairement relevés à la hauteur du menton, passaient là, moyennant dix centimes, toute la nuit dans la même position, tout aussi muets et immobiles, sans nul souci de savoir s'ils manquaient au logis où ils ne manquaient guère sans doute; et tout portés déjà pour recommencer le lendemain.

6. — *Groupe de cavaliers arabes devant une hôtellerie.* — Ces cavaliers ne se rattachent à aucun incident, à au-

cune description dans notre récit. La silhouette est pour les chevaux seuls qui marquent si bien le type arabe. Parmi mes imperfections, je ne dissimule pas un grand faible pour le cheval arabe si gracieux, si résistant, si léger dans les jambes et dans la main du cavalier.

Le cheval, la plus noble conquête... quoi!

Associé à la vie de famille, il a l'endurance et la sobriété du maître.

J'ai lu, et plusieurs fois j'ai entendu dire, que les seuls chevaux de Napoléon Ier qui ont survécu à la campagne de Russie, étaient des chevaux arabes, et la gravure ci-jointe est une de celles sur lesquelles j'aime le plus à revenir.

Et je leur dois bien une marque de sympathie à ces vaillantes bêtes pour l'assistance intelligente qu'elles m'ont prêtée des bords de cette sournoise Medjerda vers les plateaux supérieurs qui m'ont conduit jusqu'à Téboursouk, comme dans mon voyage de retour vers ce même fleuve à travers les escarpements rocheux au bas desquels je vins retrouver la plaine où dort la station de Béja.

7. — *Statue de la Victoire*. — Elle se présente de face

et debout, sous les traits d'une femme robuste. Les ailes relevées dépassent les épaules. De la main gauche elle soutient une armure sous laquelle divers attributs guerriers descendent jusqu'à ses pieds. Elle est en marbre et a été trouvée à Carthage dans le cours de 1894, par les soins du P. Delattre qui a bien voulu m'en donner une reproduction. Elle était mutilée en divers fragments qui ont été retrouvés. L'assemblage des morceaux a pu être fait avec assez de régularité pour que même à une petite distance elle paraisse intacte.

C'est un beau spécimen de l'art antique.

8. — *Devant de café arabe.* — C'est un des types les plus purs dans la première classe de ces sortes d'établissement. La

décoration a du caractère et les trois consommateurs, ou si vous voulez les trois Bédouins, car je ne crois pas qu'ils consomment, ont le plus bel aspect auquel puissent prétendre les disciples de Mahomet ; immobiles, silencieux et graves, rien ne les émeut. Vous les voyez maintenant ; si vous repassez dans plusieurs heures, vous les retrouverez dans la même pose, dans la même contemplation muette, sans nul souci de la marche du temps, du bruit qui se fait autour d'eux, et probablement fort étrangers aux diverses questions que peut à chaque instant soulever la question d'Orient.

9. — *Deux femmes arabes vues de face.* — Dans une rue de Tunis devant la mosquée de la Kasba, deux femmes arabes

descendent de face le long d'une rue où se trouve un monument important de l'administration française.

Le caractère purement arabe du monument, le type bien vivant des femmes composent un assez joli tableau.

Sur le trottoir opposé deux Européens servent de repoussoir.

10. — *Jeune juive.* — Je ne l'ai pas vue et je ne sais d'où elle vient ; attiré par son costume, j'en ai pris l'image tout simplement chez un photographe. Qui est-elle ? Evidemment elle pose pour le public ; elle est sans aucun entourage familial ou professionnel, et je ne lui fais peut-être qu'un tort médiocre, si tant est que je lui en fasse, en supposant qu'elle a pour principal objectif de charmer le public masculin de son entourage. Cela se voit bien quelquefois ainsi, à Tunis comme ailleurs.

Jeune juive dans ses plus beaux atours.

Le costume a le caractère curieux qui nous a déjà longuement occupé lorsque nous nous sommes arrêté sur les *Noces juives* et sur le costume féminin de l'Ecole israélite ; il est fort digne d'intérêt pour un étranger ; contemplez-le attentivement, pénétrez-vous en bien ; nous l'avons dit déjà et nous le répétons : bientôt il aura disparu.

11. — *Marabout dans l'oasis de Gabès.* — Gabès, ancienne ville forte, n'est aujourd'hui que la réunion de plusieurs oasis importantes, dont les deux principales sont : Djora, 4,000 habitants au Nord et Menzel au Sud-Ouest, 3,500 habitants.

Nous n'avons rien eu à y faire et la silhouette que nous présentons n'est que pour donner au lecteur, sous une forme concentrée, l'image d'une oasis avec le caractère gracieux d'un marabout étalant sa blancheur orientale au milieu des palmiers ; et à côté du marabout le petit âne encore et toujours, le compagnon fidèle des bons comme des mauvais jours, plus souvent mauvais pour lui, hélas !

12. — *Tombes arabes*. — Je n'avais pas pour mission d'étudier les sépultures arabes, mais la disposition de mon

esprit tourné vers l'isolement et la tristesse me portait sans peine vers les champs funèbres, où l'humanité partout, dort l'éternel sommeil. Je suis entré plusieurs fois dans l'un des cimetières arabes de Tunis qui se trouve dans le quartier où m'attiraient principalement mes observations photographiques (près de la porte Bab-Allaoua), et où la correction du lieu et la recherche des tombes me paraissaient plus soignées). L'architecture n'y est plus du tout celle des monuments funéraires consacrés aux sépultures romaines comme il est facile de le voir par le spécimen ci-contre ; elle est variée aussi, mais il ne nous a point paru facile de la ramener à une série de types uniformes comme nous l'avons fait pour les sépultures romaines où nous avons indiqué quatre sortes de monuments funéraires : le mausolée, le caisson, la stèle, le cippe.

Un bon nombre de tombes se rapprochent plus ou moins de celles que nous représentons et que nous avons choisies parmi les plus ornées. Nous ne croyons pas devoir entrer plus avant dans le sujet ; nous ne voulons donner qu'un simple aperçu.

Un après-midi que j'étais en observation dans le voisinage, mon attention est éveillée par une psalmodie bruyante et plaintive qui, de loin, monte et s'avance lentement vers moi. C'est un enterrement arabe, celui d'un personnage important, sans doute, à voir la longueur du cortège et l'aspect des personnes qui le composent. Presque point de femmes d'ailleurs. Le cercueil est enchâssé dans une sorte de haut catafalque en menuiserie placé sur les épaules de quatre ou six porteurs. Il est entouré d'une longue et riche draperie de caractère oriental qui tombe sur les côtés et le dissimule. Le cortège passe sous mes yeux à quelques mètres, en plein soleil, dans les meilleures conditions photographiques. J'ai mon appareil naturellement, et la tentation grande de m'en servir pour garder une scène que je ne retrouverai pas. Mais des scrupules m'arrêtent. La mort est partout vénérée ; ne vais-je point commettre une sorte de profanation en appliquant une chose sainte à ma fantaisie, et de quel droit? pour un but futile !

Les membres nombreux du cortège peuvent me voir, ne vont-ils pas juger que mon irrévérence leur doit donner une triste idée de la civilisation que je crois représenter. Le respect humain, non, c'est un sentiment plus élevé de la situation, m'arrête. Je ne veux pas, si les autres ne voient ou ne disent rien, qu'un reproche puisse naître dans ma propre pensée pour blâmer ma témérité et je me borne à contempler la scène curieuse qui passe sous mes yeux : ce cercueil tenu en l'air, peut-être pour le rapprocher du ciel, la longue et belle draperie pendante, l'assistance nombreuse et choisie, le cachet particulier de la cérémonie.

Après tout, je pourrai peut-être retrouver tout à l'heure une partie du tableau, au retour, quand seront dites les dernières prières, et je n'aurai plus à compter avec le respect du mort qui aura disparu, avec la piété des parents et amis qui n'aura plus autant sujet d'être offensée. Je veux espérer que la décoration spéciale du catafalque subsistera — la première classe arabe sans doute — et pourra augmenter ma collection.

Je me félicite intérieurement du sentiment digne qui a dicté mon sacrifice, mais j'ai mal calculé en ce qui touche la conservation de la scène ; lorsqu'un quart d'heure après, l'inhumation faite, la foule quitte le cimetière, l'aspect est tout différent. Il n'y a plus de cortège, l'assistance s'écoule fractionnée, dispersée ; j'attendais encore le catafalque et la belle draperie ; vaine illusion ! le catafalque n'a plus de figure, il est tenu renversé à la convenance des porteurs, et la belle draperie orientale repliée en paquet ne laisse plus voir que sa doublure ! Nonobstant dans cette petite question, j'ai fait ce que je crois avoir été mon devoir et si j'ai eu un mécompte, je ne regrette rien.

— J'ai toujours été frappé dans toutes les apparitions que j'y ai faites de la beauté des boiseries qui existent à l'Hôtel Eymond ou Gigino (Tunis). Elles sont en bois naturel verni, et leur travail m'a semblé vraiment bien remarquable.

Voici ce que j'en ai su de l'hôtelier dont je n'ai pas toujours bien saisi l'explication, mais dont j'ai retenu au moins les principaux détails. Ces boiseries sont en bois de cyprès d'Egypte, naturel et verni. Je les avais prises d'abord pour du sapin dont elles ont un peu les nœuds ; mais je les trouvais bien belles pour du sapin. De l'emplacement occupé aujourd'hui par l'hôtel, on voyait directement avant sa construction, de la place de la Bourse qu'il occupe, jusqu'à la place de la Kasba ; c'était un joli point de vue dans un quartier où les maisons sont entassées les unes sur les autres et les rues fort étroites. L'administration beylicale ne voulait pas vendre ce terrain ; mais il advint qu'un mariage se fit entre le propriétaire ou quelqu'un de son entourage et une fille de l'entourage du bey, et le terrain fut vendu. L'acquéreur fit construire dans de belles proportions ; mais il avait mal calculé son affaire comme tant d'autres ; la dépense excéda ses forces ; il fallut revendre et l'immeuble passa aux mains d'un hôtelier. Au cours des travaux, le propriétaire italien voulut soigner les boiseries comme le reste. Il avait de nombreux bateaux employés à la pêche du thon. Il y a beaucoup de cyprès en Egypte. Il envoya un certain nombre de bateaux chercher un nombre suffisant de cyprès qui furent amenés et débités en Italie. D'Italie on envoya à Tunis, quand la maçonnerie fut faite, des ouvriers adroits qui prirent exactement leurs mesures, et on ramena ensuite les boiseries pour les appliquer sur place. Les serrures et ferrements sont aussi soignés que les boiseries. Rien dans nos hôtels meublés de France n'est aussi réussi, et je me rappelle avec plaisir cette maison tranquille et honnête à qui je reproche seulement son exposition qui peut être agréable en été parce qu'elle atténue l'excès de chaleur, mais qui, en d'autres temps, est fâcheuse pour les délicats qui cherchent le soleil et regrettent son absence.

J'ai rempli ma promesse aux officiers de Chasseurs et de Spahis rencontrés dans mon voyage. Ils m'avaient demandé de leur envoyer celles des photographies prises en leur présence qui les concernent. Rentré en France, je leur ai adressé ces photographies accompagnées d'une lettre courtoise. Il y en avait trois pour chacun, neuf en tout. L'un d'eux, au nom de ses camarades, m'a répondu de Constantine pour m'accuser réception dans des termes si gracieux que vraiment ils dépassent la maigre valeur du cadeau. A côté et au-dessus de la valeur vénale ils ont certainement vu la cordialité sympathique qui m'avait fait accueillir et exaucer leur désir. Je leur envoie une pensée amicale et leur garde un bon souvenir. Les reverrai-je jamais ?

Voici leur lettre ; elle va terminer ce travail.

Constantine, le 6 Mai 1893.

Monsieur,

Je suis heureux d'être chargé par mes camarades de vous accuser réception des superbes photographies que vous avez bien voulu nous adresser, et qui nous ont causé, j'ose le dire, une véritable joie d'enfants. Merci donc, et de tout cœur, du bon souvenir que vous voulez bien garder de nous.

Nous y sommes très sensibles, et nous avons été très flattés de l'affectueuse lettre que vous nous avez fait l'honneur de nous écrire.

Votre rencontre, Monsieur, est de celles qui ne peuvent laisser que d'excellents souvenirs et, tous trois nous avons eu le pressentiment de votre tristesse.

Personnellement, Monsieur, je prends grande part à votre chagrin, car j'ai, moi aussi, beaucoup souffert, et suis venu en Algérie, loin de ceux qui me sont chers, pour y trouver l'oubli ; je n'ai point oublié.

Il est, hélas, des choses inoubliables.

Merci encore, Monsieur, et veuillez agréer l'assurance de nos sentiments les plus respectueux.

JEANNIN,
Capitaine au 1er spahis, détaché à la remonte de Constantine.

— Et maintenant je me résume dans une note finale. Je reviens à la vie de France ; le spectacle est fini, la réalité habituelle va reprendre son cours. C'est fini également de ces notes rapides écrites hâtivement, sans prétention, pour fixer seulement les grands traits du tableau, au courant d'une plume toujours pressée. Du moins elles feront durer l'impression et aviveront les souvenirs.

Je quitte Tunis avec regret, mais ferme, puisque le terme raisonnable est arrivé, comme ce sera plus tard pour autre chose plus grave, quand sera venu aussi le terme final, mais ferme encore puisqu'il le faut ; aussi bien les blessures et les épreuves que j'emporte de ce monde m'auront rendu le détachement plus facile.

Le tableau qui vient de passer devant mes yeux, sous une apparence parfois frivole, a élargi mes idées, fortifié mon esprit. Le point de départ était une question scientifique que je n'ai pu résoudre ; elle m'a conduit à des observations qui ont leur prix. Arabes, Grecs, Juifs, Levantins, fils noirs du Soudan, Européens de France, d'Italie, d'Angleterre ou même d'Allemagne, j'ai entendu toutes les langues, frôlé tous les costumes, coudoyé toutes les religions ; j'ai jugé, au moins de façon superficielle, le caractère des peuples, leurs défauts, si vous voulez leurs vices. Je conclus qu'il y a du bon chez tous, parfois un exemple que l'on pourrait imiter. Quand frappé de quelque étrangeté, j'étais prêt à blâmer, je me demandais vite si j'étais bien sûr et si ce n'est pas de moi que venait l'erreur. La petite église est une étroitesse, et la tolérance, l'indulgence est le grand point d'où il faut juger le monde. Chaque secte proscrivant les autres et se croyant seule dépositaire des clefs du temple et arbitre de la vérité, quelle erreur ! Les imprécations dont me foudroyait ma négresse au lavoir de Tunis, devant l'appareil inoffensif qui la regardait à distance, m'ont laissé indifférent, mais je puis les comprendre. Peut-être avait-elle de ce chef des comptes à rendre à ses dieux noirs pour se laisser ainsi surprendre par mon audace ? Et si elle adore Brahma ou Boudha, ce qui m'importe peu, c'est qu'elle a du moins un idéal à sa hauteur, et qu'au fond d'elle-même est une loi qui lui dit d'obéir à quelque chose.

Le spectacle de nos cours d'assises et de nos tribunaux nous donne-t-il le droit d'être bien sévère aux Arabes pour leur duplicité, leur manque de foi, leur peu de scrupule à s'approprier le bien d'autrui ? Et si on reproche aux Juifs leur amour du gain, ne sont-ils pas légion chez nous, tous ceux qui méritant le même reproche, ne diffèrent d'Israël que par le manque d'aptitude pour arriver au même but et réussir comme eux ?

L'humanité rencontre dans son organisation même des lois physiologiques qui la dominent et servent à l'excuser pour cela, de bien des faiblesses. Considérez aussi les conditions du climat qui influent si manifestement sur les besoins, sur les habitudes, sur la vie des peuples. Moralistes incomplets, écrivains moroses, observateurs superficiels, élargissez le cercle de vos jugements pour qu'ils aient plus d'autorité. Comptez avec les lois diverses qui régissent le monde, avec les milieux différents où il s'épanouit, avec les habitudes qui ont façonné son caractère et plié ses idées. Au lieu de vous cantonner dans une morale étroite, conséquence de l'étroitesse de votre esprit et fille peut-être de votre intolérance, acceptez les enseignements et la direction de la saine et large morale *générale* parce qu'elle a par tous pays et chez tous les peuples la même autorité, la même raison d'être, le même but surtout, celui de rendre l'homme meilleur sans couleur de drapeau.

Ceux qui me connaissent bien — ils ne sont pas nombreux — et qui me liront, retrouveront sans peine dans beaucoup de ces pages, le fond de moi-même et l'état d'âme qui a fait ma personnalité sensible.

Ils verront et sauront dire que j'ai écrit comme je pense, droit et sans calcul, que je suis vrai d'un bout à l'autre du livre, mais aussi que, instruit par les précédents, et la conscience nette, je compte peu avec l'opinion qui me juge.

A voir le fracas de la vie, la complication incessante des choses, la nécessité d'un idéal pour dominer la série des épreuves ;

A considérer la vaine poursuite du bonheur ou seulement de la paix, celui qui, satisfait du devoir accompli et du bien qu'il a pu faire, se réfugie dans la tendresse et trouve dans sa force intérieure le moyen d'ignorer ou de mépriser bien des blessures, celui-là, s'il jette un coup-d'œil en arrière sur un long passé, peut conclure, sans que la conclusion lui soit trop lourde :

Il n'est pas nécessaire d'avoir coulé des jours heureux et doux; il suffit que la vie ait été digne et bien remplie, avec l'estime de soi-même — et celle des autres s'il en reste. —

Armand Trumet de Fontarce.

Bar-sur-Seine, 10 Septembre 1896.

FIN

Voici encore deux lettres du P. Delattre ; elles portent les dates d'avril 1895 et d'avril 1896 ; elles ne se rattachent à rien de ce qui précède, mais elles m'intéressent. Je désire les garder et je les imprime à la suite de ce livre pour qu'elles ne soient pas égarées ou perdues.

Saint-Louis de Carthage, le 29 avril 1895.

Monsieur,

Je viens de recevoir les deux instruments que vous m'avez envoyés. Je suis vraiment confus de votre extrême bonté à mon égard. Permettez-moi de vous exprimer mes sincères et vifs remerciements pour votre don.

Ces deux instruments de précision me seront très utiles et chaque fois que je m'en servirai, je penserai au brave et excellent docteur Trumet de Fontarce qui, lui-même, daigne conserver un si bon souvenir de Carthage et de mon humble personne.

Veuillez agréer, cher Monsieur, avec l'expression de ma reconnaissance, l'assurance de mes sentiments les plus respectueux.

TH. DELATTRE,
Père missionnaire d'Afrique.

Saint-Louis de Carthage, le 20 avril 1896.

Bien cher Monsieur,

Je vous remercie de tout cœur de votre excellent souvenir et des sentiments de vive sympathie que vous m'adressez. C'est l'OEuvre du grand Cardinal Lavigerie que le gouvernement a voulu récompenser dans un de ses Pères Blancs. Cette haute distinction est pour moi un précieux encouragement à persévérer dans mes recherches et dans mes travaux.

Je regrette que vous n'ayez pu venir à Tunis à l'occasion du Congrès. Il est vrai que je vous aurais sans doute à peine entrevu au milieu de la foule des visiteurs, tandis qu'au mois d'octobre prochain j'aurai le plaisir de vous voir plus longuement.

En vous remerciant de nouveau, je vous prie de croire à mes sentiments de sincère et cordial attachement.

TH. DELATTRE,
Père missionnaire d'Afrique.

TABLE DES MATIÈRES

                                            Pages.

AVANT-PROPOS. 5

PREMIÈRE PARTIE

Voyage avec Maurice

La Goulette. 11
Tunis. 13
Les Souks, description de Maupassant. 17
Basilique chrétienne. — Carthage. 27
Ports de Carthage. 28-29
Les Citernes de Carthage 31
1re Noce juive. 32
Visite à une maison arabe. — Récit de Mme Gabriel. 34
Le Harem. — Visite du Bardo. 38
Ecole Saint-Charles. — La politesse, vertu française. 41
Bône. 44
Constantine. 46
Biskra. — Le désert et l'oasis de Chegga. . . . . 49 et s.
L'oasis d'El-Outaya, El-Kantara, Batna, Sétif. 63

Alger.	67
Oran.	72
Arrivée et incident à Port-Vendres.	77
Retour à Paris. — Réflexions générales.	80

DEUXIÈME PARTIE

Mission scientifique à Tunis et à Carthage

M. Lallemand. — Voyage à l'Enfida, Sousse et Kairouan.	86
Grande Mosquée de Kairouan, vue intérieure et vue extérieure.	104
Cadran solaire.	105
Mosquée du Barbier.	110
Les Aïssouas.	112
Retour à Tunis.	125
2me Noce juive.	127
Portrait du Père Delattre et visite à Saint-Louis.	129
La Basilique de Carthage. (Dessin—Gravure).	27-132
1re vue générale de Tunis.	135
M. Machuel. — Instruction primaire dans la Régence.	136
Visite au domaine Potin.	137
Le Puits des squelettes à Hammam-el-Lif.	138
Le Bey et ses ministres dans son palais de Tunis.	141
Déjeuner chez le Père Delattre, à Carthage. — Rencontre du docteur Cheurlot.	143
Béja. Voyage à Téboursouk ; passage de la Medjerda.	143
Le docteur Carton et le Caïd.	149
Dîner et installation chez le Caïd.	151
Excursions à Dougga.	153
Mausolée punique.	155
Une Mauresque avec la Fibule antique.	159
Temple romain de Dougga.	162
Chazot, mon hôte, et M. Gresse, instituteur et receveur de la poste.	171
Retour à Béja.	171

Souk-el-Arba la Boueuse. 173
Excursions à Bulla-Regia. 176
Retour à Tunis. 183

Sépultures puniques

Histoire de Carthage. Résumé. 186
Fortifications de Thapsus et Carthage. 188
Saint-Louis de Carthage et son séminaire. 193
Crânes punique et phénicien. 195
Lampe punique. 201
Tombeau punique du Père Delattre. 202
Masque en terre cuite de femme coiffée à l'Egyptienne. . . 204
Tombeau punique de Byrsa. 205
Urœus et le dieu Bès. 206
1er Collier punique. 207
Vases et poteries puniques. 209-212-213
Tombeau punique de Carthage. 210
Masque en terre cuite égypto-punique et collier (P. Delattre). . 214
Figurine égypto-punique et collier. 215
Tanit, grande déesse de Carthage portant le disque. 216
2me Collier punique. 217
Urne funéraire. 218
Vase décoratif accompagnant le mobilier funéraire d'un tombeau.
— Byrsa. 219
Tombeaux puniques et vases grecs de la colline de l'Odéon. . 223-226
Sépulture, en jarres, tuiles formant toit à double pente. . . . 229
Ossuaire Dechizelle d'âge néo-punique. 230
Nécropole punique d'Hadrumète (Sousse). 231
Hypogée funéraire de Sousse. 234
Vases puniques à cendres et ossements de la nécropole de
  Sousse. 235 et s.
1re lettre de M. Toutain. 244
Ma réponse à M. Toutain. 245
2me lettre de M. Toutain. 247
3me lettre   —   249
4me lettre   —   250
Lettre de M. Lallemand. 251

Sépultures romaines

Note du docteur Carton sur les bûchers funéraires de Bulla-Regia..	253
Monuments funéraires. — 1° Mausolées.	255
2° Stèles et Cippes.	260
Variétés de Cippes observées par le Père Delattre.	262
Inscriptions et épitaphes.	263
Columbaria disposées sous certains mausolées.	267
Modèles de tuiles funéraires.	268
Mobilier funéraire. Monnaies, médailles.	270
Liste funéraire des fonctions ayant été remplies par les défunts.	272
1re lettre du docteur Carton.	273
1re lettre du Père Delattre.	275
1re lettre du docteur Bertholon.	276
2me lettre du docteur Carton.	277
3me lettre du docteur Carton.	278

Sépultures juives

1er mode de sépulture juive à Kamart..	280
Autre mode de sépulture juive.	281
Chandelier juif à 7 branches.	283
Plafond décoré avec attribut judaïque de Kamart.	285

Sépultures chrétiennes

Inscriptions diverses..	293
Deux sarcophages en plomb d'origine païenne (IIe siècle. Carton).	298
Un autre sarcophage de M. Woog aurait le caractère chrétien (Toutain)..	300

TROISIÈME PARTIE

TROISIÈME TRAVERSÉE. — MARS 1895

Philippeville, Constantine, Batna, Biskra, Kroubs

Recherche inutile de crânes juifs à Tunis. 310
Philippeville, Constantine, Batna, etc. 314
Les officiers de remonte à Biskra. 317
Petite famille arabe. Route de Timgad. 323
Mon cocher endoctrinant la gardienne des ruines de Timgad. . . 327
Timgad. 328
Peloton de spahis. — Champ de manœuvre à Batna. 335
Les mêmes officiers de remonte à Biskra. 336
Rencontre curieuse avec deux Mauresques dans la plaine de Biskra. 338-339
Tentes arabes dans le désert. — Environs de Biskra. 341
Autre tente arabe. 342
Mon Arabe et mes chevaux dans le désert. 344
Vieille négresse et sa petite-fille. La négresse sort d'un ruisseau où elle lavait son linge (Oasis de Chetma). 346
Deux gazelles à l'Hôtel du Sahara, à Biskra. 348
Le marquis de Montgomery se prêtant gracieusement à la pose devant un rempart de Biskra. 349
Les étalons de Biskra. 350-351
Ces demoiselles de Biskra. — Les Ouled-Naïl. 352
Autre vue générale de Tunis. 359
Les charmeurs de serpents. 362
La fête du Baïram. 368
Illumination des Souks. 385
M. Parienté. Visite à l'école israélite. 369
Noce juive. Troisième étude (1). 377
Fillettes juives à l'Ariane (Tunis). 379

---

(1) Un dessin accompagne le texte. Il est pris sur le vif et remarquable de finesse et d'exactitude.

Groupes de négresses dans un lavoir, à Tunis. 380
Le Maroc inconnu (analyse du *Figaro*). 388
Voyage à Bizerte. 391
Une porte monumentale à Bizerte. 393

QUATRIÈME PARTIE

Croquis et faits divers de couleur locale

Trois groupes de femmes arabes. 399
Caravanes de chameaux dans le désert, près l'oasis de Chetma. 401
Caravanes d'Arabes et d'ânes, à Biskra. 402
Caravanes d'Arabes et d'ânes, à Tunis. 403
Arabe à mulet et son gamin en croupe. 404
Sortie d'école à Tunis. 404
Joueur de tambourin. 405
Groupe de cavaliers arabes devant une hôtellerie. 407
Statue de la Victoire (Carthage). 408
Devant de café arabe.. 409
Deux femmes arabes vues de face devant la Mosquée de la Kasbah (Tunis). 410
Jeune Juive en grande tenue. 411
Marabout dans l'oasis de Gabès. 412
Tombes arabes. 413
Lettres des officiers. 417
Note philosophique. 417
Conclusion finale. 419
Deux dernières lettres du Père Delattre. 421

FIN DE LA TABLE DES MATIÈRES

www.ingramcontent.com/pod-product-compliance
Lightning Source LLC
Chambersburg PA
CBHW071106230426
43666CB00009B/1840